ÉTUDE DÉMONSTRATIVE

DE

LA LANGUE PHÉNICIENNE

ET DE

LA LANGUE LIBYQUE

ÉTUDE DÉMONSTRATIVE

DE LA

LANGUE PHÉNICIENNE

ET

DE LA LANGUE LIBYQUE

PAR A.-C. JUDAS

SECRÉTAIRE DU CONSEIL DE SANTÉ DES ARMÉES,
MEMBRE DE LA SOCIÉTÉ ASIATIQUE DE PARIS.

המה הגברים אשר מעולם אנשי השם

Ce sont ces hommes puissants qui ont acquis, dès les temps
les plus reculés, un si grand renom.

(GEN., VI, 4.)

PARIS
FRIEDRICH KLINCKSIECK
RUE DE LILLE, No 14
1847

PARIS. — IMPRIMERIE D'E. DUVERGER, RUE DE VERNEUIL, N. 4.

A MONSIEUR GILARDIN

PROCUREUR GÉNÉRAL

DIRECTEUR, CHEF DE LA JUSTICE, EN ALGÉRIE

AU DIGNE MAGISTRAT

DONT LES RARES QUALITÉS ET LES VUES ÉLEVÉES

RÉPONDENT SI BIEN

A L'IMPORTANCE DE LA CHARGE QUI LUI EST CONFIÉE

SON AMI

A. JUDAS

TABLE MÉTHODIQUE.

LIVRE PREMIER.
Éléments traditionnels.

CHAPITRE I.—Exposition.—Précis historique. — Analogies de la langue phénicienne... **1**

CHAP. II. — Traduction des passages phéniciens du *Pœnulus* de Plaute........ **6**

LIVRE DEUXIÈME.
Éléments monumentaux. — Détermination des signes.

CHAPITRE I. — Médailles de Tyr et de Sidon. — Détermination des lettres ד, ל, מ, ב, ץ, ר. — Emploi du *lamed* préfixe comme exposant du datif, du *mem* suffixe comme exposant du pluriel masculin des noms... **19**

CHAP. II. — 1re 2e, 3e inscriptions bilingues d'Athènes. — Médailles de Lix, de Sex et d'Abdère. — Détermination des lettres ב, ה, ו, ח, כ, ס, ע, ש, ת......... **22**

CHAP. III.—2e inscription bilingue d'Athènes. — Médailles de Lix, Sex et Cadix. — Détermination des lettres א, ג et ק..... **29**

CHAP. IV. — 3e inscription d'Athènes. — Médailles d'Ébusus, de Juba Ier, d'Aco, de Malaca.— Détermination des lettres ר et ז. **33**

CHAP. V.— 1re, 3e, 4e inscriptions de Malte. — 1re, 2e, 3e, 4e, 5e, 12e, 14e inscriptions de Carthage.—1re, 2e, 3e, 4e, 9e, 10e, 11e, 12e, 14e, 15e inscriptions de Numidie. — Médailles d'Héraclée et de Sabratha. —(Détermination des lettres ט et ף)....... **37**

CHAP. VI.—4e inscription d'Athènes.— 2e, 3e, 23e inscriptions citiennes. — Cachet.... **79**

CHAP. VII. — Formules et signes numéraux. — Médailles d'Arad, de Carné, Marathus, Juba II, Ébusus. — Bas-relief de Carpentras. — 2e maltaise. — 11e carthaginoise. — 4e, 7e et 8e citiennes......... **84**

LIVRE TROISIÈME.
Éléments monumentaux. — Différences ou analogies géographiques et chronologiques.

CHAPITRE I. — Considérations générales.... **108**

CHAP. II. — Phénicie proprement dite et Célésyrie. — Arad. — Carné. — Marathus. — Gabala. — Byblos. — Béryte. — Laodicée. — Sidon. — Tyr. — Aco. — Baalbek... **109**

CHAP. III. — Cilicie, Cappadoce et Lydie. — Mazaca. — Bagé. — Incertaines..... **122**

CHAP. IV. — Grèce; Athènes......... **127**

CHAP. V. — Chypre; Citium......... **128**

CHAP. VI. — Égypte. — Bas-relief de Londres. — Gemmes. — Inscription d'Ipsamboul..................... **131**

CHAP. VII. — Cyrénaïque ; Cyrène..... **136**

CHAP. VIII. — Afrique proprement dite. — Syrtique. — Oéa, Macarée, Subtuttu, Leptis magna, Sabratha. — Byzacène. — Zeugitane..................... **137**

CHAP. IX. — Numidie. — Tipasa. — Ghelma. Hanschir-aïn-Nechma. — Constantine. — Juba Ier. — Juba II.)............. **149**

CHAP. X. — Mauritanie. — Iol ou Césarée.— Siga. — Lix................. **158**

CHAP. XI. — Espagne. — Besippo. — Belo. **161**

CHAP. XII. — Marseille............. **163**

CHAP. XIII. — Iles adjacentes à l'Espagne et à l'Afrique.— Ébusus. — Mahon. — Gerbe. **175**

CHAP. XIV. — Cossyre............. **178**

CHAP. XV. — Malte............... **179**

CHAP. XVI. — Aïa................ **180**

CHAP. XVII.— Sardaigne. — Enosis. — Nora. — Sulcis.................... **182**

CHAP. XVIII. — Sicile. — Gemmes. — Inscription d'Éryx. — Panorme. — Himère. — Catane. — Léontini. — Syracuse. — Héraclée. — Agrigente. — Motya. — Enna. — Ile Saint-Pantaléon.............. **191**

CHAP. XIX.— Langue libyque. — Inscription bilingue de Thugga............. **205**

LIVRE QUATRIÈME.
Synthèse grammaticale. — Affinités. — Conclusion.

CHAP. I. — Lettres............... **225**

CHAP. II. — Mots. — Des mots en général. — Nom. — Verbe. — Pronom. — Particules. **227**

CHAP. III. — Syntaxe.............. **232**

CHAP. IV. — Conclusion........... **233**

ERRATA.

Page	22,	ligne 14,	au lieu de	ע ש ע,	lisez :	ע ת ש.
—	27,	— 10,	—	כן,	—	בן.
—	29,	— 12,	—	עבושמש,	—	עבדשמש.
—	31,	— 39,	—	שמעוך,	—	שמעון.
—	56,	— 11,	—	ולט,	—	קט.
—	60,	— 38,	—	היאודי	—	היהודי.
—	61,	— 43,	—	ס ע ש',	—	ס צ ש.
—	72,	— 14,	—	לדבת	—	לרבת.
—	94,	— 3,	—	עדרעששתרת	—	עבדעשתרת.
—	155,	— 33, après *Domino Baali*, ajoutez : (*Ha*)*mani*.				
—	164,	— 6, lettre 23, au lieu de ח, lisez : ב.				
—	id.,	— 10, après la lettre 39, ajoutez : אמ.				
—	id.,	— 26, lettre 1, au lieu de ב, lisez : פ.				
—	169,	— 7, au lieu de באת, lisez : באט.				
—	172,	— 18, — וחבדנם, — וגבדנם.				
—	173,	— 22, après la lettre 17, ajoutez : ח.				
—	id.,	— 24, lettres 17 et 18, au lieu de על, lisez : צל.				
—	181,	— 46, après *neuvième groupes*, ajoutez: *de M. de Saulcy*.				
—	198,	— 12, au lieu de מחנתעם, lisez : עם מחנת.				
—	199,	— 29, — חרשת, — חדשת.				

ÉTUDE DÉMONSTRATIVE

DE

LA LANGUE PHÉNICIENNE

ET DE

LA LANGUE LIBYQUE

LIVRE PREMIER.

ÉLÉMENTS TRADITIONNELS.

CHAPITRE I.

EXPOSITION. — Précis historique. Analogies de la langue phénicienne.

Les Phéniciens furent salués dans l'antiquité du nom d'inventeurs des lettres. Placés, à l'extrémité orientale de la Méditerranée, entre les civilisations de l'Inde, de l'Égypte, de l'Assyrie d'une part, et, de l'autre, la barbarie de l'Europe et de la Libye, ils s'étaient élancés, sur leurs hardis navires, comme sur l'aile de la Providence, à travers le vaste bassin ouvert devant eux, pour porter les semences de l'initiation civilisatrice aux nations dispersées sur les îles et les rivages de cette mer, vers laquelle gravitent depuis cette époque les principaux intérêts de l'ancien monde. C'est à l'étincelle apportée par eux que s'est allumé le génie grec à qui doit tant, à son tour, notre vie intellectuelle! Ils avaient amassé des archives nombreuses et renommées; ils avaient décerné à l'une de leurs cités le nom de *ville des livres*, de *ville de la science*.

Et voilà que tout à coup, le ministère d'initiation étant achevé pour eux, leur puissance s'écroule ; leurs annales disparaissent jusqu'à la dernière page; leur langue s'éteint; le souvenir de leurs lettres s'efface de la mémoire des nations. Cet oubli doit durer jusqu'au milieu du seizième siècle de notre ère.

Toutefois, le peuple qui avait détruit la plus puissante colonie des Phéniciens, la grande Carthage, et qui avait conçu contre cette république une telle haine qu'il se réjouissait de ce que le nom de cette capitale ne pût être lu sur ses propres ruines; ce peuple, par une heureuse inadvertance, lui a conservé un souffle de vie dans sa littérature ; il nous a transmis, dans une de ses comédies, un écho de la langue de cette rivale détestée, et longtemps, à part quelques noms propres plus ou moins défigurés, ce fut l'unique monument que l'on en possédât.

Enfin, dans le cours de notre seizième siècle, le goût et l'étude des médailles ayant pris un subit et remarquable essor, on signala plusieurs monnaies antiques, trouvées en Sicile et en Espagne, sur lesquelles se montraient des caractères jusque-là inconnus et que l'on s'accorda à considérer comme phéniciens. Le nombre de ces monuments s'est rapidement accru, et depuis la côte orientale de la Méditerranée jusqu'à celle de l'océan Atlantique, presque tous les points jadis occupés par les Phéniciens ont fourni leur contingent.

En même temps des inscriptions lapidaires, ennoblies des mêmes signes, sortaient de la poussière ou du milieu des ruines.

Ainsi, en 1631, un Français, Thomas d'Arcos, découvrait à Dugga, l'ancienne Tucca ou Thugga, près de Tunis, le monument le plus précieux de ce genre que l'on ait fait connaître, une épigraphe bilingue, contenant, d'une part, sept lignes d'écriture phénicienne, de l'autre, sept lignes d'écriture libyque.

Peu d'années après on en trouvait deux fort remarquables à Malte, où l'on en a trouvé deux autres en 1820.

En 1738, on en déterrait trente-trois dans les ruines de Citium, aujourd'hui Chieti ou Tschietti, ancienne ville phénicienne de l'île de Chypre, et le professeur Ross vient d'en déterrer, dans le même lieu, deux autres que M. de Saulcy a publiées et traduites.

Puis, à Athènes, en 1797, on en découvrait deux, et trois autres ont été découvertes tout récemment.

L'Égypte, déjà si riche par ses propres monuments, en a conservé aussi quelques-uns que la main des Phéniciens avait gravés sur la pierre ou peints sur le papyrus. M. Ampère a rapporté l'estampage d'une magnifique inscription qu'il a vue à Ipsamboul, gravée sur le colosse brisé, à gauche de la porte du grand temple.

En Sicile, en Sardaigne, à Gerbi, il en a été trouvé soit dans le dix-huitième siècle, soit de nos jours.

L'Afrique proprement dite, outre celle que nous avons citée en premier lieu, en a récemment fourni un grand nombre, découvertes, deux à Tripoli, une quinzaine aux environs de Carthage et plus encore en Numidie, où, dans quelques points que nous occupons et particulièrement à Ghelma, l'ancienne Calama de saint Augustin, on en trouve, pour ainsi dire, tous les jours encore. M. de Lamare, chef d'escadron d'artillerie, membre de la commission scientifique de l'Algérie, a plus que tout autre, sous ce rapport, mérité des amis de la science ; il a signalé, très près de Ghelma, à Hanschir-Aïn-Nechma ou Kassar des Ouled-Harrid, des ruines dont fait partie un cimetière rempli d'inscriptions phéniciennes et libyques ; il en a rapporté plusieurs, ainsi que quelques-unes trouvées à Ghelma même ; elles ont été déposées au Louvre, avec beaucoup d'autres monuments recueillis par cet explorateur éclairé, afin de servir de premiers éléments à un musée africain que le gouvernement a la louable intention de fonder. Mon ami, le docteur Grellois, a découvert aussi, tant à Ghelma qu'à Hanschir-Aïn-Nechma, d'autres inscriptions dont il a eu l'obligeance de m'envoyer soit des copies, soit des moules en plâtre.

Enfin, dans notre propre patrie, dans l'antique ville des Massiliens, qui a su toujours garantir le sol gaulois de l'invasion des Phéniciens, on vient tout récemment de déterrer le plus considérable monument que ce peuple ait laissé.

Voici donc, après le long ensevelissement dont nous avons parlé, que les témoignages de la présence des Phéniciens se relèvent de l'Orient à l'Occident, autour et au sein de ce lac immense dont ils ont les premiers franchi toutes les distances et qu'ils ont longtemps couvert de leurs voiles et de leur gloire !

Merveilleux concours de circonstances ! en ce moment aussi l'opulente Ninive secoue le linceul qui pesait depuis tant de siècles sur sa dépouille ignorée ! L'antique et mystérieuse Égypte a laissé, depuis plusieurs années, pénétrer ses secrets, dont elle avait été jusque-là si jalouse ! Est-elle donc levée la malédiction qui a puni cette race ? Approchent-ils les jours où doit s'accomplir la promesse de réconciliation avec le pays de l'Égypte et l'Assyrien, et leur union avec Israël, représenté maintenant par la chrétienté ?

Notre but n'est point de nous abandonner à ces méditations. Nous n'avons en vue que de profiter du nombre assez grand de monuments qui ont été, depuis peu de temps, ajoutés à ceux que l'on connaissait et que l'on avait plus ou moins heureusement commentés, pour essayer de faire faire de nouveaux progrès à l'étude de la langue phénicienne et d'en asseoir la démonstration sur une méthode rigoureuse. Nous nous proposons de profiter aussi du petit nombre de textes libyques que l'on possède pour tenter de jeter sur eux quelque lumière.

Le débris de langue phénicienne conservé dans une comédie latine, dont nous avons parlé précédemment, appartient, chacun le sait, au *Pœnulus* de Plaute. C'est sur lui que se sont naturellement portées les premières recherches concernant cette langue, et Jos. Scaliger, à qui l'initiative appartient, avança cette proposition qui fut un trait de lumière, savoir, que ce texte s'éloigne peu de la pureté de l'idiome hébraïque.

Cette conclusion en effet est d'accord avec les témoignages historiques; tous proclament l'analogie reconnue par Jos. Scaliger; tous nous apprennent que c'est dans la langue hébraïque qu'il faut avant tout chercher les moyens d'interpréter les monuments phéniciens qui nous restent.

Le prophète Isaïe, ch. 18, v. 19, donne à la langue hébraïque le nom de *langue de Canaan*, et d'un autre côté saint Augustin[1] fait savoir que de son temps encore les paysans de son diocèse se disaient eux-mêmes *Cananéens*; le pays de *Canaan*, en effet, n'est que celui auquel les Grecs ont donné le nom de *Phénicie*[2].

Ces paysans, contemporains de saint Augustin, parlaient encore punique, c'est-à-dire phénicien, et le grand évêque a pu reconnaître qu'une étroite parenté existait entre ce langage et celui des Hébreux, ainsi qu'il le déclare en plusieurs endroits de ses œuvres : « *Istæ linguæ* (hebræa et punica) *non multum inter se differunt*[3]... Hunc (Christum) *Hebræi dicunt Messiam; quod verbum linguæ punicæ consonum est, sicut alia permulta et pæne omnia*[4]... *Hebræum verbum est* (Mammona) *cognatum linguæ punicæ; istæ enim linguæ significationis quadam vicinitate sociantur*[5]... *Locutio est* (Et extendit manum suam) *quam propterea hebræam puto, quia et punicæ linguæ familiarissima est, in qua multa invenimus hebræis verbis consonantia*[6]... *Cognatæ quippe sunt linguæ istæ et vicinæ, Hebræa, Punica et Syra*[7]... »

Saint Jérôme, qui était aussi fort bien placé pour juger la question, s'exprime ainsi : « *Tyrus et Sidon in Phœnices littore principes civitates* rel. *Quarum Carthago colonia. Unde et Pœni sermone corrupto quasi Phœni appellantur. Quarum lingua linguæ hebrææ magna ex parte confinis est*[8]... *Lingua quoque punica, quæ de Hebræorum fontibus manare dicitur, proprie virgo alma appellatur*[9]... *Nonnulli putant aquas calidas juxta punicæ linguæ viciniam, quæ hebrææ contermina est, hoc vocabulo* (חמים) *significari*[10]... »

Enfin Priscien dit à son tour : « *Maxime cum lingua Pœnorum, quæ Chaldææ vel Hebrææ similis est et Syræ, non habeat neutrum genus*[11]. »

Saint Augustin ne s'en tient pas tout à fait à des assertions; « il rapporte, dit M. Et. Quatremère, qu'ayant entendu un paysan de son diocèse prononcer le mot *salus* et lui ayant demandé le sens, cet homme répondit qu'il désignait le nombre *trois*. Or il est aisé de reconnaître ici le mot hébreu שלש[12]. »

Ces observations ne s'appliquent qu'aux sons de la langue. Lorsqu'on eut recueilli des monuments, on s'aperçut que pour l'expression matérielle aussi, pour les caractères graphiques, il y a analogie fort étroite entre le phénicien et l'hébreu, car la plupart des signes phéniciens

---

(1) Epistolæ ad Rom. expositio, t. III, col. 932, ed. Bened.
(2) Et Quatremère, Nouv. jour. asiat., 1828, I, p. 17.
(3) Quæst. in judices, lib. VII, quæst. 16, t. III, p. 477, ed. Bened.
(4) Contra litt. Petiliani, lib. II, cap. 104, t. IX, col. 198.
(5) De verbis Domini serm. 35.
(6) Locutiones in Gen., lib. I, 8, 9
(7) In Joann. tract., 15, t. III, 6 col., 302
(8) In Jerem., 5, 25.
(9) In Jes., 3, 7.
(10) Quæst. in Genes., 36, 24.
(11) Lib. 5, p. 123.
(12) Epist. ad Rom., exp.

ont la plus grande ressemblance avec les anciens signes hébraïques conservés sur les médailles asmonéennes. M. Et. Quatremère, dont on ne peut trop invoquer le témoignage dans de pareilles questions, dit à ce sujet : « On sait que les Hébreux firent usage pendant bien des siècles d'un caractère qui offre la plus grande analogie avec le caractère phénicien et que nous retracent les légendes gravées sur les monnaies des princes Asmonéens ou Macchabées. C'est le même qui, modifié et altéré pendant un laps de temps considérable, s'est toutefois conservé jusqu'à nos jours chez les familles peu nombreuses qui forment les tristes débris du peuple Samaritain. Cette question n'a plus besoin d'être prouvée, depuis surtout qu'elle a été démontrée avec tant d'érudition et de critique par M. Gesenius dans son *Histoire de la langue hébraïque* [1] »

C'est donc dans l'hébreu qu'on chercha la clef du phénicien. On s'attacha d'abord, puisque c'était le seul reste que l'on possédât, au passage de la célèbre comédie de Plaute.

Joseph Scaliger, ainsi que nous l'avons dit, doit être cité le premier; puis vient Sam. Petit [2], et enfin Sam. Bochart, dont l'interprétation, comme le proclame Gesenius, est digne de ce savant auteur [3].

Les médailles ont été, dès 1576 et successivement, décrites dans un assez grand nombre d'ouvrages.

Rhenferd [4], le premier, entreprit d'en expliquer quelques-unes dans un essai où se trouvent plusieurs aperçus justes au milieu d'erreurs dépendant en grande partie du nombre insuffisant de matériaux et de l'inexactitude des copies qu'il avait pu consulter.

Après lui, Montfaucon mérite aussi d'être mentionné pour avoir lu l'une des légendes des médailles de Sidon [5].

Ce ne fut, toutefois, que vers le milieu du dernier siècle, alors que des inscriptions lapidaires commencèrent aussi à être découvertes, que l'étude des monuments phéniciens prit un caractère sérieux et scientifique. Ce caractère lui fut surtout, et dès le principe, imprimé par l'illustre abbé Barthélemy, heureux et rare mélange d'érudition, de sagacité et de retenue [6]. En même temps, le docteur Swinton, d'Oxford, déterminait aussi la plupart des lettres avec exactitude, mais, contraste singulier, en s'égarant presque toujours dans l'explication des textes; à lui le mérite d'avoir découvert la série des chiffres [7].

Depuis cette époque jusqu'à celle où Gesenius fit paraître son ouvrage intitulé : *Scripturæ linguæ que phœniciæ monumenta quotquot supersunt*, etc., Leipsick, 1837, un grand nombre d'auteurs, dont il rapporte le catalogue, ont continué, avec des succès variables, les travaux si bien inaugurés par Barthélemy. Il y a lieu de citer d'abord ses contemporains Dutens [8] et Bayer [9], dont le dernier a eu l'honneur de faire consentir à une importante rectification.

Dans le premier quart de notre siècle, on doit signaler Tychsen [10], surtout Fabricy [11] et Akerblad [12], Gesenius [13], qui prélude avec distinction à ses recherches ultérieures, Kopp enfin, qui exagère un excellent principe [14].

---

(1) Jour. des Sav., oct. 1838, p. 631.
(2) Miscell. lib. novem. Paris, 1630, IV, p. 58.
(3) Géogr. sacra, part. II, 2, 6.
(4) Opera philolog. Trajecti ad Rhenum, 1722, IV, p. 732-769.
(5) Paléogr. grecque, p. 118 et suiv.
(6) Mém. de l'Acad. des Inscrip., t. XXX, in-4°, p. 404, LIII, in-12, p. 20; t. XXXII, in-4°, p. 725, LIX, in-12, p. 365 — Journ. des Sçavans, 1760, 1761, 1763. — Lettre à M. le marquis d'Oliviéri au sujet de quelques monuments phéniciens, 1766.
(7) Inscr. citicæ Oxon., 1753. — Philos. transactions, vol. L, p. 791; LIII, p. 274; LIV, p. 119; LVIII et LXI.
(8) Explication de quelques médailles grecq. et phén.

(9) Del alphabeto y lengua de los Fenices y de sus colonias, à la suite de la traduction de Salluste par Gabr. de Borbon. Madrid, 1772.
(10) De linguæ phœn. et hebr. mutua æqualitate, nov. act. Societ. Upsal, vol. VII, p. 87-103, 1815.
(11) De phœniciæ litteraturæ fontibus, 1804.
(12) Inscript. phœn. oxoniensis nov. interpret. Paris, 180?. — Comment. Gotting., vol. XIV, p. 225-228. — Lettre à Italinski, Ann. encycl. de Millin, II.
(13) Uber die phöniz. und punisc. sprache. Leips, 1815.
(14) Bilder und schriften der vorzeit, t. I. Manheim, 1819. — Entwickelung der semit. schriften, p. 178-220. — Bemerkungen über einige punische steinschriften aus Karthago.

La décade suivante voit naître des ouvrages remarquables dont la publication paraît excitée par les découvertes récentes de nouveaux monuments dans les environs de Carthage, découvertes faites d'abord par Humbert [1], puis par l'infatigable M. Falbe [2]. Ces ouvrages sont dus à Hamaker [3], qui n'a cependant pas tiré un parti très heureux de ses connaissances variées en littérature orientale, à M. M. Lanci [4], à M. Lindberg [5] qui, auteur de l'explication d'une inscription de Malte, a groupé un grand nombre de documents précieux sur la numismatique phénicienne, à M. Et. Quatremère [6], enfin à Gesenius encore [7].

Quel que soit toutefois le mérite particulier de chacune de ces œuvres, Gesenius a été en droit de dire, en tête de la préface du grand ouvrage dont nous avons, il n'y a qu'un instant, rapporté le titre : « Quanquam hæc interpretantium opera, si paucos (in his Bayerum, Akerbladium),
« excipias, tam parum ista studia incrementi ceperunt, ut haud raro judicii infirmitate dicam
« an perversitate, quum præsertim certa principia deessent, infra Barthelemyum relaberentur...
« Nuper in explicandis inscriptionibus numidicis in lucem edita sunt interpretationum mon-
« stra, in quibus nescias utrum magis mireris insolentem idiomatis ex omnibus dialectorum
« latebris conquisiti formam an orationem contortam argumentumque ineptum monumento
« publico prorsus indignum. Et quid dicamus de miro et singulari interpretum, tum in singulis
« litteris definiendis, tum in integris monumentis legendis, dissidio? Quid de eorum circa dialec-
« tum Phœniciam, quam alii puram hebraicam, alii ex omnibus dialectis semiticis mixtam
« existimarunt dissensu ? »

Malheureusement cet illustre orientaliste, dont l'ouvrage est d'ailleurs si utile par l'ensemble de monuments et le trésor de science qu'il renferme, est loin d'avoir évité tous les défauts dont il accuse les plus rapprochés de ses devanciers; lui aussi manque souvent de rigueur dans la détermination des caractères; lui aussi n'a que trop d'interprétations d'une frappante invraisemblance.

L'abbé Arri a publié, en 1839, dans les actes de l'Académie royale des sciences de Turin, un mémoire destiné à relever quelques-uns de ces torts. Mais, bien qu'il se fût posé lui-même des règles sévères, ce jeune antagoniste, enlevé si tôt à de brillantes espérances, n'a pu éviter à son tour de graves erreurs, sans doute parce qu'il s'était enfermé dans un horizon trop étroit.

Barthélemy disait dans sa lettre de 1760 aux rédacteurs du *Journal des Sçavans* : « On sera
« sans doute surpris dans la suite qu'il ait fallu tant de temps et de peines pour éclaircir les monu-
« ments phéniciens. » Combien il s'en faut que ce soit à nous qu'il appartienne d'exprimer cette surprise, à nous qui n'avons comparativement le droit de nous étonner, au contraire, que de l'élévation à laquelle ce beau génie était parvenu avec si peu de ressources !

J'ai fait déjà quelques efforts pour tenter de nouveaux progrès : on doit beaucoup enfin aux travaux exécutés dans le même but par mon savant ami M. de Saulcy, esprit éminent, qui a le don de répandre la lumière sur tous les sujets qu'il aborde.

Quant à la langue libyque, outre les restes dont il a été déjà parlé, il en a été récemment trouvé d'autres à Challik, par Honegger; à Hanschir-Makther-Ouled-Agâr, par M. Falbe; à Tifesh, par M. Bonnafond ; à Tacouka, chez les Aninchas, province de Constantine, par M. le chirurgien aide-major Mich. Stéphanopoli ; à Hanschir-Aïn-Nechma, par M. Delamare, comme il a été dit ci-dessus, et par le docteur Grellois. Mais la plupart ne sont que des fragments auxquels il paraît impossible de trouver aucun sens. Jusqu'à présent, l'inscription bilingue de Thugga seule s'est prêtée à l'interprétation. Gesenius a le premier débrouillé la valeur de la plupart des caractères ;

---

(1) Notice sur quatre cippes sépulcraux. La Haye, 1821.
(2) Recherches sur l'emplacement de Carthage.
(3) Diatribe de aliq. monum. punicis, etc. Lugd. Batav., 1822. — Lettre à M. R. Rochette. Leyde, 1824. — Miscell. phœnicia, 1828.
(4) Osservazioni sul bassorilievo di Carpentrasso. Roma, 1826. — Lettra sopra uno scarabeo fenico-egizio. Napoli, 1826. — La sacra scrittura illustrata con monumenti fenico-assiri ed egizi. Roma, 1827.
(5) De nunis punicis Sextorum, Hauniæ, 1824. — De inscript. melitensi phœnicio-græco. 1828.
(6) Mémoires sur quelques inscriptions puniques, Nouveau Journal asiatique, t. I, 1828.
(7) Palæographische studien, 1835.

quelques erreurs ou omissions lui avaient néanmoins échappé; elles ont été réparées fort heureusement par M. de Saulcy dans une lettre, modèle de méthode, que ce savant a publiée dans le *Journal Asiatique*, 4ᵉ série, t. I (février 1843). Nous-même, nous nous en sommes occupé et nous avons essayé de la traduire par le berbère, dans un mémoire lu à la Société asiatique, le 11 octobre 1844.

Réduites à ces faibles éléments, nos études sur la langue libyque ne seront par conséquent qu'incidentes, et c'est à la langue phénicienne que cet ouvrage est presque entièrement consacré. Nous allons asseoir notre base en recherchant, dans l'analyse des passages phéniciens du *Pœnulus* de Plaute, si, selon toute vraisemblance, cet idiome a réellement avec l'hébreu l'analogie dont il a été parlé. Nous n'oublierons pas toutefois qu'en donnant, d'un commun accord, la première place à cette analogie, saint Augustin et Priscien ajoutent que la langue phénicienne avait aussi certains rapports avec le syriaque et le chaldéen.

On lit, d'un autre côté, dans saint Jérôme, *in Is.*, 19, 18, le passage suivant : « Non possu-« mus loqui lingua hebræa, sed lingua cananitide, quæ inter Ægyptiam et Hebræam media est et « Hebrææ magna ex parte confinis. » Nous aurons donc aussi à examiner si les rapports certains qui existaient entre l'ancienne langue égyptienne et la langue hébraïque, si d'autres rapports propres à l'idiome phénicien ne justifieraient pas ce nouveau rapprochement, ou si l'on ne doit pas, au contraire, adopter la correction proposée par Gesenius, savoir, qu'à *Ægyptiam* il faut peut-être substituer *Aramæam*; saint Jérôme, dans la dernière hypothèse, se trouverait en parfaite harmonie avec saint Augustin et Priscien.

CHAPITRE II.

Traduction des passages phéniciens des trois premières scènes du cinquième acte du *Pœnulus*.

On ne peut mieux faire connaître le sujet qu'en reproduisant l'exposition tracée par Plaute lui-même, dans son prologue, en ces termes :

Carthaginenses fratres patrueles duo
Fuêre, summo genere et summis divitiis :
Eorum alter vivit, alter est emortuus.
Sed illi seni qui mortuus est, filius,
Unicus qui fuerat, abditivus à patre,
Puer septuennis surripitur Carthagine,
Sexennio prius quidem quàm moritur pater.
Quoniam periisse sibi videt gnatum unicum,
Conjicitur ipse in morbum ex ægritudine.
Facit illum hæredem fratrem patruelem suum...
Ille qui surripuit puerum, Calydonem avehit :
Vendit eum domino hic diviti cuidam seni...
Emit hospitalem is filium imprudens senex
Puerum illum, cumque adoptat sibi pro filio :
Eumque hæredem fecit, cùm ipse obiit diem.
Is illic adolescens habitat in illisce ædibus...
Sed illi patruo hujus, qui vivit senex,
Carthaginensi duæ fuére filiæ :
Altera quinquennis, altera quadrimula.
Cum nutrice unà periére. A Magaribus

ET DE LA LANGUE LIBYQUE.

Eas qui surripuit in Anactorium devehit,
Venditque has omnes, et nutricem, et virgines,
Præsenti argento, homini, si leno est homo,
Quantùm hominum terra sustinet sacerrimo.
Is ex Anactorio, ubi prius habitaverat,
Hàc commigravit in Calydonem haud diù,
Sui quæsti causâ. Is in illis habitat ædibus.
Earum hic adolescens alteram efflictim perit,
Suam sibi cognatam, imprudens, neque scit quæ ea
Sit, neque eam unquàm tetigit : ita eum leno macerat.
Neque quicquam cum eâ fecit etiamnùm stupri...
Sed pater illarum pœnus, postquàm eas perdidit,
Marique, terrâque, usquè quaquè quæritat.
Ubi quamque in urbem est ingressus, illicò
Omnes meretrices, ubi quisque habitant, invenit :
Dat aurum, ducit noctem : rogitat post ibi
Undè sit, quojatis, captane an surrepta sit,
Quo genere gnata, qui parentes fuerint.
Ità doctè atque astu filias quærit suas.
Et is omnes linguas scit : sed dissimulat sciens
Se scire ; Pœnus planè est, quid verbis opu'st?
Is heri huc in portum navi venit vesperè.
Pater harum idem huic patruus adolescentulo est.
Ille qui adoptavit hunc pro filio sibi,
Is illi Pœno hujusce patri hospes fuit.
Is hodiè hùc veniet, reperietque hic filias :
Et hunc sui fratris filium, ut quidem didici ego.

C'est à l'arrivée de ce Carthaginois, nommé Hannon, que commence la partie de la pièce qui fait le sujet de ce chapitre ; elle comprend les trois premières scènes.

La première consiste en un monologue dans lequel Hannon, suivi de ses esclaves, invoque les dieux protecteurs de la terre sur laquelle il vient d'arriver, et les prie de lui être propices dans sa pieuse entreprise.

La seconde scène est amenée par la rencontre d'Agorastocle, qui sort d'une des maisons voisines, accompagné de Milphion, son serviteur et son confident. A la vue des étrangers, et après les avoir reconnus pour des Carthaginois, Milphion, qui prétend ne le céder à personne en science punique, engage avec Hannon un dialogue qui n'est qu'une suite de propos interrompus provenant de la fausse interprétation qu'il donne aux paroles du Carthaginois ; celui-ci, indigné du travestissement de ses réponses (car il connaît toutes les langues), éclate en reproches exprimés en latin. Agorastocle alors prend directement part au dialogue, et les explications qui s'échangent font bientôt reconnaître en lui le neveu d'Hannon, le fils adoptif de son ancien hôte. Hannon apprend en même temps que ses filles se trouvent dans la même ville, et qu'Agorastocle est éperdument épris de l'aînée.

La troisième scène complète cet événement par l'entrevue d'Hannon avec la nourrice de ses filles, qui le reconnaît avec transport, puis par la rencontre de ses filles elles-mêmes, auxquelles il ne se découvre qu'après s'être d'abord contenu et avoir dissimulé sa qualité.

SCÈNE I.

L'invocation d'Hannon, qui remplit la première scène, débute par seize vers en langue étrangère, et se termine par onze vers latins. On a pensé naturellement que les seize premiers vers sont écrits en punique. Cette opinion s'est soutenue sans conteste depuis Jos. Scaliger jusqu'à

Sam. Petit inclusivement, c'est-à-dire, jusqu'à ce que S. Bochart, sur un indice qui lui avait été donné par son ami Sarrau, fît remarquer que les onze premiers seuls comprennent le contexte reproduit dans les vers latins. Cette assertion, suggérée d'abord par la répétition de quelques formules, et surtout par la position corrélative des noms propres, fut bientôt démontrée par la traduction de ces vers, qui se trouva en grande partie concorder avec celle de Plaute lui-même. Les six autres, où l'on reconnaît la même symétrie matérielle, parurent aussi à Bochart, pour le même motif, une nouvelle reproduction du même contexte, mais dans une troisième langue. Les onze premiers vers furent donc considérés comme puniques par ce savant critique, et il avança que les six qui suivent son libyques : il renonça en conséquence à en rechercher l'explication dans l'hébreu.

Gesenius a adopté sur ces divers points l'opinion de Bochart ; mais, par une inexplicable contradiction, il s'efforce de ramener son prétendu texte libyque aux racines et aux formes phéniciennes, et après avoir blâmé S. Petit d'y avoir appliqué l'analogie hébraïque, il se livre péniblement à la même tentative. C'est qu'en effet il est impossible de ne pas reconnaître une ressemblance frappante entre plusieurs de ces mots et une partie de ceux du texte punique proprement dit ; ressemblance que la raison se refuse à considérer comme un rapprochement fortuit et simplement apparent entre deux langues différentes. D'un autre côté, la même observation se présente au sujet de la similitude de plusieurs autres mots avec des mots latins ; ce second rapprochement ne paraît pas non plus pouvoir être purement accidentel. Je pense donc que ce passage est une parodie du précédent, un mélange incohérent de termes puniques et de vocables latins, du phénicien enfin à la manière du latin et du turc de Molière ; il n'y a pas lieu de s'y arrêter sérieusement ; les onze premiers vers méritent seuls de nous occuper.

Le texte punique a dû, on le conçoit, éprouver plusieurs altérations en passant successivement par les mains des copistes qui en ignoraient la signification : aussi un grand nombre de variantes se sont-elles introduites dans les différentes éditions. Il faut en restituer en partie le texte lui-même, et, à cet effet, chercher dans les variantes et retenir les sons qui se prêtent le mieux à une interprétation concordante avec la version fournie par Plaute, laquelle doit incontestablement servir de criterium. C'est la règle que se sont imposée les deux habiles commentateurs cités en dernier lieu. Mais il est aussi un autre secours qu'ils ont peut-être trop négligé, et qui m'a fourni plusieurs traits de lumière : c'est le rapprochement de quelques locutions avec des expressions qui se présentent, en quelque sorte comme leur écho, dans les scènes suivantes.

Je transcrirai d'abord la partie latine, puis les restitutions du texte punique proposées par Bochart et par Gesenius ; j'analyserai ensuite comparativement, et vers par vers, l'une et l'autre de ces restitutions, en proposant les modifications dont elles m'ont paru susceptibles. J'aurai occasion de profiter des observations de deux auteurs qui ont, l'un, M. Vex, en 1839, l'autre, M. Movers, en 1845, traité le même sujet avec beaucoup de développements et d'érudition. Je ne connaissais pas, en 1843, l'ouvrage de M. Vex, lorsque j'ai publié le travail que je vais en grande partie reproduire.

TEXTE LATIN.

Deos deasque veneror qui hanc urbem colunt,
Ut, quòd de meâ re hùc veni, ritè vènerim,
Measque hìc ut gnatas et mei fratris filium
Reperire me siritis : di vostram fidem !
Quæ mihi surreptæ sunt, et fratris filium.
Sed hìc mihi antehac hospes Antidamas fuit.
Eum fecisse aïunt sibi quod faciundum fuit.
Ejus filium hìc prædicant esse Agorastoclem :
Ad eum hospitalem hanc tesseram mecum fero :
In hisce habitare monstratu'st regionibus.
Hosce percontabor qui hùc egrediuntur foràs.

ET DE LA LANGUE LIBYQUE.

TEXTE PUNIQUE.

Leçon de Bochart.

1. N'yth alonim valonuth sicorath jismacon sith
2. Chy-mlachai jythmu mitslia mittebariim ischi
3. Liphorcaneth yth beni ith jad adi ubinuthai
4. Birua rob syllohom alonim ubymisyrtohom
5. Bythlym moth ynoth othi heloch Antidamarchon
6. Is sideli : brim tyfel yth chili schontem liphul
7. Uth bin imys dibur thim nocuth nu' Agorastocles
8. Ithem aneti hy chyr saely choc, sith naso
9. Binni id chi lu hilli gubylim lasibit thym
10. Body aly thera ynn' ynnu yss' immoncor lu sim.

1. נא את עליונים ועליונות שבורת יסמכון זאת
2. כי מלכי נתמו : מצליח מדבריהם עסקי :
3. לפורקנת את בני את יד עדי ובנותי :
4. ברוח רב שלהם עליונים ובמשורתהם :
5. בטרם מות חנות אותי הלך אנתידמרכון :
6. איש שידע לי : ברם טפל את חילי שכינתם לאפל :
7. את בן אמיץ דבור תם נקוט נוה אגורסטוקליס :
8. חותם חנותי הוא כיור שאלי חוק זאת נרשא :
9. ביני עד כי לו האלה גבולים לשבת תם :
10. בוא די עלי תרע אנא ; הגו אשאל אם מנכר לו שם :

1. Rogo deos et deas, qui hanc urbem tuentur,
2. Ut consilia mea compleantur : prosperum sit ex ductu eorum negotium meum.
3. Ad liberationem filii mei à manu prædonis et filiarum mearum.
4. Dii (inquam id præstant) per spiritum multum qui est in ipsis et per providentiam suam.
5. Antè obitum diversari apud me solebat Antidamarchus.
6. Vir mihi familiaris : sed is eorum cœtibus junctus est quorum habitatio est in caligine.
7. Filium ejus constans fama est ibi fixisse sedem, Agorastoclem.
8. Sigillum hospitii mei est tabula sculpta, cujus sculptura est deus meus : id fero.
9. Indicavit mihi testis eum habitare in his finibus.
10. Venit aliquis per portam hanc : ecce eum ; rogabo numquid noverit nomen.

Leçon de Gesenius.

1. Ythim alonim valonuth   siccarthi simacom syth
2. Chym lacchu yth tummy   'sthyal mytthibariim ischi
3. Liphocaneth yth byn achi   iadidi ubynuthii
4. Birua rob syllohom   alonim ubymysyrtohom
5. Bythlym moth ynn   ochot li velech Antidamaschon
6. Is sid dobrim thyfel-   yth chylys choa them liful
7. Yth binu ys   dibburt hinn ocutnu Agorastocles
8. Ith emanethi hy chyr saely   choc syth naso : Bynni
9. Id chi llu hily gubulim   lasibit thym
10. Body aly thera ynnynnu   ysl ym moncor lu sim.

DE LA LANGUE PHÉNICIENNE

1. את עלינים ועליעות	זכרתי שמקום זאת
2. כי אם לקחון את	ישתאל מדבריהם השקי
3. לפרקנת את בן אחי	ידידי ובנותי
4. ברוח רב שלחם	עלינים ובמשרתהם
5. בטרם מות הן	אחות לי ולך אתיידמסכן
6. אויש זד דברים תפל־	ות הליץ מה תם לפעול
7. את בנו יש	חבורת הנה אחותנו אנגרסטקלם
8. את אמכתי הוא כיד שאלי	חק זאת נשוא : ביגני
9. עד כי לו אלה גבולים	לשבתתם
10. עבדי עלי תרע הננו אשאל אם	מנכר לו שם

1. Superos superasque celebro hujus loci,
2. Ut, ubi abstulerunt prosperitatem meam, impleatur jussu eorum desiderium meum
3. Servandi filium fratris mei è manu prædonum et filias meas
4. Virtute magnâ quæ diis et imperio eorum.
5. Ante mortem ecce amicitia mihi tecum, o Antidama
6. Vir contemnens loquentes fatua, strenuus robore, integer in agendo :
7. Filium ejus fama hic cognatum nostrum Agorastoclem :
8. Fœdus meum, imaginem numinis mei, pro more fero; indicavit
9. Testis, quòd hæ regiones ei ad habitandum ibi.
10. Servi ad januam : ecce hunc interrogabo, num cognitum ei sit nomen.

Gesenius, à l'exemple de Clerc, a cru que chaque vers est coupé, à l'instar de ceux des Arabes et des autres peuples sémitiques, en deux hémistiches rimant entre eux. Cette malheureuse préoccupation l'a forcé à porter à la fin du huitième vers le mot *bynni* qui, dans toutes les éditions, commence le neuvième, ce qui prouve qu'elle n'est pas fondée, et cependant c'est elle qui a commandé les modifications apportées au texte, et, par conséquent, l'interprétation : le texte et le sens ont donc été torturés pour s'accommoder à cette vue préconçue. Nous aurons plusieurs fois occasion de constater ce résultat dans l'examen analytique auquel nous allons nous livrer.

V. 1. — Gesenius fait remarquer avec raison que, dans la leçon de Bochart, l'attribution de la puissance verbale à la particule בא répugne à la syntaxe hébraïque. Mais, en la rejetant complétement, n'a-t-il pas, de son côté, donné à la phrase un tour peu naturel et trop lâche pour le début d'une invocation? La partie latine, il est vrai, présente aussi ce tour indirect ; mais cela prouverait qu'elle n'a été faite qu'après coup, soit par Plaute lui-même, soit par quelque autre auteur. Ce défaut d'élan ne peut qu'être l'effet des entraves d'une traduction, et plusieurs autres considérations pourraient fortifier cette opinion. Maintes fois, dans le reste de la pièce, Hannon s'adresse aux dieux, et il ne dit jamais *oro deos;* il s'écrie : *Proh dii!* Or, en hébreu, on trouve une interjection équivalente dans la particule אנא ou אנה, si souvent employée au commencement des prières : אנה יהוה אנא יהוה, d'un autre côté, ainsi que le dit Rhenferd dans ses *Rudim. gramm. harmonicæ ling. orient.* : « Hebræi *he* amant, reliqui vero
« cognati populi illud oderunt, ac proinde ejus loco, in formatione vocum, *Aleph* et aliquando
« *tau* usurpant. » Il est donc possible que le *he* de l'hébreu אנה soit converti en *tau*, ce qui fournirait un premier exemple du mélange de l'idiome araméen avec l'idiome hébraïque. C'est ce que je pense, et je traduis en conséquence comme il suit :

אנת עלינים ועליונת שקרא אתשמיהם המקום הזאת

Proh! dii atque deæ quorum invocat nomina locus iste!

On peut considérer cette leçon comme entièrement semblable au texte du précieux palimpseste de Milan, dont le vers correspondant est ainsi écrit : YTHALONIM VALONUTH SICORATHIIS THYMHIM AHY MACOM SYTH.

Alonim est, comme le fait remarquer Selden[1], le pluriel de עליון, c'est-à-dire *élevé*, *suprême*, que Philon de Byblos écrivait Ἐλιοῦν. Le scholiaste Sisenna dit en effet : « Alon, lingua punica, est Deus. »

קרא אתשם ou קרא שם, quoique moins usité que קרא בשם, est cependant une locution parfaitement hébraïque ; ainsi l'on trouve dans Jérémie, xxxiv, 15 : «אשר־נקרא שמי עליו[1]. *La maison qui est invoqué mon nom sur elle.* »

המקום הזאת est rigoureusement équivalent à המקום ההוא, que l'on trouve dans la Genèse, xxviii, 19. Cependant, comme toutes les éditions disent ou *Macom zet* ou *Macom sith*, c'est-à-dire qu'elles ne font entendre, devant le dernier mot, aucun son qui fasse supposer la présence de l'article, je crois que l'on peut admettre l'exception המקום דאת, comme dans cette phrase de la Genèse xxix, 7 : עוד היום גדול. La conformité avec le palimpseste n'en serait que plus grande encore.

V. 2. — « Locus omnium difficillimus, » dit Gesenius, « in quo neque superiores interpretes mihi « satisfecerunt, neque ipse mihi satisfacio. » Cet aveu m'a longtemps fait reculer ; cependant, après de mûres réflexions, il m'a semblé que si l'on a jusqu'à présent obtenu si peu de succès, c'est parce qu'on ne s'est point assez pénétré des rapports qui existent entre la partie punique et la contre-partie latine ; ainsi, l'on a négligé le mot *ritè*, qui se trouve dans celle-ci, et là peut-être s'est rencontrée la pierre d'achoppement. En remontant à l'origine de cet adverbe, on en aurait trouvé l'équivalent dans le vers punique, et aussitôt le sens se serait dégagé, il se serait manifesté avec autant de simplicité que de précision. « *Ritè*, dit Castel Vetro (Op. ver. crit.), « non s'origina da *ratus*, come si credono alcuni, altrimenti *ri* sarebbe brieve, come è in *irritus* « composto da *in* e da *ratus*. E *ritus* significa non *usanza*, come si crede, ma *edito*, e *determi-* « *nazione* procedente dalla parola di Dio o da uomo che abbia protesta di legare et d'obligare gli « altri a far cosi. E'adunque la voce greca Ῥητὸν cioè *il detto*, e per eccellenza quel, che per « essere approvato de Dio, e da' superiori, o dal Popolo, non si dee, ne si può tralasciare. » D'après cette judicieuse observation, *ritè*, dans le second vers latin, correspondrait à la formule אלמודברים, qu'il est facile de lire dans le texte carthaginois, et qui équivaut elle-même à אלפי, que l'on trouve dans la Bible. Le vers entier se rendrait donc de la manière suivante, en empruntant à M. Vex la transcription du second mot :

כי מהלכי תם ומצא אלמדברים חשקי

Utinàm iter meum compleatur et obtingat ritè desiderium meum.

V. 3. — Je n'ai pu trouver le dérivé פורקנת qui commence ce vers dans la leçon de Bochart, et que Gesenius a conservé en éliminant seulement le *vau*. Au surplus, le sens que lui donne le dernier (*servandi* è manu prædonum) ne serait point exact ; car, pour ce malheureux père, il ne s'agit plus de préserver ses enfants d'un enlèvement depuis longtemps consommé. On doit d'ailleurs remarquer que, dans la traduction, le savant interprète a mis, comme Bochart, *è manu prædonum*, tandis que dans le commentaire il s'exprime ainsi : « Hoc posterius esse possit « יד עדו *manus prædæ* (Bochart), sed decsset מן ad hanc sententiam necessarium, cui accedit, « quod in hebraismo עדי *ornatum*, עד *prædam* significat. Cum Bellermanno igitur scribere malo « *iadedi* ידודי *dilectum meum*. » Telle est, en effet, sa leçon dans la transcription hébraïque. Cette contradiction, si je ne m'abuse, n'est point fortuite ; elle résulte de la force des choses : le sens, aussi bien que l'interprétation latine de Plaute, veulent qu'on parle du rapt qui appelle Hannon à Calydon ; cette nécessité ressort du sujet avec tant de force, que, pour y satisfaire,

---

(1) De Dis Syris.—Proleg., cap. 11.—Selden avait traduit ce premier vers d'une manière assez remarquable.

Plaute a consenti à une répétition, oiseuse au fond, mais indispensable pour achever le vers :

> Measque hic ut gnatas et mei fratris filiùm
> Reperire me siritis : Dt vostram fidem !
> Quæ mihi surreptæ sunt, et fratris filium.

Gesenius n'a donc pu, dans la partie en quelque sorte ostensible de sa traduction, échapper à cette exigence; il a ainsi désavoué lui-même et son texte hébraïque et son commentaire.

Cependant, au point de vue purement exégétique, sa critique de עדי יד est évidemment juste. Il faut donc trouver une autre locution pour rendre la phrase de Plaute *quæ mihi surreptæ sunt*; cette équivalence se trouve dans la répétition du mot עד, à l'état construit, répétition si familière aux idiomes orientaux et si énergique dans sa simplicité, soit qu'elle consiste à redoubler, à proprement parler, la même expression, ou à réunir des expressions semblables.

Voici donc la leçon que je propose :

למה קנות בנותי עדעד ובן אחי

Ad hic redimendas gnatas meas, prædam infandam, et filium fratris mei.

On trouve לקנות, *ad acquirendum*, dans Amos, 8, 6, et עד שלל, analogue à עדעד, *præda prædæ*, dans Isaïe, 33, 22.

V. 4. — Aucun changement, aucune observation.

V. 5. — Gesenius dit de la leçon de Bochart en ce point : « חנות אותי הלך, *diversari apud* « *me solebat*, mihi benè hebræa non esse videntur. Itaque litteras in codicibus traditas *Innmoc-* « *tothuulech* ità repono : *Inn ochoth li ulech*, i. e. הנה אחות לי ולך *ecce fraternitas mihi* « *et tibi.* »

Je souscris sans observation au jugement porté sur la version de Bochart ; mais je ne suis point complétement édifié sur celle qu'on propose de lui substituer, car rien, entre autres réflexions, ne me paraît justifier la préposition *ecce*. Je lirai donc à mon tour :

בטרם מות ינוך אות לי ולך אנתידמס כון

Antequàm mors oppressisset te, fœdus mihi et tecum, Antidama, firmatum.

V. 6. — Ici encore Gesenius commence par condamner Bochart, et il le fait en termes plus formels : « In hoc versu interpretando procul à vero abesse videntur Bochartus et Bellermannus, « quorum uterque turgidam mortis descriptionem verbis contineri putat, in quam sententiam « vulgò etiam verba latina *cum fecisse aïunt quod sibi faciendum fuit* interpretatur. Mihi « hoc versu viri defuncti probitas, integritas atque in agendo strenuitas describi videtur. »

Cette dernière manière de voir me semble moins admissible que celle de Bochart, car cet écrivain a eu certainement raison de chercher à rendre le vers latin de Plaute, et il n'y a aucun doute qu'il ne s'y agisse de la mort d'Antidamas ; on en trouve la confirmation dans le passage suivant de la seconde scène, où le verbe *facere* est employé dans le même sens :

> *Han*. Patrem atque matrem viverent vellem tibi !
> *Ag*. An mortui sunt? *Han*. Factum.

Mais, ce qui est condamné par la simplicité des expressions de Plaute, c'est la forme dont Bochart ainsi que Bellermann ont revêtu cette pensée. Comment donc a-t-on pu ne point reconnaître le rapport, en quelque sorte matériel, qui existe entre *Tifel... Liful*, d'une part, et

Fecisse... Faciundum, de l'autre? N'est-ce pas avoir fermé les yeux à la lumière? n'est-il pas évident qu'il y a là une correspondance qui conduit directement à l'interprétation? Pour moi, j'en suis convaincu, et voici, en conséquence, la leçon que je propose :

אישי דברים תפעל את־כי לאיש כן תם לפעל

Aïunt te fecisse hoc, sicut homini, quandoquidem consumptus est, faciendum.

V. 7. — Comme dans les cas précédents, je trouve ici la critique de Bochart toute faite par son savant émule : « In Bocharti hujus versûs analysi plura sunt quæ displiceant ; ac primùm, « אמיץ דבור esset quidem *strenuus sermone*, at minimè *fama constans* : dein נקוט נוה, *capere* « *habitationem* indè *sedem figere*, locutio est facticia, ex linguæ usu non probanda, quod etiam « Bellarmanno opponendum est, qui versum ita scribit : את בן אמיץ דברו תם נקוט נוה, *filium* « (illius viri) *strenui dicunt hîc fixisse sedem*, cui accedit quòd chald. תם est *ibi* non *hîc*. « Mihi satis certum videtur *isdibur* esse דבור יש est *sermo*, s. *fama*, undè colligo pro *uthbynim* « legendum esse *ythbynu*, את בנו, *filium ejus*. In *thinn* latere potest הנה *hîc*, ת litterâ fortassè « jungendâ cum *Dibbur* (*Dibburt*) : in *ocuthnu* החותנו pr. *fraternitas*, *cognatio nostra*, pro « concreto *frater cognatus noster* (ut Angl. *a relation of mine*). Quæ tamen prostrema minùs certa « videntur. »

Cet aveu pourrait me dispenser de tout commentaire; cependant, je crois devoir ajouter aux considérations purement philologiques qui l'ont dicté, cette autre observation, qu'Hannon ne sait pas encore, ne se doute pas qu'Agorastocle est son neveu; qu'on ne comprend point, par conséquent, pourquoi il lui donne le titre de *cognatus noster*. D'ailleurs, rien ne justifie cet exposant du pluriel *noster*, puisque partout ailleurs, en parlant de soi, Hannon emploie le pronom singulier. Ce n'est donc pas à tort que Gesenius a montré lui-même peu de confiance dans cette partie de sa traduction.

Mais le commencement du vers est plus satisfaisant, et sans doute il resterait peu de chose à faire, si l'on reprenait et si l'on combinait quelques-unes des données fournies par Bochart et repoussées, sans motifs suffisants, par son critique, נוה, par exemple, et תם, en traduisant le dernier terme par *ibi* pour éviter toute objection. On aurait donc :

את־בנו יש רבר תם הניח את־נוה אגרמטקלס

Filium ejus est fama ibi collocasse sedem, Agorastoclem.

V. 8. — Je crois pouvoir présenter, sans commentaire, la leçon suivante :

את־אמנתי חרשה לחוק זאת נשוא

Fidem meam insculptam, pro statuto, eccam afferens.

V. 9. — Rien à dire sur ce vers, que Bochart et Gesenius s'accordent à rendre de la même manière.

V. 10. — « Bochart a bien interprété, dit Gesenius, la seconde partie de ce vers; mais, à l'égard « de la première, ses efforts ont été malheureux. »

Malgré cette réprobation et l'accent de quasi-assurance avec lequel l'auteur moderne présente sa propre version, je ne pense pas qu'on puisse admettre celle-ci. Est-il, en effet, bien conforme aux convenances historiques et théâtrales de supposer que rien, ni dans les manières, ni dans le vêtement, ne distinguait Agorastocle de Milphion, à tel point qu'Hannon ait pu les prendre l'un et l'autre pour des esclaves?

Ainsi, je crois qu'il faut maintenir l'interprétation de Bochart, sauf quelques légères modifications : il ne me semble pas nécessaire, par exemple, de rendre, d'une manière inusitée, די, par *quis*;

on peut, si je ne m'abuse, considérer ce mot comme le די hébraïque, dont le sens vague se rendrait par *sufficiens, celui qui vient* A PROPOS, A SOUHAIT. En second lieu, quelques manuscrits portant *theraym*, je suis porté à préférer cette forme à *therain* qui a été la source des erreurs commises en cet endroit. Je lirai donc :

בוא די עלי תרעים הנו אשאל אם מנכר לו שם

Venit sufficiens ad fores; ecce eum; percontabor nùm cognitum ei nomen.

En conséquence de tout ce qui précède, je rétablirais comme il suit les dix premiers vers de l'invocation d'Hannon :

Anit alonim valonut siqora at simihom hamaqom zit,
Ki mahlaki tum umisti alm'debarim isqi,
Li pho qanet binuti adad, ubin achi,
Birua rob silohom alonim ubimisirtohom!
Bitherim mot inok, at li volek, Antidamas, kon :
Isi dobrim tiphel it ki lis kon tum liphul.
It binu is dibur tim hinoch it nu Agorastocles.
It emaneti chirsa lichoq zit naso.
It ki lu ili gubulim lasibit tim.
Bo di ali teraim innu isl im monkor lu sim.

SCÈNE II.

La seconde scène, qui consiste dans un dialogue entre Agorastocle, Milphion et Hannon, contient plusieurs phrases puniques : mais ici l'intelligence n'en est point aidée, comme dans la scène précédente, par la propre interprétation du poëte, et rarement, ainsi que le fait observer Gesenius, on en découvre le sens dans les passages plus ou moins éloignés. Toutefois on a une ressource d'une autre espèce, et qui ne laisse pas d'être précieuse, dans l'explication que Milphion tire de la ressemblance des sons phéniciens qu'il entend avec ceux de quelques mots latins. Les efforts doivent tendre à reproduire cette similitude de sons au moyen des mots phéniciens dont le sens s'applique le mieux à la situation. L'essai de Gesenius, dans cette voie, nonobstant les efforts ultérieurs de MM. Vex et Movers, doit encore servir de base et de point de départ : je le replacerai donc, avec tous ses détails, sous les yeux des lecteurs.

30. M. Vin' appellem hunc Punice?
    A. An scis? M. Nullus est me hodiè Pænus Punior.
    A. Adi atque appella, quid velit, quid venerit,
       qui sit, quojatis, undè sit : ne parseris.
    M. *Avo*
       חוו } ! quojates estis? aut quo ex oppido?
       salvete
35. H. *Hanno Muthumballe bechaedre anech.*
       חנון מתנבעל בקרתא אנך
       Hanno Muthumbalis ex Carthagine ego.
    A. Quid ait? M. Hannonem sese ait Carthagine,
       Carthaginensem Muthumbalis filium.
    H. *Vo*   } ! M. Salutat. H. *donni*
       חוו   אדני } M. *doni* volt tibi
       Salve   mi domine
       dare hinc nescio quid? audin. Pollicerier?

ET DE LA LANGUE LIBYQUE.

40. A. Saluta hunc rursùs Punicè verbis meis.
  M. *Avo donni*
     חור אדני }, hic mihi tibi inquit verbis suis.
     Salve, domine
  H. *Mi bar bocca?*
     מי בר בקי } M. Istuc tibi sit potius quàm mihi.
     quo ex oppido?
  A. Quid ait? M. *Miseram* esse prædicat *buccam* sibi.
     fortasse medicos nos esse arbitrarier.
45. A. Si ità est, nega esse : nolo ego errare hospitem.
  M. Audi tu, *rufen nu lo, is tam !*
     רפאין אנו לא איש תם } A. Sic volo,
     medici nos non (sumus), vir bone!
     profectò vera cuncta huic expedirier.
     Roga, numquid opus sit. M. Tu, qui zonam non habes,
     quid in hanc venistis urbem, aut quid quæritis?
50. H. *Muphursa.* } A. quid ait? H. *Mure lech ianna*
     מפרשה   מורה לך יענה   } A. Quid venit?
     explicationem. Doctor tibi explicabit.
  M. Non audis? *mures Africanos* prædicat
     in pompam ludis dare se velle ædilibus.
  H. *Laech lachananim li menuchot*
     לדלחכנים לי מנוחות } A. Quid nunc ait?
     abi ad misericordes, mihi quies sit.
  M. *Ligulas, canalis,* ait se advexisse et *nuces :*
55. nunc orat, operam ut des sibi, ut ea veneant.
  A. Mercator credo est. H. *Is amar hinam.*
     איש אמר חנם } A. Quid est?
     Vir loquitur frustrà.
  H. *Palu me rega datham*
     פלוא מח ריקח דעתם } A. Milphio, quid nunc ait?
     mirum, quàm inanis cognitio eorum
  M. *Palas* vendundas sibi ait, et *mergas datas,*
     ut hortum fodiat : atque ut frumentum metat.
60. Ad messim credo missus hic quidem tuam.
  A. Quid istuc ad me? M. Certiorem te esse volui,
     ne quid clam furtive accepisse censeas.
  H. *Muphonnium sucorahim*
     מפכיהם שקרתהם } M. Heu! cave si feceris,
     removebo mendacia eorum
     quod hic te orat. A. Quid ait, aut quid orat? Expedi
65. M. *Sub cratim* uti jubeas sese *supponi,* atque eo
     lapides imponi multos, ut sese neces.
  H. *Gunebel baisamen ierasan !*
     נאון נבל בעלשמים ירסן } A. Narra, quid est?
     petulantiam scurræ deus cœlorum capistret!
     quid ait? M. Non herclè nunc quidem quicquam scio.
  H. At tu scias nunc, dehinc latinè jam loquar.
     Sérvom herclè te esse oportet et nequam et malum,
     Hominem peregrinum atque advenam qui irrideas!

À part le 35e vers, que je préfère lire, avec M. Vex, *Hannon Muthumballe beccharede anek,*
Hannon Mathumbal, filius Carthaginis ego (voir ses explic. *De punicis plautinis meletemata,*

Lipsiæ, p. 30-32), je n'ai aucune observation à faire jusqu'aux vers 42 et 43. Mais ici je ne puis passer outre. Gesenius met *Mibar bocca, quo ex oppido*, tandis que Plaute a rendu le son par *misera bucca* : ce son ne se retrouve pas complétement dans la leçon de Gesenius. D'un autre côté, la question qu'il met dans la bouche d'Hannon est-elle bien naturelle dans la préoccupation de ce personnage? Ne le détourne-t-elle pas de son but, contre toute vraisemblance? Je pense qu'on doit lire de préférence : מוזר בוא כה, *miser bô ca, peregrinus veniens hùc*, ce qui est conforme à la situation et correspond littéralement à la locution *peregrinum* ADVENAM qu'on trouve plus loin, au vers 71. מוזר se rencontre dans ce verset du psaume 69 : מוזר הייתי לאחי *peregrinus factus sum*, etc.

V. 46. — Le pluriel masculin *rufen*, proposé dans ce cas par Gesenius, ferait exception à la forme sous laquelle ce nombre se présente dans le reste de la pièce ; le manuscrit de Rome portant *rufeen*, n'est-il pas plus judicieux de penser que c'est une altération de *rufeim*?

V. 50. — *Muphursa*, rendu par *explicationem*, n'aurait pas, ce me semble, beaucoup de sel. Ne peut-on pas supposer qu'Hannon, indigné du persiflage de Milphion, répond ironiquement à son tour, lorsqu'on lui demande ce qu'il est venu chercher dans cette ville : *Le port*, במפרץ? A quoi bon en effet une réponse sérieuse, puisqu'elle devait être travestie par l'impudent interprète? Aussi, un peu après, lorsque Agorastocle s'enquiert de ce qu'il a dit, il s'empresse d'ajouter, en jouant sur le nom de Milphion (מלך pour מאלף *docens*, avec le *nun* suffixe formatif des noms propres) : *Le docteur vous l'apprendra*. C'est le premier degré de son mécontentement, dont nous allons suivre la rapide progression.

V. 54. — Ce passage a grandement embarrassé les commentateurs, du moins pour la première partie, car la seconde, *li minuchot*, me paraît à l'abri de toute controverse. Le texte de la première proposition présente plusieurs variantes ; voici celles qui sont citées par Gesenius.

    Ex. Heidelb. — *Laleh clahcananam ;*
    Rom. — *Laech lachananim ;*
    Lips. — *Lalech lach ann m ;*
    Ed. Princ. — *Lalech labcana ni.*

Saumaise, dans une note rapportée par Gronovius, dit : *Lalech lib canani*.

Gesenius adopte, avec Bellermann et Tychsen, la leçon de l'ancien manuscrit de Rome, et, de même aussi que ces deux auteurs, il pense qu'il s'agit d'une formule d'imprécation qui se retrouve contractée au vers 33 de la scène suivante, *Lachanam*, mais il n'accepte pas leur version et il propose celle-ci : לך לחנכים, *abi ad misericordes!* « Chananim, ajoute-t-il, *misericordes* viden-
« tur dii appellati, de quibus verbo חנן persæpè utuntur Pœni, neque ineptum est eum ad deo-
« rum misericordiam delegari quem humanâ ope carere jubemus. » J'avoue en toute humilité que je ne suis point touché de cette considération, et je m'étonne qu'on ait été si loin chercher un sens douteux, quand on pouvait en trouver un si bien approprié à la circonstance dans le texte littéral de l'édition princeps, *Lalech lab chanani*, c'est-à-dire, *non tibi cor commiseras mei*, לאלך לב חוננו. Cette exclamation découle de la déclaration faite plus haut, *Peregrinus* « *advena* : Je vous ai dit que je suis étranger, que j'arrive d'un pays lointain, et vous vous jouez « de moi! Votre cœur reste fermé à la commisération ! » C'était là, dans les mœurs de l'antiquité, une conduite impie, car il est dit, dans le psaume 146, v. 9, que Dieu même prend les étrangers sous sa protection. Aussi cette pensée se reproduit-elle lorsque Hannon éclate et qu'il s'exprime en latin :

    Servom herclè te oportet esse et nequam et malum,
    Hominem peregrinum atque advenam qui irrideas!

V. 57. — Gesenius dit, au sujet de sa leçon *Palu me rega datho* ou *datham* : « In singulis nihil

« difficultatis est, præterquam in voce רקח, quæ latinè *rga* scripta est, ex singulari Pœnorum
« pronunciandi ratione, quâ ק et כ sæpè molliùs efferunt, etc. »

On lèverait peut-être cette difficulté en rapportant *rega* à la racine רגע, *abundat : mirum, quàm abundat cognitio ejus!* ce qui serait une antiphrase ironique faisant en même temps allusion à la multiplicité des explications successivement données par Milphion et à leur inanité. La mise du verbe au masculin, tandis que le sujet est féminin, n'a rien de trop insolite pour s'opposer à cette leçon, surtout lorsque le verbe précède.

V. 63. — En rendant *Muphonnium sucorahim* par שקריהם מפניהם, Gesenius donne deux sons différents à la même terminaison הם : il s'appuie avec raison, pour le premier mot, sur l'exemple de *Syllohom*, שלהם, sc. I, v. 4. Mais, pour justifier l'autre, il se fonde sur une leçon du second vers de la première scène, que je crois avoir prouvé être inexacte, savoir : מודבריהם, et à laquelle j'ai substitué מדברים. Cette dernière analogie n'existe donc point réellement; au contraire, dans toute la pièce, la terminaison *im* est l'exposant du pluriel masculin. Il ne me semble pas nécessaire de changer ici cette signification, et je crois qu'il est plus rationnel de considérer *sucorahim* comme un simple pluriel, de même qu'au vers 4 de la 1re scène, *alonim* précédé de *silohom*.

SCÈNE III.

La troisième scène ne contient que deux passages puniques : l'un, *Lachanan vos*, et, selon Gesenius, *Lachanam*, dont j'ai déjà parlé, et sur lequel je reviendrai bientôt; l'autre, comprenant les vers 22 et 23, au sujet desquels notre auteur s'exprime ainsi : « Ex quo equidem nihil
« efficio, et proptereà judicare non possum, an rectè Milphio punica interpretatus fuerit, in
« quam sententiam inclinare possit qui viderit latinam interpretationem minimè, ut plerùmque,
« solos sonos verborum punicorum captare et in ridiculum vertere. Postquàm enim Giddeneme,
« mulier Carthaginensis (puellarum nutrix) Hannonem pristinum herum agnovit atque gau-
« dium de opportuno ejus adventu significavit, servorum punicorum unus mulierem popularem
« ità compellat :

« Haudones illi havon bene si illi in mustine,

« cui mulier respondet :

« Me ipsi et eneste dum et alamna cestinum.

« Tùm Agorastocles :

« Quid illi locuti sunt inter se? dic mihi.

« Milphion :

« Matrem salutat hic suam, hæc autem hunc filium.

« Bellermannus, qui Milphionis interpretationem fictitiam censet, hæc ità solvit redditque :

PUER. Pietate commotus est dominus meus, quòd deus meus donavit has filias, non morti tradidit.
GIDD. Quis præter me (beatus?) Lamentum silobit! in æternum gaudebimus beati.

« Quæ magnam partem ità ferri non posse, neque eam habere significationem quam ei tribuit B,
« mecum facilè intelligent litterarum hebraicarum periti (vide præ cœteris תנה מות, *morti*
« *tradidit*, מי אפסי עוד, cujus formulæ Jes. 47, 8, 10. Zeph. 2, 15 longè diversus est usus,
« אנוש, *lamentum?* תמום, *beati?*) : meliora tamen neque ab alio quoquam in medium prolapsa
« video neque mihi ipsi dare post omnes curas et cogitationes contigit. Haud scio igitur an ista
« liby-phœnicia potius quàm verè punica sit, pariter atque sc. I, v. 11 - 16, de quorum interpre-
« tatione pœnè desperandum sit. »

Je ne puis souscrire ni à cette dernière hypothèse ni à ce désespoir. L'édition de Jansson présente une variante qui n'est point rapportée par Gesenius et qui me paraît jeter un grand jour sur le sens du premier des deux vers dont il s'agit ; cette édition porte *Hanum* au lieu d'*Havon ;* j'en conclus que c'est le nom même du Carthaginois qui se trouve là un peu altéré, et en adoptant, d'un autre côté, pour le premier mot, *Haudoni*, conformément à l'exemplaire de Leipzig, au lieu de *Haudone*, je crois qu'on peut arriver à une explication plausible par la transcription suivante :

PUBN.

הוא אדני ש לחנן בנות הצליח אין משחתן

22. *Haudoni si li Hanon binuth hisilih in mushtine.*
    Ipse deus meus qui Hannoni filias fecit pervenire sine stupro.

GIDDENEME.

מי אפסי עיד חנס את־דם בתולים נאץ אחנן

23. *Me ipsi ad enes at dum bethulim nas etinan.*
    Quis præter me hucusque fecit effugere cruentationem virginitatis, spernens mercedem amplam?

Ceci répond à ce passage du prologue :

« Neque eam tetigit....................
« Neque quicquam cum ea fecit etiamnum stupri. »

Quant à *Lachanam*, on doit se rappeler que Gesenius y voit une imprécation consistant dans la contraction de *Lachananim*, qu'il lit au vers 53 de la seconde scène, et qu'il traduit ainsi : *ad misericordes!* Ayant déjà combattu la proposition principale, je ne puis en ce moment accepter le corollaire, d'ailleurs forcé, qu'on voudrait y ajouter.

Saumaise, cité dans l'édition de Gronovius, émet sur cette locution l'opinion suivante : « Punica « hæc sunt et in duas voces dividenda, *La Chanan* vos, et *chanan* pro *chanaan*, לא חנען ; non « vos, inquit, in Chanan patriam vestram, sed hic jam detrudam ad molas. Pœni in Africâ Cha-« nanæi atque ita etiam ibi se vocari volebant, qui ex Chananæâ oriundi quæ Græcis φοινίκη. « Græci enim tàm Phœnices Syriæ quàm Africæ, qui eorum coloni, φοίνικας appellabant, Romani « hos Pœnos ex Græco vocabulo φοινίκης. Verùm ipsi, ut dixi, ne in Africâ quidem se vocabant « *Phœnices* aut *Pœnos, sed Chananæos...* ipsa quoque regio *Chanaan* vocabatur. Puto itaque « huic versui nomen Pœni proponendum esse, non Milphionis. »

Cette opinion a trop peu de vraisemblance pour qu'on y adhère ; rien ne donne à penser qu'Hannon ait l'intention de ne plus retourner à Carthage, sa patrie, et de se fixer à Calydon. Mais Saumaise a eu raison de lire, suivant l'exemplaire de Leipzig, *Lachanan ;* cette leçon fournit, ainsi que celle du 53° vers de la seconde scène, un sens littéral aussi naturel que simple. Agorastocle commande à Milphion de rentrer, de préparer un repas pour son oncle et d'emmener avec lui les esclaves de ce dernier ; alors Milphion, esclave lui-même, qui s'est plaint au commencement de la pièce des mauvais traitements qu'il subit, se dispose à user durement à son tour de l'autorité passagère qui vient de lui échoir ; cette tendance, on le sait, n'est que trop commune dans le cœur des opprimés. Milphion tranche donc du maître, et il s'écrie, en s'adressant aux serviteurs d'Hannon : לא חנן, *pas de pitié! marchez! Je vais vous faire piler le blé et tourner les meules.*

On ne peut se défendre d'un sentiment triste en pensant que Plaute parlait là de ce qu'il avait peut-être souffert lui-même.

Lachanan est le dernier mot phénicien de la pièce. Les déclarations des trois auteurs que nous avons invoqués se trouvent pleinement justifiées par l'analyse à laquelle nous venons de nous livrer. Il en résulte en effet que le texte phénicien peut presque entièrement se rendre par l'hébreu, mais qu'on y reconnaît dans une très faible proportion un alliage araméen ; cet alliage est prouvé par les formes אנת pour אנה, תם pour שם. Cette donnée nous fournit une base sûre pour l'herménéutique des textes monumentaux que nous allons entreprendre.

Nous chercherons d'abord à déterminer d'une manière précise et rigoureuse la valeur des différents et nombreux signes que les monuments présentent ; nous verrons ces signes se diviser en phonétiques, ce sont incomparablement les plus nombreux, et en arithmétiques. Cette détermination, dont la justesse ne peut se prouver que par la traduction des textes, entraînera nécessairement l'analyse d'une grande partie des inscriptions que l'on connaît.

Nous mettrons ensuite de l'ordre parmi ces signes en les classant d'après les rapports et les différences qu'ils présenteront selon les contrées et les époques auxquelles on pourra les rattacher. Nous trouverons ainsi l'occasion d'achever l'interprétation des inscriptions, dont nous ferons en même temps remarquer les caractères de famille et de distinction que fournissent les textes eux-mêmes dans leurs formules générales.

Enfin nous résumerons toutes les données acquises dans une synthèse grammaticale qui sera l'expression de la langue, telle qu'il semble aujourd'hui possible de la reconstituer.

LIVRE DEUXIÈME.

ÉLÉMENTS MONUMENTAUX. — DÉTERMINATION DES SIGNES.

CHAPITRE I.

Médailles de Tyr et de Sidon. — Détermination des lettres ל מ נ צ ר. — Emploi du *lamed* préfixe comme exposant du datif, du *mem* suffixe comme exposant du pluriel masculin des substantifs.

Par une rencontre remarquable, c'est de Tyr et de Sidon, les deux foyers de la civilisation et de la puissance des Phéniciens, que nous sont venus les monuments les plus propres à servir de point de départ dans l'étude de la langue de ce peuple.

Ces monuments sont des médailles bilingues, savoir marquées d'une légende grecque et d'une légende en caractères particuliers que naturellement on a considérés comme phéniciens. (*Voir* Gesenius, tab. 14.)

La légende grecque porte, sur les unes, ΤΥΡΙΩΝ ; sur les autres, ΣΙΔΩΝΟΣ, c'est-à-dire (*monnaie*) *des Tyriens, de Sidon*.

Ainsi l'origine est incontestable, et nous avons, pour premier point d'appui, l'avantage de procéder du connu à l'inconnu.

La légende phénicienne est, pour les premières de ces monnaies, צרי, pour les secondes tantôt צדנם, et tantôt לצדנם.

Il est probable que ces mots, et surtout le premier, qui est fort court, sont les équivalents des noms grecs.

Or, nous avons un précieux moyen de vérification dans la Bible, qui nous montre l'orthographe des noms de Tyr et de Sidon en hébreu. C'est là ce qui, avec l'avantage d'être bilingues, donne à ces médailles la prééminence parmi tous les éléments qui peuvent nous servir dans la démonstration rigoureuse que nous avons entreprise.

En hébreu, *Tyr* se dit צור ou צר ; *Sidon* צידון.

DE LA LANGUE PHÉNICIENNE

Le premier de ces noms a trois caractères, comme celui qui constitue la légende phénicienne des monnaies de Tyr; le dernier en a cinq, comme celui qui compose la légende phénicienne de la seconde variété des pièces de Sidon. Devons-nous en conclure que ces légendes sont la transcription exacte des noms hébraïques צור et צידון, et que la variété des médailles sidoniennes, qui n'a que quatre signes, doit cette différence au retranchement de l'une des lettres composantes, par exemple du *vau* ou du *iod* quiescent, comme nous voyons qu'en hébreu l'on disait indifféremment צור et צר?

Quelque spécieuse que soit au premier aperçu cette présomption, ne nous hâtons pas d'y adhérer. Reprenons l'examen sous un autre point de vue.

Les deux noms hébreux ont une initiale semblable.

Or, il en est de même des deux noms phéniciens.

Mais dans ceux-ci les secondes lettres aussi se ressemblent, ce qui n'a point lieu dans les noms hébreux.

Ces secondes lettres seules peuvent donc correspondre aux initiales hébraïques, c'est-à-dire au *tsadé*; le signe précédent doit être un préfixe exprimant l'une des inflexions des noms grecs, celle qui se montre constante, ainsi que ce préfixe lui-même, sur la médaille de Tyr et sur celles de Sidon, savoir le cas oblique; nous y reviendrons bientôt.

Ainsi le nom phénicien de Tyr reste composé de deux lettres, comme la variante hébraïque צר, et il en résulte que la dernière est un *resh*.

La légende des médailles de Sidon se présente tantôt avec trois, tantôt avec quatre caractères. Il est probable que la première forme contient le nom réduit à la plus simple expression, c'est-à-dire privé du *vau*, comme צר, et du *iod*, lettres très fugaces aussi en hébreu. Alors, dans cette forme, les deux derniers signes sont *daleth* et *nun*.

La seconde forme est allongée d'une lettre terminale: cette lettre doit donc être servile, si les radicales du nom se trouvent dans les trois précédentes. Que peut-elle exprimer dans cette position? Evidemment la seconde inflexion que revêtent les noms grecs correspondants, inflexion qui, dans ceux-ci comme dans le nom phénicien que nous analysons, n'est point constante, savoir l'adjectif pluriel: nous avons vu en effet, d'une part, ΤΥΡΙΩΝ, de l'autre, ΣΙΔΩΝΟΣ; il est aussi des exemplaires qui portent ΣΙΔΩΝΙΩΝ.

Maintenant appesantissons-nous quelques instants sur ces affixes que nous venons de voir figurer, l'un constamment à la tête des deux noms phéniciens et y constituant le cas oblique, l'autre accidentellement à la fin du nom des médailles de Sidon et y caractérisant la forme adjective et le pluriel.

Le premier, avec la fonction que nous lui attribuons, peut être le *lamed* ou le *mem*; le *lamed*, comme indice d'appartenance, de cause ou d'auteur, *dativus possessoris causæ et auctoris*, GESENIUS, *Lex.*, p. 512; le *mem*, avec le sens d'origine, de cause efficiente, *De auctore et causâ efficiente*, *ibid.*, p. 585.

Mais le *mem* doit se trouver dans le suffixe: cette lettre en effet peut seule résumer en un signe unique la double expression dont il s'agit. Or, comme cette figure diffère de la première, il ne peut y avoir identité de valeur alphabétique; la première est donc probablement un *lamed*.

En conséquence, les légendes doivent être lues ainsi:

TYR.		SIDON.		
צרל | *Tyri*.		לצדן | *Sidonis*.		לצדנם | *Sidoniorum*.

Ce rapprochement nous permet de remarquer, en confirmation de notre lecture, la ressem-

ET DE LA LANGUE LIBYQUE. 21

blance qui existe entre le caractère que nous considérons comme le *lamed* phénicien et le *lamed* chaldaïque.

Une similitude non moins frappante se montre entre le *mem* et le *nun* des trois légendes et les signes correspondants de l'ancien alphabet hébreu, tel qu'il est conservé sur les médailles ; on peut s'en convaincre en jetant les yeux sur les légendes suivantes :

ⵥⵡⵉⵇⵃⵥ   ⵓ ⵏ ⵍ ⵡ ⵉ ⵉ ⵌ   ⵢⵍⵓⵉⵓ

הקדושה ירושלים   שמעון

Jérusalem la sainte.   Siméon.

On peut aussi remarquer une légère variante entre le *tsadé* des deux premières légendes et celui de la dernière. Il en existe de beaucoup plus prononcées dans toute la série des exemplaires que l'on possède, et non-seulement pour le *tsadé*, mais pour chacune des autres lettres.

La comparaison de ces diverses légendes donne lieu à deux remarques très importantes, concernant, d'une part, le grand nombre de modifications, de dégradations, de variantes que peut revêtir le signe d'une même articulation, d'une autre part, au contraire, la ressemblance que peuvent présenter des caractères pourvus d'une puissance différente, tels que le *lamed* et le *nun*, le *daleth* et le *resh*.

La similitude entre le *daleth* et le *resh* existe aussi, sous une autre forme, dans l'alphabet chaldaïque.

C'est, sans aucun doute, pour éviter la confusion qui pourrait en résulter que, chez les Phéniciens, l'une de ces lettres, le *resh*, a été modifiée comme le montre l'exemplaire I, qu'elle a pris la figure qui s'est perpétuée jusqu'à nous dans l'alphabet romain, après avoir été retournée de droite à gauche pour suivre le sens de l'écriture.

D'autres monuments pareillement bilingues, pareillement enrichis d'une inscription grecque et d'une inscription phénicienne, nous offrent les noms de Tyr et de Sidon. Notre démonstration, je pense, sera complète si nous retrouvons dans les textes phéniciens les éléments des deux noms dont il s'agit conformes à ceux que nous avons précédemment signalés.

Ces monuments sont :

1° Celui qui est figuré sur la tab. 6 de Gesenius et dont l'inscription grecque porte : Διονύσιος καὶ Σαραπίων, οἱ Σαραπίωνος, Τύριοι, Ἡρακλεῖ ἀρχηγέτει ;

2° Celui qui est représenté *ibid.* tab. 9, et qui a pour texte grec : Ἀρτεμίδωρος Ἡλιοδώρου, σιδώνιος ;

3° Celui que reproduit notre planche 4, avec l'épigraphe grecque : Ἀσεπτε Συμσελεμου, σιδώνια.

Dans le texte phénicien du premier de ces monuments, nous reconnaissons de suite, à la première ligne, lettres 15 et 16, le groupe ⵇⵢ qui ressemble à la racine des légendes D F N des médailles de Tyr.

La seconde inscription présente, aux 8e, 9e et 10e lettres de la dernière ligne, le groupe ⵢⵇⵢ que l'on peut rapprocher de plusieurs variantes du nom de Sidon.

Enfin, sur le troisième monument, 1re ligne, lettres 18, 19 et 20, nous voyons le groupe ⵓⵇⵔ qui, outre sa ressemblance avec le précédent, en a aussi avec la partie correspondante des variantes F et I des médailles de Sidon.

Aucun de ces groupes n'est immédiatement accompagné de l'un ni de l'autre des caractères qui y sont annexés, l'un en avant, l'autre en arrière, dans les légendes des médailles de Tyr ou de Sidon, et que nous avons en effet considérés comme étrangers aux racines, comme serviles, savoir l'un *lamed* préfixe, l'autre *mem* suffixe.

Ainsi, sous tous les rapports, et avec surabondance de preuves, se justifie notre lecture, se vérifie la détermination des six lettres que notre analyse a dégagées ר, ל, מ, נ, צ, ד.

Cependant il reste encore un argument à ajouter à ceux que nous avons déjà employés, c'est la traduction entière des trois monuments épigraphiques dont nous venons de parler, de manière à démontrer que la lecture des racines עץ et צדן que nous y avons indiquées s'accommode parfaitement à l'interprétation des contextes. C'est ce que nous allons entreprendre dans trois des chapitres qui vont suivre immédiatement. A cet effet, nous serons amenés à nous aider de plusieurs autres textes dont le rapprochement et la comparaison seront nécessaires pour nous éclairer, et ainsi plusieurs interprétations se grouperont naturellement autour de celle qui fera le sujet principal de chaque chapitre.

Nous ne devons pas perdre de vue que, si notre lecture se confirme, nous aurons aussi, dans le chapitre que nous finissons, prouvé l'emploi du *lamed* préfixe comme particule, et celui du *mem* suffixe comme exposant du pluriel masculin.

CHAPITRE II.

Première, seconde et troisième inscriptions bilingues d'Athènes. — Médailles de *Lix*, de *Sex* et d'*Abdère*. — Détermination des lettres ע ש ש ע ס כ ב ח י ב

L'inscription par laquelle nous nous sommes proposé d'aborder les recherches qui font le sujet de ce chapitre est gravée sur un marbre pentélique qui a été trouvé vers la fin du siècle dernier près d'Athènes, et qui, après avoir successivement passé par plusieurs mains, est aujourd'hui conservé dans le musée militaire et naval de Londres.

Nous lui donnerons, à l'imitation de Gesenius, le nom de *première athénienne* (voy. tab. 9 de cet auteur).

Les caractères phéniciens qui la composent se distinguent par leur élégante pureté.

Nous connaissons déjà la valeur de plusieurs d'entre eux, savoir :

Les 1re, 11e, 25e = מ   Les 15e, 23e, 29e = ר
       7e . . . . = ר   20e, 30e . . = נ
      12e . . . . = ל   28e . . . . = צ

Les 4e, 16e et 18e ont une ressemblance prononcée avec le 28e ou *tsadé*; les 6e et 17e avec les 20e et 30e ou *nun*; nous aurons à décider s'il y a ou non équipollence.

En second lieu, nous connaissons le groupe צדן formé par la réunion des trois avant-dernières lettres.

Mais ce groupe n'est que le radical brut du nom de la ville. Or, si nous nous reportons au texte grec, nous verrons que le mot qui y correspond, σιδώνιος, est à la forme adjective ou ethnique. Le nom phénicien doit donc présenter une inflexion corrélative. En hébreu, cette inflexion, pour le masculin, est exprimée par un *iod* suffixe. Il est donc probable que la lettre par laquelle le groupe צדן est immédiatement suivi et l'inscription terminée remplit cette fonction et est un *iod*.

Sur le monument bilingue figuré sur la tab. 10 de Gesenius, et dont nous désignerons la teneur par le nom de *seconde athénienne*, le texte grec finit aussi par un nom ethnique, κιτιεύς, *de Citium*, ville de l'île de Chypre, et précisément le caractère dont il s'agit clot pareillement le texte phénicien.

On ne le voit pas au contraire à la suite du mot צדן, sur l'épitaphe d'Asepté dont il a été parlé dans le chapitre précédent et que nous indiquerons désormais sous le titre de *quatrième athénienne*. C'est qu'ici le sujet est féminin et que par conséquent la désinence doit être différente; ce devrait, suivant l'analogie hébraïque, être un *hé*; nous allons voir que c'est un *tau* qui n'est employé en hébreu que dans l'état construit. Cette différence est un caractère de la langue phénicienne qui se rapproche par là des autres idiomes sémitiques, ainsi que nous l'avons déjà vu en analysant le passage phénicien de la première scène du cinquième acte dans le *Pœnulus* de Plaute.

Le signe ainsi figuré ᛙ a quelque ressemblance avec plusieurs des variantes du *tsadé* qui commence les noms de Tyr et de Sidon; mais, sur l'inscription dont il s'agit, la confusion n'est pas possible, car le *tsadé*, trois lettres avant, en tête du mot צור, est dessiné de cette manière ᛙ. C'est ainsi que sur la *première athénienne*, les 4ᵉ, 16ᵉ et 18ᵉ signes, que nous avons signalés comme ayant une ressemblance prononcée avec le 28ᵉ ou *tsadé*, en diffèrent cependant en ce que celui-ci est incliné de gauche à droite et a l'appendice arrondi, tandis que les autres penchent de droite à gauche et que l'appendice en est brisé à angle aigu. Il peut donc y avoir non pas identité, mais seulement analogie, et cette analogie graphique correspondrait à celle qui existe phonétiquement entre le *tau* et le *tsadé*.

Notre conjecture va se changer en certitude par l'analyse d'une autre inscription *athénienne*, bilingue aussi, rapportée à la planche 3. Le texte grec est : Ερηνη βυζαντια, *Irène byzantine*. Nous ne pouvons encore lire qu'en très petite partie le texte phénicien, mais cette partie suffira pour nous éclairer sur le point en question; cette transcription partielle porte sur les lettres suivantes : 2ᵉ = ר, 3ᵉ = נ, 7ᵉ = ל, 11ᵉ = נ, 13ᵉ = י.

La seconde et la troisième lettres, *resh* et *nun*, nous indiquant où se trouve le nom propre *Irène*, placé naturellement en tête de l'inscription, le second *nun*, ou onzième lettre, nous montre le point correspondant à *Byzantia*; par conséquent ce *nun* doit être suivi d'un *tau* qui, joint au *iod*, donne נתי, terminaison de בוגנתי בסנתי ou בשנתי, *Byzantium*. Nous pouvons par anticipation annoncer que cette présomption se vérifiera entièrement dans le cours de ce chapitre.

Si dans la *seconde athénienne* le caractère final est en effet, comme nous l'avons supposé, le *iod* ethnique, le radical étant probablement כת, ce caractère doit être précédé d'abord d'une figure semblable à celle dont nous venons de rechercher et de rapporter au *tau* l'attribution alphabétique, puis d'un autre caractère possédant la puissance du *caph*.

La première de ces conditions est en effet remplie ; une simple inspection le prouve. Il ne pourra donc subsister de doute sur la valeur des deux derniers signes de cette inscription, si pour le précédent nous constatons celle du *caph*.

Deux classes de médailles qui ont entre elles une grande analogie, et dont les légendes sont reproduites les unes sur les tab. 40 et 41 de Gesenius, XVI, les autres sur notre planche 2, vont nous fournir les moyens d'atteindre ce but.

Les unes, pl. 2, nᵒˢ 16 à 20, sont bilingues; elles sont pourvues de la légende latine LIX ou LIXS, et de la légende phénicienne dont les variantes sont transcrites sur la planche précitée [1].

Les autres, prises individuellement, ne sont qu'unilingues; mais l'exemplaire nᵒ 23, dont les types et la fabrique révèlent la même origine, nous indique que cette monnaie appartenait à la ville de l'Espagne bétique nommée par les Romains FIRMUM IVLIVM, et avant eux SEX, SEXS, SEXTI [2].

Les deux noms latins, réduits à la forme primitive et dépouillés de la voyelle, à l'instar des mots hébraïques, devaient s'écrire LCS et SCS.

Les légendes phéniciennes présentent d'abord quatre lettres qui se trouvent sur les médailles de *Lix* comme sur celles de *Sex*, savoir : ; puis trois autres qui diffèrent dans chacune de ces classes et qui sont, pour *Lix* , pour *Sex* . Les quatre lettres communes existent aussi sur des médailles où elles sont suivies de quatre autres caractères différents de ceux

---

(1) Annonce d'un ouvrage sur les médailles de l'ancienne Afrique, par MM. Falbe et Lindberg, Copenhague, 1843.

(2) Voy. *Recherches sur la numismatique punique*, par M. de Saulcy. — Mém. de l'Acad. des inscr., t. XV, 2ᵉ partie.

qui les accompagnent, soit sur les pièces de *Lix*, soit sur celles de *Sex*. Enfin, sur quelques variantes des monnaies de *Sex*, ces lettres sont supprimées. (*Voy.* Gesenius, *loc. cit.*, H, I, K.) Elles ne sont donc point essentielles; elles n'appartiennent donc point au nom de la ville; elles expriment probablement une locution générale. C'est donc exclusivement dans les trois signes propres à chaque classe de médailles qu'il faut chercher les noms phéniciens correspondant à LCS ou à SCS, et déjà nous devons remarquer de part et d'autre l'égalité du nombre d'articulations. Les deux noms latins, sous la forme que nous leur avons prêtée, ont deux articulations communes, l'articulation médiale C et la dernière S; mais le S latin peut correspondre à des articulations diverses de l'alphabet hébraïque ou phénicien; c'est probablement pour cela qu'il y a dissimilitude entre les deux derniers signes des groupes de nos légendes. Mais l'identité se trouve entre les signes médiaux qui doivent équivaloir au C; il est donc probable que c'est cette lettre commune, et par conséquent le *caph*, qu'ils représentent.

Nous ne conserverons aucun doute à cet égard, si nous faisons attention que les deux autres éléments du nom phénicien de *Sex*, éléments identiques entre eux, ressemblent à plusieurs variantes de celui que nous avons reconnu valoir *tsadé* dans les légendes de Tyr et de Sidon, et que nous pouvons par conséquent lire צבץ. Le *tsadé*, articulation complexe, se rendait, en grec et en latin, tantôt par T, comme dans Τυρος, *Tyrus*, tantôt par S, comme dans Σιδων, *Sidon*; le nom phénicien peut donc en toute légitimité se transcrire SCS. La forme SEXTI ou SCST a conservé un indice de la double puissance du *tsadé*.

Ainsi nous pouvons considérer comme un *caph* le signe intermédiaire et commun des noms phéniciens de *Lix* et de *Sex*, et si maintenant nous le rapprochons de l'antépénultième caractère de la *seconde* inscription *athénienne*, nous reconnaîtrons, malgré la différence de direction de la branche principale, une analogie qui nous permettra de prendre celui-ci aussi pour un *caph* et de lire כתי répondant au mot Κιτιεύς du texte grec. Nous trouverons plus tard l'explication de la différence de direction que nous venons de signaler, laquelle, au surplus, n'est pas constante, puisque la variante F des médailles de *Sex* présente un *caph* dont le jambage est droit.

Nous avons donc acquis :

1° La détermination de trois lettres de plus י, כ et ת;

2° La notion de l'emploi du *iod* suffixe, au masculin, et du *tau*, au féminin, pour établir la forme ethnique des noms.

Nous ajouterons, pour corroborer la première conclusion, que la figure à laquelle, dans cette détermination, nous donnons la valeur du *iod*, ressemble en effet au *iod* samaritain, ainsi qu'à celui de l'ancien alphabet hébraïque, et que cet alphabet a aussi un *caph* pareil à celui des monnaies de *Lix* et de *Sex*. Pour le *iod*, on en a la preuve dans l'une des légendes citées à la page 21; pour le *caph*, elle se trouve dans cet exemple :

יהונתן המלך
Jonathan, roi.

En appliquant au déchiffrement de la *première* inscription *athénienne*, un instant abandonnée, les acquisitions que nous venons de faire, nous voyons que nous connaissons de plus, dans son contexte, les lettres suivantes :

4ᵉ, 16ᵉ, 18ᵉ = ת. 9ᵉ, 30ᵉ = י. 6ᵉ 17ᵉ = כ.

Nous avons constaté aussi la formation intégrale du mot צדני qui la termine et qui rend exactement le nom Σιδωνιος du texte grec.

Ce texte, tout bref qu'il est, nous fournit encore un précieux secours : c'est la répétition du composant δωρος.

Nous ne découvrons dans le texte phénicien qu'un groupe qui soit ainsi répété : c'est celui qui est formé, d'une part, par les lettres 13, 14, 15 ; d'autre part, par les lettres 21, 22, 23, de cette manière : ꟼ ꟼ △. Nous ne connaissons de ce groupe que le dernier élément que nous avons dit valoir *daleth* ; mais une médaille bilingue va nous donner la clef de sa composition entière ; nous voulons parler de la médaille représentée à la lettre D de la tab. 41, XVII, de l'atlas de Gesenius.

Entre les colonnes d'un temple pentastyle, le revers de cette monnaie nous offre le nom latin ABDERA, et sur le fronton de la façade de ce temple la légende phénicienne ꟾ ꟼ ꟼ ꟼ ○.

Nous reconnaissons facilement, dans les trois premières lettres de cette légende, le groupe dont nous cherchons la signification ; cette distinction d'ailleurs est évidente sur la variante B où le groupe dont il s'agit est isolé par un tiret qui le sépare du suivant. Or, si nous coupons aussi en deux syllabes le nom latin, de cette façon ABDE-RA, ou, en retranchant la voyelle muette, ABD-RA, nous avons d'abord cinq lettres, comme dans la légende phénicienne ; la troisième et la quatrième ont chacune une valeur que nous avons déjà accordée aux figures phéniciennes correspondantes lorsque nous nous sommes occupés des médailles de Tyr et de Sidon, et nous trouvons ici une nouvelle preuve de la ressemblance du *daleth* et du *resh*, que nous avions dès lors signalée. Nous pouvons donc penser que les deux premiers signes équivalent à l'A et au B de la légende latine, ce qui donne ABD-R. Nous omettons le dernier caractère de la légende phénicienne dont nous ne pourrons nous occuper qu'ultérieurement.

Abd, qui entre si fréquemment, avec le sens *serviteur*, dans la composition des noms propres sémitiques, a pour initiale un *aïn*, עבד. Or, dans l'ancien alphabet hébreu, l'*aïn* est circulaire comme la première figure de notre groupe, ainsi qu'on le voit dans le nom de *Siméon*, retracé à la page 21. D'un autre côté, cet alphabet présente aussi un *beth* parfaitement semblable au second signe de ce groupe ; on peut le constater dans l'exemple suivant :

יכתן הכהן הגדל וחב ב י חר

Jonathan, pontife suprême et chéri, magnifique.

Nous sommes donc pleinement autorisés à lire עבד, et ainsi nous connaissons deux nouveaux signes ב et ע répartis comme il suit dans la *première* inscription *athénienne* :

Lettres 3ᵉ, 8ᵉ, 14ᵉ, 19ᵉ, 21ᵉ = ב ; 13ᵉ, 21ᵉ = ע.

Le mot עבד, dans la composition des noms propres, est toujours précédent ; par conséquent, c'est après les deux groupes qui y correspondent que nous devons chercher les compléments des noms, dans l'épigraphe que nous analysons.

Mais, d'un autre côté, les deux noms grecs, dont l'un est au nominatif, l'autre au génitif, indiquent un rapport de filiation. Or, en hébreu, ce rapport s'exprime par l'interposition du mot בן, *fils*, et puisque nous connaissons maintenant les figures de ces deux lettres en phénicien, rien de plus facile que de rechercher si elles existent en un point où l'on puisse les considérer comme placées entre deux noms propres. C'est en effet ce qui a lieu ; nous voyons, à la fin de la première ligne, ces deux caractères, équivalents à בן, tracés, d'une part, après les trois lettres qui suivent le premier groupe עבד, et, d'une autre part, avant le second de ces groupes ; nous pouvons donc leur attribuer la signification *fils*.

Il reste alors, pour complément du premier nom propre, תכת ; nous n'en saisissons pas le rapport avec *Artemis* qui y correspond dans le texte grec ; nous ne trouvons même à ce composant aucun sens, ce qui est extraordinaire, puisque tous les noms propres hébreux sont significatifs. Mais nous ne pouvons douter qu'il n'achève le nom propre, et comme son explication n'importe pas au sens général de l'inscription, nous pouvons passer outre; nous trouverons peut-être dans la suite quelque éclaircissement [1].

Le complément du second nom propre est ⟨phén⟩. Il correspond à Ἥλιος, ou *le soleil*. Or *soleil* en hébreu se dit שמש; sachant que la seconde lettre phénicienne vaut מ, il est difficile de ne pas être frappé de la ressemblance matérielle du second groupe phénicien que nous venons de proposer avec le mot hébreu, et de ne pas lire שמשמ, עבדשמש, *serviteur du soleil*.

Dans ce cas, la lettre qui suit ne peut être que l'article uni à צדני et formant הצדני, *le Sidonien*, ce qui serait très régulier. Or le *hé* a en effet la forme du caractère phénicien dont il s'agit dans les alphabets hébreu ancien et samaritain; nous en avons eu deux exemples, pour le premier alphabet, dans une des légendes rapportées à la page 21.

Il ne nous reste donc plus à déterminer, dans toute la première inscription athénienne, que les 2e, 5e et 9e lettres.

La deuxième a du rapport avec la 28e, ou *tsadé*, qui n'aurait pas été entièrement gravée ou dessinée, ou plutôt dont quelques traits seraient effacés par le temps; mais la ressemblance n'étant pas entière, le sens seul nous apprendra si nous devons admettre ou rejeter l'équivalence.

La cinquième lettre, au dire de Gesenius, qui avait lui-même examiné le monument, laisse de l'incertitude sur sa forme, parce qu'à la place où elle a été tracée se trouve une veine dont quelques lignes sont difficiles à distinguer de celles qui ont été creusées par le burin. Ainsi cette partie ⟨phén⟩ serait certainement le produit de l'art; mais Gesenius n'a pu décider si un trait oblique qui part de gauche à droite et de bas en haut de l'extrémité gauche de la branche supérieure, de cette manière ⟨phén⟩, fait ou non corps avec la lettre; il penche cependant pour l'affirmative. Le doute aujourd'hui n'est plus permis; ce signe en effet, qui existait déjà sur des médailles d'Aradus, se retrouve sur l'inscription d'Ipsamboul que nous avons déjà mentionnée et dont nous reparlerons ultérieurement (*voy.* pl. 6). Il faut en demander la détermination aux contextes comparés.

Enfin la valeur de la neuvième lettre doit être cherchée parmi celles dont nous n'avons point encore trouvé la figure. Nous la voyons au quatrième rang dans la *deuxième* inscription *athénienne*. Or si nous remarquons, dans cette inscription, le jeu du mot בן, que nous connaissons bien maintenant, nous verrons que l'épigraphe débute par un nom propre commençant par ce mot, le *lamed* qui précède étant l'exposant du datif; ce mot est complété par trois lettres, savoir, celle dont nous cherchons la valeur, plus un *daleth* et un *schin*, sur l'attribution desquels nous ne pouvons plus avoir de doute. Ce qui prouve que cette série de caractères constitue un nom propre, c'est qu'elle est elle-même suivie du mot בן, qui revient successivement à plusieurs intervalles pour marquer tous les degrés de l'ascendance. Or, d'après le texte grec, le sujet de l'épitaphe, l'individu à qui le monument était destiné, ce qui est indiqué dans le phénicien par le *lamed* préfixe, est Νουμήνιος, c'est-à-dire, suivant l'énergie de la terminaison ιος, *celui qui appartient à la nouvelle lune, celui qui est né pendant la nouvelle lune*. C'est cette signification de la terminaison ιος que rend le בן initial, car on sait que ce mot prend en hébreu beaucoup d'extension; *le fils de la nouvelle lune* veut donc dire aussi *celui qui est né pendant la nouvelle lune*.

La nouvelle lune, νουμήν, se rend en hébreu par חדש, qui forme aussi dans cette langue un nom propre [2]. Or nous trouvons dans les deux dernières lettres de ce mot celles que nous avons déjà reconnues à la place correspondante dans le nom phénicien, savoir *daleth* et *schin* ; le *chet*, d'un autre côté, est une de celles dont nous n'avons point encore rencontré la figure; n'est-il pas très probable, n'est-il pas évident que c'est ce caractère qui se montre ici et que l'on doit lire בנחדש, équivalent rigoureux et unique de Νουμήνιος?

---

(1) On verra plus tard en effet que ce mot doit se lire תנח.

(2) חדש, Chodesch, *innovatio lunæ, nova luna*, i. e. pulchra ut *nova luna*; vel nata in *novilunio*, qualem Græci vocant Νουμήνιον, 1 Macc. 12, 16. — Sim. Onomast, p. 195.

ET DE LA LANGUE LIBYQUE.

La figure dont il s'agit a en effet une grande analogie avec une variante de celles du *chet* dans les alphabets hébreu ancien et samaritain. Il n'est pas non plus inutile de faire remarquer sa ressemblance, à une barre additionnelle près, avec le *hé*, ce qui s'accorde avec l'analogie phonétique de ces deux aspirées; nous avons signalé à la page 23 un rapprochement du même genre entre le *tsadé* et le *tau*. Dans l'alphabet chaldaïque, on observe un pareil rapport entre le *hé* et le *chet*.

Ainsi la dernière lettre de la *première* inscription *athénienne* que nous avions à déterminer est assurément un *chet*.

L'inscription entière doit être transcrite comme il suit :

מצבת?כרבחימלעבדתכתבן
עבדשמשהצדני

A partir du treizième signe, nous pouvons établir des groupes et traduire de cette manière :

עבדתכת בן . . . .
עבדשמש הצדני

Abdthacath, fils d'Abdshemesh, le Sidonien.

Le *lamed* qui précède doit être, comme au commencement de la *deuxième athénienne* dont nous avons déjà plusieurs fois parlé, l'exposant du datif, et puisque ce préfixe indique que c'est à un homme que le monument était consacré, c'est qu'il s'agit d'un tombeau.

Le reste de l'inscription présente d'abord une série de quatre lettres qui se trouvent de même en tête de deux épigraphes figurées sur la tab. 12 de l'atlas de Gesenius (3ᵉ et 23ᵉ *citiennes*), et qui, à la fin d'une autre représentée sur la tab. 11 (2ᵉ *citienne*), où les mots sont séparés par des points, forment évidemment un groupe, un mot distinct. Elles peuvent donc ici être considérées comme constituant un mot, et ce mot, qui est מצבת, *stèle*, *cippe*, convient parfaitement à la situation. C'est d'ailleurs la seule leçon que l'on puisse trouver. Ainsi se justifie l'attribution que nous avons donnée au second caractère en le prenant pour un *tsadé*, nonobstant une légère différence avec celui qui occupe la vingt-huitième place : l'identité parfaite de ce signe avec celui qui lui correspond dans le même mot sur les inscriptions précitées de la table 12 de Gesenius prouve que sa forme, malgré la différence qui vient d'être rappelée, n'est point altérée, mais qu'elle doit être acceptée comme une variante.

Pour saisir maintenant un sens, il faut passer aux lettres 8, 9, 10 et 11, savoir בחים. La signification de ce groupe se révèle au premier aspect ; c'est, sans aucun doute, la locution : *Parmi les vivants*, résultant de ב, préfixe, voulant dire *dans*, *parmi* ; et de חים, pluriel de חי, *vivant*, comme nous avons vu צדנם, c'est-à-dire l'addition d'un *mem* suffixe, faire le pluriel de צדן.

Ainsi nous avons déjà un sens très naturel : *Cippe... parmi les vivants à Abthacath, fils d'Abdshemesh, le Sidonien*.

Le mot formé par les lettres 5, 6 et 7 doit entrer dans ce sens et s'y accommoder ; or, de toutes les combinaisons que l'on fasse, en partant de la connaissance des deux autres éléments ר et ב, on n'arrive qu'à cette racine זכר, qui cadre convenablement avec l'ensemble. זכר en effet, à l'état verbal, signifie *se souvenir*, *garder la mémoire*, à l'état nominal, *mémoire*, *souvenir*, *mémorial*.

Nous pourrions donc supposer que la lettre sur la forme de laquelle nous avons des doutes est un *zaïn*, quelle que soit cette forme, d'autant plus que la figure n'est pas très éloignée de celle du *zaïn* chaldaïque, et ainsi nous lirions et traduirions l'inscription entière de la sorte :

DE LA LANGUE PHÉNICIENNE

מצבת זכר בחיים לעבדתחת בן
עבדשמש הצדני

Cippe de commémoration parmi les vivants à Abdthacat, fils d'Abdshemesh, le Sidonien.

Mais nous verrons, d'une part, le *zaïn* figuré différemment dans la *cinquième athénienne;* d'une autre part, le signe dont il s'agit avoir la valeur *samech* dans l'inscription d'Ipsamboul, où nous avons déjà dit qu'il se trouve aussi. Nous pensons donc avec Gesenius que la véritable puissance de ce caractère est celle du *samech*, substitué ici au *zaïn*, ainsi qu'on le voit souvent dans l'hébreu. Le *zaïn*, dont on ne trouve pas la figure parmi les anciens caractères hébreux, paraît n'avoir pas été usité chez les Phéniciens ; on ne le rencontre que dans la transcription des deux noms propres de villes, Tarse et Byzance. En chaldéen, dans le même mot, le *zaïn* est remplacé par un *daleth*.

Gesenius cite fort heureusement un passage du 2ᵉ livre de Samuel, ch. xviii, v. 18, ayant avec notre épigraphe un si grand rapport, qu'il en est, pour ainsi dire, le commentaire ; le voici :

ואבשלום לקח ויצב לו בחיו את־מצבת אשר בעמק המלך כי אמר אין בן לי בעבור הזכיר שמי :

Et Absalon s'était pris à se faire dresser de son vivant un cippe dans la vallée du roi ; car il disait :
« Je n'ai point de fils pour transmettre la mémoire de mon nom. »

Ce passage emploie, dans un sens tout à fait semblable à celui de notre inscription, les deux premiers mots de celle-ci, sauf la mutation dont il vient d'être parlé, מצבת זכר ; la troisième racine s'y présente aussi précédée du ב, mais avec une forme grammaticale un peu différente.

זכר, avec la terminaison augmentative ון, est souvent employé par les Juifs lorsqu'en rappelant le nom d'un mort de distinction, ils ajoutent cette formule qui a aussi beaucoup de rapport avec celle de notre inscription : זכרונו לחיי העולם הבא, *Que sa mémoire parvienne jusqu'à la vie du siècle à venir !*

Tout s'accorde donc pour sanctionner intégralement l'interprétation que nous venons de donner au texte phénicien de la *première* inscription *athénienne*.

Il ressort de là et de l'ensemble de ce chapitre :

1° Que la lecture צדן proposée, dans le chapitre précédent, pour les trois avant-dernières lettres, est exacte, et que, par conséquent, les inductions que nous avions dès lors tirées de cette lecture sont légitimes ;

2° Que notre alphabet monte à quinze lettres, savoir : ב, ד, ה, י, ח, ך, ל, מ, ם, ס, ע, צ, ר, ש, ת, dont six, ד, ל, ם, צ, ר, ת, offrent des variantes prononcées ;

3° Que le *beth* a une grande ressemblance avec le *daleth* et le *resch*, dont nous avons déjà aussi fait remarquer la propre similitude, mais qu'il en diffère par l'inclinaison de sa queue à gauche ;

4° Que nous devons ajouter aux notions grammaticales acquises dans le chapitre précédent la connaissance :

A. De l'emploi du *beth* préfixe comme particule signifiant *dans* ;

B. De l'emploi du *hé* préfixe comme article ;

C. De l'expression de la forme ethnique par un *iod* suffixe au masculin et un *tau* au féminin.

CHAPITRE III.

Deuxième inscription bilingue d'Athènes. — Médailles de *Lix*, *Sex* et *Cadix*. — Détermination des lettres א, ב et ק.

La *seconde* inscription *athénienne* (Gesenius, tab. 10), gravée sur une stèle de marbre blanc d'une fort belle qualité, ressemble beaucoup à la *première*, soit par le caractère général du monument, soit par la forme des lettres de l'épigraphe phénicienne. Elle a été en effet déterrée au même lieu, près d'Athènes et de l'emplacement de l'ancienne Académie. Elle se trouve aujourd'hui dans le Musée de Paris, salle des candélabres, n° 983.

Nous en étant occupés déjà dans le chapitre précédent, nous en connaissons la plupart des lettres et des mots; nous pouvons d'emblée la transcrire presque complétement de la manière suivante :

לבנחדש בן עבדמלי? רת
בן עבושמש בן ת? נצאש כתי

A Benchodesh, fils d'Abd..... fils d'Abûshemesh, fils de..... citien.

Nous avons deux signes à déterminer, les 14ᵉ et 28ᵉ.

Le quatorzième fait partie du nom propre ABDML.RT; il est impossible qu'il ne vienne pas immédiatement à l'esprit de lire la seconde partie MLCRT ou MLQRT, Philon de Byblos désignant Μελίκαρθος, c'est-à-dire, en retranchant les voyelles et la terminaison grecque, Μλχρθ, comme le nom d'Hercule parmi les Phéniciens. Or ce nom lui-même est formé de קרת מלך, pour מלך הקרת, *le roi de la ville*; les deux gutturales sont fondues en une seule, soit *caph* ou *qôph*. Nous avons déjà vu une autre forme du *caph*; d'ailleurs le *qôph* étant emphatique, il est beaucoup plus probable que c'est lui qui a absorbé son affine. Enfin la figure de notre inscription a la plus grande ressemblance non-seulement avec le *qôph* ancien des médailles hébraïques, ainsi qu'on le voit dans la légende rapportée page 21, mais aussi avec celui de l'alphabet chaldaïque. Nous lirons donc sans hésitation עבדמלקרת, *Abdmelqart, le serviteur de Melqart* ou *d'Hercule*.

Le vingt-huitième signe, le second de ceux que nous avons à déterminer, se voit sur des médailles (Gesenius, tab. 40, XV) qu'on a attribuées à Cadix parce qu'on les y a trouvées en très grand nombre et qu'on ne les a trouvées que là, que d'ailleurs la fabrique est espagnole. L'attribution n'est pas contestée.

La légende de ces médailles est :

Pour les unes,   ᛋᛚ ᚠᚠᚢᚺ

Pour les autres, ᚺᚢᛚᛟ ᚠᚠᚠᚠ

Nous connaissons, dans la première variante, les lettres עלת ?דר; dans la seconde, ?על?? ד?ר.

Nous nous rappelons que la première partie de la seconde variante se retrouve sur les médailles de *Lix* et de *Sex*, et que nous en avons induit que c'est une formule commune, que ce n'est point là qu'est écrit le nom de la ville, présomption qui s'est vérifiée pour les deux espèces de médailles dont il vient d'être parlé et qui se reproduit par conséquent ici avec une force nouvelle.

Il est évident que c'est cette formule aussi qui se montre dans la première partie de la première classe sous une autre forme grammaticale. En effet, il y a de part et d'autre un groupe identique |ᛟ); ce doit être un radical, et les lettres variables qui y sont annexées sont des serviles,

DE LA LANGUE PHÉNICIENNE

savoir, dans la première variante, ת suffixe, exposant du féminin, dans la première, מ préfixe, préposition indiquant l'origine, la provenance.

La première lettre du radical que nous venons de dégager nous est inconnue.

Cependant, à la table 41, XVII, atl. de Gesenius, sur l'exemplaire C des médailles d'Abdère, on peut remarquer une variante du *beth*, qui a la plus grande analogie avec cette lettre, surtout avec celle de l'exemplaire D. Ce pourrait donc être aussi un *beth*. Cette supposition est confirmée par le parallélisme des variantes de la légende d'une médaille reproduite sur la table 43, XXIV, de Gesenius, lettres E, D, C et G; ce parallélisme en effet se présente ainsi :

```
E  / ○ ⌐ ૧ ૧ ⌐
D  / ○ ૧ ૧ ⌐
C  / ⌐ ૧ ૧ ⌐
G  ١ ⌐ / / ⌐
```

d'où résulte la démonstration positive que les figures dont nous recherchons la valeur sont des dégradations du *beth*. Nous avons donc dans les groupes en question les mots בעלת et מבעל, qui donnent en effet le sens le plus naturel de cette partie de la légende, savoir : *Cité de....* ou *De la cité de....*

Le premier de ces mots n'a pas besoin d'explication; le terme hébreu בעלה ou בעלת, avec l'acception dont il s'agit, est parfaitement connu.

Quant au second mot, Gesenius avance qu'on doit y sous-entendre un *iod* suffixe et supposer מבעלי pour מבעלים, vu l'état construit, c'est-à-dire *Des citoyens de....* Cette assertion me paraît une erreur. La Bible emploie souvent בעל dans une situation semblable; en voici deux exemples tirés, entre plusieurs autres, du Lexique de Gesenius lui-même : בעל המון, *Locus multitudinis*, ville de Samarie, *Cant.*, VIII, 11; בעל הצור, *Habens villam*, ville de la tribu d'Ephraïm, II, *Samuel*, XIII, 23. Enfin le Livre sacré fournit un exemple plus frappant encore, en cela qu'il présente les deux variantes de la légende de Cadix, dans le nom de la ville des Siméonites, appelée בעלת באר, *Baalat beer*, dans Josué, XIX, 8, et simplement בעל, *Baal*, dans les Paralipomènes, 1er liv., chap. IV, v. 33.

Il est possible que le sens de בעל dans ces composés soit non pas rigoureusement celui de *cité*, mais celui de *possession*; cela est au fond indifférent; ce qu'il importe de constater, c'est l'existence de la forme, et, par conséquent, la légitimité de notre lecture, en ne regardant la traduction que comme indirecte, ce qui peut au surplus s'appliquer aussi au mot *Locus* employé par Gesenius dans le premier des exemples précités.

Ainsi,

D'une part, l'interprétation des légendes de *Lix* et de *Sex* (voy. page 23) doit être complétée comme il suit :

1° מבעל לכש, *De la cité de Lix*;
2° מבעל צכצ, *De la cité de Sex*.

D'une autre part, sur les médailles de Cadix, le nom propre de la ville doit être cherché dans la seconde moitié de la légende.

Plusieurs auteurs nous apprennent que le nom ancien était *Gadir*, en grec Γαδειρα, soit, en faisant abstraction des voyelles, G D R.

Les deux dernières lettres de la légende nous sont déjà connues pour D R; il est donc très probable que celle qui précède, celle dont nous cherchons la valeur, complète G D R, et, par conséquent, est un *ghimel*. Elle ressemble en effet au *ghimel* de la paléographie hébraïque, comme

ET DE LA LANGUE LIBYQUE.

on le voit dans le mot גדל de la légende citée à la page 25. En outre on doit remarquer que ces trois lettres restent invariables au milieu des modifications de la légende sur les divers exemplaires. Nous y voyons donc avec une pleine conviction le nom de la ville גדר, *Gadir*, Γάδειρα, *Gades*, Cadix.

Le *hé* préposé à ce nom dans la première classe est l'article, comme nous l'avons déjà vu remplir cet office dans le mot הצדני de la *première* inscription *athénienne;* cette circonstance rend la phrase tout à fait hébraïque, בעלת הגדר, *la cité de Gadir*.

Dans la seconde classe, le *hé* est remplacé par une autre figure, et celle-ci est précisément la dernière de celles dont nous avions à rechercher la détermination pour achever la transcription et la traduction de la *seconde* inscription *athénienne*. On voit, en effet, une identité entière entre cette lettre sur l'inscription et celle de l'exemplaire C *bis* des médailles de Cadix, sur la tab. 40, XV, de Gesenius.

Dans l'inscription, cette figure fait partie de la série תן?צ?ש que nous n'avons pu encore expliquer et dont nous venons de déterminer un élément de plus, le second, ou *ghimel*, ce qui donne תנגצ?ש.

Malgré cette addition, il ne nous est pas encore possible de découvrir un sens bien clair; il importe donc que nous nous attachions à rechercher la valeur de la dernière lettre inconnue, et la particularité de la légende de Cadix nous offre pour cela une heureuse occasion.

Dans cette légende, le caractère dont il s'agit ne peut qu'être ou le *hé* préfixe de la première variante sous une autre forme, ou l'article exprimé par une autre lettre.

En admettant le *hé*, nous ne pénétrons pas encore le sens de la série de lettres de notre inscription.

Nous retrouverons ce signe dans une autre légende qui peut nous être ici d'un très grand secours, parce que nous en connaissons tous les autres éléments, et qu'elle est d'ailleurs fort simple; c'est celle de l'exemplaire N des médailles de Tyr, Gesenius, tab. 34. Nous pouvons la transcrire ainsi מצדנם ?לצר, *De Tyr... des Sidoniens*. En prenant le signe inconnu pour *hé*, nous aurions לצר הם צדנם, et, en supposant que הם vint de המה, cela voudrait dire : *De Tyr, le tumulte, le frémissement, la terreur des Sidoniens*. On ne peut admettre un pareil texte sur une monnaie, et puisque d'ailleurs le *hé* ne fournit aucune explication pour le passage de la *seconde* inscription *athénienne*, qui est le point de départ de ces recherches, nous devons les poursuivre dans une autre voie.

Si la figure en question, sans être le *hé*, remplace cette lettre comme article dans la seconde classe des médailles de Tyr, ce qui a été notre deuxième hypothèse, il est probable qu'elle a cependant de l'affinité avec le *hé* et que c'est, par exemple, une aspirée. Or nous connaissons déjà le *chet* et l'*aïn*. Il ne reste donc que l'*aleph*, et, en effet, c'est avec l'*aleph* que le *hé*, en hébreu, permute le plus souvent. D'un autre côté, cette figure est entièrement ressemblante à l'*aleph* antique des médailles hébraïques, comme le prouve cette légende :

שמעון לבשרא
שמעון נשיא
Siméon, prince.

Cette lecture éclaire immédiatement la légende de Tyr; en effet, nous avons ainsi : לצר אם צדנם, *de Tyr, mère des Sidoniens*, c'est-à-dire *métropole*. On trouve dans le deuxième livre de Samuel, xx, au sujet d'Abel : עיר ואם בישראל, *ville et mère dans Israël*. Les Grecs se servaient aussi de Μήτηρ dans la même acception (*voy*. Callim. Fr., 112). Enfin les Latins employaient de même *Mater* (*voy*. Florus, 3, 7, 18; Ammien, 17, 18). D'un autre côté, le titre de *Métropole* est très commun sur les médailles. Tyr en particulier s'en était parée, comme le prouvent, d'une part, l'exemplaire monétaire cité par Barthélemy (*Mém. de l'Acad. des inscrip.*, in-12, t. LIII), et ceux dessinés dans le recueil de Pellerin, pl. LXXXIII, nos 48 et 49 ; d'une autre part, l'inscription rapportée par Gruter, p. 1105 : Πόλις Τυρίων ἡ ἱερὰ, καὶ ἄσυλος, καὶ αὐτόνομος, μητρόπολις Φοινείκης καὶ ἄλλων πόλεων, καὶ ναυαρχίς κ. τ. λ. Le sens est donc très approprié, et, par conséquent, l'attribution de la valeur *aleph* pleinement admissible.

D'où il résulte,

1° Que la légende de la seconde classe des médailles de Cadix doit être lue מבעל אגדר, pour מבעל הגדר, *De la cité de Gadir;*

2° Que la série des lettres de la *seconde* inscription *athénienne* dont la détermination était restée incomplète et l'interprétation en suspens se transcrit תגנצאש.

Comme cette série est précédée du mot בן, elle doit contenir un nom propre. Mais les éléments sont trop nombreux pour qu'on puisse supposer qu'ils entrent tous dans la formation de ce nom ; il est beaucoup plus probable que ces éléments composent deux mots. Or il se présente une coupure naturelle après la quatrième lettre, car l'on a ainsi, pour les deux derniers caractères, אש, que l'on peut penser équivaloir à איש, *homme*, puisque la suppression du *iod* intermédiaire se justifie par des exemples que nous connaissons déjà : cela donne אש כתי, *homme citien*.

Reste à expliquer le nom propre תגנצ.

Dans cette forme, il n'est point hébreu. En l'analysant de toutes les manières, on n'en peut extraire que le mot נצ, qui veut dire *fleur*. La première partie, תג, ne se rencontre nulle part dans la Bible ; mais on la trouve fréquemment, avec le sens *couronner, couronne*, dans les langues affines, en syriaque, par exemple : ܟܠܝܠ ܟܠܝܠܐ ; en arabe : تاج.

Dans cette dernière langue particulièrement il entre dans la composition de plusieurs noms propres, tels que TADSCH-EDDIN, *Couronne de la foi*, TADSCH-EDDOUAH, *Couronne du temps*. Enfin ce mot existe dans l'hébreu rabbinique avec la même acception, c'est-à-dire celle de *couronne* (voy. J. BUXTORF, *Lexicon breve rabbinico-philosophicum*). Il n'est donc pas étonnant qu'il ait été phénicien.

L'acception dont il s'agit s'allie très bien avec le mot suivant, et il en résulte le gracieux nom propre *couronne de fleurs*, ou *Taggines*.

La partie phénicienne de la *seconde* inscription *athénienne* doit donc, en définitive, se transcrire et se traduire comme il suit :

לבנחדש בן עברמלקרת   A Benchodesh, fils d'Abdmelqarth,
בן עברשמש בן תגנצ אש כתי   Fils d'Abdshemesh, fils de Taggines, homme citien.

Cette interprétation, parfaitement concordante avec le texte grec, confirme les déductions que nous avions précédemment tirées de quelques particularités de cette inscription.

Il résulte en outre, de l'ensemble de ce chapitre :

1° La détermination de trois nouvelles lettres, א (avec les variantes que présentent les divers exemplaires de la seconde classe des médailles de Cadix), ג et ק ;

2° La connaissance de la variante du *beth* de l'exemplaire C des médailles d'Abdère (Gesenius, tab. 41), ainsi que des légendes des médailles de Lix, de Sex et de Cadix.

3° La notion de l'emploi de l'*aleph* préfixe, comme article, en remplacement du *hé ;*

4° La notion de l'emploi de la particule préfixe מ, avec le sens d'origine, d'auteur, de cause efficiente.

CHAPITRE IV.

Troisième inscription d'Athènes. — Médailles d'Ebusus, de Juba I, d'Aco, de Malaca. — Détermination des lettres ן et ז.

Les lumières acquises dans le chapitre précédent nous donnent la facilité de traduire entièrement la *troisième* inscription *athénienne* dont il a été déjà parlé à la page 23.

Cette courte inscription, qui est évidemment une épitaphe, est gravée sur une stèle de marbre pentélique qui a été trouvée, dans ces derniers temps, à Athènes, dans un jardin, près du Pirée. Le monument est conservé dans la collection du temple de Thésée. Il présente en relief, d'une part, une femme assise, au-dessus de laquelle se lit la partie phénicienne, et, d'une autre part, une femme debout, portant un enfant, au-dessus de laquelle se trouve le texte grec.

L'épigraphe a été, pour la première fois, publiée par Funkaenel, d'après une copie envoyée d'Athènes à Leipzig, en 1831. Le professeur Ludwig Auger en donna, peu de temps après, une explication juste, tout en se trompant sur la valeur de la 10ᵉ lettre. M de Saulcy, dans la seconde partie de ses *Recherches sur la numismatique punique*, lues, en 1843, à l'Académie des inscriptions, a fait remarquer que la copie publiée par Funkaenel, suivie par Auger et adoptée par Gesenius, est inexacte en ce qui concerne le *zêta* du texte grec, ainsi que la 3ᵉ et la 4ᵉ lettres du texte phénicien. Il en a donné une copie correcte et de grandeur naturelle; c'est celle que reproduit notre planche 3.

Nous connaissons, à l'exception de la dixième, toutes les lettres du texte phénicien, et nous pouvons le transcrire ainsi : הרנא בעלתב ? נתי.

Il est facile de discerner, dans les quatre premiers caractères, le nom propre הרנא, correspondant à celui du texte grec. En effet, le premier est le *hé* de la *première* inscription *athénienne* dans ce mot הצדני, et de la première classe des médailles de Cadix où il forme הגדר. Le second est le *resh* de la légende et des autres textes que nous avons déjà analysés. Le troisième s'est souvent aussi présenté, avec la valeur certaine du *nun*, dans ces textes. Le quatrième est celui que nous venons de reconnaître pour un *aleph* dans la *seconde* inscription *athénienne*, ainsi que dans une classe de médailles de Tyr et de Cadix.

Il est facile aussi de distinguer dans les 9ᵉ, 10ᵉ, 11ᵉ, 12ᵉ et 13ᵉ signes, malgré l'ignorance où nous sommes encore sur la valeur positive du 10ᵉ, c'est-à-dire dans le groupe בנתי?, l'équivalent du mot grec βυζαντία.

Reste le groupe intermédiaire בעלת, forme féminine de בעל, mot qui appartient essentiellement à la langue hébraïque, mais qui y possède un assez grand nombre d'acceptions variées. Nous en avons vu déjà une dans les légendes des médailles de Lix, Sex et Cadix. Celle-ci s'y rapporte évidemment, car elle ne peut avoir que le sens *citoyen, citoyenne, habitant, habitante*, suivant ces exemples de la Bible : בעלי העיר, *les habitants de la ville*, Jug., ix, 51 ; בעלי ירחו, *les habitants de Jéricho*, Jos., xxiv, 11, etc.

La phrase entière de notre épitaphe doit donc s'entendre ainsi : *Irène, habitante de Byzance*.

On ne peut douter que la lettre inconnue ne réponde au *zêta* du texte grec. Dans cette pensée, Auger l'avait prise pour un *tsadé*. Mais nous avons déjà vu le *tsadé* sous une forme toute différente.

Plusieurs autres monuments présentent un caractère qui ressemble beaucoup à celui-ci et n'en diffère le plus souvent que par un peu moins d'inclinaison, ou par l'arrondissement du trait supérieur.

Cette dernière condition est manifeste dans le parallélisme des légendes des médailles dessinées sur la table 39 de Gesenius, xii, où l'on voit le trait supérieur de la seconde lettre, d'une part rectiligne sur les exemplaires F, N et O, d'une autre part curviligne sur les exemplaires E et K.

La première forme se retrouve :
1° Sur la table de Gesenius 21, lignes 3 et 4 ;
2° Ibid. . . . . . . 23, ligne 1, lettres 4 et 14 ;
3° Ibid. . . . . . . 25, ligne 3, lettre 3 ;
4° Ibid. . . . . . . 26, ligne 2, lettre 10 ;
5° Ibid. . . . . . . 36, vii, sur le droit de la médaille G, lettre 2, et sur le droit de la médaille H, lettre 3°.

La seconde forme se montre :
1° Sur la table de Gesenius 23, lix, 3° ligne, 9° figure ;
2° Ibid. . . . . . . 47, lxv, ligne 3, lettre 2 ;
3° Ibid. . . . . . . 42, xx, médaille A, première et dernière lettres du premier groupe de la légende du revers, exemplaires B et C, deuxième et dernières lettres du premier groupe ;
4° Ibid. . . . . . . 43, xxii, exemple F et G, dernière lettre de la légende phénicienne ;
5° Ibid. . . . . . . 43, xxiv, méd. B, dernière figure de la légende de l'exergue ;
6° Ibid. . . . . . . 44, xxv, médaille E; Pellerin, Recueil, pl. cxx, n°s 13 et 14.

Le parallélisme fait reconnaître d'autres variantes sur quelques exemplaires des médailles représentées sur la table 39, xiii, de Gesenius, auxquelles nous avons déjà emprunté la preuve de la variante précédente, par exemple les lettres F, E, H, G.

Le premier moyen d'arriver à la détermination de la figure dont il s'agit est fourni par la médaille bilingue représentée table de Gesenius 42, xx, exemplaire A.

Cette médaille porte au droit REX IVBA ; les numismates sont d'accord pour l'attribuer à Juba Ier, le célèbre roi de Numidie, qui prit une part si grande, et pour lui si fatale, dans la lutte entre Scipion et César dont l'Afrique fut le théâtre.

La légende phénicienne, constamment coupée en deux parties distinctes, nous offre peu de lettres connues sur les onze qui la composent ; nous ne pouvons encore la transcrire que de cette manière :

.ב... ר .ע..

La troisième lettre est la variante du *beth* que présentent les médailles d'Abdère, exemplaire C, table 41, xvii, de Gesenius, et les médailles de Lix, Sex et Cadix. (*Voy.* p. 23, 24, 29, 30 et 31.)

La quatrième lettre, ou *aïn*, nous est maintenant trop familière pour que nous nous y arrêtions.
La sixième est le *resh* de la variante N des médailles de Tyr. (Gesenius, tab. 34, i.)

La dixième lettre a trop de ressemblance avec celle que nous avons reconnu être *caph* sur les médailles de Lix et Sex (page 24) pour que nous ne présumions pas qu'elle a la même valeur. Il est d'ailleurs facile de le prouver par le parallélisme des légendes phéniciennes reproduites sur la table de Gesenius, 35, iii. Ce sont, comme l'indique la légende grecque, des médailles d'Alexandre. La première lettre phénicienne est indubitablement un *aïn*; la seconde, sur les exemplaires A et H, a la forme du *caph* dans le mot כתי de la *seconde* inscription *athénienne*; le signe correspondant, et d'ailleurs peu différent, de l'exemplaire I, doit donc posséder la même puissance. Ces deux caractères sont suivis de signes qui varient sur plusieurs exemplaires ; ce n'est donc qu'aux deux premiers caractères, en raison de leur constance et surtout de leur isolement sur les exemplaires B et C, qu'on peut attribuer le nom de la ville qui a fait frapper ces médailles, savoir עך, AK, c'est-à-dire AKH, Aco, nommée plus tard *Ptolémaïs*, et aujourd'hui *Saint-Jean-d'Acre*. On trouve en effet dans la Bible (*Jug.*, i, 31) le nom de cette ville ainsi écrit עכו dans un passage qui explique précisément comment la langue phénicienne s'y est maintenue. La chute du *vau* terminal ne doit pas étonner, d'après ce qu'on a déjà vu de la disposition des Phéniciens à omettre cette lettre ainsi que le *iod*.

On peut donc, à bon droit, considérer comme un *caph* la dixième lettre de la légende phénicienne de la médaille de Juba Ier dont nous nous occupons.

Quelque petit qu'il soit, le nombre des éléments d'interprétation que nous possédons suffit, à raison de la consonnance בא, BA, pour nous porter à induire que le premier groupe de la légende exprime le nom de Juba.

Ce groupe, outre le caractère dont nous cherchons la détermination et qui en occupe la tête et la queue, en a un autre pareillement inconnu encore pour nous, c'est le second. Ce signe a une grande ressemblance avec le cinquième du second groupe, ou le dixième de toute la légende, savoir le *caph* : mais cette consonne ne peut faire partie du nom de Juba. Or, en examinant attentivement, on remarque que les deux figures, malgré leur analogie, diffèrent cependant en cela que celle du second groupe est courbée de droite à gauche, celle du premier, au contraire, de gauche à droite. En jetant les yeux sur quelques inscriptions, particulièrement sur celles des tables de Gesenius 21, 25 et 26, on peut s'assurer que cette différence, qui se reproduit, n'est pas accidentelle ; elle marque donc une distinction phonétique, et c'est précisément pour éviter la confusion que la queue du *caph*, primitivement droite, s'est fléchie à gauche, comme nous en avons déjà fait l'observation. Nous avons déjà signalé aussi ce moyen de distinction pour le *beth* à l'égard du *daleth* et du *resh*.

D'un autre côté, nous devons penser que cette nouvelle figure représente une des lettres dont nous n'avions pas encore rencontré le signe.

D'après ces considérations, nous pouvons, dans la pensée de trouver le nom de Juba, prendre le premier et le dernier caractère du premier groupe pour le *iod*, le second pour le *vau*, ce qui donne יובע.

C'est à Rhenferd que l'on doit la détermination du *vau*, du *beth* et de l'*aïn* dans cette légende, à Swinton la lecture entière, critiquée à tort par Gesenius. Le reste de la légende démontre, par sa concordance, la justesse de cette lecture.

Nous y trouvons encore trois figures dont la valeur nous est inconnue, la seconde ou la troisième qui lui est identique, la quatrième et la dernière.

Le parallèle entre plusieurs variantes de la légende phénicienne des médailles de la table 39 prouve que la seconde de ces figures, qui se retrouve à la fin de la légende des exemplaires G, H, L, est une variante du *mem*, qui termine évidemment la légende des exemplaires E, F, K.

Le rapprochement des légendes des mêmes médailles nous montre aussi une variante de l'*aleph* dans la première lettre des exemplaires G, H, L. Cet *aleph* a de la ressemblance avec la variante du *mem* dont nous venons de parler ; mais nous devons remarquer qu'on le distingue par le crochet ajouté à l'extrémité supérieure de la branche qui descend de droite à gauche. Sur les exemplaires M, N, O, le *mem* est armé de ce crochet ; alors, pour maintenir la distinction, on en a mis un second à l'autre branche de l'*aleph*.

Ces déterminations nous ouvrent la voie pour arriver à celle de la quatrième figure de la légende de Juba, en nous fournissant l'occasion de lire avec certitude la légende de la médaille dessinée sur la table de Gesenius, 41, xix, exemplaire B, savoir :

$$\times \; y \; 4 \; x$$
$$מ \; ל \; כ \; א$$

c'est-à-dire MLKA, *Malaca, Malaga*.

La variante C nous donne, à la seconde place, notre figure qui correspond évidemment au *lamed* de la variante précédente.

Nous trouvons aussi cette variante dans la première lettre de la légende H des médailles de Sidon comparée au caractère correspondant des légendes A, S, etc.

Cette figure est donc incontestablement un *lamed*, et les différents exemplaires des médailles de Malaca nous en offrent un assez grand nombre de variantes.

La dernière lettre de l'épigraphe des médailles de Juba, que nous avons déjà vue aussi à la fin de l'exemplaire A des médailles d'Abdère (Gesenius, tab. 41, XVII), est semblable à celle que l'on trouve à la fin du premier groupe de l'exemplaire I des médailles de Cadix (Gesenius, tab. 40, xv), et la comparaison avec le caractère correspondant de l'exemplaire K de la même planche prouve que c'est un *tau*.

Ainsi, d'une part, la légende d'Abdère doit être ainsi complétée : עבדרת ; d'une autre part, la légende phénicienne de l'exemplaire E des médailles de Juba Ier doit être lue et traduite comme il suit : ויבעי רם מלכת, *Juba, chef du royaume*, ce qui s'accorde parfaitement avec l'épigraphe latine REX IVBA [1].

Voilà donc la valeur *iod* constatée pour l'une des figures que nous avons comparées à la dixième de la *troisième* inscription *athénienne*.

Mais, dans le cas de cette inscription, il est impossible d'appliquer cette détermination, puisque nous avons vu que le signe dont il s'agit correspond au *zéta* du texte grec, qui lui-même, de son côté, avait primitivement cette forme restée dans l'alphabet romain et dans le nôtre. Or c'est le *zaïn* qui peut le mieux rendre le son de cette lettre. Nous adopterons donc cette assimilation et, subsidiairement, nous tirerons cette conséquence importante que, bien qu'en général, comme nous l'avons déjà dit, il faille s'attacher à ne point charger une seule figure d'attributions diverses, cette règle n'est pas plus absolue que celle qui lui est corrélative et que nous avons déjà vue aussi subir des restrictions, savoir que toute figure différente représente une valeur spéciale. Toutefois cette observation, vraie pour la langue phénicienne considérée dans son ensemble, ne l'est plus pour les régions circonscrites, en sorte qu'il est ici plus qu'ailleurs permis de dire que l'exception confirme la règle. Ainsi nous pouvons compter que, sur aucune inscription phénicienne trouvée à Athènes, le *zaïn* n'aura d'autre forme, et réciproquement le *iod* n'aura celle-ci, ce qui nous confirme dans la pensée que le cinquième caractère de la *première athénienne*, dont il a été parlé à la page 26, n'était pas un *zaïn*.

En définitive, le dernier mot de la *troisième* inscription *athénienne* est donc בוגתי.

Auger avait fait observer que la terminaison par *iod* répond à celle en τῳ des Grecs : de là *Bizanti*, Βυζάντιον; mais il n'avait pas démontré son assertion. Gesenius l'a fait d'une manière qui ne laisse rien à désirer. Ainsi il fait remarquer qu'en général les Hébreux mettent *in*, י, pour le grec

---

[1] M. de Saulcy, par suite d'une détermination différente de la première lettre du second groupe phénicien, interprète autrement la légende. Après avoir cru, avec toutes les personnes qui se sont occupées de cette étude, que la lettre dont il s'agit était une variante du *resh*, il a tout récemment changé d'avis sur la remarque que cette figure se trouve sur quelques inscriptions où se voit le *resh* normalement dessiné, quelquefois même à côté de celui-ci. Observant alors que, sur plusieurs épigraphes dont nous parlerons ultérieurement, le *chet* est formé d'une figure semblable à celle dont nous nous occupons, plus un trait à gauche, il a comparé cette disposition à celle du *chet* normal relativement au *hé* pareillement normal, lesquels ne diffèrent aussi que par la présence ou l'absence d'un trait à gauche, et il en a conclu que, dans le premier cas comme dans le second, la figure dénudée de ce trait appendiculaire est le *hé*. Cette opinion, dans certaines limites, mérite une grande considération, et nous y aurons un juste égard chaque fois que l'occasion s'en présentera. Mais nous ne pouvons l'admettre dans un sens absolu, puisqu'il est certain que le nom de Tyr se présente quelquefois avec un *resh* ainsi tracé ; c'est particulièrement en vue de cette question que nous avons dès le principe appelé l'attention sur cette variante. La légende des médailles de Juba Ier offre, à mon avis, un exemple où ce signe doit être pris pour un *resh*. En effet, M. de Saulcy, d'après sa nouvelle manière de voir, la traduit ainsi : ויבעי המומלכת, *A Juba la royauté*. Or cette version me semble aussi forcée que l'autre est naturelle, car rien dans le texte n'indique le datif. Au surplus, cette discussion n'altère en rien la conclusion que nous avons portée sur le point spécial qui se rattache à l'analyse de la *troisième* inscription *athénienne*, savoir la valeur de la première lettre du premier groupe phénicien, puisque dans l'une et l'autre leçon cette lettre est considérée comme un *iod*.

ιον, εῖον, et pour le latin *ium*, exemples : pour ψαλτήριον, פסנתרין (Dan., III, 5, 10) et פסנגטרין (III, 7); pour συνέδριον, סנהדרי; pour ἐντύβιον, אנטובין; pour Ἀσσάριον, אסרין; mais qu'assez souvent aussi ils rejettent le *nun* final, comme dans ארכי pour ἀρχεῖον (Cols. de Lara, *De conven. vocabulorum talmud. cum græcis*, p. 21); בלני pour βαλανεῖον (p. 24) ; ביברי pour *vivarium*. (Sanhedr., fol. 39 ; Beza, fol. 23.)

Ce chapitre se résume dans les notions suivantes :
1° Variantes de l'*aleph*, du *iod*, du *lamed*, du *mem* et du *tau*;
2° Formes du *vau* et du *zain*;
3° Ressemblance du *vau* et du *caph*, ainsi que de l'*aleph* et du *mem*, dans les variantes précitées ; moyens de distinction entre ces lettres; ressemblance entre le *iod* de certaines inscriptions et le *zain* de quelques autres ;
4° Substitution de la terminaison *i*, dans les substantifs, à celles des Grecs ιον, εῖον.

CHAPITRE V.

Inscriptions de Malte (1re, 3e, 4e); de Carthage (1re, 2e, 3e, 4e, 5e, 12e, 14e); de Numidie (1re, 2e, 3e, 4e, 9e, 10e, 11e, 12e, 13e, 14e, 15e)—Médailles d'Héraclée et de Sabratha.—Détermination des lettres ט et ה.

Des trois monuments bilingues renfermant, dans un texte grec, le nom de Tyr et de Sidon, et que nous avons cités dans le chapitre premier de ce livre à l'effet de rechercher si le texte phénicien justifie la lecture que nous avons faite de ces noms sur les médailles attribuées aux villes qui les portaient, il reste encore à examiner celui des fils de Sérapion et l'épitaphe d'Asepté que nous avons déjà désignée sous le titre de *quatrième* inscription *athénienne*.

Nous allons nous occuper du premier de ces deux sujets; le dernier sera analysé dans le prochain chapitre.

Le monument dont nous avons à traiter en ce moment est double; il consiste en deux piédestaux de marbre sur l'une des faces de chacun desquels se trouvent répétées la même inscription grecque et la même inscription phénicienne, différant seulement, d'une pierre à l'autre, par l'arrangement des lignes, ainsi que le représente la table 6 de l'atlas de Gesenius.

Ces deux marbres, trouvés et conservés à Malte depuis longtemps, ont été mentionnés pour la première fois en 1536, par Quintin[1] ; puis par Constanzo en 1694[2]; décrits avec plus de soin, et non cependant sans quelques inexactitudes, en 1735, par le commandeur J.-C. Guyot de la Marne[3]. D'autres copies des inscriptions ont été successivement données par Barthélemy[4], M. Lindberg[5] et Gesenius[6].

Aujourd'hui Malte ne possède plus que l'une des deux bases, celle dont l'épigraphe est représentée lettre B, sur le dessin de Gesenius. L'autre, donnée à Louis XVI en 1780 par le chevalier de Rohan, est déposée à Paris, dans la bibliothèque Mazarine, au palais de l'Institut. Elle est surmontée, comme le montre le dessin, d'un fût tronqué; aucun vestige analogue ne subsiste sur le piédestal resté à Malte.

Nous conserverons à l'inscription phénicienne dont il s'agit le nom de *première maltaise*, adopté par Gesenius. Notre analyse s'appliquera à l'exemplaire A, c'est-à-dire à celui de Paris, ce que nous n'annonçons qu'à cause de la différence de teneur des lignes, les deux épigraphes étant d'ailleurs identiques pour le fond.

---

(1) Descript. ins. Melitæ; Lugduni, 1536, in-4°, p. 6.
(2) Lettere memorabile stampate, collect. 4, 1697.
(3) Saggi. Di dissert. Acad. di Cortona, t. I, part. 1, p. 22.
(4) Mém. de l'Acad. des inscript., in-4°, t. XXX, p. 291; in-12, t. LIII, p. 21. — Lettre à Olivieri, 1766. — C'est à Barthélemy qu'on doit presqu'en totalité l'interprétation de cette inscription. Cependant la détermination du *schin* lui avait échappé; l'honneur en revient à Bayer, qui put ainsi rectifier et compléter la traduction de notre illustre compatriote. (Voy. F. P. Bayer ad Sallust., p. 350.)
(5) De inscript. melit. phœnicio-græca; Hanniæ, 1828.
(6) Script. linguæq. phœn. monum., p. 91.

Cette inscription ne le cède point, pour la beauté des caractères, à celles d'Athènes que nous avons analysées.

Nous connaissons la valeur de la plupart de ces caractères.

Le premier pour la détermination duquel nous puissions hésiter est le 9e de la 1re ligne que l'on voit aussi au commencement de la dernière ligne. Le parallèle des variantes légendaires des médailles reproduites à la table 38, x, de Gesenius, prouve que c'est un *qôph*. Nous retrouvons, en effet, aux variantes A et B, 5e ligne de la légende, la lettre pour laquelle nous avons déjà constaté la valeur du *qôph* dans le nom propre עבדמלקרת de la *seconde* inscription *athénienne*. Nous reconnaissons facilement la seconde partie de ce nom, מלקרת, sur les médailles dont il s'agit. Or, sur les variantes C et D, la place du *qôph* est occupée par la figure dont nous recherchons la valeur, laquelle conserve d'ailleurs une assez grande ressemblance avec cette première forme du *qôph*; c'est donc, à n'en plus douter, la même articulation, et ici encore elle concourt à composer le nom מלקרת.

Nous sommes ensuite arrêtés par la 4e lettre de la 2e ligne, qui reparaît au 19e rang de la 3e ligne et au 7e de la dernière ligne. On en retrouve la figure, d'une part, sur l'exemplaire 5 des médailles de Lix (voy. Falbe et Lindberg, *Annonce d'un ouvrage sur les méd. de l'ancienne Afrique*, Kopenhag., 1843, p. 14), d'une autre part, sur l'exemplaire E des médailles d'Aco, Gesenius, tab. 35, iii. Le parallélisme prouve que, dans le premier cas, c'est un *schin*, dans le second une variante incontestable de la lettre que nous avons constaté être un *caph* sur les exemplaires A et I. Or, nous voyons le *schin* sous une autre forme, mais une forme analogue à celle qu'il nous a toujours présentée jusqu'ici, aux nos 18 de la 1re ligne ainsi que de la 2e ligne, aux nos 1, 8 et 20 de la 3e ligne; la différence avec le *mem* est tranchée dans les deux derniers numéros, où les deux lettres sont voisines. Le caractère dont nous cherchons la valeur ne peut donc recevoir la même détermination, car nous devons établir, comme principe général, que, dans un même contexte, une seule puissance phonétique ne peut revêtir deux signes graphiques différents, ni réciproquement une même figure cumuler deux puissances alphabétiques. Le caractère en question est donc le *caph*.

En troisième lieu, nous trouvons au 9e et au 16e rang de la 2e ligne, au 6e et au 17e de la ligne suivante, un élément nouveau. Or, les articulations dont les signes graphiques nous sont encore inconnus se réduisent maintenant au *thet*, au *samech* et au *phé* : c'est donc l'une de ces trois valeurs que notre figure doit représenter.

Ce signe, à la place où il se montre pour la première fois dans la 2e ligne, fait partie d'un groupe de trois lettres qui suit immédiatement le mot עבד et qui reparaît à la 3e ligne, dans la même connexion, c'est-à-dire suivant encore עבד, précédé lui-même de בן, *fils de*. Il est donc probablement lié à ce mot pour composer avec lui un nom propre. Dès lors nous pouvons présumer que c'est, comme dans la *première athénienne*, la traduction phénicienne de l'un des noms propres du texte grec, et que le groupe dont il s'agit correspond par conséquent à Διόνυσος ou à Σαραπις; עבד, de son côté, représente la terminaison qui indique la consécration des individus à l'une ou l'autre de ces divinités. Or, d'une part, Hérodote dit (II, 144) : Ὄσιρις δὲ ἐστι Διόνυσος καθ' Ἑλλάδα γλῶσσαν; d'une autre part, nous lisons dans notre texte עבדאסר ?; de manière que le second composant de ce nom présente la première et la dernière lettre d'*Osir*, équivalent à *Dionysus*, et qu'en supposant que le signe dont nous cherchons la valeur est celui de *samech* que nous n'avons point encore rencontré, nous avons אסר, *osir*, et, pour le nom entier, *Abdosir*, ce qui rend Διονύσιος, d'après le passage précité d'Hérodote.

Nous devons ensuite porter notre attention sur le caractère 11e de la 2e ligne. Au premier aperçu, nous devrions le considérer comme un *caph*, d'après ce que nous avons reconnu, page 23, en analysant la *première* et la *seconde athénienne*. Mais nous venons, dans la même inscription, dans la même ligne, d'assigner cette valeur à une autre figure. Il est donc probable, en vertu du principe exposé à cette occasion même, que nous n'avons point ici affaire à un *caph*. Nous avons vu, à la page 35, que le *vau* a une grande ressemblance avec le *caph*, et que, d'un autre côté, pour prévenir l'équivoque, on a modifié un peu la seconde de ces deux lettres en inclinant sa queue de droite à gauche, tandis que celle du *vau* était fléchie en sens inverse. Nous retrouvons ici le même fait principal et une précaution analogue. C'est en effet, sans aucun doute, pour distinguer le *caph* de la figure dont nous nous occupons en ce moment, qu'on l'a modifié comme nous avons vu, c'est-à-dire en lui ajoutant une petite barre au-dessus du bras étendu de droite à gauche, qui primitivement était unique, petite barre semblable à celle que l'on a, dans quelques cas, ajoutée au *resh* pour le distinguer du *beth* et surtout du *daleth*. Concluons donc avec assurance que la figure en question est un *vau*, sans doute même le type de cette lettre, puisque la queue n'en est point courbée ; aussi doit-on remarquer sa ressemblance avec le *vau* chaldaïque.

Après l'*aleph* qui suit, viennent plusieurs traits que nous avons déjà implicitement regardés comme ne formant qu'une seule lettre, puisque nous avons donné le n° 16, parmi les caractères composant cette ligne, au *samech* tracé à une petite distance après ces traits. Le caractère correspondant de l'inscription jumelle restée à Malte prouve la justesse de cette opinion et démontre en même temps qu'il s'agit d'un *chet* analogue à ceux déjà déterminés des *première* et *seconde athénienne*. Celui du piédestal conservé à Malte a surtout une grande ressemblance avec le *chet* des médailles hébraïques, tel que nous l'avons reproduit à la page 25, dans le mot וחבר de la légende de Jonathan.

Enfin, par une légère dérogation à notre méthode et pour éviter des longueurs inutiles, nous devons, *à priori*, déclarer que le signe dessiné au n° 14 de la seconde ligne et au n° 4 de la dernière, que les antécédents pourraient faire prendre pour un *iod*, nous paraît être ici un *hé*. C'est le contexte qui nous mène à cette opinion, et par conséquent la preuve est subordonnée à l'explication de ce contexte. Cependant il est utile d'en démontrer aussi la légitimité au point de vue graphique.

Nous avons déjà constaté des similitudes aussi prononcées, d'une inscription à une autre ; ainsi entre le *daleth* et le *resh*, entre l'*aleph* et le *mem* modifiés dont il a été question à la page 35. Seulement, et c'est une remarque très importante, la similitude dans une même inscription est presque toujours évitée avec un soin particulier, au moyen de modifications qui portent tantôt sur l'un, tantôt sur l'autre des caractères. Ainsi, dans l'inscription dont nous nous occupons, nous venons de voir que le *vau* ressemble au *caph* d'autres épigraphes ; mais le *caph* a subi un changement qui prévient toute erreur. Sur les médailles de Juba Ier, dont nous avons parlé à la page 35, le *vau*, à son tour, change un peu d'aspect.

Sur les médailles hébraïques, le *hé* est ainsi dessiné : ヨ (méd. de Mattathias), 习 (*voy.* page 21). A la dernière variante ressemble le *hé* que nous avons vu sur la *première* inscription *athénienne* et sur la seconde section des monnaies de Cadix. Or, que la première variante s'arrondisse de cette façon Э, ce qui est très fréquent dans l'épigraphie, ce qu'on voit, par exemple, très souvent dans l'écriture grecque, et ce qui serait parfaitement d'accord avec l'ensemble de notre inscription, où prédomine évidemment la forme ronde, que cette figure s'incline un peu de droite à gauche, suivant la tendance manifeste du *hé* que nous avons déjà déterminé, n'avons-nous pas un caractère très comparable à celui dont nous traitons, semblable même à celui de la pierre restée à Malte ? Notre supposition est réalisée sur d'autres monuments phéniciens. M. Lindberg dit en effet, au sujet du *hé* qui se trouve dans la légende עם המוחנת de médailles attribuées à la ville de Panorme : « *Panormitani vulgo* כּ, ט, *pingunt.* »

D'après ces préliminaires, nous transcrivons la *première maltaise* comme il suit :

לאדננלמלקרתבעלצראשנדר
עבדכעבדאסרואחחהאסרשמר
שנכנאסרשמרבנענבדאסרכשמע
קלמוהברכם

Au premier aspect, nous reconnaissons, dans les 7ᵉ, 8ᵉ, 9ᵉ 10ᵉ et 11ᵉ lettres de la première ligne, le nom מלקרת, MLQRT, que nous avons déjà vu dans la *première* inscription *athénienne*. Le *lamed* qui précède immédiatement est probablement le préfixe exposant du datif. Il en est de même du *lamed* qui commence l'inscription, car il n'y a pas, avec les lettres placées entre ces deux *lamed*, d'autre combinaison possible que celle-ci, qui est en même temps très naturelle : לאדנן למלקרת : אדן veut dire *Seigneur*; le *nun* terminal ne peut représenter que נו, pronom suffixe de la première personne plurielle, par la suppression du *vau* quiescent, conformément à ce que nous avons vu jusqu'à présent. Nous avons donc : *A notre seigneur, à Melqart*. Il y a lieu de remarquer la répétition de la particule indicative du datif; nous en retrouverons assez souvent des exemples.

Vient après un groupe qui nous est aussi bien connu, בעל.

Les deux lettres qui suivent, צר, forment à elles seules un mot, car le groupe אשנדר, qui leur succède, se représente, comme nous allons le voir, sur un assez grand nombre d'autres pierres, de manière à prouver qu'il renferme un sens propre, qu'il constitue une phrase commune et formulaire. Ces deux lettres composent donc, comme sur les médailles par l'explication desquelles nous avons commencé ce livre, le nom de Tyr qu'il s'agissait de dégager.

Nous lisons donc בעל צר, *maître, possesseur, protecteur de Tyr*, titre qui correspond aux deux expressions du texte grec ΤΥΡΙΟΙ et ΑΡΧΗΓΕΤΕΙ, et qui convient très bien, puisque l'on sait que Tyr rendait un culte particulier à *Melqart*, c'est-à-dire ΗΡΑΚΛΗΣ ou *Hercule*.

Nous négligerons pour un moment אשנדר, parce que nous savons que ce groupe se retrouve sur d'autres inscriptions, et que le rapprochement de ces textes est indispensable pour nous éclairer sur la signification d'un passage dont le sens est encore controversé.

Passons donc à la seconde ligne.

Dès le début nous remarquons la répétition du mot עבד, qui nous est bien connu. Dans le second emploi ce mot se lit אסר, comme nous l'avons expliqué précédemment, pour former le nom propre *Abdosir*, équivalent de Διονύσιος. Entre les deux groupes עבד, se trouve un *caph*, qui ne peut qu'être servile, soit suffixe du premier, soit préfixe du second. Nous ne serons en mesure de décider ce point particulier que lorsque nous comprendrons le contexte entier; nous ne nous y arrêterons pas pour le moment.

Nous rencontrons, après עבדאסר, le groupe ואחה, puis un autre groupe אסרשמר, que nous devons isoler, parce qu'il reparaît à la troisième ligne après le mot בן, *fils de*, circonstance qui indique clairement que c'est aussi un nom propre. Dans cet état de choses, le sens du groupe ואחה devient transparent; ce groupe est composé du mot אחה, *frère*, et du *vau* copulatif, correspondant à καὶ qui, dans le texte grec, unit aussi Διονύσιος. Par conséquent, אסרשמר, *Osirshamar*, rend Σαραπίων, frère d'*Abdosir* ou Διονύσιος.

La troisième ligne présente, après les deux premières lettres, שן, la filiation בן אסרשמור עבדאסר, qui n'offrirait aucune difficulté si elle ne se rapportait pas aux deux frères et si l'on ne devait par conséquent s'attendre à trouver le pluriel, ou mieux le duel. Le mot qui précède, שן, indique bien évidemment cette dualité; mais il devrait y avoir שני בני, etc., comme dans cette locution de la Bible שניהם, *ambo illi*. Faut-il voir ici encore une conséquence de la tendance à l'élimination du *iod* que nous avons déjà plusieurs fois signalée, ou, ce qui me paraît plus vraisemblable, שן est-il le singulier de שנים, singulier tombé en désuétude dans la langue hébraïque, mais conservé dans la langue phénicienne et pouvant se rendre par *uterque*? Quoi qu'il en soit, le sens est indubitable, et il nous fournit une nouvelle preuve qu'Osirshamar correspond bien à Σαραπίων. Cette phrase, sous le rapport de שן בן, doit être comparée à ce passage de la Bible (I, Sam., XIV, 51) : וקיש אבי שאול ונר אבי אבנר בן אביאל, où l'on voit aussi בן au singulier, et que de Sacy traduit ainsi : « Car Cis, père de Saül, et Ner, père d'Abner, *étaient tous deux* fils d'Abiel. »

Le reste de l'inscription, qui n'offre plus aucun nom propre, présente d'assez grandes difficultés; heureusement un texte analogue se retrouve sur plusieurs autres monuments; la comparaison nous viendra en aide. Mais, avant d'y avoir recours, constatons que ce que nous venons d'expliquer rend pleinement le texte grec. En effet, nous traduisons : *A notre seigneur, à Melqart, protecteur de Tyr..... Abdosir et son frère, Osirshamar, l'un et l'autre fils d'Osirshamar, fils d'Abdosir*....... Nous le répétons, ceci seul contient tout le texte grec; c'est par conséquent ce qu'il y a de particulier, de caractéristique dans l'épigraphe; le reste, savoir, d'une part, אשנדר, de l'autre, קלמהברכם, indique probablement l'acte des deux auteurs de l'inscription, acte qui rentrait vraisemblablement dans les usages communs, qui a pu, par conséquent, et dû même avoir des analogues; de là la répétition des mêmes formules sur d'autres monuments.

Ces monuments commencent tous par une dédicace, comme celui de Malte; mais ensuite ils en diffèrent, en ce qu'ils ne réunissent point, comme lui, la formule אשנדר et la formule קלמהברכם, ou quelque formule analogue. Les uns ne possèdent que la première, les autres que la seconde, un peu modifiée.

Ceux de la première catégorie ont été trouvés aux environs de Carthage, ceux de la seconde en Numidie.

Ainsi ces différences correspondent nettement à des distinctions de géographie politique.

Ces distinctions se réfléchissent, comme nous le verrons bientôt, dans la dédicace.

Elles se reproduisent dans la forme des lettres et dans quelques particularités grammaticales.

La différence des caractères exige que préalablement nous procédions à leur détermination précise.

Les inscriptions de la première catégorie, ou *carthaginoises*, sont représentées dans l'atlas de Gesenius, tables 17 L, 16, 15, 14 XLVI, 17 XLIX, 47 LXXXI, et sur notre planche 8; celles de la seconde, ou *numidiques*, dans le même atlas, tables 22, 23 LIX, 21, 23 LX, ainsi que sur nos planches 10 à 15.

Au premier aspect on est surtout frappé de la différence que les lettres de la seconde catégorie présentent avec celles des inscriptions que nous avons jusqu'à présent analysées, aussi bien qu'avec celles de la première catégorie. Celles-ci toutefois servent de transition, bien que conservant une plus grande ressemblance avec celles que nous connaissons. Nous commencerons par elles, en maintenant, pour celles qui sont empruntées à Gesenius, l'appellation numérale adoptée par cet auteur, et en poursuivant pour les autres l'ordre arithmétique. Mais, dans les analyses, nous nous réglerons sur les analogies et non sur cet ordre.

A. *Cinquième et troisième carthaginoises de Gesenius.*

Ces deux épigraphes sont dessinées sur les tables 17 L et 16. Au premier coup d'œil on reconnaît qu'elles se ressemblent entièrement jusqu'à la trentième lettre inclusivement. Sur l'une et l'autre, la première lettre est un *lamed*. La seconde et la troisième ont entre elles une assez grande similitude; cependant la première des deux a une queue plus longue et plus droite, surtout dans la *troisième carthaginoise*. La plus grande courbure de la seconde indique un *beth*; l'autre est donc un *daleth* ou un *resh*. Mais sur plusieurs points des deux épigraphes nous remarquons une figure identique, à cela près que la queue est plus courte. Le mot עבד, que nous sommes assez exercés maintenant pour reconnaître promptement dans les lettres 6, 7, 8, troisième ligne de la *cinquième carthaginoise*, nous prouve que cette dernière figure est le *daleth*. La seconde lettre des deux inscriptions est donc un *resh*.

La quatrième, la sixième et la huitième, malgré le prolongement de la branche horizontale à gauche, sont probablement des *tau*, car, nonobstant cette petite modification, elles sont comparables au *tau* de la *première athénienne*. On doit remarquer que, sur la *cinquième carthaginoise*, le prolongement est un peu relevé. Cette disposition est beaucoup plus prononcée sur la *troisième* et sur toutes les autres *carthaginoises*; la *cinquième* fournit la transition.

Le septième caractère est évidemment un *nun*.

Le neuvième a quelque ressemblance avec la variante du *beth* dont nous avons parlé à la page 30. Mais nous avons ici le *beth* sous la forme ordinaire; nous ne pouvons donc reconnaître la même valeur au caractère dont il s'agit. Pour en trouver la détermination, remarquons d'abord que la partie que nous venons d'épeler donne un sens complet. En effet, le *lamed* par lequel elle débute et celui qui vient peu après indiquent, comme dans la *première maltaise*, par la répétition du datif, la personne ou la divinité à qui le monument est consacré. Or, après le second *lamed*, le groupe תנת rappelle celui qui, sur la *première athénienne*, entre dans la composition du nom propre de l'individu à qui le tombeau était destiné, nom qu'à la page 25 nous avons lu תכת, sans pouvoir le comprendre. Le עבד qui précédait indiquait qu'il s'agissait d'une divinité. Les signes de dédicace qui se trouvent sur les inscriptions dont nous nous occupons en ce moment s'accordent avec cette première remarque; c'est donc le nom de cette divinité que nous avons ici, et une gravure plus correcte, en nous permettant d'en rectifier l'orthographe, nous facilitera l'interprétation. Le groupe qui précède doit être, comme dans la *première maltaise*, une qualification de cette divinité. Il est facile en effet d'y reconnaître le féminin de רב, *nombreux*, *grand*, *puissant*, pris substantivement, et signifiant par conséquent *maîtresse*. Nous avons donc : *A la maîtresse, à Tanit.*

Ainsi *Tanit* était une déesse, ce qui s'accorde avec le texte grec de la *première athénienne*, où ce nom est rendu par *Artémis*. C'est la *Neith* égyptienne dont le nom, précédé de l'article féminin, se prononçait *Taneith*. En empruntant le culte, les Phéniciens ont conservé intégralement cette prononciation, comme de la déesse *Mé*, avec l'article féminin *Tmé* ou *Thmé*, c'est-à-dire *la Justice*, les Grecs ont fait leur Θέμις. Gesenius a fort bien appuyé la conjecture que c'était le personnage mythologique correspondant aussi à Diane, à Vénus ou à Minerve, que les Perses, suivant Strabon, Clément d'Alexandrie, Eustathe, adoraient, sous le nom tantôt de Τάναις, tantôt d'Ἀναις (génitif, Τανάιτις, Ἀναίτις), et dont le culte, au dire d'Hérodote, leur avait été transmis par les Assyriens et les Arabes.

Après ce nom vient le caractère dont nous cherchons la détermination, puis une nouvelle dédicace en ces termes : לבעלן לאדן לבעלחמן, *A notre maître, au Seigneur, à Baal Haman*. Le signe dont il s'agit, placé entre ces deux parties de la dédicace, doit donc en être la copule, savoir *vau*, de manière qu'on puisse et doive lire : *A la maîtresse, à Tanit, et à notre maître, au Seigneur, à Baal Haman*.

On doit remarquer que le *nun* qui suit le premier לבעל et qui attache à ce mot, comme dans לאדנן de la *première maltaise*, le pronom possessif de la première personne plurielle, est incorrectement dessiné sur la *cinquième carthaginoise*; il ressemble au *nun* du composant תנת de la *première athénienne* que nous avions dû d'abord prendre pour un *caph*. Le parallèle avec l'inscription de la *troisième carthaginoise* lèverait toute incertitude s'il en pouvait rester sur la valeur réelle de ce signe.

Baal Haman, ou Baal solaire, était, comme cette épithète l'annonce, le dieu du soleil. Gesenius, qui a si ingénieusement rapproché le nom de la Tanit carthaginoise de celui de la Tanais ou de l'Anaïs des Perses, donne une nouvelle force à cet argument en rappelant, à l'exemple de Selden [1], par la citation de deux passages de Strabon, que ce peuple adorait aussi un Oman ou Aman, dont le culte était associé à celui de Tanais, et que celle-ci avait la prééminence, puisqu'elle est nommée la première; toutes circonstances qui s'accordent d'une manière très remarquable avec celles de nos inscriptions. Enfin il fait observer l'analogie de ce nom avec celui du dieu égyptien Amon, à qui Neith se trouvait souvent associée.

---

(1) « An in Deo Omano seu Amano (nam varie legitur) cujus meminit Strabo, quod sit τῶν *Chananim* seu *Hammanim*, viderint cruditi. Opinatur ita Scaliger.... Ama- nus sane sol erat, ni fallor, ut Anaïtis Luna, quæ etiam Diana et Venus nuncupabatur. » *De Dis Syris*, SYNT., II, c. 8.

Après Baal Haman, on retrouve le groupe אשנדר, qui nous a arrêtés dans l'explication de la *première maltaise*, et qui forme le lien entre cette épigraphe et les *carthaginoises* que nous étudions.

Puis, au point de démarcation des deux *carthaginoises*, se lisent sans hésitation, sur la *première*, עבדמלקרת, et sur la *seconde*, גדעשתרת, groupes que, à leur composition, nous reconnaissons facilement pour des noms propres.

Ces noms, sur l'un et l'autre monument, sont séparés du mot בן par un autre groupe de quatre lettres, différent cependant sur chaque pierre. Ces groupes ne peuvent être que les qualificatifs des individus dénommés. De part et d'autre ils commencent par un *hé*, qui doit être l'article, comme dans le passage הצדני עבדשמש de la *première athénienne*. Mais, puisqu'il n'y a pas de *iod* suffixe, il ne s'agit pas de désignation ethnique.

Sur la *cinquième carthaginoise*, des trois lettres qui forment le radical dont il s'agit, la première, quoiqu'un peu mutilée, peut être facilement ramenée à la forme régulière du *schin*, qui se montre au second rang de la ligne précédente, dans le groupe אשנדר.

Sur la *troisième carthaginoise*, cette première lettre est évidemment un *samech*.

La seconde lettre est identique dans les deux noms, car il ne faut point tenir compte de la corde qui ferme celle de la *cinquième;* la copie donnée par M. Falbe, dans son *Mémoire sur l'emplacement de Carthage*, prouve que ce trait n'existe point en réalité. La figure a de la ressemblance avec le *vau* qui forme la copule dans la première ligne.

La lettre suivante est un *resh* sur la *troisième carthaginoise;* sur la *cinquième* c'est une figure nouvelle.

En admettant que le second caractère soit effectivement un *vau*, on aurait, pour le titre de la *troisième carthaginoise*, הסור, ce qui pourrait signifier *l'exilé*.

Pour le titre de la *cinquième*, nous avons à rechercher en outre la valeur du troisième élément. Or, il ne nous reste que deux caractères de l'alphabet hébraïque dont nous n'ayons point encore découvert les équivalents, savoir le *thet* et le *phé*; il est très probable que le nouveau signe, qui n'a d'analogie avec aucun de ceux que nous avons déterminés, représente l'un ou l'autre de ces caractères. Dans la double supposition que ce soit un *phé* et que la figure précédente soit un *vau*, on aurait השוף, c'est-à-dire *celui qui tend les embûches*, ce qui n'est point admissible; si ce dernier caractère est un *thet* et si on lit השוט, on ne peut comprendre que *le fléau*, qui n'est pas plus acceptable.

Cette difficulté porte à demander si, malgré la ressemblance du second caractère avec celui auquel nous avons reconnu et devons maintenir la valeur *vau*, nous n'avons pas ici un nouvel exemple du rare emploi, sur le même monument, de deux figures revêtues d'une puissance différente malgré leur analogie matérielle[1]. Dans ce cas, la valeur de ce second caractère lui-même nous serait inconnue; il comblerait la dernière lacune que laisserait la détermination de celui dont il est suivi dans la *cinquième carthaginoise* et compléterait l'alphabet. Mais quel serait entre eux le *thet*, quel serait le *phé?* Il serait très facile de le constater à l'aide même du mot qui se présente dans la *cinquième carthaginoise*, puisqu'on ne pourrait le lire qu'au moyen de l'une ou de l'autre de ces combinaisons : שפף ou שפט. Chacune de ces formes, à la vérité, donnerait un mot hébreu; mais celui-là signifiant *écoulement*, *effusion*, *inondation*, celui-ci *juge*, *suffète*, il est évident que le premier ne pourrait qualifier un individu, tandis que le second, rappelant la première dignité de Carthage, conviendrait parfaitement au contexte. De même, dans la *troisième carthaginoise*, cette détermination donnerait הספר, *le scribe*, et ce titre serait pareillement très vraisemblable.

---

(1) Ce qui tend à démontrer qu'en effet le *vau* et le *phé* avaient chez les Phéniciens une assez grande ressemblance de forme pour qu'on pût les confondre, c'est qu'on trouve dans la Bible le nom *d'Aradus*, écrit tantôt ארפד, et d'autres fois ארוד, du moins d'après certains commentateurs.

Nous adoptons cette lecture et nous annonçons à l'avance qu'elle sera justifiée par quelques-uns des textes qui nous restent à examiner. En revenant d'ailleurs sur la comparaison du signe auquel nous venons de donner la valeur *phé* avec le *vau* qui se trouve à la première ligne sur l'une et l'autre inscription, nous pouvons constater une nouvelle application du principe émis à la page 35, savoir que, dans les cas où, sur le même texte, des formes semblables en apparence représentent des articulations différentes, il y a cependant des nuances graphiques qui maintiennent la distinction ; ainsi, sur la *cinquième carthaginoise*, surtout sur la copie plus correcte donnée par M. Falbe dans son *Mémoire sur l'emplacement de Carthage*, le *phé* est évidemment plus petit que le *vau*; l'inverse a lieu sur la *troisième*; de part et d'autre, il y a une différence suffisante pour empêcher l'erreur.

Cet obstacle levé, la lecture s'achève couramment ainsi :

Pour la *cinquième* inscription, בן בדמלקרת בן חנא, *Fils de Bodmelqart, fils d'Hanna*. בד, généralement pris pour עבד, par aphérèse de l'*ain*, est plutôt le mot בד lui-même, signifiant *séparation, chose séparée*, et, par extension, *consacrée*; on en trouve plusieurs exemples dans les noms puniques, entre autres *Bodostor, consacré à Astor*[1].

Pour la *troisième*, בן עבדמלקר, *Fils d'Abdmelqar*. Il nous est facile maintenant de restituer ce dernier nom, malgré l'inexactitude du dessin des neuvième et douzième lettres de la dernière ligne; il est mis, on comprend sans peine aussi, pour *Abdmelqart*; le *tau* final est supprimé comme dans *Bodostor*, que nous venons de citer.

B. *Deuxième, première et quatrième carthaginoises de Gesenius.*

Ces trois fragments, reproduits sur les tables 15, 14 et 17 XLIX, n'offrent rien de remarquable ; on y reconnaît sans difficulté les débris plus ou moins étendus de la partie formulaire signalée sur les deux précédentes carthaginoises, et il est aisé d'en rétablir complétement les vestiges là où des lettres ont été altérées ou effacées. Voici en effet comment on doit indubitablement lire :

4e	1re	2e
‏לרבת לתנת ולאדן לב־‏	‏(לרבת לתנת) ול(א)דן לב־‏	‏(לר)ב(ת ל)תנת ול(לבעל־‏
‏על(חמן אשג(דר).‏	‏על(חמן (א)שנ(ד)ר‏	‏(ז) לאדן לבעל חמן‏
‏. . . נבעל בן.‏	‏בן תמ. . בן עבדבעל‏	‏(א)שגדר עבדאשמן־‏
‏. . . בן א. . .‏		‏(ז)בן בדעשתרת בן‏
		‏(עב)ראשמן‏

Comme les *cinquième* et *troisième carthaginoises*, celles-ci ne diffèrent que par les noms propres. Deux de ces noms sont nouveaux, savoir, dans la *deuxième*, עבדאשמן, *Abdesmun*, et dans la *première* עבדבעל, *Abdbal*. Celui-ci, qui signifie *serviteur de Baal*, n'a pas besoin d'éclaircissements. L'autre offre dans sa composition le nom d'une divinité qui nous est encore inconnue, *Esmun*; Gesenius a fort bien prouvé, par plusieurs citations auxquelles nous renvoyons, que cette divinité, d'origine phénicienne, correspond à l'*Esculape* des Grecs, au dieu qui avait à Carthage un temple magnifique.

---

(1) On pensait que בדעשתר lui-même était mis pour בדעשתרת, que l'on rendait par *serviteur d'Astarté*, et qui serait, pour nous, *consacré à Astarté* ; mais les curieuses remarques de M. F. Fresnel sur l'Aschtor mâle des Himyarites et les rapports de ce peuple avec les Phéniciens doivent aujourd'hui faire cesser toute confusion. (Voy. *Journ. asiat.*, 2e sem., 1845.)

C. *Douzième carthaginoise de Gesenius.*

Cette inscription, qui n'est encore qu'un fragment, se lit :

    . . . . . .
ז לאדן לבל חמן
אשנדר אעלשת

Elle se fait remarquer par la suppression de *l'aïn* dans le nom de Baal et par la construction du nom propre qui suit אשנדר. Ce nom doit être mis pour אעלצת, venant de עליצות, *exsultation, joie*. La mutation du *tsadé* en *schin* est naturelle; l'élimination du *iod* et du *vau* est d'accord avec ce que nous avons vu généralement jusqu'ici à l'égard de ces deux lettres; enfin l'*aleph* prosthétique est une forme onomastique à laquelle Simonis attribue la signification de durée, de continuité, en sorte que le sens serait *continuité de joie, objet continuel de joie*.

On pourrait cependant ne considérer comme nom propre que le groupe אעל et rendre שת par *a posé;* אעל, avec l'*aïn* intercalaire, signifierait *fort, puissant, héros*. Mais cette épenthèse, fréquente, comme nous le verrons, dans les numidiques, ne se rencontre pas dans les carthaginoises: le nom propre n'est jamais non plus, comme il le serait ici, suivi d'un verbe dans la classe d'inscriptions à laquelle celle-ci doit être rattachée d'après les indices fournis par la première ligne. Je crois donc la première leçon préférable.

D. *Quatorzième carthaginoise.*

La *quatorzième carthaginoise* doit être transcrite comme il suit (*voyez* notre planche 8).

לרבת לתנת ולב־
עלן לאדן לבעל ח־
מן אשנדר אמתמ־
לכת בת...

Ce précieux monument, dû à M. Falbe, offre deux particularités très importantes à noter : l'une, c'est la forme du *schin* dans le groupe אשנדר (3ᵉ ligne, 4ᵉ lettre) ; la comparaison avec les inscriptions précédentes ne laisse aucun doute, en raison de l'identité de position, sur la détermination de cette variante; elle se montrera fréquemment dans la suite, et nous verrons alors combien il aura été utile d'avoir une occasion d'en constater rigoureusement la valeur comme nous le faisons en ce moment.

La seconde particularité consiste en ce que la personne désignée dans le texte est une femme, *Ametmelket, fille de . . . . .* Nous aurons aussi à revenir plus tard sur ce fait.

Nous ne devons pas laisser passer inaperçue la ressemblance qui existe, sans doute par la négligence du graveur, entre le *vau*, plusieurs *nun* et le *caph*. Cela ne nous embarrasse plus.

De plus grandes modifications graphiques se présentent dans la série des inscriptions qui contiennent seulement, outre la désignation de la divinité, la seconde partie de la formule que nous avons lue sur la *première maltaise*, inscriptions qui ont toutes été trouvées, comme nous l'avons dit, en Numidie, et que, pour cette raison, nous nommons *numidiques*, en ajoutant à chacune une distinction numérale. On a critiqué cette épithète donnée par Gesenius, comme s'il eût entendu dire qu'il s'agit de la *langue* numidique; mais il est évident que l'illustre auteur n'a voulu parler que de la *contrée* où les monuments ont été découverts. Ainsi comprise, l'expression est trop commode pour que nous ne la conservions pas.

A. Seconde numidique de Gesenius.

Cette inscription, dessinée table 22, offre d'abord un caractère que nous devons reconnaître pour un *lamed* en nous reportant aux variantes de la légende des médailles de Malaca, Gesenius, table 41 xix. En effet, l'exemplaire C porte, pour seconde lettre, un signe semblable, d'une part, à celui de notre épigraphe, et correspondant évidemment, d'autre part, au *lamed* très correct de l'exemplaire B.

La lettre suivante est l'*aleph* que nous avons déjà vu à la tête des variantes G, H, I, M, etc., des médailles figurées sur la tab. 39 xiii de Gesenius.

La troisième et la quatrième lettres nous sont inconnues; mais, en examinant l'inscription de notre planche 13 où nous voyons, après les éléments qui leur correspondent, le mot בעל, et où le premier de ces éléments est évidemment, ainsi que sur notre planche 11, un *daleth*, il est impossible de ne pas reconnaître le mot אדן qui précède בעל sur la *première maltaise* et sur les *carthaginoises* ci-dessus analysées. Le *nun*, en perdant sa brisure, a subi une modification analogue à celle du *lamed*, et conservé ainsi sa similitude avec cette lettre; nous remarquons aussi qu'il continue à en différer par sa prolongation au-dessous de la ligne, tandis que le *lamed* reste élevé au-dessus de la ligne; c'est une distinction qu'il importe beaucoup de noter.

Le mot בעל de la planche 13, que nous venons de citer, et où le *beth* se montre avec sa forme ordinaire, prouve que c'est le même mot qu'il faut lire à la place correspondante de la *seconde numidique*, ainsi que de l'épigraphe de la planche 11, dont nous avons aussi déjà parlé, et l'équivalence, incontestable dans ce cas, de la figure qui précède על avec celle du *beth*, justifie de nouveau la lecture du même terme sur les médailles de *Lix*, de *Sex* et de *Cadix* (voy. page 30).

Les traits qui suivent le mot בעל sur la *seconde numidique* paraissent, au premier aspect et d'après même ce que nous venons de constater, un *beth*, un *caph* et un *daleth*. Avant d'arrêter notre jugement à ce sujet, poursuivons la détermination de quelques caractères.

Il vient, immédiatement après, un *mem* tel que celui que nous avons vu à la fin des variantes G, H, etc., des médailles précédemment rappelées de la table 39, puis un *nun*, un *caph*, un *aïn*, un *schin* semblable à la variante que nous avons tout récemment signalée dans le mot אש de la quatorzième carthaginoise; enfin un *mem* et un *aïn*.

Cela nous donnerait à la première ligne, en admettant les valeurs supposées pour les trois linéaments en question : לאדן בעל בכדמנכעשמע.

On sépare et comprend facilement les deux premiers mots לאדן בעל, *au seigneur Baal*; mais après, il est impossible de trouver un sens.

Gesenius a lu les trois linéaments dont nous nous occupons כמן, et, de la lettre qui suit le *mem* gravé après, il a fait un *lamed*; enfin il a considéré l'*aïn* qui marche à la gauche du *caph* comme une abréviation du mot עלם dont cette lettre est en effet l'initiale; il lit donc jusqu'à ce point : לאדן בעל כמן מלך ע', *au seigneur Baal solaire, roi éternel*.

Mais il est impossible d'accepter des valeurs aussi arbitraires; nulle part on ne trouve un *caph* ni un *mem* de la forme des deux linéaments qui suivent le mot בעל, car il ne faut pas perdre de vue que c'est au premier des deux que Gesenius attribue la valeur du *caph*, au second celle du *mem*. L'inscription que nous étudions témoigne elle-même contre cette assertion; en effet, le *mem* s'y trouve figuré différemment et d'une manière que nous avons constatée en comparant les variantes de la légende des médailles de la table 39 xiii de Gesenius. Le *caph* s'y montre à la seconde et à la troisième lignes; enfin le caractère qui suit le premier *mem* ne peut être assimilé au *lamed*, qui s'élève, comme nous l'avons déjà fait remarquer, au-dessus de la ligne ; ce ne peut être qu'un *nun*, comme tous les caractères semblables de la même épigraphe.

Dans l'incertitude où nous restons, demandons quelque autre lumière à l'analyse de la seconde ligne. Nous lisons d'abord sans hésitation קלא ; puis, après deux signes incertains, nous trouvons כא. Cette désinence, rapprochée de קלא, rappelle la fin de la *première maltaise* et donne lieu de penser qu'il y a ici קלא ברכא, que par conséquent les deux signes incertains sont l'un un *beth*, l'autre un *resh*. Ils ressemblent, il est vrai, au *daleth* du mot אדן de la première ligne ; mais à l'état correct aussi, ces trois lettres, comme nous l'avons déjà fait observer, ont une similitude prononcée ; le *daleth* et le *resh* se ressemblent aussi dans l'alphabet chaldaïque. Il n'est donc pas étonnant que l'analogie se répète même dans les modifications que les caractères ont éprouvées, de même que pour le *lamed* et le *nun*, déjà signalés sous ce rapport. En fait, on trouve, d'une part, un *beth* de cette forme dans le mot בעל qui se montre à la seconde ligne de l'inscription représentée sur la table 21 de Gesenius, ou *première numidique*, et d'autre part, un *resh* à la fin des variantes 47, 48, 49 de la légende des médailles de Tyr, sur la planche 83 du recueil de Pellerin. Cette double analogie se trouve réunie, d'une manière frappante et démonstrative, dans la quatrième des variantes retracées à la page 30. Nous pouvons donc lire קלא ברכא. Le mot שמע, qui termine la ligne précédente, confirme l'analogie avec la formule de la *première maltaise*. Mais ce mot dans celle-ci est immédiatement précédé par un *caph* ; dans la *seconde numidique* et dans toutes les épigraphes de la même catégorie, nous trouvons aussi un *caph*, mais séparé de שמע par un *aïn*. C'est là un des points qui ont le plus contribué à égarer les interprètes jusqu'à Gesenius inclusivement. Le fait pourrait s'expliquer par la comparaison de plusieurs autres monuments épigraphiques découverts pareillement en Numidie. En effet, l'examen attentif de ces divers textes prouve que le dialecte phénicien parlé en Numidie avait une prédilection frappante et caractéristique pour l'*aïn*. Tantôt il substituait cette aspirée à l'*aleph* ; voyez, par exemple, sur la planche 10, au commencement de la première ligne, le mot עדן mis pour אדן, des monuments analogues, et sur la table 47 LXXXIV de Gesenius, ainsi que sur notre planche 19, au début de la première ligne encore, le mot עבן, remplaçant אבן, écrit correctement en tête de l'épigraphe rapportée sur notre planche 20. D'autres fois ce dialecte ajoutait l'*aïn* aux radicales à titre de prothèse ou d'épenthèse. La fréquence insolite de cette lettre sur plusieurs pierres suffirait pour faire conjecturer cette particularité, si l'on n'en avait d'ailleurs la démonstration dans les mots עאבך et אעבן, pour אבן, des tables 25 et 26 de Gesenius, ainsi que dans le nom propre בעליעתן, formé des quatre dernières lettres de la première ligne et des trois premières de la seconde ligne sur notre planche 22. כעשמע pourrait donc être très naturellement considéré comme un cas de cette espèce. Cependant je disais à cet égard en 1842 (*Essai sur la langue phénicienne*) : « A mon avis, l'*aïn* a une abréviation ; il est mis pour על, *supra, antea, præ* ; le *lamed* s'élide devant le *schin* qui commence le mot suivant, par la même règle d'euphonie qui, chez les Arabes, produit, dans les rencontres analogues, l'assimilation de la première de ces deux lettres à la seconde. כעשמע, pour כעלשמע, veut dire, *selon ce qui a été entendu précédemment, selon l'ordre qui a été reçu précédemment* ; l'*aïn*, dans ce cas, représente exactement la particule *præ* dans la locution *ex præcepto*, que j'ai déjà dit être la traduction rigoureuse du mot phénicien. » Or, une inscription trouvée récemment, dont nous reparlerons plus loin et que nous présentons sur notre planche 10, confirme positivement cette présomption ; car on y lit (א)כעלשמע, mot qui offre d'ailleurs d'autres modifications, sur lesquelles nous nous expliquerons ultérieurement.

Ainsi l'on peut avancer avec assurance que le passage כעשמעקלאברכא correspond à cette partie de la *première maltaise* : כשמעקלמוהברכם.

Cette formule étant isolée dans la *première maltaise*, on doit, dans les numidiques, l'isoler aussi par la pensée ; d'où il résulte que les deux lettres qui précèdent doivent en être séparées. En effet, nous voyons le groupe qu'elles forment avec les linéaments dont nous nous occupons rester invariable sur la *dixième numidique*, que nous avons déjà citée et où l'*aïn* ne suit plus immédiatement le *caph* qui vient après elles (*voy.* notre planche 11), ainsi que sur la *quatrième*, où le *caph* lui-même a disparu (*voy.* Gesenius, table 23). Les lettres מן se rattachent donc au commencement de l'inscription, et l'on a par conséquent מן...לאדן בעל. Or, il est impossible de ne point rapprocher cette partie du texte de cette autre partie empruntée aux carthaginoises que nous venons d'étudier : לאדן לבעל חמן. Il ne manque que le *chet* dans le premier cas pour compléter le rapport. L'ensemble des traits dont nous cherchons la détermination ne composerait-il pas cette lettre? L'analogie de sens tend puissamment à le faire admettre. L'analogie graphique est loin d'y répugner ; car il n'est point difficile de saisir un lien avec le *chet* que nous avons déjà vu sur la *première*, la *seconde* et la *quatrième athéniennes*, sur la *première maltaise*, enfin sur les *carthaginoises* précédemment analysées. Le trait médial et contourné de notre groupe remplace les traits intermédiaires et variablement dirigés du *chet* des exemples précités.

Ainsi le parallélisme des formules, l'affinité graphique, et, nous le verrons bientôt, la nécessité du contexte, tout se réunit pour ne faire de ces trois linéaments qu'une seule lettre, un *chet*.

L'épellation du reste de l'inscription, à partir du milieu de la seconde ligne, marche sans encombre, si ce n'est à la 11e lettre de la dernière ligne, où se rencontre encore une figure inconnue dont la place est indiquée par un point d'interrogation dans la transcription suivante :

אגענא בן . . . .
ברכבעל בן מעו?גע בן . . .

Gesenius avoue aussi que le caractère en question l'a fait hésiter. Il se décide à le considérer comme un *schin*, ne différant de ceux des lignes 1 et 2 qu'en ce que la corne ajoutée sur ceux-ci au côté gauche se confond, sur le nouveau dessin, avec le bord supérieur et ne fait avec lui qu'un trait continu.

Nous ferons d'abord observer qu'il y a une première différence entre ce que Gesenius appelle un *schin* à la seconde ligne, savoir la 8e figure, et l'antépénultième lettre de la première ligne que nous avons reconnue être réellement un *schin*, par l'analyse comparative de la *quatorzième carthaginoise*. Cette différence se maintient partout ; nous la croyons donc fondamentale. Le 8e caractère de la seconde ligne a beaucoup plus d'analogie avec le *tsadé*, que nous ne trouvons d'ailleurs sous aucune autre forme dans les inscriptions numidiques. Nous n'hésitons point à lui assigner cette valeur.

En second lieu, le groupe בעשנג, qui résulterait de la lecture de Gesenius, ne donnerait aucune signification admissible ; l'illustre orientaliste l'avait reconnu. Aussi, pour former le nom propre que le contexte appelle, il a dû supposer que la 12e figure de la dernière ligne, bien que, de son propre aveu, elle ait l'apparence régulière du *ghimel*, ne constitue point cette lettre, mais qu'elle doit être divisée en deux parties, de cette façon ∩, de manière à représenter un *iod* et un *beth* ; puis, de l'avant-dernier signe, il fait un *lamed*. Il arrive ainsi à lire מעשיבעלן, *Magsibalem*.

Quelque respect qu'on ait pour le savant auteur, on ne peut souscrire à une pareille lecture. Il n'y aurait plus aucune règle si, lorsqu'une lettre est aussi nettement, aussi correctement formée que celle qui représente incontestablement un *ghimel* au 12e rang de la dernière ligne, on pouvait, pour les besoins divers du moment, en changer la figure à volonté. D'un autre côté, l'avant-dernier signe, dans ses dimensions exiguës, ne peut être pris pour un *lamed* qui se montre tracé bien différemment et sous une forme constante sur les autres points de l'inscription où sa valeur est indubitable. Ce caractère ne peut être qu'une des trois lettres ב, ו ou ר, dont la ressemblance a déjà été plusieurs fois signalée, et très probablement c'est un *beth*, formant, avec le caractère suivant, c'est-à-dire le *nun*, le mot בן, dont le conséquent est effacé.

Pour moi, comme il s'agit ici d'un nom propre, et que par conséquent le sens du contexte ne souffre point de l'incertitude dans laquelle nous sommes, je serais disposé à laisser indécise la détermination de la 11ᵉ lettre de la dernière ligne, jusqu'à ce que de nouveaux monuments vinssent manifestement en éclaircir la valeur. Cependant il est une particularité qui n'a point fixé l'attention de Gesenius et qui peut-être nous mettra dans la bonne voie; c'est la flexion à droite de l'extrémité inférieure de la figure. Cette particularité rapproche cette lettre d'un caractère que nous trouverons bientôt sur d'autres numidiques (*voy.* notre planche 13) et que nous reconnaîtrons y valoir *vau*. Nous avons vu d'ailleurs cette courbure distinguer le *vau* sur plusieurs monuments gravés en Numidie. Je suis donc porté à penser, mais sans que ce soit pour moi démontré encore, que la figure qui nous occupe est un *vau*, et qu'on doit lire מעוגע. En supposant épenthétique l'*aïn* terminal, et nous ne tarderons pas à voir combien la supposition est admissible, ce groupe correspondrait au mot hébreu מעוג ; ce ne serait qu'une modification grammaticale du nom du roi de Basan, עוג, *Og*, dont il est parlé dans les Nombres, ch. xxi, v. 33.

La *seconde numidique* peut donc être lue et en partie traduite comme il suit :

לאדן בעל חמן כעשמע   Au seigneur Baal Haman.....
קלא ברכא צנענא בן   ..... Tsinâna, fils de
ברכבעל בן מעוגע בן. . . .   Barcibal, fils de Mogâ, fils de...

Le premier nom propre peut s'interpréter par צנע נא, *Humble a été l'habitation;* le second par ברך בעל, *Bâal a béni.*

B. *Troisième numidique de Gesenius.*

La *troisième* inscription *numidique*, c'est-à-dire celle qui est représentée sur la table 23 LIX de Gesenius, est incomplète, au dire de notre auteur, qui l'a lui-même examinée au musée de Leyde, où elle est déposée. Les premières lettres de la dernière ligne ont été effacées à coups de stylet; les traces de cet instrument se reconnaissent même, quoique plus légères, sur les lettres subsistantes. Ce fait nous explique la forme des 6ᵉ, 8ᵉ et 11ᵉ figures de la troisième ligne. En effet, la 6ᵉ et la 8ᵉ, telles qu'elles sont dessinées, reproduisent les formes entières et régulières du *resh* et du *daleth*. Cependant le *daleth*, dans le mot אדן de la première ligne, le *resh* au 8ᵉ rang de la seconde ligne, ont les formes réduites que nous venons de voir dans la *seconde numidique*. Il n'est pas probable que cette différence ait été primitive; les deux figures de la troisième ligne doivent être altérées. On peut en dire autant de la 11ᵉ. Il est facile, sans doute, de reconnaître en elle un *teth*, en se reportant à l'analyse de la *cinquième carthaginoise* (page 43) ; mais d'ordinaire cette lettre n'est point fermée supérieurement comme elle l'est ici. La ligne suivante présente deux autres *teth* mieux conservés sous ce rapport, et cette particularité même fortifie la présomption de l'altération du premier.

Nous ne sommes donc point sûrs de la valeur de plusieurs des signes de l'inscription à laquelle nous sommes arrivés. Dans ce cas, nous nous abstiendrons, pénétrés de la justesse de ces remarques de Barthélemy : « Dans des langues où l'altération d'un seul trait change très souvent la valeur d'une lettre, où le changement d'une lettre dénature un mot entier, on ne saurait être trop attentif à constater et déterminer avec précision la forme de chaque caractère en particulier... La première règle de l'art consiste à ne prononcer que d'après les originaux mêmes, ou que d'après des copies assez exactes pour en tenir lieu. »

Toutefois l'incertitude ne porte que sur les deux dernières lignes; les deux premières sont parfaitement conservées, et elles nous offrent intacte la partie formulaire que nous avons reconnue dans l'épigraphe précédente.

La *troisième numidique* peut donc être transcrite de cette manière :

לאדן בעל חמן כע
שמעקלאברכא מ
חע. . . א . . . טא
ע . ט . . ת.

C. *Première numidique de Gesenius.*

La *première numidique* (table 21) se distingue :

1° Par la forme du *chet*, qui commence le mot חמן à la première ligne ; toutes les raisons que nous avons exposées pour justifier la détermination de cette lettre dans les deux numidiques précédemment étudiées subsistent ici ; les traits que nous trouvons maintenant ne sont que la simplification de ceux que nous avons vus. Gesenius avait reconnu la valeur du *chet* aux trois traits de l'inscription dont nous nous occupons ; comment, dans les deux autres, a-t-il pu repousser l'analogie ? les rapports des trois figures ne sont-ils pas exactement les mêmes dans chaque texte ? Une très légère différence de forme doit-elle prévaloir contre l'induction puissante qui résulte de cette identité de connexion ?

2° Par l'existence de deux *mem*, au lieu des deux *aleph* qui, sur les deux autres numidiques, s'étaient trouvés dans le groupe קלאברכא כעשמע, ce qui rapproche davantage la formule de celle de la *première maltaise*;

3° Par le groupe de caractères de moindres dimensions réunis à l'angle inférieur et gauche de l'épigraphe ; ces caractères paraissent, ainsi que l'a jugé Gesenius, ne point appartenir au texte proprement dit ; le savant interprète pensait qu'ils expriment le nom du graveur et la date de l'érection du monument ; il lisait à cet effet :

חנמעל בן ע   Channimal, fils d'I-
בעל   bal.............
שן   an.......

Nous nous bornerons à faire remarquer qu'il donne la valeur *chet* aux *deux* traits initiaux, tandis que, d'une part, cette lettre a *trois* traits dans le mot que Gesenius lui-même a lu, חמן, à la première ligne du texte ; d'une autre part, il considère ces *deux* traits comme un *hé* au commencement de la troisième ligne de sa *troisième numidique*, c'est-à-dire celle que nous venons d'étudier.

En second lieu, Gesenius prend à tort le sixième signe du groupe pour un *lamed* ; ce ne peut être qu'un *nun* ; le *lamed*, dans le texte proprement dit et même dans le groupe dont il est question, s'élève davantage au-dessus de la ligne, et il a l'extrémité supérieure penchée à droite ; la forme en est constante et bien distincte. Nous verrons au surplus, en analysant le texte, quelle malheureuse prédilection notre auteur a pour le *lamed*.

Il fait du caractère suivant les deux lettres בן ; nous savons que, si la figure est fidèlement représentée, c'est incontestablement un *vau*. Nous aurons lieu de revenir aussi sur ce point en analysant le texte.

Enfin Gesenius présume que le signe qui précède בעל, et qu'il compare à celui d'une inscription trouvée à Citium et dont nous parlerons ultérieurement, représente שן pour שנה ou שנת, *année*, et que les autres signes, dont il ne reste que les vestiges, étaient des chiffres. L'examen détaillé de cette question nous mènerait trop loin et nous détournerait trop de l'objet essentiel de ce chapitre ; nous le reprendrons en temps opportun. En ce moment, nous avons hâte de revenir au point capital, et, à cet effet, nous terminons ce qui concerne le groupe accessoire, en disant qu'il nous semble devoir être transcrit ainsi : ברנמען ו עבעל. Le *vau* intermédiaire porte à penser qu'il s'agit de deux individus, dont l'un peut-être a gravé le bas-relief, l'autre l'inscription. Je traduis donc : *Barnamon et Obal.* Le premier nom est composé de בר et de נעמן, sans doute pour נעמן, comme on trouve dans la Genèse et les Paralipomènes ענר pour נער, et il signifie *Fils de délices;* le second est probablement une contraction de עבדבעל.

La manière dont Gesenius lit le texte principal de l'inscription est l'exemple le plus frappant de l'inconsistance que ce savant apportait quelquefois dans la détermination des lettres, la preuve irrécusable que, pour lui, le sens n'était point subordonné à l'appréciation méthodique de la valeur des caractères, mais celle-ci, au contraire, asservie aux capricieuses exigences d'une explication préconçue et arbitraire. Voici en effet son interprétation :

לארן בעל חמן כ' ע' שמע   Domino Baali Solari, regi æterno, qui exaudivit
קלת חכמבעל אדן למכת עלם   preces Hicembalis (Hiempsalis) domini regni æterni
עת מ(ע)שלים בן משיכבעל בן   populi Massylorum, filii Magsibalis (Micipsæ), filii
מעשנתן בן משיתבעל   Masinissæ, filii Mezetbalis (Mezetuli).

Nous voyons que :

1° Il donne au 3ᵉ caractère de la seconde ligne la valeur *tau*, sans que cette attribution soit basée sur aucun exemple démonstratif; puis, dans tous les autres cas où la même figure se représente, il la considère comme un *mem*; d'un autre côté, il reconnaît au *tau* une autre forme aux nᵒˢ 17 de la seconde ligne, 2 de la ligne suivante, 5 et 12 de la dernière.

2° Il regarde le signe qui se reproduit aux nᵒˢ 13 de la seconde ligne, 12 de la troisième, 1 et 11 de la dernière, comme un *lamed* dans le premier cas, un *iod* dans le second et le dernier, un *mem* dans le troisième; en même temps il assigne trois autres formes au *lamed*, savoir : celle des nᵒˢ 1 et 2 de la première ligne, 2 et 10 de la seconde, celle de l'avant-dernier nᵒ de la même ligne et du 5ᵉ de la ligne suivante, celle de l'avant-dernier caractère de la troisième ligne, et du dernier de la quatrième. D'une autre part, à la figure identique à celle de l'avant-dernier nᵒ de la seconde ligne et du 5ᵉ de la ligne suivante, il donne la puissance du *daleth* au nᵒ 3 de la première ligne, celle du *beth* aux nᵒˢ 5, même ligne, 8 seconde ligne, 8 et 13 troisième ligne, 7 et 13 dernière ligne, enfin celle du *iod* au nᵒ 6 de la troisième ligne; à la figure identique à celle de l'avant-dernier caractère de la troisième ligne et du dernier de la quatrième, il reconnaît une seconde valeur, celle du *nun*, dans toutes les autres positions.

3° Il fait, sans aucune justification et contre l'autorité de tous les faits, un *schin* du quatrième signe de la troisième ligne, tandis que la même figure a la valeur de l'*aleph* au nᵒ 2 de la première ligne, et qu'il prête deux autres formes au *schin* à l'antépénultième caractère de la première ligne et au 11ᵉ de la troisième. Ce dernier, qui se représente au 10ᵉ rang de la dernière ligne, est alors pris pour un *tsadé*.

4° Enfin, il considère comme une ligature des deux lettres בן la dernière figure de la troisième ligne, à laquelle nous avons reconnu une valeur propre, celle du *vau*, dans plusieurs autres circonstances.

Après ces remarques, qui ébranlent la traduction dans ses fondements, il serait oiseux de discuter celle-ci. Gesenius semble avoir malheureusement cédé à l'ambitieuse préoccupation d'attacher un intérêt historique aux inscriptions phéniciennes.

Pour nous, exempts de tout parti pris et ne nous appuyant que sur nos déductions antérieures, nous nous attacherons exclusivement aux déterminations alphabétiques dont une analyse rigoureuse nous a précédemment démontré la justesse ; nous lirons donc :

לארן בעל חמן בעשמע
קלמברכם בעלאב בן מכתערם־
עת ?? א ??? בן מציכבן ו
יע ???? בן מציתבען

Fidèles à la réserve que nous nous sommes déjà imposée, nous nous abstiendrons de prononcer sur la valeur de plusieurs caractères du commencement des deux dernières lignes, parce que, de l'aveu de Gesenius, ceux de la troisième ligne sont brisés et effacés jusqu'au mot בן, et que quelques-uns de ceux qui y correspondent dans la quatrième ligne paraissent aussi un peu altérés.

Nous n'avons pour le moment à expliquer que les noms propres que notre lecture admet.

Le premier, *Bâalabbas*, peut s'entendre ou d'une manière absolue, *Bâal père*, correspondant à *Jupiter*; ou dans un sens spécial et signifiant *celui dont Baal est le père*; il a pour analogue dans la Bible אליאב (*cui Deus pater est*, Simonis, Gesenius, etc.).

Le second peut se décomposer en מכתת ערמות, *celui qui frappe les hauteurs*. Les Phéniciens, en supprimant, comme nous l'avons vu jusqu'ici, le *vau* quiescent, devaient écrire le dernier mot ערמח; le second *aïn* qui figure sur l'inscription serait donc un nouvel exemple de l'addition de cette lettre.

Le troisième et le dernier nom propre ont la même origine et la même signification; Gesenius, qui lit le dernier מציתבעל, en se trompant, comme nous l'avons dit, sur la valeur de la lettre finale, explique le premier composant מצית, que nous retrouvons sous la forme מצי dans l'autre nom, par le verbe syriaque מצא, *valuit, potens fuit*; on peut donc traduire : *fort dans la souffrance*; mais il serait peut-être plus juste de s'en tenir au verbe hébreu מצה, *exhausit, humorem expressit*, et de dire : *épuisement par la misère*.

D. *Quatrième numidique de Gesenius.*

La *quatrième numidique* (table 23) offre d'abord cela de remarquable que la partie formulaire est rejetée à la dernière ligne et la compose en entier; nous la transcrivons ainsi : לבעל חמן שפעקלאברכא.

Ici point de *caph* ni d'*aïn* après חמן ; cette suppression aurait dû éclairer Gesenius; nous allons voir qu'elle l'a, au contraire, amené à donner une nouvelle preuve de l'irrésolution de ses jugements sur ce point. Voici en effet sa version :

משלי שעתבל ע' הבשר משגוח בנן
בעל בן ע' הכמתעל אדן למכת עמת משעלן
לבעל כמן אדן שמע קלת עמת

Imago Scheôtbalis servi tui justi, spectati in oculis
Baalis, filii servi tui Hiempsalis, domini regni populi Massylorum,
(consecrata) Baali solari domino, qui exaudivit voces populi.

Ainsi il rend de nouveau par כמן les trois linéaments qui suivent לבעל. Mais ces trois linéaments sont suivis eux-mêmes des deux lettres que nous avons vues les accompagner invariablement sur chacune des numidiques examinées jusqu'à présent, et que Gesenius, dans les deux autres cas où il traduit les trois linéaments par כמן, avait réunies au *caph*, qui venait alors après elles pour former le substantif מלך, en considérant d'ailleurs à tort la seconde comme un *lamed*. Mais voici que le *caph* fait défaut, et avec lui toute possibilité de lire מלך. Gesenius profite d'une légère modification dans le tracé de la seconde figure, savoir du crochet ajouté au côté droit de l'extrémité supérieure, pour supposer qu'il y a un *daleth* intermédiaire formé sans doute par ce crochet, bien qu'il ne le dise pas explicitement, puis il fait du premier signe un *aleph*, du dernier un *nun*, et il lit אדן.

A la vérité, la première lettre est munie aussi, à son extrémité supérieure droite, d'une apparence de crochet que l'on peut regarder comme un vestige de l'oreille qui distingue l'*aleph*. Ce n'est point ce qui a déterminé Gesenius, puisqu'il n'a jusqu'à présent tenu aucun compte de cet appendice. Mais pour nous, qui en avons plusieurs fois reconnu le caractère distinctif et qui voulons procéder avec rigueur, cette particularité n'est pas indifférente. Or, nous ferons remarquer combien, par son exiguïté, ce trait est peu comparable à celui qui garnit le véritable *aleph;* mais, dans cette exiguïté même, nous le croyons ou une altération produite par le temps, ou une illusion du copiste. En effet, nous voyons un trait semblable, évidemment accidentel, sur l'avant-dernière lettre de la même ligne, qui ne peut être qu'un *caph,* comme nous espérons le prouver un peu plus bas, et qui, par conséquent, ne doit point avoir le trait ajouté à sa branche latérale.

La connexion des deux lettres en question conserve donc toute la force que lui donne la comparaison avec les points correspondants des numidiques analogues; il est impossible de leur dénier une valeur identique dans les unes comme dans les autres, savoir celle du *mem* et du *nun,* et, dans ces cas, on ne trouve de lecture commune qu'en les unissant aux trois traits précédents pour faire l'adjectif חמן.

Poursuivons.

Gesenius considère encore comme un *tau* la croix auriculée qui suit שמעקל et que nous savons ne pouvoir être qu'un *aleph.*

Pour toute personne dépouillée de prévention, les quatre caractères qui suivent sont incontestablement semblables à ceux qui occupent la même place relative, c'est-à-dire qui marchent après שמעקלא dans la *seconde* et la *troisième numidiques.* La connexion est surabondamment prouvée par le changement concordant des *aleph* en *mem* dans la *première* inscription de la même classe. Cette identité de corrélation, jointe à celle des formes, ne peut laisser aucun doute sur l'équivalence alphabétique. Or, dans les trois premières numidiques, Gesenius avait fait, des deux premiers traits, un *chet.* A la vérité, cette détermination n'était appuyée sur aucun fait démonstratif; elle était purement arbitraire, de circonstance, et d'autant moins acceptable que, d'une part, sur les mêmes monuments, l'auteur les traduisait, dans quelques autres positions, par בן, et que, d'autre part, sur la *première numidique,* il affectait, et cette fois avec raison, trois traits à la composition du *chet* dans le mot חמן de la première ligne. Mais nous ne nous attachons ici qu'au fait en lui-même, l'attribution de la valeur *chet* aux deux traits dont il s'agit. Le caractère qui suit le *caph,* qu'il eût ou non un appendice, était qualifié *mem,* et, comme le passage se trouvait au milieu de l'inscription, on pouvait, en joignant ces éléments חכם à quelques lettres voisines, former les noms propres (des noms historiques) חכמשבעל, *Hacamsbalis* (*Hiempsalis*) dans la *seconde numidique,* חכמתה, *Hicmatho,* dans la *troisième,* enfin חכמבעל, *Hicembal* (encore *Hiempsal*), dans la *première.* Mais dans l'inscription dont nous nous occupons, les caractères que Gesenius avait tus jusqu'alors חכם, et qu'il avait fait entrer comme éléments communs dans ces mots, sont rejetés ici à la fin de l'épigraphe, en sorte que, faute d'autres lettres, il est impossible de compléter un nom propre en conservant la même épellation. Dans cette extrémité, Gesenius, qui n'est jamais lié par les faits antécédents, n'hésite pas à briser les analogies, à méconnaître l'identité des figures, à dédaigner les inductions de la connexité, à interpréter, en un mot, différemment des éléments matériellement semblables. Il ne considère donc plus les deux premiers traits comme un *chet;* il les investit de la puissance de l'*aïn;* il fait un *mem* du caractère suivant, puis un *tau* du dernier, et il a ainsi, pour terminer sa phrase, le mot עמת, qu'il rend par *peuple,* mais qui n'est point hébreu.

Bien qu'il ne fasse point connaître les motifs de son opinion sur la valeur des deux premiers traits, on doit penser qu'il a imputé à l'action du temps ou à la négligence du sculpteur la double ouverture que leurs extrémités parallèles laissent entre elles. Mais il en fait de même à l'égard des 10e et 11e figures, puis des 18e et 19e de la seconde ligne. Or, en huit autres endroits de l'inscription, et là particulièrement où l'existence d'un *aïn* est indubitable, cette lettre se montre parfaitement formée, complètement arrondie et fermée. Cette circonstance exclurait toute possibilité d'accuser la négligence du graveur, et, d'un autre côté, la rectitude de plusieurs de ces traits empêcherait de croire à leur inflexion primitive pour produire un cercle fermé que le temps ensuite aurait précisément échancré de la même manière, en supposant que d'ailleurs, pour le dernier des trois cas, l'analogie avec les autres épigraphes de la même classe ne s'opposât point absolument à l'une et à l'autre de ces opinions.

Pour faire un *mem* de l'avant-dernier caractère, Gesenius a dû considérer comme régulier, et réellement inhérent à la lettre, le petit trait placé au milieu de la branche latérale dont nous avons déjà parlé. Dans cette hypothèse, la figure ressemble effectivement au *mem* que nous avons déterminé dans les autres classes d'inscriptions, par exemple dans les carthaginoises ; mais, dans ces inscriptions, le *mem* conserve toujours cette figure. Dans les épigraphes numidiques, au contraire, nous ne la voyons nulle autre part. Le *mem* a constamment une autre forme, celle que nous avons reconnue en parlant des médailles citées à la page 35 ; c'est l'un des caractères de cette classe de monuments ; celui même dont en ce moment nous nous occupons particulièrement en fournit la preuve en quatre endroits. D'un autre côté, l'analogie avec le groupe correspondant des autres numidiques qui ont passé sous nos yeux prouve que le trait dont il s'agit n'est qu'accidentel et que la lettre, dans ce cas comme dans les précédents, doit être un *caph*.

Quant au dernier signe, nous n'avons plus besoin de répéter que c'est un *aleph* ; nous ferons seulement observer que Gesenius, qui le regarde en ce point comme un *tau*, donne à la même figure la valeur légitime de l'*aleph* au 13° rang de la seconde ligne, et celle du *mem* dans les trois autres points de la même ligne, où elle reparaît, tandis que, dans la première et la dernière ligne, il transporte la puissance du *mem* sur la croix privée du crochet. On voit donc que ce crochet, dont nous avons si bien constaté le rôle, n'a pour lui aucune signification.

Le reste de la lecture de Gesenius n'est pas moins abondant en sujets de critique.

Ainsi il regarde comme des *schin*, 1° les 2°, 5° et 16° signes de la première ligne ; 2° le 13° de la même ligne et le 24° de la ligne suivante ; 3° le 10° de la dernière ligne. Dans chacune de ces catégories la figure est différente. La valeur du *schin* n'est prouvée que pour le caractère de la dernière catégorie qui entre dans la composition du groupe שמע commun aux numidiques analogues. Les autres diffèrent trop de celui-ci pour qu'on leur suppose la même valeur.

Celui de la première catégorie, comme nous l'avons déjà dit en traitant de la *première numidique*, est un *tsadé*.

Celui de la deuxième catégorie a, dans l'inscription même dont il s'agit, des analogues auxquels Gesenius dispense des valeurs encore différentes ; il en fait :

Un *nun* aux numéros 7 de la première ligne et 9 de la dernière ;

Un *mem* au n° 17 de la seconde, bien qu'il ait déjà attribué cette valeur à la croix garnie et non garnie d'un crochet ;

Un *tau* au n° 7 de la première ligne, en même temps qu'il accorde la même signification aux signes dissemblables tracés aux n°s 9 et 22 de la seconde ligne ;

Un *lamed* enfin au n° 16 de la deuxième ligne, ce qui ne l'empêche pas de donner la même détermination à trois autres figures, savoir aux n°s 3 de la première ligne et 12 de la seconde, au n° 26 de celle-ci, aux n°s 3 de la même ligne, 1, 4 et 14 de la dernière.

Parmi ces diverses épellations, celle du *nun* seule revient au caractère de notre première catégorie ; la légitimité de cette lecture est démontrée par la présence du caractère en question dans le groupe בן de la dernière ligne.

Le *mem* n'est formé que par la croix sans crochet.

Quant aux figures diverses considérées comme autant d'expressions du *tau*, il faut d'abord en retrancher celle que nous avons positivement déclaré être un *aleph*. La forme placée au n° 22 de la seconde ligne a seule reçu la détermination du *tau* dans la *première numidique*, et seule aussi elle ne peut avoir que cette attribution. Or sa présence, avec cette signification indubitable et

ET DE LA LANGUE LIBYQUE.

unique, suffit pour faire penser que la même articulation, dans le même texte, n'a point été rendue par d'autres figure

Le signe n° 9 de la seconde ligne n'a d'ailleurs d'analogue que dans celui qui se trouve à la tête de la légende de la variante de médaille représentée sur la table de Gesenius 42 xxi, lettre A, et à la fin de la légende de la variante B. Mais Gesenius dit : « In epigraphe delineanda, propter « eximiam litterarum parvitatem, facilis erat error. Quam ob causam lectio paullulum dubia est, « nobisque, qui nullum numi exemplum vidimus, ex varia trium exemplorum scriptura contextus « constituendus est. » On voit donc que, dans la légende dont il s'agit, la forme de cet élément n'est point sûre; aussi Gesenius ne l'admet point dans sa restitution, et, au surplus, il donne au caractère qui occupe la place du premier de ces deux signes, non la valeur du *tau*, mais celle du *beth*; c'est le caractère suivant qui reçoit l'attribution du *tau*. Le dernier présente, dans la variante A, la forme du *tau* carthaginois, et c'est celle que Gesenius a adoptée ; c'est aussi celle dont se rapproche la lettre terminale de la variante B. Il est donc probable que cette figure est inexactement tracée sur celles des médailles dont nous venons de parler. Il en est de même, je n'hésite pas à le croire, sur l'inscription lapidaire. En effet, si le dessin était fidèle, l'analogie voudrait réellement que ce fût un *tau*. Or nous avons vu cette fonction remplie, à n'en pas douter, par le signe 22 de la seconde ligne, lequel, nous le répétons, ne peut avoir d'autre rôle ; il n'est donc pas supposable qu'on ait, à une distance de quelques lettres, donné la même fonction à une figure toute différente, et qui n'existe d'ailleurs nulle autre part ; il est beaucoup plus vraisemblable que les deux traits latéraux sont accidentels, comme celui qui altère la branche transversale du *caph* gravé à la dernière ligne.

A l'égard du *tau* que la transcription de Gesenius suppose à la seconde ligne pour constituer le mot מכח, nous n'avons pu découvrir à quel signe de l'épigraphe, à tort ou à raison, il pourrait correspondre.

Pour ce qui concerne le *lamed*, nous n'avons qu'à répéter ce que nous avons dit déjà maintes fois ; nous ne regardons comme tel que le caractère qui s'élève au-dessus de la ligne en s'inclinant à droite, celui que nous trouvons là où la présence du *lamed* est indubitable, celui enfin qui n'a que cette attribution, tandis que les autres formes auxquelles Gesenius concède la même valeur sont employées aussi pour rendre d'autres articulations.

Ces nombreuses critiques, dont la justesse nous semble frappante, rendent absolument inadmissible la leçon de Gesenius. Nous ajouterons qu'il regarde comme un *chet* la figure qui se présente ici pour la première, et malheureusement pour l'unique fois, au n° 18 de la première ligne et au 6ᵉ rang de la seconde. Pour nous, qui faisons un *chet* des trois traits placés après le mot בעל à la dernière ligne, nous ne pouvons, dans le même texte, reconnaître un second et si différent signe de la même articulation. Le défaut de terme de comparaison et d'analogie nous met dans l'impossibilité d'assigner une valeur à cette nouvelle forme.

Cette circonstance, jointe à l'incertitude que nous conservons sur la correction du dessin de plusieurs autres caractères, nous avertit de ne pas nous engager témérairement dans la transcription et l'interprétation d'un texte qui a présenté tant d'écueils au savant orientaliste de Halle. L'incertitude que nous exprimons provient de la présence évidemment vicieuse du petit trait ajouté au *caph* de la dernière ligne, et de la probabilité du même défaut pour les deux traits figurés sur les côtés du caractère qui occupe le 9ᵉ rang dans la seconde ligne, lequel caractère, à cause de cette addition, a été pris pour un *tau* par Gesenius et, sans elle, serait assurément un *nun*. Il est possible que de pareils accidents altèrent plusieurs autres signes, et dès lors on est inévitablement exposé à des erreurs. Ainsi un semblable petit trait, tracé au côté gauche du 24ᵉ caractère de la seconde ligne, a fait lire un *schin* à Gesenius, et si, comme nous sommes fortement porté à le croire, cette particularité est fortuite, il ne s'agit encore que d'un *nun*.

Retenu par ces difficultés, et nous souvenant du prudent avertissement de Barthélemy, nous éviterons de transcrire les deux premières lignes de la *quatrième numidique*; le lecteur pourra facilement lui-même déterminer les caractères dont la valeur n'est sujette à aucune contestation. Nous nous en tiendrons à l'interprétation de la dernière ligne que nous avons donnée en débutant, laquelle heureusement est la partie qui se rattache au sujet dominant de ce chapitre, savoir, la formule commune qui lie la classe d'inscriptions dont nous nous occupons.

E. *Dixième numidique.*

La *dixième numidique* (pl. 11), courte et mutilée, se transcrit sans difficulté comme il suit, excepté la 7ᵉ lettre de la seconde ligne, qui, en partie effacée, peut être prise pour un *schin* ou pour un *vau*, suivant qu'on suppose que c'est sur la branche latérale ou sur la branche descendante que l'altération a porté :

לאדן בעל חמן כשעמ
אקלא ודט ? ר
א

Ce fragment, qui contient la partie formulaire commune aux inscriptions numidiques, carthaginoises et à la maltaise, précédemment étudiées, en diffère par la modification qu'a subie le groupe כשעמא, substitué à כשמע, et par la suppression du groupe ברכא. Il est en outre remarquable par la présence d'un *daleth* complet dans le mot אדן de la première ligne.

F. *Onzième et douzième numidiques.*

Ces deux épigraphes (pl. 12 et 13) doivent être réunies à cause de leur étroite analogie, qui aide puissamment à l'interprétation. La première est l'une de celles qui ont été rapportées de Ghelma par M. de Lamare, et qui sont déposées au musée du Louvre; l'autre a été découverte dans la même localité; elle est reléguée dans le musée de Narbonne. La première, que j'ai seule vue, aide à déchiffrer la seconde. L'une et l'autre se lisent donc ainsi :

12°	11°
לעדנבעלמנשעבח	לאדן בעל חמן שבח
מלכעמן בן בעליתן במ_	כומענא במלכא שר אח־ ו
לבא שר אואש ושע־	אש ושעמא את קולא
מא אתקולא	

La *onzième*, dans les mots לאדן בעל חמן, offre complets, non-seulement le *daleth* du premier

---

(1) Le dernier caractère de cette ligne est un de ceux que M. de Saulcy, d'après sa nouvelle manière de voir, considère comme un *hé*; il transcrit en conséquence et traduit la seconde moitié de la deuxième ligne en question et la dernière ligne comme il suit :

כאשרא ח
אש ושעמא את קולא

.... *quia felicem effecit me sacrificium, et exaudivit vocem meam.*

J'ai déjà, dans le *Journ. asiat.*, cahier de février 1845, réfuté cette version en ce qui concerne, entre autres points, la valeur de l'*alehp* suffixe; je me bornerai à faire observer ici qu'on ne lui donne aucune signification à la fin de שעמא. Nous verrons bientôt, en outre, que M. de Saulcy, dans un autre cas, regarde le même suffixe comme l'exposant du duel. Quant au caractère qui donne particulièrement lieu à cette note, on se convaincra, par l'examen comparatif des textes analogues que je cite, que le parallélisme exige que ce soit un *chet*, ainsi que je l'ai toujours pensé. Le trait de gauche, dans l'inscription dont il s'agit en ce moment, aura été usé par le temps ou confondu avec le bord de l'encadrement. Un autre fait rend d'ailleurs inacceptable l'interprétation de M. de Saulcy; c'est que, sur une épigraphe dont il sera bientôt parlé, le mot אש n'existerait point; le *chet* est immédiatement suivi du *schin*, sans *aleph* intermédiaire.

terme, comme la *dixième numidique*, mais aussi le *beth* du nom de Baal ; cette correction, que nous avons invoquée précédemment, justifie péremptoirement, nous devons le rappeler, la lecture des groupes, dégradés dans la forme, qui occupent la place correspondante dans les quatre premières numidiques.

La *douzième* offre, dans ce passage, deux modifications très importantes ; l'une, la mutation de l'*aleph* de אדן en *aïn* ; l'autre la suppression du *chet* initial de l'épithète חמן.

La mutation de l'*aleph* en *aïn* n'est pas rare en hébreu ; elle est fréquente en samaritain ; l'exemple que nous avons sous les yeux n'a donc rien d'extraordinaire. Nous devons cependant y attacher de l'importance parce qu'il prouve la prédilection des habitants de la contrée pour la dernière aspirée dont l'intervention insolite dans d'autres circonstances se trouve par là expliquée.

Quant à l'aphérèse du *chet* initial de חמן, l'analogie de connexion ne peut laisser aucun doute sur sa réalité ; d'ailleurs, dans toute autre hypothèse, il serait impossible de trouver un sens au passage dont il s'agit.

Dans la *onzième numidique*, l'adjectif חמן est suivi d'un groupe que M. de Saulcy[1] a fort heureusement lu שבה et rendu par *louange*, en sorte que la ligne entière doit se traduire ainsi : *louange au seigneur Baal Haman!*

שבה, *louer, célébrer*, était en effet souvent appliqué à l'expression des hommages religieux, et l'on trouve particulièrement dans Daniel, IV, 34 : « משבח ... למלך שמיא, *rendant louange au roi des cieux.* »

La *douzième numidique*, malgré une différence en apparence fort grande, doit présenter le même mot ; en effet, nous verrons bientôt que, pour le reste du canevas, les deux textes ont entre eux une ressemblance absolue ; cette ressemblance entraîne nécessairement celle de la partie du même canevas à laquelle nous sommes arrêtés ; cette loi de parallélisme est du plus grand secours ; elle offre la règle la plus solide à la lecture et à l'interprétation.

Or, nous trouvons effectivement le *schin* et le *beth* qui forment les deux premières radicales de שבה ; ils sont à la vérité séparés par un *aïn*, mais c'est l'*aïn* épenthétique dont nous avons déjà plusieurs fois parlé et dont l'intercalation est ici d'autant moins étonnante que cette aspirée aussi est substituée à l'*aleph* dans le mot עדן ; il ne reste donc à trouver que la troisième radicale, le *chet* ; si nous remarquons que la copie que nous avons est très imparfaite, nous n'hésiterons pas à penser que ce sont les jambages contournés de cette lettre, tels que les présentent les épigraphes de cette classe, qui ont été mal reproduits sous la forme d'un *aleph* et d'une partie du *mem*.

Les deux inscriptions diffèrent de ce point jusqu'à la 7ᵉ lettre de la seconde ligne pour la *onzième numidique*, et jusqu'à la 15ᵉ lettre de la même ligne pour la *douzième* ; elles recouvrent ensuite jusqu'à la fin leur identité.

Sur la *douzième numidique* ce passage est caractérisé par le mot בן, qui le divise en deux parties égales ; ce mot indique qu'il s'agit d'une filiation et que les deux groupes qu'il sépare sont des noms propres. Il en doit être de même sur la *onzième numidique*, à la différence près qu'ici le passage, beaucoup plus court, ne contient pas le mot intermédiaire בן, qu'il n'y a, par conséquent, qu'un nom composé de six lettres, comme chacun de ceux de la *douzième numidique*.

Ce nom, sur la *onzième numidique*, présente, pour seconde lettre, une figure nouvelle qui reparaît plusieurs fois dans le même texte et dans la *douzième numidique ;* l'analogie porte à l'assimiler à celle, peu différente, qui exprime le *vau* dans les autres numidiques. D'après cette détermination, le nom propre est בומענה pour בומענא, *Boumedna* (en lui exaudition). La mutation du *hé* en *aleph* est assez fréquente en hébreu : « ה commutatur cum א, » dit Gesenius dans

---

(1) *Nouv. ann. de l'Institut archéol.*, tome XVII, p. 68-97.

son *Lexicon*, p. 261; « universe hæ litteræ (א, ה, ע), utpote pronunciatione sibi admodum vicinæ, sæpissime inter se permutatæ sunt (*ibid.*, p. 1). »

Dans la *douzième numidique*, le second nom propre, c'est-à-dire celui du père, composé des 9e, 10e, 11e, 12e, 13e et 14e lettres de la seconde ligne, se lit facilement בעליתן, *Balithon* (Bâal a donné), nom que l'on trouve sur les décrets de patronage et de clientèle réciproque de quelques villes de l'Afrique romaine avec d'autres cités de l'empire[1]. Le premier nom a pour élément initial une figure qui offre quelque ressemblance avec celle que nous venons de considérer comme une variante du *vau*; mais, avec cette valeur, on ne peut donner aucune signification au nom propre; je pense qu'à la place de cette figure, dont la similitude avec le *vau* serait d'ailleurs incomplète, on doit rétablir un *mem*, ce qui donne בולכעמן, *Melcàmon* (roi d'un grand peuple, עם et ן augmentatif, ou *de même origine que le peuple*, le ן équivalant à la terminaison ון).

Le reste des deux inscriptions, comme nous l'avons déjà dit, est absolument identique; elles paraissent différer : 1° par la 12e lettre de la seconde ligne sur la *onzième numidique* et la 4e lettre de la troisième ligne sur la *douzième* inscription; 2° par la 1re lettre de la dernière ligne sur la première des deux épigraphes, et le huitième signe de la troisième ligne sur l'autre monument.

Mais, pour le premier cas, il est facile de reconnaître, dans le caractère de la *douzième numidique*, les vestiges de celui de la *onzième*; il est évident qu'on doit suppléer le jambage de droite, omis par le copiste ou effacé par le temps.

Pour le second cas, vu la similitude complète du reste des deux textes, il est incontestable que les deux figures dont il s'agit en particulier doivent aussi être semblables. Or, sur la *onzième numidique*, celle dont nous avons une copie rigoureusement exacte, c'est manifestement un *aleph*; il en doit être de même sur l'autre exemplaire, car il est question ici d'un texte formulaire, puisque nous en trouvons les traces fort saisissables sur un troisième exemplaire, la *treizième numidique* (pl. 14), qui se lit ainsi :

לעדן בעל מן שב[2]   Domino Baali (Ha)mani laus!
אעבדעשר במלכ־   Abdosir, in regn-
א שר (אח)ש   o princeps regius.

Dès lors nous lisons sur les *onzième* et *douzième numidiques* : במלכא את קולא ושעמא שר אחאש. במלכא est mis pour במלכה, par la mutation du *hé* en *aleph*, comme nous l'avons déjà remarqué dans un exemple qui s'est présenté plus haut; ce groupe, en raison du *beth* préfixe, signifie *dans le royaume*.

Nous verrons tout à l'heure (*neuvième numidique*) la finale convertie en *chet*, ce qui, bien que plus rarement, se rencontre aussi en hébreu. Ex. : גבח, גבה.

שר, chef.

אחאש est le groupe sur lequel repose toute la difficulté de ce passage. En le prenant tel que nous venons de le transcrire, tel que nous le voyons effectivement sur les deux monuments, on

---

(1) *Voy.* le mém. du prof. Constanzo Gazzera, intitulé *Di un decreto di patronato*, etc. Torino, tipogr. regia, 1830, in-4°, avec 3 planches.

(2) Le parallélisme veut que le dernier mot de cette ligne soit שבה; cependant l'intervalle existant entre שב et la ligne qui forme l'encadrement ne laisse pas de place pour une autre lettre, et d'un autre côté, le second de ces deux caractères, ou le *beth*, correspond bien au *caph* qui termine la ligne suivante. On doit donc penser qu'il y a apocope du *chet*, comme aphérèse de la même lettre dans le mot précédent; le langage de la contrée et de l'époque paraît avoir répugné à cette aspiration.

En sous-entendant le *chet*, on pourrait lire שבחא עבדעשר, *Dominum.... laudavi Abdosir*, et ce serait une preuve de la valeur de l'*aleph* suffixe. Cette leçon aurait d'autant plus de vraisemblance qu'il n'y a aucun autre exemple de l'orthographe אעבד; mais le parallélisme engage à arrêter de préférence le sens à la première ligne; אעבד est analogue aux variantes אעבן et עאבן, que l'on verra plus loin.

ne pourrait l'expliquer qu'en le décomposant de cette façon : אח אש, *Frère du Feu*, ou *Foyer du Feu;* שר אח אש signifierait alors *Chef, frère du Feu* (sacré), ou *Chef du foyer du Feu*, ce qui impliquerait une dignité sacerdotale. Ni l'une ni l'autre de ces versions ne répugnerait certainement au génie hébraïque. Dans la première, en effet, on se rappellerait que la racine אח, dans le sens primitif *frère*, est susceptible d'une grande extension ; on pourrait la prendre ici soit dans le sens de l'union des prêtres préposés à l'entretien du feu sacré, soit dans le sens de leur ministère même. On trouve, I Paralipomènes, IV, 2, le nom propre אחומי, *Accola aquæ*. Dans la seconde version, l'expression aurait une grande analogie avec celle d'Isaïe, XLIII, 27 : שרי קדש, *Les chefs du sanctuaire,* c'est-à-dire : *Les prêtres.*

Mais ce groupe se trouve réduit à la forme אחש sur un quatrième exemplaire que nous avons déjà mentionné sous le titre de *neuvième numidique* et que nous présentons sur la planche 10 ; il se transcrit ainsi :

ליעדן בעל מן שעב(ח)
במלכח. שר אחש
ק ת מ כעלשעמ(א)
את קאל(א)

Il est probable que sur l'exemplaire de la planche 14, vu le peu d'espace existant entre שר et le *schin* qui suit, le mot était aussi écrit אחש.

Cette dernière leçon porte à croire que, dans les deux premiers cas, l'*aleph* n'a été employé que comme *mater lectionis*, et que la forme essentielle est אחש.

Or, cette racine n'existe point, à proprement parler, en hébreu ; on ne la trouve qu'en composition dans des noms propres ou des titres persans, tels que אתשורוש ou אחשרש, *Assuérus*, אחשדרפנים, *satrapes*, אחשתרנים, *mulets*. C'est en conséquence à la langue persane qu'on en a fait remonter l'origine et emprunté l'explication ; on l'a longtemps interprété par le mot AKHESH, signifiant *prix, valeur, supériorité*. Ce sens s'appliquerait bien au passage de nos inscriptions, qui pourrait se rendre par *chef supérieur*. אחש paraît se retrouver dans le thème de *K'hshayáthiya* que M. Rawlinson lit, avec le sens *roi*, sur l'inscription cunéiforme de Behistun (voy. *Journal de la Société asiatique de Londres*, vol. X, part. 1), et, en comparant la qualification entière *K'hshayathiya wazarka*, *roi grand*, donnée sur ce monument, à Darius, avec le nom hébreu אחשורוש, *Assuérus*, on reconnaît qu'il y a identité, sauf quelques modifications orthographiques de peu d'importance ; אחש correspond à K'hshàya(thiya) et ורוש à wazarka. אחש est donc réellement d'origine persane, un titre de dignité, et par conséquent שר אחש signifie *prince royal*.

Mais comment justifier l'usage d'un mot persan dans l'Afrique occidentale ? Ce ne pourrait être que par le passage de Salluste, où il est dit que des Perses ont occupé la Numidie avant l'arrivée des Phéniciens, passage au sujet duquel Barbié du Bocage a fait cette remarque dans le *Dictionnaire géographique-critique* qu'il a mis à la suite de la traduction de Mollevaut, en 1813 : « L'abbé Mignot prétend que, dans ce passage que Salluste a tiré des mémoires de Hiempsal, roi de Numidie, cet auteur a nomme à tort les Perses à la place des Phéréséens, qui étaient des peuples plus voisins des Phéniciens, parce que les Perses, dit-il, étaient trop éloignés pour prendre part à l'expédition de l'Hercule phénicien. Mais il serait possible cependant qu'il n'y eût point d'erreur, car plusieurs auteurs s'accordent à dire que différentes nations de l'Afrique tiraient leur origine des Perses, dont elles conservaient quelques usages. » Divers monuments paraissent devoir confirmer cette opinion.

Ainsi certaines médailles d'Adrumète et de Lix portent au droit une tête virile couverte de la tiare, qui, dès les temps les plus reculés, servait d'ornement distinctif aux princes et aux sacrificateurs persans [1]. Cependant, comme l'usage de cette coiffure avait été emprunté par d'autres

---

(1) *Voy.* Falbe et Lindberg, annonce, etc., p. 19 et 20.

peuples, par exemple par les Hébreux et les Romains, pour leurs grands prêtres et leurs pontifes, il serait possible que la transmission n'en eût pas été faite directement des Perses aux habitants de l'Afrique occidentale. Mais il est une preuve peut-être péremptoire; c'est l'existence d'une médaille que possède la Bibliothèque royale et que Mionnet décrit ainsi, t. VI, p. 597'': « Griffon mâle déchirant un cerf à gauche. ℟. REX BOCV. Griffon femelle, marchant à gauche, les ailes éployées et recoquillées; au-dessus le *mihir*. » Le type du droit est absolument semblable à celui qui orne le revers d'une médaille cilicienne frappée sous la domination persane, décrite par Gesenius, page 286 de son *Monumenta* et représentée sur la planche 37, lettre R, du même ouvrage. Il serait bien difficile d'attribuer au hasard la reproduction de ce type tout spécial. D'ailleurs le mihir, ou mieux peut-être le ferver, est bien un emblème persan. On le voit aussi sur deux autres médailles de Cilicie (Gesenius, table 36, lettre C, et table 37, lettre M). Enfin, dans l'état actuel des choses, ne trouve-t-on pas une preuve, en quelque sorte survivante, dans ce fait que les Berbères, les aborigènes, ont dans leur alphabet le *jé*, le *gué* et le *tchin* persans? On ne peut donc se refuser à reconnaître les effets d'une influence persane, à quelque époque qu'on la fasse remonter, et si cette influence a été assez profonde pour se révéler sur les types monétaires, elle a pu laisser aussi des traces dans le langage. Ainsi se trouverait expliqué le mot אחשׁ. Sa présence sur nos monuments numidiques donnerait à ceux-ci un très grand intérêt historique. La leçon אחאשׁ confirmerait cette pensée, car l'intercalation de l'*aleph*, comme *mater lectionis*, tendrait à prouver qu'il s'agissait d'un mot dont il était nécessaire de fixer la prononciation, d'un mot étranger.

Notre interprétation se trouve heureusement corroborée et le sens de אחשׁ שׁר précisé par une autre inscription trouvée récemment à Ghelma par mon ami le docteur Eugène Grellois, qui m'en a envoyé un moule en plâtre (*voy.* pl. 15). Nous lui donnons le nom de *quatorzième numidique*.

Ce précieux texte se lit ainsi :

לעדן בעל מן כמשאת	Domino Baali (Ha)mani donum.
טן אבן משנה במלכ־	Onus lapidis secundorum, in regn-
א שרם אחאשם [1]	o principum regiorum :
כטמם קל	quia immundi [2], maledictio.

La correspondance des mots משנם, שרם et אחאשם est indiquée par le *mem* suffixe, marque du pluriel. Il faut donc que משנם ait, pour le sens aussi, un rapport avec les deux autres mots, c'est-à-dire avec l'expression *Princes royaux*. Or משנה, formé de שנה, veut précisément dire : *second dans le royaume*, « qui secundum locum occupat; » exemples : משנה המלך, *le second du roi* (II, xxviii, 7); ויאמר אליו אל־תירא כי לא תמצאך יד־שאול אבי ואתה תמלך על־ישראל ואנכי אהיה־לך למשנה « Et (Jonathas) dit à lui : Ne crains point; car la main de Saül, mon père, ne t'atteindra pas, et certainement tu règneras sur Israël, et moi je serai ton second. »

Ce titre pourrait fort bien s'allier avec une tradition persane, et, sous ce point de vue, correspondre plus intimement encore à אחשׁ; car on trouve dans Esther aussi (ch. x, v. 3) cette phrase : כי מרדכי היאודי משנה למלך אחשורוש, *Comment Mardochée le Juif devint le second du roi Assuérus*.

Enfin, l'histoire de la Numidie prouve qu'en effet cette dignité existait dans la monarchie de cette contrée, car c'était la position de Desalcès auprès de Gala, et c'est à cette position que Tite-Live (D. III, lib. IX) fait allusion dans ces termes de la promesse de Mezetule à Lacumac : « Futu-
« rum eodem honore quo apud Galam Desalces quondam fuisset. »

---

(1) Le *chet*, pour la première partie surtout de cette figure complexe, doit être rapproché de celui de la *vingt-quatrième numidique*, trouvée dans la même localité.

(2) טמם est pour טמאם, comme dans ce cas du Lévit., xi, 43 : כטמתה, *ut polluti sitis*, que J. Buxtorf caractérise ainsi : « א, *elliso*. »

ET DE LA LANGUE LIBYQUE.

Les שרם אחשם étaient donc *les lieutenants* du royaume. Il paraît que Ghelma a été la résidence particulière de ces princes, et qu'ils y avaient un cimetière réservé, dont l'inscription qui nous occupe semble avoir garni l'entrée et garanti la consécration.

Cette épigraphe, outre le point spécial qui a fixé sur elle notre attention, présente quelques autres particularités fort dignes de remarque, mais sur lesquelles, en passant, nous devons glisser rapidement.

Ainsi, d'abord, le dernier mot de la première ligne nous explique la liaison qui existe en hébreu entre משא et נשא; il prouve que celui-ci est une contraction du niph. de l'autre, et que le dérivé נשאת, *don, oblation, monument*, est mis pour נמשאת, ce que les Massorètes ont indiqué par le dagesh, dont ils ont renforcé le *schin*.

Le sens *onus lapidis* donné à בון אבן trouvera sa justification dans l'un des chapitres suivants, où nous verrons une série d'épitaphes contenir cette formule ou une formule analogue.

Revenant aux *onzième* et *douzième numidiques*, nous ferons observer que le reste de leur contexte rentre dans le canevas commun aux inscriptions passées en revue dans ce chapitre; il se rapproche de la *quatrième numidique* par le rejet de cette partie à la fin de l'épigraphe, de la *dixième* par la forme du groupe שעמא; il se distingue de toutes par la substitution du *vau* qui précède ce groupe au *caph*, par la forme du groupe אתקולא, et par la suppression de ברכא.

Nous allons enfin aborder l'explication générale de ce canevas formulaire.

Pour en rendre l'analyse plus facile, il convient de remettre sous les yeux du lecteur, rapprochées et dégagées des additions propres à chaque inscription, les diverses variantes que nous avons successivement reconnues.

Ces variantes sont :

1° — 1re maltaise. כשמוע קלם הברכם . . . . . . אש נדר . . לאדן
2° — 1re, 2e, 3e, 4e, 5e, 12e et 14e carthaginoises. . . . . אש נדר . . . . ל
3° — 1re numidique. . . . . כעשמוע קלם ברכם . . . . לאדן
4° — 2^e et 3^e numidiques. כעשמע קלא ברכא . . . . לאדן
5° — 4e numidique. שמע קלא ברכא . . . . ל
6° — 11e numidique. . . . . כשעמא קלא . . . . לאדן
7° — 12e et 13e numidiques. . . . . ושעמוא את קולא. . . . . ל
8° — 10e numidique. . . . . כעלשעמא את קאלא. . . . . לעדן

Les groupes qui sont invariables, qui doivent, par conséquent, être considérés comme radicaux et attirer en premier lieu l'attention, sont :

1° אשנדר, qui paraît seul sur les sept carthaginoises;

2° קל et 3° ברך; ce qui prouve que ces deux groupes, quoique rapprochés sur la *première maltaise* et les quatre premières numidiques, sont cependant distincts, c'est que le second ne se montre plus dans les *dixième, onzième* et *douzième numidiques*;

4° שמע, qui se présente dans les cinq premiers exemples, et particulièrement dans le cinquième, doit être aussi la racine si fréquemment employée sous cette forme en hébreu, car si l'*aïn* final est remplacé, dans trois cas, par un *aleph* qui ne peut indiquer qu'une inflexion, puisqu'il n'existe pas dans les autres, cet *aïn* n'est cependant point réellement supprimé; il n'est qu'avancé pour éviter, par l'interposition du *mem*, le choc des deux aspirées; c'est une métathèse euphonique analogue à celle que subit en hébreu le ת caractéristique de la forme verbale התפעל lorsque la première radicale est une des sifflantes ס ע ש, par exemple השתמל pour התשמל.

5° Enfin l'analyse nous apprendra si את, qui précède קולא ou קאלא dans les trois derniers exemples, est la particule préfixe ou un substantif.

Nous allons examiner chacun de ces points dans l'ordre suivant lequel nous les avons indiqués.

אשנדר offre évidemment un sens particulier, puisqu'il existe seul sur les carthaginoises. On est d'accord pour diviser le groupe en ces deux racines : אש נדר, les seules que l'on puisse former. Le sens de la seconde ne peut être que vouer ou vœu ; il y a aussi unanimité sur ce point, mais les opinions ne sont pas encore fixées sur la signification de la première racine. Je ne ferai pas l'historique complet des lectures ni des interprétations qui ont été successivement proposées depuis Barthélemy jusqu'à nos jours ; M. Lindberg, dans un ouvrage déjà cité, ne laisse à cet égard rien à désirer.

Depuis que la lecture de ce mot a été exactement arrêtée par la rectification que le chanoine Bayer apporta à la transcription de Barthélemy, deux opinions principales sont en litispendance : elles consistent à prendre le mot אש, l'une pour איש, l'autre pour אשר.

Les partisans de la première opinion varient eux-mêmes sur l'interprétation ; les uns, parmi lesquels se trouvent Bayer et M. Lindberg, pensent que ce mot doit être rendu par *chacun, quisque, singulariter*. Cette version s'applique très bien à la *première maltaise* où נדר, en le prenant pour un verbe, a deux sujets ; ainsi M. Lindberg traduit : « Domino nostro, Herculi, deo tutelari « Tyri, *quisque vovit*, servus tuus Dionysius, et frater meus Sarapion, ambo filii Sarapionis filii « Dionysii... »

Mais l'application fait défaut pour les carthaginoises, où il n'y a qu'un sujet ; ainsi l'on ne pourrait dire : *Dominæ Taniti...* QUISQUE VOVIT *Abdmelcarthus*. Cette observation péremptoire a fait penser à Gesenius qu'on doit entendre אש dans le sens איש, *homme, vir*, et il rend le groupe אש נדר par *vir voti* ou *vir vovens*. Nous avons vu en effet אש pour איש, *vir*, dans la *première athénienne* (כתי אש, *vir citius*). Quelques lexicographes, et entre autres Simonis, pensent qu'on doit donner le même sens à אש dans deux passages de la Bible, savoir : II Sam., XIV, 19, et Mich., VI, 10.

L'abbé Arri[1] a fait à cette version un reproche opposé à celui qu'avait encouru la traduction de Bayer et de M. Lindberg ; il a fait remarquer qu'elle ne peut convenir à la *première maltaise*, où l'action se rapporte à deux individus qui entraînent le pluriel dans le reste du contexte.

Éclairé de son côté par un exemple décisif que ne connaissaient point encore les autres auteurs, savoir la *quatorzième carthaginoise* (pl. 8), qui venait d'être rapportée des environs de Tunis par M. Falbe, et où le sujet est une femme, M. Ét. Quatremère[2] a définitivement renversé cette explication ; reprenant et rectifiant une leçon qui consistait à unir, comme l'avait fait Barthélemy, l'*aleph* aux deux lettres précédentes, צר, pour faire ארצ, *Tyra, Tyr*, et à considérer le *schin* comme le sigle si fréquent du pronom relatif אשר, le savant académicien soutient que אש représente ce pronom relatif אשר, et il traduit les deux mots אש נדר par *hoc quod vovit*. Le singulier du verbe, même lorsqu'il y a deux sujets, comme dans la *première maltaise*, est de règle quand, ce qui est aussi l'usage commun, ce verbe précède les sujets. La forme masculine, dans la *quatorzième numidique*, ne peut pas davantage susciter une objection sérieuse ; car on trouve souvent en hébreu des verbes masculins en concordance avec des noms féminins.

Au surplus, dans l'opinion dont il s'agit, il serait plus simple de considérer אשר comme pronom démonstratif et de dire *hoc vovit* ; Gesenius fait en effet, dans son *Lexique*, page 3, cette déclaration : « Etenim אשר . . . . . ., pariter atque reliqua pronomina relativa, antiquitus vim demonstrativam habuisse videntur. »

Mais, pour le cas dont nous nous occupons, cet illustre hébraïsant fait, dans son *Monumenta*, page 97, la réflexion suivante : « Neque אש potest relativum esse pro אשר. Quis enim credat Resch, consona dura et aspera, abjecta, א, mollissimam litteram adeoque vocali carentem, servatam esse ? » L'objection est assurément très puissante ; aussi ne rencontre-t-on jamais cette forme en hébreu, et, dans une inscription phénicienne que nous étudierons ultérieurement, la bi-

---

(1) Arri avait approché du but en prenant אשא pour אשה, *sacrifice, oblation*. Mais cette interprétation ne peut s'appliquer à la formule analogue que présente une autre inscription que nous examinerons bientôt, la qua- trième athénienne. Consultez toutefois le mém. d'Arri, *Mém. della reale Acad. delle scienze di Torino*, série II, t. I, p. 361.

(2) *Journ. des Savants*, oct. 1838, p. 634.

lingue de Tugga, où se trouve évidemment une abréviation de אשר, c'est le *schin*, comme en hébreu, qui remplit cet office.

Nous n'admettons donc point non plus cette troisième opinion.

On pourrait regarder אש comme mis pour le verbe impersonnel יש ; c'est ainsi, en effet, que les hébraïsants modernes (*voy.* Sarchi, *Gramm.*, p. 291 ; Gesenius, *Lex.*, p. 102) entendent les deux exemples de Samuel et de Michée, que nous avons cités un peu plus haut; on aurait alors : *est votum servi tui*, ou *est votum Abdmelcarthi*, etc.

Mais cette leçon ne peut s'appliquer à un autre cas présenté par la *quatrième athénienne*, qui doit faire le sujet principal du chapitre suivant.

Il faut donc recourir à une autre interprétation.

En rapprochant, sous ce point de vue, celles des inscriptions dont nous nous occupons qui contiennent le mot אש, de plusieurs autres dont les contextes présentent des formules identiques ou analogues, sauf ce mot, on reconnaît, en tenant compte des connexions, qu'il y est remplacé par des termes qui se rapportent tous *au monument*.

Ainsi il est une autre épigraphe trouvée à Malte, que Gesenius (*voy.* sa table 8 III) appelle la *troisième maltaise*, dont je me suis abstenu de faire mention avec celles qui font la matière de ce chapitre, parce que la copie que l'on en possède est trop défectueuse pour se prêter à l'application de la méthode rigoureuse que je me suis imposée. Cependant il s'y trouve une partie dont la lecture est sûre ; c'est celle qui est composée des deux dernières lettres de la 3ᵉ ligne, puis de la 4ᵉ et de la 5ᵉ ligne. Or, en rectifiant un peu la pénultième et l'antépénultième lettres de la 5ᵉ ligne, comme nous l'expliquerons plus tard, cette lecture donne : לבעל חמן אבן כשמע.

Il est, si je ne m'abuse, impossible de nier le parallélisme de cette formule avec celle dont nous nous occupons, et il est évident que, dans ce parallélisme, le mot אבן, qui signifie *pierre*, correspond à נדר; que ces deux expressions par conséquent sont équivalentes.

On trouve la même correspondance avec le mot קדש, *lieu consacré*, dans une inscription qui a été récemment envoyée de Constantine à la Société asiatique de Paris par M. le capitaine d'artillerie Boissounet, et que nous nommerons *vingt-troisième numidique* (*voy.* planche 24) ; elle se traduit en partie comme il suit :

לאדן לבעל דקד־   Domino Baali sacr-
ש פ?ס נעחל מלך   um... Nahel-Molek.

Pour expliquer le sens de *monument*, que ces rapprochements me semblent irrésistiblement attribuer au mot אש, il faut le considérer comme signifiant ou *autel*, par extension du sens primitif *feu*, ou *fondements, base, colonne*.

Dans le premier cas, on prendrait le contenu pour le contenant, la partie principale, essentielle pour le tout. C'était en effet le feu qui caractérisait l'autel, à tel point qu'on a cherché dans cette circonstance l'étymologie du mot latin *ara* : « Dicta est nonnullis quasi *ardea*, ab *ardendo*, vel quasi *ura*, ab *urendo*, propter ignes videlicet sacrificiorum. » (*Thes. erud. scholast.*) Cette acception du mot אש ne serait pas plus extraordinaire que celle que nous donnons au mot *feu*, en l'employant comme synonyme tantôt de *cheminée* (cette maison a tant de feux), tantôt d'*habitation* (on compte tant de feux dans ce village). Mais il y a mieux ; les Latins nous fournissent une imitation directe dans une antique inscription citée par Jacques Spon (*Misc. erud. antiq. Præf.*), où le mot *ignis* est mis en effet pour *ara* ; la voici :

P. VALERIUS
POPLICOLA
IGNEM CAMPI
MARTII DITI PATRI
ET PROSERPINÆ CONSECRAVI
LUDOSQUE DITI PATRI
ET PROSERPINÆ PRO
LIBERTATE POPULI
ROMANI FECI.

Une métonymie semblable peut donc très légitimement avoir été employée par les Phéniciens, qui, par la locution אש נדר, auraient entendu *autel, monument votif*, ou mieux, comme nous le verrons bientôt, *monument de séparation, monument consacré*.

Dans le second cas, c'est-à-dire celui où l'on considérerait אש comme signifiant *fondements, base, colonne*, on tirerait ce mot, par défection, sinon plutôt par retour à la forme primitive, de אשה, *soutenir*, אשיה, *soutien, colonne*, ou de אשש, *affermir, fonder, établir;* אישו, *fondements, colonne*, termes qui ont évidemment une origine commune, laquelle semble avoir été ce mot אש lui-même; on le trouve en effet avec l'acception *fondements* en chaldéen et en arabe (*voy.* Glaire, *Lex. chald.*, 1843, page 607). Nous reviendrons sur ce point lorsque nous aurons éclairci le reste de la formule.

קל paraît au premier abord être mis pour קול, *voix*. Cette leçon semble d'autant plus probable qu'il est toujours précédé de שמע, voulant dire primitivement *entendre*: d'où résulte *entendre la voix*, locution souvent employée dans la Bible et signifiant, suivant les circonstances, *exaucer* ou *obéir*.

Ici on l'a rendue par *exaucer;* ainsi, dans la *première maltaise*, on traduit: ....למלקרת... בשמע קלם, *A Melqart....., parce qu'il a entendu, exaucé leur prière*...., ce qui s'accommode bien au contexte, puisqu'il s'agit de deux individus.

Le *caph* préposé à שמע, comme il l'est souvent dans la Bible, et suivi dans les quatre premières numidiques d'un *aïn*, sur lequel nous reviendrons tout à l'heure, remplit l'un de ses offices les plus ordinaires, celui de l'acception *après que, parce que*.

Le *mem*, suffixe de קל, y représente, comme il le fait régulièrement en hébreu à la suite d'un nom singulier ou d'un verbe, le pronom de la troisième personne plurielle; dans la leçon que nous exposons, ce serait le pronom possessif.

On remarque en effet que ce suffixe revient dans la *quatrième numidique*, où il est aussi question de deux personnes, tandis qu'il disparaît dans tous les autres cas où le sujet est unique.

Dans cette dernière circonstance, le *mem* est constamment remplacé par un *aleph*. Cet *aleph* joue donc, à l'égard des sujets singuliers, le même rôle que le *mem* à l'égard des sujets pluriels, savoir celui de pronom. C'est en grande partie pour n'avoir pas osé tirer cette logique conséquence, parce qu'elle s'écarte des données de la grammaire hébraïque actuelle, que Gesenius s'est fourvoyé, comme nous avons prouvé qu'il l'a fait au sujet de cette lettre. J'ai, au contraire, nettement posé le principe en 1842, et dès lors il m'a été facile de ramener les variantes de la formule à une explication commune.

M. de Saulcy a adopté cette première vue dans un mémoire lu, en 1844, à l'Académie des inscriptions et belles-lettres; mais il en fait secondairement une application un peu différente de la mienne; considérant, ainsi que presque tous ses prédécesseurs sérieux, le *mem* suffixe de קל dans la *première maltaise* comme l'exposant du pronom *possessif*, il a dû suivre la même opinion à l'égard de l'*aleph* qui le remplace dans les numidiques, à l'exception de la *quatrième*. Il traduit donc, dans les trois premières, כעשמע קלא par: *Lorsqu'il eut entendu ma prière*.... Il donne la même interprétation de כשעמא קלא dans la *onzième*, et de כשעמא את קולא dans la *douzième* et la *treizième*. Il insiste particulièrement, pour soutenir cette leçon, sur la présence dans les deux dernières épigraphes de את, qu'il regarde comme la préposition, signe du rapport objectif, et faisant par conséquent un nom de קולא; en second lieu, sur l'existence du *vau* dans ce dernier mot, ce qui semble en constater l'identité avec la racine קול, *voix*.

Mais, en nous bornant d'abord à la partie de la formule dont il s'agit exclusivement en ce moment, des objections sérieuses se présentent.

On a vu jusqu'ici le *vau* quiescent constamment éliminé des mots qui auraient dû le contenir comme radicale ordinaire; ne serait-il pas étonnant de le trouver correctement respecté sur une inscription gravée en Numidie, et, comme nous le verrons plus tard, à une si basse époque? Il n'y a point là toutefois, nous le reconnaissons, un motif absolu d'entendre la présence de cette lettre d'une autre manière; mais cette observation se trouvera corroborée par celle que nous ferons ultérieurement sur le même sujet.

On ne tient aucun compte de l'*aleph*, qui, dans les *onzième*, *douzième* et *treizième numidiques*, termine aussi le mot כשעמא; on le considère simplement comme une mutation de l'*aïn*, et l'on ne traduit pas moins : *Parce qu'*IL *a entendu*. Mais nous avons au contraire signalé déjà, à plusieurs reprises, la prédilection des habitants de cette contrée pour *l'aïn*; nous voyons cette lettre, même dans une des inscriptions que nous venons de citer, substituée à l'*aleph* radical du mot אדן; est-il donc croyable qu'ils lui aient préféré l'*aleph* dans le cas dont il s'agit, et cela à côté de deux autres mots où l'*aleph*, dans une position semblable, joue un rôle grammatical important? Il y aurait à la fois contradiction et confusion : il faut trouver, dans les trois cas, le même office à l'*aleph final*. C'est ce que nous espérons faire lorsque nous aurons analysé les autres points.

ברך. Cette racine, qu'on regarde unanimement comme celle qui signifie *Bénir*, est constamment suivie d'un suffixe concordant avec celui qui accompagne le mot précédent קל. Dans la *première maltaise*, ברכם a en outre un préfixe qui ne reparaît dans aucune des autres épigraphes où la racine est employée. Ce préfixe est formé par une figure qui existe aussi à la seconde ligne de la même inscription, après les lettres ואח; on la prend généralement pour un *iod*, et, d'une part, on traduit ואחי par *et mon frère*, ou *avec mon frère*; d'autre part, on considère וברכם comme un optatif à la troisième personne singulière et suivi du pronom en régime. Dans cette manière de voir, l'inscription entière est rendue comme il suit :

« A notre seigneur, à Melqart, protecteur de Tyr, ceci a voué ton serviteur Abdosir avec mon « frère Osirshamar, l'un et l'autre fils d'Osirshamar, fils d'Abdosir. Qu'après avoir entendu leur « voix, il les bénisse! »

Dans la pensée des partisans de cette version, עבדך, *ton serviteur*, se rapporte à Melqart, à qui cependant, au commencement de l'inscription, la parole n'est pas adressée directement; d'un autre côté, après avoir mis A MON *frère*, c'est-à-dire employé la première personne, on se sert de la troisième pour le pronom qui suit קל et וברך. « Quæ cum ita sint, dit à ce sujet l'abbé Arri[1], « magnopere dubitandum est scriptorem Phœnicium, et eum utique ratione præditum, incredi- « bili de persona in personam transitu ac mutatione, post longum studium erumpere tandem « potuisse in hæc verba : Domino *nostro* Melcarto.... vir vovens (hoc vovit) servus *tuus* cum « fratre *meo*... ubi audierit vocem *eorum* benedicat *eis*. » Comme il est impossible de lire autrement que עבדך, TON *serviteur*, je pense que le pronom s'adressait, non pas à Melqart, mais au lecteur de l'épigraphe, comme on en a de nombreux exemples dans les inscriptions latines : *Lector... Viator... Hospes... Tu qui legis... Qui legis titulum*, etc. De cette manière on fait disparaître une partie de l'incohérence avouée par Gesenius lui-même; mais il en reste assez encore pour rendre en ce point la leçon invraisemblable.

D'ailleurs la phrase n'est plus à l'optatif, elle est au passé dans les cinq numidiques, où ברך cependant se trouve, comme ici, étroitement joint à קל; aussi emploie-t-on alors ces tours : « Parce qu'après avoir entendu ma voix il m'a béni (2ᵉ et 3ᵉ *numid*.); parce qu'après avoir en- « tendu leur voix, il les a bénis (1ʳᵉ *numid*.); entendant ma voix, il m'a béni (4ᵉ *numid*.). »

Une pareille différence n'est guère probable lorsqu'il y a une si grande ressemblance matérielle; il est plus présumable que le mode est identique. A cet effet, il faut que le préfixe ajouté à ברכם dans la *première maltaise* soit tel qu'il puisse, comme le *caph* préposé à קל, être supprimé sans que le sens soit modifié.

Une considération d'un autre ordre s'ajoute aux précédentes pour écarter la leçon dont il s'agit.

---

(1) *Voy*. mém. cit. p. 360. — La version d'Arri, qui paraît beaucoup plus acceptable au point de vue isolé où il la présente, ne l'est plus lorsqu'on la compare aux numidiques analogues.

D'après cette leçon, les monuments en question seraient votifs et exprimeraient, l'un, la *première maltaise*, une invocation, les autres des actions de grâces.

Cette attribution ne s'accorde ni avec le caractère des lieux où les pierres ont été trouvées, ni avec la configuration des monuments et les symboles qui y sont gravés.

Sur le premier point, aucun avis ne peut prévaloir contre celui des témoins oculaires, contre les impressions reçues sur les lieux mêmes, au milieu de toutes les circonstances qui se rattachent immédiatement à la destination des monuments. Or, Humbert, qui a rapporté les cinq premières carthaginoises, appelle *cippes sépulcraux* les monuments auxquels ces inscriptions appartenaient; M. Falbe, à qui nous devons la *quatorzième carthaginoise* et la *onzième numidique*, a la ferme conviction que c'est dans des cimetières qu'il les a recueillies.

Quant à la configuration des pierres, voici ce que M. Reuvens dit des carthaginoises dans son *Periculum ad cipp. Humbertianos*, page 1-2 : « Et primum quidem haud indigna animadversione « videtur ipsa lapidum forma qua deceptus mecum Humbertius sepulcralia esse monumenta con-« jecerat. Cippi ejusmodi humi erecti, fastigiati, mediocri altitudine, apud Græcos defunctorum « imagines anaglyphas aut epitaphia referre solent. Memorabile est sepulcrum à Dodwello depic-« tum, recens apertum, ad cujus caput illiusmodi stabat cippus (hic tamen superne planus); at « vero abundant fastigiatis Museum Veronense, Oxoniense, Lugduno-Batavum. Nihilominus vo-« tivos esse nostros lapides, certe duos (et de reliquis idem sentiendum videtur) docuit Hama-« kerus. Nobis quidem nullum nunc succurrit exemplum inscriptionis votivæ græcæ romanæve in « cippo fastigiato, humi defixo, exaratæ : cui inscriptionum generi aras, bases imaginum votiva-« rum, aut marmoreas laminas parieti alicui inædificatas potius attribuisse videntur. Qua in ob-« servatione si non fallimur, rudior mos esse Pœnorum videbitur. » L'opinion de Humbert et de M. Reuvens n'ayant été ébranlée que par la traduction d'Hamaker, et cette traduction étant insoutenable, les observations précédentes subsistent dans toute leur force ; guidé par elles, on doit chercher une interprétation qui convienne à des épitaphes.

Les arguments de M. Reuvens s'appliquent parfaitement aux pierres numidiques. Il n'en est pas de même des deux monuments sur lesquels la *première maltaise* est gravée ; leur forme s'éloigne de celle des stèles carthaginoises et numidiques, mais elle n'est pas inconciliable avec l'ensemble d'un mausolée ; on connaît, sous la même forme, d'autres monuments évidemment sépulcraux. Ceux de Malte sont considérés, depuis quelque temps, comme des candélabres ; il ne reste aucun indice de cette destination, qui ne leur était point assignée du temps de Barthélemy ; mais, en l'admettant, pourquoi n'y verrait-on pas les supports des lampes funéraires ? Les lampes ne sont-elles pas un accessoire presque constant des tombeaux antiques ? Rien ne s'oppose donc à ce que le double monument de Malte, que l'analogie de formule rend solidaire, sous le rapport de la destination, de ceux auxquels nous l'avons associé dans ce chapitre, ne partage la conséquence des motifs présentés pour faire considérer comme sépulcraux ceux de Carthage ou de Numidie.

Nous trouvons sur ceux de Carthage un symbole qui donne un nouveau poids à cette opinion, c'est la main levée et étendue dont plusieurs sont ornés. Mongez a prouvé que, sur les monuments grecs et latins, où fréquemment on le rencontre, ce signe exprime une imprécation, une invocation aux dieux vengeurs ou infernaux ; il ne peut avoir que le même usage sur les pierres phéniciennes ; il y correspond, par conséquent, aux formules latines analogues à celle-ci : « Quisquis « hanc aram læserit, habeat Manes iratos ! » Caylus (*Rec. d'Ant.*, t. VI, pl. 65, nº 2 ; et *Notice du cabinet de la Bibliothèque du roi*, p. 31) représente une inscription latine incontestablement tumulaire, à laquelle est jointe une main étendue, qu'il signale comme un emblème d'imprécation.

M. Ét. Quatremère, dans un article publié dans le *Journal asiatique* de 1828, prétend que ce signe, sur les monuments de Humbert, retrace l'expression si fréquente chez les écrivains hébreux : *étendre ses mains vers Dieu*, pour dire : *lui demander sa protection, implorer son appui*. Cependant, d'après la traduction des défenseurs de l'opinion que je combats, il s'agit, sur ces épigraphes, non d'invocation, de demande de protection, mais d'actions de grâces pour un bienfait obtenu, pour un fait consommé : « J'ai élevé ce monument à Bâal, parce qu'après avoir entendu ma voix, il m'a béni. » Que signifierait donc là la main levée? A la vérité, dans la *première maltaise*, on traduit ainsi : *ubi audierit vocem eorum, benedicat eis*. Mais ici, précisément, il n'y a point de main levée en signe d'imploration.

En citant, à la page 29, le passage de Samuel (liv. II, ch. XVIII, v. 18) où il est question du tombeau qu'Absalom se fit construire, nous avons omis la fin du verset ; elle a ici trop d'importance pour que nous ne la rapportions pas ; la voici : « ויקרא לה יד אבשלום עד היום הזה, *et on l'appelle encore aujourd'hui* LA MAIN *d'Absalom*. » D'où vient ce nom de *main* donné à une stèle sépulcrale, sinon de la présence d'une main gravée, comme sur les pierres dont nous parlons, et de la signification tellement caractéristique de cet emblème, qu'on l'identifiait avec le monument lui-même?

On peut donc être, *à priori*, porté à considérer les monuments dont nous nous occupons comme funéraires ; s'il en est ainsi, les inscriptions qui y sont gravées doivent répondre à cette présomption ; c'est ce dont nous sommes convaincu et ce que nous allons essayer de prouver.

Le texte biblique présente fréquemment, rapprochés et associés, les mots ברך et קלל, qui signifient *bénir* et *maudire*. Ce rapprochement n'explique-t-il pas celui que nous remarquons entre קל et ברך sur nos épigraphes?

Bénir et maudire! Ces deux mots résument, en quelque sorte, toute la Bible. Ce livre admirable, en effet, n'est que le développement, l'application successive de cette promesse faite à Abraham : « Je bénirai ceux qui te bénissent, et ceux qui te maudissent je les maudirai, ואברכה מברכיך ומקללך אאר (Gen. XII, 3). » Dans le Deutéronome (ch. XI, v. 26), Moïse, après avoir longuement exposé les bienfaits ou les châtiments qui attendent les Israélites, suivant qu'ils observeront fidèlement la loi de Dieu, leur dit : « Vous voyez que je vous offre « aujourd'hui la bénédiction et la malédiction ; ראה אנכי נתן לפניכם היום ברכה וקללה. » Et plus loin (ch. XXX, v. 19), averti de sa fin prochaine et parlant toujours au nom de Dieu, dont la gloire resplendit sur son visage, il leur fait de nouveau et solennellement le même tableau, puis il ajoute encore : « J'en prends à témoin le ciel et la terre; ce que je vous propose aujourd'hui, c'est «la vie ou la mort, la bénédiction ou la malédiction : העדתי בכם היום את־השמים ואת־הארץ החיים והמות נתתי לפניך הברכה והקללה. » Enfin, après l'installation dans la terre promise, Josué, le héros de cette conquête, réunit tout le peuple d'Israël ; il en range la moitié près du mont Garizim, l'autre moitié près du mont Hébal, selon que Moïse l'avait ordonné, et, en présence de l'arche d'alliance du Seigneur portée par les prêtres, de chaque côté de laquelle se tenaient debout les anciens, les officiers et les juges, il lit toutes les paroles de la Loi sur la bénédiction et la malédiction : ואחרי־כן קרא את־כל־דברי התורה הברכה והקללה (VIII, 9).

Ainsi la bénédiction et la malédiction étaient en même temps le levier et l'arme de la religion. La consécration, par conséquent, consistait à attacher des bénédictions ou des malédictions au respect ou à la profanation de l'objet que l'on voulait séparer de l'usage commun, et ces promesses et ces menaces étaient résumées par les deux mots sacramentels que nous voyons revenir dans les passages précédemment cités. Il n'est donc pas étonnant qu'on ait eu recours à cette puissance mystérieuse pour protéger l'asile des tombeaux ; de là l'emploi des termes קל et ברך. Au surplus, le sens est péremptoirement démontré par la variante explicite de la *quatorzième numidique*.

Il s'agit d'expliquer les lettres serviles qui sont annexées aux racines קל et ברך.

Ces serviles sont, on se le rappelle, les suffixes ם dans la *première maltaise* et la *quatrième numidique*, et א dans les autres *numidiques*, le préfixe ה dans la *première maltaise*.

Les suffixes sont ajoutés à קל et à ברך, et, lorsque ces deux racines sont employées, elles sont toujours suivies du même suffixe.

Le préfixe ne précède que ברכם.

D'après tout ce qui a été exposé ci-dessus, les suffixes doivent être des adformantes verbales. Les contextes de la *première maltaise* et de la *quatrième numidique* veulent que le *mem*, qui figure alors, exprime la troisième personne plurielle du prétérit, et le parallélisme exige, par suite, que l'*aleph* des autres numidiques soit l'exposant du même temps, au singulier.

Cette opinion, nous l'avons déjà dit, heurte la grammaire hébraïque actuelle, qui donne ו pour la première de ces formatives. Mais, quelle que soit la parenté que nous ayons reconnue entre la langue phénicienne et la langue hébraïque, l'analogie ne peut pas aller jusqu'à l'identité absolue. Gesenius lui-même, dans ses *Études paléographiques sur l'écriture phénicienne et punique*, 1835, la qualifie de *dialecte* de la langue hébraïque; l'illustre de Sacy a émis en 1817, dans le *Journal des Savants*, le soupçon que le langage des Phéniciens, et celui de leurs colonies, devait s'éloigner plus qu'on ne le croit communément de la langue hébraïque. Ce qu'il y a de plus probable sur ce point, c'est que la langue phénicienne était dans le même cas que les autres langues sémitiques, qui ont entre elles de grandes analogies, mais aussi des différences caractéristiques. Or, la diversité des formatives verbales est précisément un des traits de dissemblance qui séparent ces langues. Le phénicien a donc pu avoir aussi ses formatives propres.

Mais, même sous ce rapport, il est possible que la séparation ne soit pas aussi réelle qu'elle le paraît; il est possible que la forme conservée par les Phéniciens ait été, même chez les Hébreux, l'inflexion primitive, le type grammatical. Cette opinion me semble reposer sur les plus grandes probabilités.

Il est généralement admis par les hébraïsants que les lettres ou syllabes qui caractérisent les personnes des verbes ne sont, comme M. Cellérier fils le dit dans sa grammaire, que des pronoms mutilés, modifiés, dont le sens doit se joindre au sens du radical. Or, avant d'être ainsi tronqués, les pronoms ont dû être employés complets; avant que ces formes altérées vinssent compliquer le langage, des formes plus simples, les formes primitives, ont dû être usitées. Aussi les préformantes, comme les adformantes, dit encore M. Cellérier, paraissent présenter des traces d'anciennes formes pronominales antérieures à la dernière organisation de la langue. Ces anciennes formes se retrouvent, si nous ne nous abusons point, dans la langue phénicienne, qui a conservé d'autres vestiges de la simplicité primitive.

Bonifazio Finetti dit, dans son *Trattato della lingua ebraica e sue affini* (Venise, 1756):
« Crederei anche che dessa lingua fosse stata nel suo principio più simplice nelle sue inflessioni.
« Verisimilmente, tutte le radici saranno state monosillabe e indeclinabili; distinguendosi ne'
« verbi le persone, e i numeri co' soli pronomi aggiunti, e i tempi con qualche particella separata:
« come anche al giorno d'oggi s'usa in alcune lingue, spezialmente delle più orientali. E certo
« qualora io rifletto alla maniera con cui gli Ebrei nel preterito distinguono la prima e seconda
« persona dalla terza, ch'è la medesima Radice o Tema del verbo, mi pare quasi cosa chiara, che
« forse per la celerità del parlare, si abbia della radice e del pronome fatta una voce sola. M'im-
« magino dunque, che da' primi Progenitori si dicesse (per esempio) in terza persona, *pakad*,
« ch'è la radice e significa *visitò* (e forse *pkad*, como pronunziano i Caldei e Siri, facendo ogni
« radice monosillaba) in seconda persona *pkad atha*, e nelle prima, *pkad ani* (*ani* e *atha* sono i
« pronomini della prima e seconda persona, cioè, *io*, *tu*), e che poi congiungendo, e in parte eli-
« dendo i detti pronomini, siasi formata la regolar desinenza del verbo nelle due accennate per-
« sone *pekadti*, *ho visitato*, *pekadtha*, *hai visitato*. Così nel plurale, da *pkad anu* e *pkad athem*
« (*anu* significa *noi* e *athem voi*), siensi, per mezzo di congiungimento ed elisione, formate le in-
« flessioni *pekadnu*, *abbiamo noi visitato*, e *pekadtem*, *avete visitato*. Il medesimo può esser av-
« venuto negli altri tempi. »

Finetti s'est arrêté à la troisième personne plurielle, parce qu'en effet l'adformante ו n'a aucun rapport avec le pronom personnel correspondant הם, et qu'il n'a pu, par conséquent, saisir les traces de la mutation. Mais cette disparate même prouve que la désinence actuelle n'est point la forme primitive, puisqu'on ne peut la faire remonter au pronom, et il est d'autant plus probable que cette inflexion n'existait pas dans la langue phénicienne, qu'en général le *vau* y était rarement employé. Pour que le mode de formation de la troisième personne du pluriel fût en harmonie avec celui des autres personnes, il aurait fallu qu'on dît פקדהם ; puis, par abréviation, פקדם. Or, c'est précisément la règle que j'applique aux mots קלם ברכם. Il s'est conservé, du reste, dans le texte biblique lui-même, des vestiges évidents de cette ancienne forme, puisque ce pronom הם isolé s'y trouve souvent mis pour la troisième personne plurielle du verbe être.

Quant à l'adformante de la première personne singulière du prétérit, il est évident que *ti*, qui la constitue aujourd'hui, n'a pu le faire primitivement, puisque cette syllabe n'a point de rapport avec le pronom correspondant; il n'a pu surtout le faire en phénicien, où l'usage du *iod* était fort rare, et où le pronom dont il s'agit était, non pas *ani* ni *anoki*, comme en hébreu, mais *anek*, ainsi que nous l'avons vu dans le *Pœnulus* de Plaute et que nous en trouverons ultérieurement de nouvelles preuves dans trois des inscriptions qu'il nous reste à analyser. L'*aleph*, au contraire, peut très bien représenter ce pronom, et l'on est d'autant plus autorisé à croire qu'il a été employé à ce titre comme suffixe, au prétérit, que préfixe il remplit le même rôle au futur; le procédé, dans sa simplicité originaire, a dû être unique, sauf la position qui suffisait pour indiquer tantôt la tendance en avant, tantôt le regard en arrière. Au moment même où, pour la première fois, j'émettais cette opinion, M. Lethierry-Barrois écrivait, dans un ouvrage composé en dehors de toute préoccupation relative à l'étude de la langue phénicienne, ces paroles qui viennent directement à l'appui de ma leçon : « L'hébreu reconnaît trois temps : le futur, le présent, le passé. Le futur, א פקד, *je visiterai;* le présent : infinitif פקד (*pqd*). *visiter*, פקד, *visite*, et le participe présent פקד, *visitant;* le passé פקדא, *j'ai visité;* participe passé פקוד, *visité*. » Puis il ajoute en note : « Le futur étant אקטל, le passé devrait être קטלא, puisque le pronom suit le verbe pour marquer le prétérit. » (*Racines hébraïques*, Paris, 1842.)

On voit que c'est précisément le cas de קלא ברכא.

Ainsi, s'il est vrai que mon interprétation viole la lettre actuelle de la grammaire hébraïque, il ne me paraît pas moins certain qu'elle en possède l'esprit et qu'elle représente, suivant la plus grande probabilité, la forme qui a dû exister primitivement.

Cette forme a donc pu se maintenir dans le phénicien.

En conséquence, je n'hésite pas à traduire comme il suit : קלם ברכם, *ont maudit, ont béni;* קלא ברכא, *j'ai maudit, j'ai béni*.

Le préfixe qui précède ברכם dans la *première maltaise* doit être tel qu'il puisse être éliminé, comme il l'est en effet dans les autres cas, sans que le sens soit modifié. Nous avons vu que le *iod*, qu'on y lit généralement aujourd'hui, ne remplit pas cette condition. C'est ce qui m'a porté à considérer comme un *hé* la figure qui en forme, ce que je crois avoir prouvé ne pas répugner aux analogies graphiques. Ce préfixe exprime ici la disjonction conditionnelle *ou, ou bien*, ainsi que le ferait אם, dont il est souvent l'équivalent. La malédiction ou la bénédiction était en effet prononcée conditionnellement, suivant qu'on aurait profané ou respecté le tombeau, et, comme cette distinction était dans l'essence des choses, qu'elle était inhérente à la proposition, il en résulte qu'on a pu en supprimer le signe grammatical, la particule disjonctive, sans changer le sens.

Et telle est même la réciprocité des deux termes, qu'un seul d'entre eux peut sous-entendre l'autre et impliquer le sens alternatif. Voilà pourquoi ברך, qui veut dire originairement *bénir*, peut signifier aussi *maudire, exécrer;* de là vient qu'en certaines circonstances, et particulièrement dans nos trois dernières numidiques, l'une des deux expressions est seule employée, savoir קלא ou קולא, *j'ai maudit*. Dans notre culte, c'est *bénir* qui est usité : « Sacris scriptoribus non raro *benedicere* est factis precibus aliquid consecrare, sanctificare, quemadmodum Græci suo Εὐλογεῖν pro Ἁγιάζειν uti solent » (*Thes. erud. scholast.*). La préférence donnée à l'un ou à l'autre terme représente une différence profonde dans l'économie religieuse, mais philologiquement elle n'a aucune importance; c'est toujours *consacrer* un objet, tantôt en fulminant des malédictions contre les profanateurs et en sous-entendant les bénédictions qui font l'alternative nécessaire, tantôt en énonçant la formule par le procédé opposé.

Les deux dernières numidiques présentent une variante orthographique qui appelle notre attention sur la forme de la racine קל.

Bien que, dans l'acception *maudire*, la Bible n'emploie jamais קלל à l'état défectif, il ne s'ensuit pas qu'il ne puisse l'être régulièrement comme les autres verbes géminés, comme il l'est en effet lorsqu'il signifie *vilipender*, qui a une affinité évidente avec *maudire*. A bien considérer les choses, ce mot *défectif* est un contre-sens; la véritable racine, dans les verbes de cette espèce, est la forme bilittère; c'est pour en augmenter l'énergie que tantôt on la répète en entier קלקל, d'autres fois on double seulement la seconde radicale. Par conséquent, on ne saurait nier que la forme simple et primitive, ou, si on le veut absolument, la forme défective קל, ait pu, chez les Phéniciens, signifier *maudire*, et, par l'extension expliquée un peu plus haut, *consacrer*. Au surplus la forme redoublante a pu aussi être employée; il est probable en effet que le *vau* qui figure dans les deux dernières numidiques remplace l'un des *lamed* radicaux; c'est cet office spécial et important qui l'a fait conserver. On peut regarder en effet comme une règle générale pour les verbes géminés la propriété de changer la seconde radicale en *vau*. Au milieu d'un très grand nombre d'exemples, je ne choisirai que les suivants : פול, פלל; מול, מלל; חול, חלל; זול, זלל. Cette explication trouve un appui dans la variante קאל de la *neuvième numidique*, car c'est aussi une propriété, moins commune toutefois, des verbes géminés de changer la seconde radicale en *aleph*; ainsi : ראם, רום; רמם; פאה, פוה; פחה; באר, בור, ברר.

On voit que le sens que nous donnons aux racines ברך et קל s'accorde parfaitement avec celui de la main levée et étendue, qu'il en est la confirmation.

Nous allons essayer de prouver que la signification du mot שמע est aussi en harmonie avec celle de l'ensemble de la formule.

Les individus qui élevaient des monuments funéraires à leurs parents, à leurs amis ou à leurs protecteurs, étaient dirigés par l'un ou l'autre des deux motifs suivants : tantôt ils agissaient d'après leur propre mouvement; tantôt ils obéissaient à la volonté du défunt, expressément énoncée de vive voix ou par testament. Chacune de ces circonstances était soigneusement indiquée sur les épitaphes latines. Ainsi, à la première correspondait cette formule si fréquente : *Libens, libenter fecit, posuit*, etc.; la seconde s'exprimait par l'une de ces locutions non moins communes : *Ex voluntate, ex præcepto, ex testamento, secundum voluntatem testamenti significatam, testamento suo fieri, poni jussit*.

L'usage de régler par commandement (צו) sa sépulture existait aussi chez les Hébreux. On voit en effet, dans la Genèse, que Jacob, retiré en Égypte et près de mourir, fit solennellement promettre, *par serment*, à son fils Joseph de l'enterrer dans son sépulcre au pays de Canaan, et que celui-ci, à son tour, dit à ses frères, lorsqu'il sentit sa fin approcher : « Transportez mes os avec vous hors de ce lieu, *et promettez-le-moi par serment*. »

D'après ces faits, on est légitimement porté à penser que les choses se passaient de même chez les Phéniciens; et, dans ce cas, il n'est pas difficile de trouver le sens du mot שמע. Voulant dire au propre *entendre, écouter*, il signifie aussi par extension *obéir, exécuter*, OBSEQUI; il équivaut exactement, sous ce double rapport, aux verbes latins *audio, ausculto*, qui sont souvent employés dans la dernière acception, notamment par *Plaute (dicto imperio sum audiens*, amphitr.) C'est dans ce sens qu'il figure dans la formule dont il s'agit : כשמע, par conséquent, signifiant littéralement *secundum audire*, peut se rendre par *prout auditum, ob obsequium*; il répond à la locution *ex præcepto* des épitaphes latines.

שמע de la *quatrième numidique* se traduit par *obéissant*. C'est, quoique dans le sens opposé, une forme semblable au participe *libens* des épitaphes latines.

ושמא des *onzième* et *douzième numidiques* demande quelques explications particulières. Nous connaissons maintenant la valeur de l'*aleph* terminal, qui représente ici, comme dans les cas précédents, la formative de la première personne singulière du prétérit ; nous avons aussi donné le motif de la transposition de l'*aïn*. Il reste à interpréter la substitution du *vau* préfixe au *caph* qui occupe cette position, non-seulement dans la *première maltaise* et les quatre premières *numidiques*, mais aussi dans la *dixième numidique*, où le reste du groupe est שעמא, comme dans les deux dernières. Il suffit de rappeler ce rapport pour amener, en vertu des règles du parallélisme, la conclusion que le *vau*, dans cette circonstance, équivaut au *caph ;* et en effet il peut avoir cette valeur. Gesenius dit dans son *Lexique*, page 290, en parlant de cette lettre : « 4) ante sententias *causales* ut כי, nam.... quia, » et il cité pour exemple ce passage du psaume V : « Continuo jubilant, ותפך עלימו, *quia* protegis eos. » Nous traduirons donc כשעמא de la *dixième numidique*, et ושעמא des deux autres, par : *Ainsi que j'ai entendu ; ainsi qu'il m'a été ordonné.*

Enfin, des différentes explications que nous venons de donner, il résulte que את, qui, dans les *onzième* et *douzième numidiques*, précède קולא, c'est-à-dire un verbe, ne peut être la particule objective ; c'est donc le substantif voulant dire *signe, monument*. Dans cette acception générale, l'application convient parfaitement au contexte de nos inscriptions ; mais elle lui convient bien mieux encore dans le sens spécial attribué à ce nom par MM. Glaire et Franck dans leur traduction du Pentateuque, page 27, savoir : *marque d'une chose dont on est convenu, signe de convention*, soit que ce sens s'applique à l'emblème figuré par la main levée et étendue, soit qu'il réponde à שמע.

Ce nom, dans les deux épigraphes où il est employé, remplace אש נדר de la *première maltaise*. On voit en effet que cette dernière expression ne convient pas moins au sens général du contexte, qu'on rende אש par *ara* ou par *fundamentum, basis ; ara*, en effet, est très souvent employé comme synonyme de cippe sépulcral sur les épitaphes latines ; *basis* n'est guère moins usité, ni moins bien approprié. Nous trouverons plus loin, dans une autre épitaphe, le mot אדן, qui a la même signification, et cette circonstance, après réflexion, me semble donner plus de poids à la dernière interprétation, qui a en outre l'avantage de s'appuyer sur une valeur existant réellement, comme nous l'avons dit, en chaldéen.

נדר, qui, suivant le Lexique de M. Glaire, signifie au propre *observer, accomplir, remplir une promesse*, pourrait fort bien être pris dans cette acception, et il se rapporterait à שמע aussi directement que את ; אש נדר se rendrait alors par *basis, columna promissionis*. Mais il est préférable de donner à נדר le sens primitif contenu dans ses affines נור, נמר, נצר, *séparer* (d'où ensuite *consacrer*), *garder, protéger*, expressions dans lesquelles rentre, par la signification étymologique, le verbe latin *sepelire* ; on peut donc dire : *Basis separationis, consecrationis*, et, sous le point de vue spécial dont il s'agit, *sepulturæ*.

En définitive, de la longue analyse à laquelle nous avons soumis les inscriptions dont il est particulièrement parlé dans ce chapitre, il me semble résulter :

1° Que notre interprétation est naturelle, vraisemblable ;

2° Qu'elle donne de l'unité au contexte de chaque épigraphe en particulier ;

3° Qu'elle rétablit entre toutes, et c'est ce qui en fait à mes yeux la principale force, la conformité de sens que le parallélisme graphique fait présumer.

Afin de faciliter l'appréciation de ces avantages, je vais mettre sous les yeux des lecteurs la série de ces inscriptions, en adoptant, pour la traduction, le latin, parce qu'il permet de reproduire plus exactement les inversions des textes. J'omettrai toutefois la *quatrième carthaginoise*, qui n'est qu'un fragment insignifiant.

1° *Première maltaise.*

לאדנן למלקרת בעל צר אש נדר
עבדך עבדאסר ואחה אסרשמר
שן בן אסרשמר בן עבדאסר כשמע
קלם הברכם

Domino nostro Melcartho, domino Tyri, basim sepulturæ
Servus tuus Abdósir et frater Osirshamar,
uterque filius Osirshamar, filii Abdosiri, ex præcepto,
maledixerunt aut benedixerunt. (*i. e.* consecrârunt).

2° Cinquième carthaginoise.

לרבת לתנת ולבע־
לן לאדן לבעל חמן
אש נדר עבדמלקר־
ת חשפט בן בדמל־
קרת בן חנא

Dominæ Taniti et do-
mino nostro domino Baali Hamani.
Basis sepulturæ Abdmelkarti sufetis filii Bodmel-
karti, filii Hannæ.

3° Troisième carthaginoise.

לרבת לתנת ול־
בעלן לאדן לב־
על חמן אש נד־
ר גדעשתרת
הספר בן עבדמלקר־

Dominæ Taniti et do-
mino nostro hero Ba-
ali Hamani. Basis se-
pulturæ Gadastartis
scribæ, filii Abdmelkaris.

4° Seconde carthaginoise.

לרבת לתנת ולבעל־
ן לאדן לבעל חמן
אש נדר עבדאשמ־
ן בן בדעשתרת בן
עבדאשמן

Dominæ Taniti et domino
nostro hero Baali Hamani.
Basis sepulturæ Abdasm-
onis filii Bodastartis, filii
Abdasmonis.

5° Première carthaginoise.

(לרבת לתנת ולבעל)ן לאדן לב־
(על) חמן אש נדר עבדמלקרת
(בן) חמ. . בן עבדבעל

Dominæ Taniti et domino nostro hero Baali Hamani. Basis sepulturæ Abdmelkarti,
filii Ham... filii Abdbualis.

6° Douzième carthaginoise.

. . . .
ן לאדן לבל חמן
אש נדר אעלשת

. . . .
nostro hero Bali Hamani.
Basis sepulturæ Elsiti.

7° Quatorzième carthaginoise.

לרבת לתנת ולב־
עלן לאדן לבעל ח־
מן אש נדר אשתמ־
לכת בת. . . . . .

Dominæ Taniti et do-
mino nostro hero Baali Hamani. Basis sepulturæ Eshetma-
lcatæ filiæ............

8° Seconde numidique.

לאדן בעל חמן כעשמע
קלא ברכא צעענא בן
ברכבעל בן מעוגע בן. . .

Domino Baali Hamani ex præcepto
maledixi benedixi Sinâna filius
Barkibalis, filii Mogæ, filii...

ET DE LA LANGUE LIBYQUE.

9° *Troisième numidique.*

לאדן בעל חמן בע־	Domino Baali Hamani ex præ-
שמע קלא ברכא מ	cepto maledixi. . . . . .
חע. . א. . . טא	. . . .
ע. ט. ש.	. . . .

10° *Première numidique* ¹.

לאדן בעל חמן כעשמע	Domino Baali Hamani ex præcepto
קלם ברכם בעלאב בן מכתערמ־	maledixerunt benedixerunt Baalabbas filius Mekataram-
עת. . א. . . בן מציבען ו־	oti. . . . filii Metsibonis, et
יע. . . . בן מציתבען	. . . . filii Metsitbonis.

11° *Quatrième numidique.*

. . . .	. . . .
. . . .	. . . .
לבעל חמן שמע קלא ברכא	Baali Hamani obsequens maledixi benedixi.

12° *Dixième numidique.*

לאדן בעל חמן כשעמ־	Domino Baali Hamani, sicut audi-
א קלא וקט. ר.	vi, maledixi et. . . . . . .
. . . . א	

13° *Onzième numidique.*

לאדן בעל חמן שבח	Domino Baali Hamani laus!
בומענא במלכא שר אח־	Bomâna in regno princeps regi-
ש ושעמא את קולא	us, sicut audivi, signum maledixi.

(1) M. de Saulcy, à raison de sa nouvelle opinion sur le *hé* punique de la basse époque, nouvelle opinion qui a déjà fait le sujet de deux notes, considère comme un exemple de ce *hé* la réunion des deux traits qui précèdent immédiatement les six dernières lettres de la seconde ligne; il lit en conséquence la deuxième moitié de cette ligne : בעלא המכתעבם, *ont ordonné tous deux ces lignes....* Il fait de בעלא un duel prétérit semblable à celui des Arabes. Bien qu'il n'administre aucun autre exemple de cette forme, je ne penserais pas, en considérant l'assertion d'une manière isolée, qu'on dût la repousser; mais, dans une des notes auxquelles j'ai fait tout à l'heure allusion, j'ai fait remarquer que l'*aleph* suffixe a déjà un autre rôle grammatical. Je ne puis croire à cette confusion. D'un autre côté M. de Saulcy traduit la partie qui précède, savoir כשמע קלם ברכם, par cette phrase : « *Dès qu'il eut entendu leur voix, il les bénit.* » Pourquoi le duel ne se retrouve-t-il pas ici? Enfin M. de Saulcy n'a tenu aucun compte du petit trait placé devant ceux qu'il investit de la puissance du *hé*, petit trait qui est certainement une lettre aussi, un *beth*, selon ma transcription. Cette troisième citation faite à l'appui de la nouvelle détermination ne me paraît donc pas plus convaincante que les deux autres que nous avons déjà examinées.

14° *Douzième numidique.*

לעדן בעל מן שעבח	Domino Baali (Ha)mani laus !
מלכעמן בן בעליתן כמ־	Melkâmon filius Balitonis, in re-
לכא שר אחש ושע־	gno princeps regius, sicut audi-
מא את קולא	vi, signum maledixi.

15° *Treizième numidique.*

לעדן בעל מן שבח	Domino Baali (Ha)mani laus !
אעב. . . שד במלכ־	. . . . in reg-
א שר אחש	no princeps regius.

16° *Neuvième numidique.*

לעדן בעל מן שבח	Domino Baali (Ha)mani laus !
במלכח שר אחש	In regno princeps regius
קת . . ט כעלשעמא	. . . . . sicut præaudivi,
את קאלא	Signum maledixi.

Deux objections sérieuses pourraient être opposées à ce système d'interprétation ; il importe de les prévenir.

L'une, rationnelle, s'appuierait sur la singularité de l'absence du nom du défunt sur plusieurs de ces épitaphes, tandis qu'on le lit sur celles de Carthage et sur d'autres dont nous parlerons ultérieurement.

L'autre, philologique, consisterait dans l'opposition de l'interprétation donnée par Gesenius à la fin de la *troisième maltaise*, dont nous avons déjà dit quelques mots à la page 63. Le savant professeur a en effet proposé, pour les quatre dernières lettres de la 5° ligne et pour la dernière ligne, cette leçon, qui a été généralement adoptée :

כשמע . .	Quum exaudivisset
כל דברי	omnia verba mea.

Cette leçon, par une analogie presque irrésistible, démontrerait que, dans tous les autres cas, קל, correspondant à דברי, doit réellement être entendu dans le sens de *parole*.

Sur le premier point, nous ferons observer que les anciens Hébreux paraissent n'avoir pas inscrit le nom des morts sur les sépulcres ; telle est l'opinion de Martin Geier, qui dit à ce sujet (*De Ebræor. luctu*, page 171) : « Supersunt *epitaphia*, tanquam honoris supremi perennisque memoriæ monumenta. Hæc in populo Dei insuper haud fuisse habita docet patriarchæ Jacobi factum (*Gen.*, xxxv, 20), statuam erigentis super Rachelis sepulcro, ut insignis matronæ hujus vegeta semper, etiam apud posteros, servaretur memoria, conspecto ad sepulturæ locum tam nobili cippo. » Aussi Josias, arrivant à Bethuel et frappé par la vue de l'un des sépulcres qui étaient sur la montagne, demanda-t-il : « Quel est le tombeau que je vois ? »

Ce n'était point une empreinte superficielle de leur nom sur des pierres mortes, c'était une tradition vivante dans la personne de leurs fils que les Hébreux tenaient à laisser [1]; aussi l'enfant mâle prenait-il ce nom de זכר, *mémorial*, que nous avons vu donné au tombeau. Ce sentiment, inculqué par une politique profonde, se traduisait d'une manière non moins remarquable dans l'institution du lévirat.

Ce ne fut que parce qu'il n'avait point de fils pour perpétuer sa mémoire qu'Absalom donna son nom au cippe qu'il se fit lui-même construire.

L'usage de ne point nommer le mort sur une épitaphe pouvait donc avoir existé aussi chez les Phéniciens et s'être transmis jusqu'à l'époque à laquelle nos inscriptions appartiennent. Le soin contraire était d'ailleurs généralement superflu lorsque l'épitaphe indiquait que c'était par ordre que le monument avait été élevé, car cet ordre n'émanait le plus souvent que d'un père, et, dans ce cas, la filiation de celui qui faisait élever le tombeau, toujours rapportée sur l'épigraphe, faisait elle-même connaître le nom du défunt.

L'omission, du reste, n'était point universelle, puisque nous voyons d'autres épitaphes où elle n'a point lieu, de même que, parmi les épitaphes de Bolghari dont Klaproth a donné la traduction dans le *Nouveau Journal asiatique*, tome VIII, page 483 et suiv. et qui portent presque toutes : « Ceci est la tombe de......, » il en est deux ainsi conçues : « La puissance est à Dieu, le très haut, le très puissant. L'an de l'arrivée de l'oppression. — Lui est le vivant qui ne meurt pas. Certes, quant à l'heure du dernier jugement, il n'y a point de doute en elle, et Dieu ressuscitera ceux qui sont dans les tombes. » Ainsi, comme on le voit, aucune indication, même indirecte, de la personne à qui le tombeau avait été consacré.

De même encore, et avec plus d'analogie peut-être, parmi les inscriptions lyciennes que Saint-Martin a analysées dans le *Journal des Savants*, avril 1821, il en est une, la quatrième, que ce pénétrant interprète propose, avec la plus grande vraisemblance, de rendre en ces termes: « Anateïa a fait ce tombeau pour son cher père, et sa femme et ses enfants. »

Quant à l'argument qu'on pourrait tirer de la *troisième maltaise*, nous avons déjà fait remarquer que cette inscription a été copiée d'une manière évidemment très inexacte; on ne peut donc baser sur elle aucune démonstration. Cependant, en y regardant attentivement, on trouvera que, même dans l'état où Gesenius nous la présente, la leçon de l'illustre interprète n'est pas admissible, et l'apparence est plutôt favorable que contraire à notre manière de voir. En effet, Gesenius transcrit la dernière ligne comme il suit : כל דברי ; il fait, par conséquent, un *caph* de la première lettre; mais le *caph* se trouve deux autres fois sur la pierre, savoir, à la fin de la première ligne (מלכבעל) et au troisième rang de la cinquième (כשמע); or, dans chacune de ces positions, il a, avec la lettre qu'on veut lui assimiler, une différence telle qu'on ne peut pas même admettre la dégradation, puisque, dans les deux cas où la présence du *caph* est incontestable, le triangle qui entre dans la composition de la figure a sa base à gauche, et que, dans l'autre caractère, c'est le sommet qui occupe cette position; la direction est inverse.

D'un autre côté, en prenant ce caractère tel qu'il est dessiné, on ne peut en faire, ainsi que du troisième de la même ligne, qu'un *daleth* ou plutôt un *resh;* mais cette épellation ne donne aucun sens : il faut donc que l'un de ces deux caractères, ou les deux à la fois, soient modifiés, ce qui ne répugne pas quand on voit l'altération qu'ont subie sur la même copie le *mem* (figures 4e, 1re ligne; 1re, 3e ligne, et 5e, avant-dernière ligne) et le *schin* (figures 4e, 2e ligne, et 4e, 5e ligne). En ne modifiant que l'un des deux, quel qu'il soit, dans les limites de l'analogie, on n'arrive encore à aucun résultat. Les deux doivent donc être rectifiés. La première indication qui se présente à cet effet, c'est de ramener ce groupe à l'identité de celui qui suit כשמע, ou ses modi-

---

(1) שם Schem, *nomen* (vid. Arcan., p. 314) i. e. per quem *nomen* et memoria paterna propagabitur, coll. Deut., xxv, 7; 1 Sam., xxiv, 22; II Sam., xiv, 7; Zeph. iii, 19, 20. — Simonis, Onomast, p. 207. Lycurgus nomina defunctorum sepulcris addi vetuit, nisi essent in prælio cæsi aut puerperæ in partu extinctæ. — Chr. Brunings, comp. antiq. græc., p. 320.

76   DE LA LANGUE PHÉNICIENNE

lications sur les autres inscriptions; ce doit donc être קלם ou קלא : or, le dessin se prête merveilleusement à la dernière rectification; en effet, il est très simple de faire de la première figure ᗡ celle-ci ᗡ, qui existe, avec la valeur qôph, sur une autre inscription de Malte (*deuxième maltaise* de Gesenius, ligne 1, lettre 9). Pour former de la troisième ᗡ un *aleph* semblable à celui qu'on rencontre plusieurs fois dans le texte dont nous nous occupons, il n'y a qu'à prolonger un peu les lignes de cette façon ᛉ. Assurément ces modifications sont bien moins considérables que celles que nécessitent, comme nous l'avons dit, le *mem* et le *schin;* elles sont autorisées par le résultat, c'est-à-dire par le retour à l'analogie formulaire.

Pour que ce retour soit complet, il faut qu'on puisse lire ensuite ברכא. Or nous avons déjà, de l'aveu de Gesenius, le *beth* et le *resh;* la figure qui vient après eux est très vraisemblablement le vestige du triangle, à base dirigée à gauche, qui entre dans la composition du *caph;* cette assimilation est beaucoup plus probable que celle avec le *iod*, qui ne se trouverait point en concordance avec la personne du verbe que Gesenius lit en tête de l'inscription. L'*aleph* terminal n'a pas été reproduit, de même que plusieurs lettres, contrairement à l'opinion du professeur de Halle, qui n'admettait que deux omissions, manquent sur une autre inscription de Malte offrant la plus grande analogie avec celle-ci et représentée, sous le titre de *quatrième maltaise*, sur la table 8 IV de Gesenius.

Ainsi avec la réserve que commande, je le répète, le mauvais état des copies, je traduirai la *troisième maltaise* comme il suit :

‑נצב מלכ	Cippus Melki-
בעל אשש	balis. . . . .
מ . . . לב‑	. . . . . Ba-
על חמן א‑	ali Hamani la-
בן כשמע	pidem, ex præcepto,
קלא ברכ‑	Maledixi, benedix-
א	i. . . . . .

On pourrait mettre l'*aleph* suffixe de ברכא à la fin de la sixième ligne, et clore là l'épigraphe. A la vérité cette ligne aurait sept lettres, tandis que les autres n'en ont que six, et, d'un autre côté, le sujet de la proposition ne serait point indiqué; mais il n'y aurait rien d'extraordinaire à ce que la dernière ligne possédât une lettre de plus que les précédentes, ni à ce que le nom du fils de Melkibal fût resté sous-entendu, par cela même que le nom du père était exceptionnellement énoncé. Cependant l'examen comparatif de la *quatrième maltaise* qui, malgré son état de mutilation, a une analogie très frappante avec celle-ci et qui a été découverte au même endroit, donne lieu de penser qu'il y avait une septième ligne dont la première lettre, par conséquent, devait être l'*aleph* suffixe de ברכא, et les cinq autres les éléments du nom du fils de Melkibal.

Gesenius prétend que, sur la *quatrième maltaise*, il n'y a aucune omission, si ce n'est, au commencement de la troisième ligne, celle de deux lettres qui devaient faire partie d'un nom ethnique. On ne comprend pas une pareille assertion ; on ne trouve sur aucun monument phénicien une disposition de lettres semblable à celle qui existerait ici. Il est facile de reconnaître, dans les quatre dernières figures de la troisième ligne, qu'il faut restituer ainsi ᛚᗝᘌᛚ, le mot לבעל, puis, à la ligne suivante, le mot אבן; or il y a justement, au commencement de cette ligne, la place nécessaire pour l'épithète חמן écrite entre ces deux mots sur la *troisième maltaise*.

Cette identité admise, on doit supposer que le reste des deux textes était semblable aussi. Or, à partir de אבן, il y a trop d'espace pour ne contenir que כשמע קלא ברכא, dont la première lettre devait se trouver à la fin de la quatrième ligne. Cette partie formulaire devait donc être suivie de quelques autres caractères qui constituaient le nom propre, sujet des verbes קלא ברכא,

et, par conséquent, il en devait être de même sur la *troisième maltaise ;* mais, je le reconnais, ce n'est qu'une présomption, il n'y a point nécessité rigoureuse à ce qu'il en soit ainsi.

La partie déchiffrable et intelligible de la *quatrième maltaise* se lit de cette manière :

נצב מלך־	Cippus Malk-
אמר אשש	immaris. . . .
לבעל . . .	. . . . Baali
. אבן . . .	. . . lapidem. . .
. . . . . .	. . . . . .

La détermination du *beth* de la première ligne, malgré l'exiguïté du jambage descendant, est justifiée par la valeur incontestable de la figure identique qui commence le mot מלך dans la troisième ligne; cette exiguïté résulte, sans aucun doute, de l'action du temps ou de la négligence du copiste.

Ces deux dernières inscriptions sont remarquables par les nouvelles variantes de *caph*, de *mem* et de *schin* qu'elles nous offrent.

La valeur du *caph* est déterminée, à la fin de la première ligne, par la force du contexte qui ne permet de lire que מלך, et, à la cinquième ligne, avant שמע, par la correspondance de cette figure avec celle dont la puissance est constatée sur la *première maltaise*.

Celle du *schin* est prouvée par le parallélisme de la variante M de la légende d'une médaille représentée sur la table 38 IX de l'atlas de Gesenius, légende qui se lit ainsi : קרת חדשת, *ville neuve*, et par l'entière ressemblance de la figure dont il s'agit avec le *schin* de la légende asmonéenne rapportée à la page 21.

La valeur du *mem*, dont le dessin le plus correct se trouve au deuxième rang de la seconde ligne, sur la *quatrième maltaise*, cette valeur, disons-nous, est indiquée par l'identité de rapport de la figure qui l'exprime et de celle du *schin* que nous venons de constater avec le rapport des deux mêmes caractères sur la *première* et la *deuxième athéniennes* W W=⊍ Y. Cette figure ressemble au *samech* de la *première maltaise* et des carthaginoises; aussi Gesenius lui a-t-il donné cette valeur au deuxième rang de la seconde ligne sur la *quatrième maltaise*. Mais le *mem* a évidemment cette forme dans d'autres points, et il me paraît plus convenable de n'assigner qu'une puissance à une figure répétée sur la même inscription.

Enfin nous ne devons pas laisser inaperçu le petit crochet ajouté, de droite à gauche, à l'extrémité supérieure de l'*aleph* qui termine la quatrième ligne, crochet qui ne paraît point sur les autres *aleph* des deux inscriptions dont il s'agit; il me semble indiquer que cette lettre se lie à celles qui commencent la ligne suivante, comme nous l'avons vu en effet dans la traduction.

Il résulte donc de l'ensemble des recherches comprises dans ce chapitre :

1° Que le nom de Tyr se trouve écrit dans la *première maltaise* comme nous l'avions indiqué à notre point départ;

2° Que nous avons achevé l'alphabet par la détermination des lettres *teth*, *samech* et *phé*;

3° Que nous avons en outre constaté des variantes pour les lettres suivantes : Aleph, beth, daleth, hé, chet, caph, mem, resh, schin;

4° Que le caractère de ces variantes s'est montré plus tranché, suivant que les monuments avaient été gravés dans certaines contrées;

5° Que l'*aleph* permute avec l'*aïn*, le *hé* ou l'*aleph* final avec le *chet;*

6° Qu'un *aïn* est souvent ajouté, dans certaines contrées, à titre de *mater lectionis;*

7° Qu'il y a quelquefois aphérèse du *chet*, et, dans le nom de Baal, suppression de l'*aïn;*

8° Que l'adformante verbale de la 1re pers. sing. du prétérit est *aleph*, et celle de la 3e pers. pl. masc. *mem;*

9° Que, lorsque cet *aleph* formatif est précédé d'un *aïn*, celui-ci, par euphonie, est transposé avant la pénultième radicale;

10° Que le verbe peut, comme en hébreu, être mis au masculin, bien que le sujet soit féminin;

11° Que, dans les verbes géminés, la seconde radicale peut être remplacée par un *vau* ou un *aleph*;

12° Que le *vau*, particule préfixe, peut être substitué au *caph* dans l'acception *parce que*, *car*, NAM, QUIA.

Pour achever de porter, si je ne me trompe, la conviction dans les esprits au sujet du canevas formulaire, fondement de la longue démonstration à laquelle je viens de me livrer, je terminerai par deux citations remarquables.

La première est celle d'un contrat himyarite traduit par M. Fresnel dans l'important travail que j'ai déjà cité, et que j'invoquerai plusieurs fois encore:

« Abd-Koulâlêm et sa très honorée (épouse) ont transféré la propriété (*ou* la jouissance) de leur maison à.... *ghân* (*nom propre d'homme*), et leurs enfants ont fait une déclaration solennelle et ont présenté aux dieux les paroles du contrat. Pour ceux qui violeraient la foi jurée, que leur maison soit réduite à la misère par la coopération des (dieux) miséricordieux. Contrat à la date de l'an 573. Vivez ! »

On voit mettre ici, comme dans nos inscriptions, le respect que l'on veut obtenir sous la sauvegarde d'une imprécation. M. Fresnel dit à ce sujet : « La formule sabéenne doit correspondre à cette imprécation si commune de nos jours chez les Arabes : « *S'il plaît à Dieu, il ne verra pas le bon, il ne verra pas la bénédiction* (ברכה), » et à la formule latine qui se retrouve sur tant d'inscriptions : *Habeat deos iratos !*

La seconde citation est une épitaphe latine qui a été trouvée récemment à Tenez (Algérie) par mon ami le docteur Rietschel, et qui reproduit avec une analogie si curieuse les traits dominants de mon explication, qu'elle en est certainement la plus éclatante confirmation; la voici telle qu'elle m'a été envoyée. M. Rietschel déclare que toutes les lettres sont bien marquées et ne laissent aucun doute; il est toutefois évident qu'il faut lire à la première ligne : NEMO VIOLET.

```
NEMO·VIO|LпL·
QVIR·PASTORI·
IVVENI·INNO
CENTISSIMO·
SECVNDVM
VERBA·TESTA
MENTI·EIVS·
BAEBIA·DOMI
TIANA·FILIO·
DESIDERATIS
SIMO
```

CHAPITRE VI.

Quatrième inscription athénienne; deuxième, troisième et vingt-troisième citiennes. — Cachet.

Nous sommes enfin arrivés à la dernière des trois inscriptions bilingues que, dans le premier chapitre, nous avions indiquées comme devant servir de moyens de contrôle aux interprétations données dès ce point de départ aux fondements de notre démonstration. Il s'agit d'examiner si la partie phénicienne contient, ainsi que nous l'avons dit, le mot צדנת, *sidonienne*, répondant à ΣΙΔΩΝΙΑ de la partie grecque. Cette recherche, subordonnée à l'analyse du texte entier, nous mènera, comme dans les cas précédents, à l'éclaircissement de plusieurs autres questions qui s'y rattachent étroitement.

Le monument dont nous parlons a été découvert à Athènes, en 1841, au nord du Pirée, dans le jardin d'Al. Contostavli. Une copie en ayant été, en 1842, rapportée par M. Raoul-Rochette à M. Ét. Quatremère, ce savant académicien en fit, la même année, le sujet d'un mémoire publié dans le *Journal des Savants*.

Peu de temps après, M. de Saulcy, ayant eu communication du n° 8 de l'Εφημερὶς ἀρχαιολογικὴ d'Athènes dans lequel le monument est reproduit, reconnut quelques différences entre cette copie et celle de M. Ét. Quatremère, autant pour le texte phénicien que pour le texte grec. Ces différences l'engagèrent à insérer dans les *Annales de l'Institut archéologique* (t. XV, 1er cahier, 1843) une note très intéressante dans laquelle il les fait ressortir et indique les changements qu'elles lui paraissent nécessiter aussi bien dans la lecture proposée par M. Ét. Quatremère que dans le texte publié à Athènes.

Un court voyage fait récemment dans cette noble cité l'a mis à même de constater la justesse de ses conjectures et de prendre un estampage beaucoup plus correct. C'est d'après cet estampage que nous avons fait dessiner la planche 4.

Le texte phénicien se lit ainsi :

אנך אספת בת אשמנשלם צדנת אש יטנא לי
יתגנבל בן אשמנצלח דבך הנם אלמן גדל

Comme l'a fait remarquer M. de Saulcy, l'espace blanc laissé sur la pierre après la vingtième lettre démontre clairement que là se termine une première phrase, et dès lors se trouve jugée la question particulière qui fait l'objet principal de ce chapitre ; la phrase, en effet, ne peut se lire que comme nous l'avons indiqué après MM. Ét. Quatremère et de Saulcy, savoir : *Moi, Aseptè, fille d'Aschmounschillem, sidonienne.*

On sait que le pronom personnel remplit souvent en hébreu l'office du verbe *être ;* il en est de même ici.

אספת est le féminin de אסף, nom propre usité chez les Hébreux.

אשמנשלם n'est pas moins net et régulier ; il signifie : *Aschmoun*, ou Esculape (voir page 44), *a rétribué*, c'est-à-dire *le rétribué par Aschmoun.*

Il est à remarquer que, dans le texte grec, les noms propres ne sont pas traduits comme ils l'étaient dans les deux *premières athéniennes.*

Le reste de l'inscription offre des difficultés assez sérieuses. L'une de ces difficultés réside dans les deux mots qui se présentent en premier lieu, אש יטנא.

אש, en construction analogue, a déjà été pour nous le sujet d'études critiques dans une partie du chapitre précédent ; nous avons émis l'opinion qu'on doit l'entendre dans le sens *fondement, base, colonne*, peut-être même *autel ;* nous aurons à vérifier ici cette interprétation.

ישנא, dont la lecture est certaine, n'existe pas sous cette forme en hébreu. Cependant on le retrouve non moins clairement écrit sur l'une (Gesenius, table 11 IX) des trente-trois inscriptions découvertes dans le milieu du siècle dernier, à Citium, la patrie de l'individu désigné sur l'épitaphe à laquelle nous avons donné le nom de *deuxième athénienne*. On le déchiffre aussi sur deux autres de ces mêmes inscriptions que Gesenius a retracées sur la table 12, n°s 3 et 23, de son *Atlas*, mais dont les copies sont très défectueuses.

Nous donnons à ces inscriptions, avec Gesenius, les titres de *seconde*, *troisième* et *vingt-troisième citiennes*.

La *seconde* est conservée à Oxford, où elle a été transportée avant 1750 par le docteur Porter. Elle est gravée sur un marbre dont la surface est polie, parfaitement conservée, exempte de toute trace de lésion, excepté à l'endroit qui correspond à la quatorzième lettre de la seconde ligne, où le contexte autorise à restituer un *mem*.

Elle a particulièrement cela de remarquable et de très utile que les mots y sont séparés par des points. La lecture ne permet aucune hésitation ; elle donne ce résultat :

אנך . עבדאסר . בנעבדססם . בגחר . מצבת .
למבחיי . יטנאת . עלמשכב . נחתי . לעלם . כלא
שתי . לאמתעשתרת . בת : תאם . . בנעבדמלך

Le début, qui comprend toute la première ligne, est analogue à celui que nous venons de voir dans la *quatrième athénienne* : *Moi, Abdosir, fils d'Abdsusim, fils de Hur, (j'ai élevé ce) cippe.*

Le nom propre *Abdosir* s'est déjà présenté dans la *première maltaise*.

Abdsusim veut dire *serviteur, adorateur des chevaux ;* il s'agit évidemment ici de ces chevaux consacrés dont il est parlé dans le livre II des Rois, ch. XXIII, v. 11, en ces termes : « Josias ôta aussi les chevaux que les rois de Juda avaient donnés au Soleil, à l'entrée du temple du Seigneur. »

Nous avons vu le nom appellatif *Matzebeth* au commencement de la *première athénienne*. Le verbe dont il est l'objet est sous-entendu ; rien de plus simple que de remplir cette ellipse.

La difficulté réside dans les premiers groupes de la deuxième ligne et particulièrement dans le second, qui nous a déjà arrêté dans l'explication de la *quatrième athénienne*, sujet principal de ce chapitre.

Barthélemy avait supposé d'abord qu'une lettre manquait au commencement de la ligne ; il lisait : שלם בחיי, *paisible durant ma vie*. « Une lacune, ajoutait-il, qui paraît dans le mot suivant, m'empêche de l'analyser. » Plus tard (lettre à d'Oliviéri), une copie plus exacte publiée par Swinton, qui avait le marbre sous les yeux, lui fit reconnaître l'impossibilité de persister dans l'opinion qu'une lettre était effacée au commencement de la ligne. Cela ne fit que l'embarrasser davantage. Il exposa, avec beaucoup de réserve toutefois, plusieurs conjectures malheureuses ; ainsi, pensant que les points étaient mal placés, il lut à la fin de la première ligne et le commencement de la seconde de cette manière : בנחרמץ בת לם בחיי, *Fils de Heramets, fille de Lam, pendant la vie...* La deuxième lettre du groupe, suivant lui, parut être un *teth* ou mieux un *qôph*, et il fit de ce groupe le nom de l'un des princes qui régnaient en Chypre à l'époque de la mort de la personne pour qui le monument était construit, בחיי יקנאת, *pendant la vie de Joqnath*. Le reste de l'inscription se lisait comme nous l'avons indiqué plus haut et se traduisait ainsi : « Je me suis reposé sur le lit (ou dans le tombeau) pour la suite des siècles. (Moi) Astarté, fille de Tham, fils d'Abdmelec, ai posé..... (ce monument). »

Akerblad, pour ne point nous arrêter à des versions peu dignes de fixer l'attention, Akerblad considérait comme un *phé* le huitième signe de la seconde ligne et comme un *schin* le sixième de la dernière ligne ; il rendait ainsi le texte entier : « Ego Abedasarus, filius Abedsusami, filii Churi, monumentum illi quæ me vivente discessit a placido meo thalamo in æternum, posui (nempè), uxori meæ Astarti, filiæ Taami, filii Abedmeleci. »

Gesenius fait très bien remarquer que le huitième signe de la seconde ligne ne peut être qu'un *teth*, ainsi que Barthélemy l'avait vaguement entrevu; le célèbre interprète lit donc le groupe dont il s'agit de cette manière : (י)אתן ימן, *consuevit mecum*. Quant au sixième caractère de la dernière ligne, il en dit avec raison : « Quod Akerbladius pro לאמת legit (י)לאשת *uxori meæ*, non fert tertiæ litteræ figura, quæ, scapo longo munita, manifestum est *mem*.... Amath-Astoreth (serva Astartes) ea mulier Ebdosiri uxor. » A part ces deux différences, le reste de la version est entièrement semblable à celui d'Akerblad.

M. Ét. Quatremère, avec l'autorité que lui donne sa profonde connaissance de l'hébreu, oppose à la lecture des deux premiers groupes de la seconde ligne une objection fort simple, mais insurmontable, savoir que la lettre מ, placée toute seule, ne peut désigner *celui* ou *celle qui*......

Mais notre illustre compatriote retombe lui-même dans les deux erreurs de Barthélemy, consistant à croire, d'une part, qu'une lettre doit être ajoutée au commencement de la seconde ligne ; d'une autre part, que le deuxième caractère du second groupe est un *qôph;* il lit en effet : (מוצבת) עלם בחיי וקנאת, *J'ai élevé (ce monument) éternel de mon vivant*....

Dans cette lecture, le *tau* terminal serait la formative de la 1re pers. sing. du prétérit, comme en chaldéen et en syriaque; la racine וקנא viendrait du grec εἰκών, *imago*, et elle signifierait *effinxit, formavit*, par extension *statuit*. « Et ce que je dis sur l'origine de ce verbe, ajoute le savant académicien, n'est pas une conjecture gratuite ; car le langage des Syriens a admis le verbe ܩܢܐ formé également du mot grec εἰκών, et qui, ne différant du terme phénicien que par l'absence de l'א final, présente absolument le même sens que j'attribue à ce verbe. »

Gesenius, à son tour, avait d'avance ruiné cette interprétation par les deux remarques suivantes ; 1° pour ce qui regarde la leçon עלם du commencement de la seconde ligne : « Barthelemyi conjecturam a Swintone jam explosam et ab ipso Barthelemyo jam abjectam, pro לם legendum esse שלם, a Wiblio nuper revocatam esse miror. In lapide enim egregiè servato ne minimum quidem litteræ evanidæ vestigium, superest. » 2° Quant à la détermination du second caractère du deuxième groupe, que c'est indubitablement un *teth*, ce que M. de Saulcy a depuis surabondamment démontré.

Ce qui a jeté tous les interprètes dans une fausse voie, dans une arène de critiques réciproques, toutes également justes, mais stériles, c'est l'oubli que les trois lettres למב peuvent être des particules; elles se rencontrent pareillement réunies (1 Paralip., xv, 13), dans ce terme למבראשונה. « Lorsque les particules préfixes se trouvent ainsi employées à deux et même à trois à la tête d'un mot, dit Sarchi (*Gram.*, p. 210), chaque servile retient sa signification particulière. » Nous avons donc pour le premier groupe : *Pour hors de la vie*....

Dans le second groupe, le *tau* final est bien servile, comme on l'a dit, et c'est pourquoi il ne reparaît pas dans la *quatrième athénienne* ni dans la *troisième citienne*; mais il remplace le ה, pronom possessif féminin des Hébreux. Nous avons vu en effet, jusqu'à présent, dans tous les textes phéniciens, la caractéristique du féminin être le *tau*, et la *quatrième athénienne* nous en donne un nouvel exemple dans l'adjectif צדנת, pour צדנה.

Les quatre autres signes se présentent invariablement dans les trois exemples ; on doit cependant penser qu'il n'en faut que trois pour la racine. Il y a par conséquent une séparation à faire ; elle ne peut tomber sur l'*aleph*, puisque nous venons de reconnaître que le suffixe est un *tau* ; c'est donc le *iod* initial ; nous en verrons bientôt la signification.

La racine est טבא.

En hébreu, ce mot, dont l'origine est incertaine, ne signifie que *panier, corbeille*, sens inapplicable à notre texte. Mais en chaldéen le mot correspondant est צנא. Cette particularité nous met sur la voie en nous rappelant les fréquentes et naturelles mutations du צ et du ט, en hébreu même, mais surtout dans le passage de certains mots de cet idiome dans quelques langues affines. Gesenius dit à ce sujet dans son Lexique, page 850 : « צ, *zade*. — Litteræ cognatæ sunt a) ט, quod Aramæi plerumque ponunt pro hebræo צ, cf. in ipsa lingua hebræa radd. נצר et נטר, צהר et מטר, צבע et טבע. »

Or nous trouvons en hébreu, suivant Simonis (Lex., p. 824) : « צבן, radix inusit. *protexit, custodivit, asservavit, recondidit....* Indè.... צנה 1) *custoditio, asservatio,* 2) *clypeus, scutum.* » N'est-il pas très probable que notre racine est ce dernier substantif sous la forme syriaque dont nous avons plusieurs autres fois reconnu l'emploi dans l'idiome phénicien? Le *tsadé* est converti en *teth,* le *hé* en *aleph.* Nous avons fréquemment déjà trouvé des exemples de la dernière mutation, même pour l'article. Gesenius dit (*Monum.*, p. 430) : « In *aleph* et *hé* litteris nil fere memoratu dignum est, quam Phœnices subinde more Syrorum א ponere ubi Hebræi habent ה. » On possède en hébreu même les synonymes צנא et צנה, *troupeau.* Je suis donc convaincu que l'acception du mot dont nous cherchons la signification est *conservation, protection.*

Le *iod* préfixe ajoute l'idée de durée, de permanence, comme il le fait très souvent en pareille position : « *Aucta* ab initio per א et י multum lucis accipiunt si conferantur cum *Præformantibus* Futurorum *aleph* et *iod.* Ut enim Hebræorum Futurum interdum exprimit *actum continuum,* ita et hæc *aucta* continuitatem, durationem, stabilitatem firmamque quandam consistentiam indicant. » (Simonis, *Onom.*, p. 308-309.)

Je traduis donc : *Pour après la sortie de la vie, sa protection permanente sur le lit de mon repos à jamais....*

Barthélemy a fort heureusement rapproché les mots נחתי עלמושכב de ce passage d'Isaïe, LVII, 2, où, en parlant des justes, il est dit : יגוחו עלמשכבותם, *requiescent in cubilibus suis,* ce que les Septante ont entendu de la sépulture ou du tombeau et rendu par ἔσται ἐν εἰρήνῃ ἡ ταφὴ αὐτοῦ.

A l'exemple de M. Ét. Quatremère, je joins les trois dernières lettres de la seconde ligne aux trois premières de la ligne suivante pour former le mot כלאשתי, parce que la deuxième ligne n'est pas, comme la première, fermée par un point ; mais je ne traduis pas précisément comme le savant orientaliste ET *à mon épouse,* car pour justifier la copule, il faudrait précédemment un autre membre de phrase que le texte ne fournit pas, tels sont les mots *à moi* que M. Ét. Quatremère a introduits de son propre chef. Je prends le *caph* préfixe dans la dernière des acceptions qui lui sont reconnues dans le Lexique de M. Glaire, savoir : « כ...., *particula præfix. comparationis, assimilationis, accommodationis, similitudinis* et CONVENIENTIÆ, » et je traduis par AINSI QU'IL CONVIENT *à mon épouse,* sens si naturel qu'Akerblad, qui n'avait point trouvé l'équivalent dans le texte phénicien, l'introduit cependant dans sa traduction : NEMPÈ *uxori meæ....*

Le texte entier me paraît donc devoir être interprété comme il suit : « Moi, Abdasar, fils « d'Abdsusim, fils de Hur, (j'ai élevé ce) monument à Amatastoret, fille de Tom, fils d'Abdmelec, « pour lui servir, après la sortie de la vie, de protection permanente sur le lit de mon repos « éternel, ainsi qu'il convient à mon épouse. »

La *troisième citienne,* comme je l'ai déjà dit, ne nous est connue que par une copie trop inexacte pour qu'il soit prudent d'en essayer la traduction complète ; cependant on lit distinctement au commencement : צ מצבת.

Gesenius prétend que la première figure ne doit pas être regardée comme une lettre ; il est difficile d'admettre cette répudiation quand on considère la parfaite ressemblance de ce signe avec celui qui vient deux rangs plus loin, et qui est manifestement un *tsadé,* ainsi que le prouve sa présence dans un groupe qui ne peut être que מצבת. Cette figure peut être mise, ou pour le pronom démonstratif זאת, ou mieux pour un sigle de צוון ou ציון, *signe, monument,* ce qui ferait *signum cippi, signum sepulcrale.* On a un exemple d'un pareil emploi abréviatif du *tsadé* dans la légende d'un sceau qui appartient à M. Badeigts de Laborde, et que je reproduis sur la planche 2,

n° 38; cette légende se lit : צ.חנן, c'est-à-dire צו חנן ou צון, *ordre* ou *signe, seing d'Hannon*.
Les vestiges qu'on trouve ensuite dans la première ligne de la *troisième citienne*, et l'analogie qu'ils permettent de saisir avec la *seconde*, me semblent légitimer les rectifications et restitutions suivantes, dont une partie est assurément incontestable : *pour, au sortir de la vie, protection permanente à moi.*

La *vingt-troisième citienne* a été lue par Gesenius de cette manière :

מצבת בחים	Cippus inter vivos
אש יעץ . אעב	viri consulis Ab-
דא . יסד לאב	dæ, positus patri
י לארכתא	meo ab Ari-Citta.

Il me semble évident, par le rapprochement de la *quatrième athénienne*, que les six premières lettres de la seconde ligne doivent se lire אש יטנא. La quatrième lettre doit être un *teth* semblable à celui qui se trouve au 8° rang de la seconde ligne sur la *seconde citienne*, lequel ressemble beaucoup effectivement à un *aïn*, si ce n'est qu'il est beaucoup plus allongé. Le caractère suivant est incontestablement altéré ; je pense que c'était un *nun*. Enfin il est indubitable à mes yeux qu'une lettre devait remplir l'espace laissé après la seconde lettre de la troisième ligne, et les deux points qui subsistent me paraissent indiquer les extrémités des deux barres transversales d'un *aleph*. On ne peut admettre, en effet, que ces points marquent, comme les anneaux égyptiens et chinois, ainsi que l'avance Gesenius, la séparation d'un nom propre, puisque notre auteur trouve à la fin un autre nom propre, *Ari-citta*, qui n'a point cette distinction, et que d'ailleurs aucun autre exemple ne recommande cette assertion.

Je lis donc :

מצבת בחים	Cippus inter vivos,
אש יטנא עב־	ara protectionis. Fe-
דא אסר לאב־	ci Osir patri
י לאר כתא	meo, doctori Citii.

Nous retrouvons, dans עבדא, l'emploi de l'*aleph* suffixe comme caractéristique de la 1re pers. sing. du prétérit.

כתא est le nom de la ville de Citium, et le mot אר est employé pour אור, *lumière, docteur*, sens qu'il a dans cette locution adoptée par Isaïe : אור גוים.

En revenant maintenant à la *quatrième athénienne*, nous reconnaîtrons que l'analyse à laquelle nous venons de nous livrer éclaircit complétement le passage qui nous avait arrêtés, et qu'une même explication répond à l'analogie des formules.

En effet, אש יטנא veut dire *base, fondement, monument de protection*.

לי. *à moi*, forme tout à fait hébraïque, postérieure probablement à celle de la *seconde citienne* לאבך.

M. Ét. Quatremère a contesté la correction du nom propre יתנבל en avançant que, dans les noms composés phéniciens, le verbe se place toujours à la suite du nom ; cette objection me semble une pétition de principe. Si c'est par analogie avec l'hébreu que le savant professeur a voulu juger, nous rappellerons le nom propre du Ier liv. des Paralip., XXVI, 2, יתניאל. L'orthographe בל pour בעל s'accorde parfaitement avec la forme syriaque de יתנא.

אשמנצלח, suivant M. Ét. Quatremère, signifie *Aschnum prosperavit*.

דבך rappelle le nom chaldéen à forme passive, נדבך, employé par Esdras, VI, 4, dans le sens de *series lapidum, paries, maceria*. On sait combien ce dernier mot se présente souvent sur les épitaphes latines. La racine active דבך, dont se rapproche le verbe hébreu דבק, a donc voulu dire *construire*; c'est le verbe dont יתגבל est le sujet, אש יטנא le régime direct et לי le régime indirect.

הנם est certainement phénicien ; on ne le trouve dans la Bible que faisant partie du nom que les Jébuséens avaient donné à la vallée voisine de leur capitale, devenue depuis Jérusalem, vallée dans laquelle ils brûlaient les enfants consacrés à Moloch : גיא הנם, גיא בן הנם, גיא בני הנם, *la géhenne*. On ne connaît point la véritable signification de ce mot. Plusieurs commentateurs, et entre autres Hiller, pensent qu'il voulait dire *lamentation, gémissement véhément*, et ils le rapprochent, sous ce point de vue, du verbe hébreu נהם. Cette interprétation, qui s'accorde avec l'horrible destination du lieu, est aussi parfaitement en rapport avec un autre nom qu'une partie élevée de cet endroit avait reçu, savoir : תפת, *tophet*, de תפים, *tambours*, parce qu'on couvrait du bruit de ces instruments *les gémissements* des victimes. Notre texte paraît propre à donner force de démonstration à cette explication, car הנם me semble ne pouvoir signifier ici que *gémir, se lamenter, être profondément attristé*.

אלמן est cette combinaison de prépositions ainsi exposée par Gesenius, Lexique, p. 57 : « b) compos. אל־מן, *adeo ex*. »

דגל, qui veut dire au propre *couvrir*, correspond dans ce sens à יטנא; on doit, par conséquent, entendre ici l'enveloppement sépulcral, la sépulture, acception qu'Aboul-Oualid, suivant la remarque de M. de Saulcy, lui reconnaît expressément.

La *quatrième athénienne* doit donc, en définitive, être traduite ainsi : « Je suis Asepté, fille « d'Aschmoun-Schillem, Sidonienne. Jatanbal, fils d'Aschmoun-Tsillah, m'a construit ce fonde- « ment de protection durable. Il est profondément attristé depuis cette sépulture. »

Nous avons encore ici, dans la concordance de צדנת avec Σιδωνια, dans la *quatrième* inscription bilingue d'Athènes, une confirmation de la solidité des bases posées dans le premier chapitre de ce livre. C'est la dernière preuve que nous-même nous nous étions assigné l'obligation d'administrer. Cette confirmation s'étend subsidiairement aux déductions exposées dans les autres chapitres précédents.

Nous avons par surcroît constaté dans ce chapitre :

1° La mutation du צ en ט ;
2° L'emploi du *iod* prosthétique pour indiquer la durée, la permanence ;
3° L'usage du *iod* suffixe pour exprimer le pronom personnel et le pronom possessif de la 1re pers. sing.;
4° Le *tau* suffixe servant d'exposant possessif de la 3e pers. sing. fém.;
5° La signification de convenance donnée au *caph* préfixe ;
6° L'emploi combiné des trois particules préfixes למב, ainsi que des deux prépositions אלמן.

CHAPITRE VII.

FORMULES ET SIGNES NUMÉRAUX. — Médailles d'Arad, de Carné, de Marathus, de Juba II, d'Ebusus. — Inscriptions : bas-relief de Carpentras, seconde maltaise, onzième carthaginoise, quatrième, septième et huitième citiennes.

La Bible et les monnaies asmonéennes nous montrent les nombres exprimés chez les Hébreux tantôt par les noms appellatifs, tantôt par de simples lettres. Ainsi, pour nous en tenir aux monnaies dont le style a plus de rapport avec celui des monuments que nous étudions, nous y trouvons l'an *un* indiqué par שנת אחת, ou seulement par א, l'an *deux* par שב, pour ב שנת, l'an *quatre* par שנת ארבע.

Nous verrons ce double système suivi aussi par les Phéniciens dans leurs inscriptions lapidaires.

Mais pour les monnaies ils avaient des signes particuliers, idéographiques, entièrement analogues à nos chiffres. Pour s'en convaincre, il suffit de jeter les regards sur les médailles d'Arad, de Carné, de Marathus (Gesenius, tables 36 vi et 35 v). Il est évident que les figures *I* et *N*, répétées trois ou quatre fois de suite et plus, ne sont pas des lettres; ce sont des chiffres composant des dates.

En rapprochant les diverses légendes numérales fournies par les médailles, on reconnaît que les formes et l'ordre des signes sont tels :

D.	C.	B.	A.
1. ⌐HN	1. I O	1. ⌐N/p≠ɣ/pV	1. ⌐N /0/ p ɣ V
2. ⌐ПП	2. I⌐O	2. ⌐N≠ɣpV	2. ⌐N/0/pV
3. ⌐ΛΛ		3. ⌐NɣpV	3. ⌐N/0/V

La barre perpendiculaire, placée à gauche des exemples A, B, C, est souvent répétée plusieurs fois; le nombre peut s'élever jusqu'à neuf. La simplicité et la position de ce signe, qui occupe toujours cette extrémité lorsqu'il est indiqué, annoncent qu'il représente l'*unité*.

Cette *unité* pouvant être marquée isolément jusqu'à *neuf*, il en résulte que le tiret horizontal qui précède doit valoir le nombre immédiatement supérieur, c'est-à-dire *dix*.

Les dizaines peuvent être tracées plusieurs fois séparément, comme sur les exemplaires B (= 23), E (= 24) de la table 35 iii de Gesenius. Toutefois on n'a trouvé aucun cas où la somme dépassât *trente*.

Or, puisqu'on peut y ajouter les neuf unités, il semblerait que la figure antécédente, ou *N*, doit compter 40. Mais cette figure aussi peut être répétée plusieurs fois; elle l'est quatre fois sur l'exemplaire B de la table 36 vi de Gesenius; le premier de ces groupes donnerait 120, le second 160. Ce mode, où 100 n'aurait pas de note particulière, serait trop en dehors des systèmes de numération connus. En procédant par dizaines, au contraire, comme dans le premier degré, et en faisant 20 du signe dont il s'agit, on a 80 pour l'exemplaire B, celui où l'on trouve la répétition la plus élevée, et, en ajoutant la dizaine et les neuf unités qui suivent, on arrive régulièrement à 100.

Ce dernier nombre doit être formé par le groupe /0/ ou ses variantes exposées aux exemples A 2 et 3, car ces éléments sont toujours réunis; ils constituent un tout inséparable.

Sur l'exemplaire A, table 35 v, 100 est exprimé alphabétiquement par מאת, pour מאה qui a en effet cette signification; les exemplaires 5 et 12 de la planche xxix de Mionnet présentent les abréviations מא et מ.

Le nombre 100, écrit en chiffres ou en lettres, est souvent précédé des figures *p V* (A 2, B 1, 2, 3), dont la seconde rappelle la lettre *tau*; l'autre nous est encore inconnue. L'analogie la plus plausible qu'on lui puisse assigner est celle de la variante du *schin* qui se trouve dans la *première athénienne*. Cette forme se montre d'ailleurs sur plusieurs inscriptions, telles que celles reproduites sur les tables 19, 29, 30, 31, 32 et 33 de Gesenius, inscriptions qui diffèrent des textes examinés jusqu'ici par le tracé particulier de quelques-uns des caractères dont elles sont composées.

Excepté la seconde, nous n'essaierons pas de traduire ces épigraphes. L'une, en effet, celle de la table 19, tirée d'un marbre découvert près d'Eryx en Sicile, on ne sait quand ni par qui, et depuis longtemps disparue, présente évidemment des inexactitudes aussi énormes qu'irréparables; on ne s'exercerait que sur une trame imaginaire.

Les autres, dont l'une est fort courte et dont les deux dernières sont composées des fragments divisés sur les tables 31, 32 et 33, les autres, disons-nous, écrites sur papyrus, sont tellement tronquées que toutes les lignes sont inachevées et qu'il est impossible de former un sens suivi.

La seconde de ces inscriptions, au contraire, est non-seulement complète, mais encore accompagnée d'un tableau en bas-relief où le sens se trouve très probablement reproduit en action ; elle est, en quelque sorte, bilingue.

Barthélemy, à qui appartient l'honneur de l'avoir traduite, en parle comme il suit : (*Mém. de l'Acad. des inscript.*, t. LIX, in-12) « Ce bas-relief, exécuté sur une pierre dont la longueur est d'environ un pied six pouces et la largeur d'un pied huit lignes, possédé d'abord par M. Rigord, de Marseille, ensuite par M. de Mazaugues, président au parlement d'Aix, est aujourd'hui conservé dans la bibliothèque de M. l'évêque de Carpentras.

« L'inscription est assez bien conservée, à l'exception de quelques lettres dont on aperçoit néanmoins les vestiges, et du dernier mot, dont on voit encore le commencement. »

Barthélemy s'était abstenu de restituer cette dernière partie ; il n'avait même donné pour l'interprétation de la dernière ligne qu'une note conjecturale. L'abbé Lanci a récemment complété la transcription, et Gesenius a essayé d'achever la traduction. J'adopterai le complément de lecture proposé par le savant abbé Lanci ; quant à la version partielle que Gesenius ne présente lui-même qu'avec réserve, en reconnaissant toute la difficulté qu'offre le passage qu'elle concerne, je me permettrai de ne point l'admettre et d'en hasarder une autre à la place.

Au premier aspect, on reconnaît que cette inscription, dans les quatre lignes qui la composent, ne contient aucune lettre à tête ronde et fermée, telles que sont sur les autres le *beth*, le *daleth*, le *resh*, l'*aïn* ; mais il est des figures qui, à part cela, ont une grande ressemblance avec les caractères dont il s'agit, par exemple la première figure de l'épigraphe avec le *beth*, la quatrième figure de la seconde ligne avec l'*aïn* ; on a pensé, et l'explication a justifié cette conjecture, que ces figures possèdent la puissance des caractères que nous venons de nommer ; dès lors le *daleth* et le *resh* doivent suivre la même analogie, et, en effet, le contexte prouve que la seconde figure de la première ligne est un *resh* et que la quatorzième de la seconde ligne, qui a une branche descendante un peu plus longue, est un *daleth*.

Ces signes pourraient être confondus avec le *caph* ; mais on voit cette dernière lettre au quatrième rang de la première ligne et au douzième de la troisième ligne ; elle se distingue par une plus grande longueur encore du jambage vertical et par la courbe du trait appendiculaire, tandis que, sur le *daleth* et le *resh*, ce trait est plié à angle droit.

Nous verrons la particularité de l'ouverture du *beth*, du *daleth*, de l'*aïn* et du *resh* se représenter sur plusieurs des médailles attribuées à la Cilicie ; dans ce cas, le *caph* a une forme encore plus tranchée. Nous ne manquerons pas de la signaler.

« L'inscription de Carpentras, dit Barthélemy, présente quelques lettres dont la valeur, ignorée jusqu'à présent, ne pouvait être fixée que par des combinaisons dont je supprime le détail. »

Telles sont :

1° Les 3e, 15e, 22e, 27e, 39e, 50e, 53e, 71e, 74e, 79e, 89e, 91e, 95e, 98e, 107e, 110e, 114e, 119e, qu'il a considérées comme des *iod* ;

2° Les 5e, 30e, 63e, 76e, 77e, 96e, 102e, 115e, 117e, auxquelles il a assigné la valeur du *hé* ;

3° Les 8e, 20e, 23e, 28e, 31e, 38e, 42e, 51e, 55e, 56e, 66e, 84e, qu'il a traitées comme des *aleph* ;

4° Les 13e, 19e, 101e, 112e, dans lesquelles il a vu le *chet* ;

5° La 21e, qu'il a reconnue pour un *zaïn* ;

6° Enfin les 40e, 54e, 120e, semblables à la figure dont nous cherchons la valeur, que nous avons rapprochée du *schin* et à laquelle Barthélemy donne en effet cette puissance.

Nous allons voir ces déterminations, fruits d'une sagacité assurément fort remarquable, justifiées par l'interprétation.

ET DE LA LANGUE LIBYQUE.

Voici la transcription et la traduction :

בריכה תבא ברת תחוי תמנחא זי אוסרי אלהא
מן רעם באיש לא עבדת וכרצי איש לא אמרת תמח
קדם אוסרי בריכה הוי מן קדם אוסרי מנקרי
חוי ולהות תם עתי ובין תסיה לחוי שלם.

Bénie soit Thébé, fille de Tahoui, préposé aux oblations faites à Osiris dieu. Elle n'a agi avec colère contre personne, et des paroles mordant autrui, elle n'en a point proféré. Pure devant Osiris, elle a été bénie devant Osiris ; elle a été honorée, et sa beauté s'est conservée parfaite jusqu'à présent, et son intelligence s'est confiée à un avenir de paix.

Cette explication cadre parfaitement avec le sujet du bas-relief ; ce sujet est en effet évidemment égyptien ; on voit dans le compartiment inférieur une femme étendue sur le lit de mort, entre les mains des embaumeurs ; puis, dans l'autre partie, la même personne paraît, dans l'amenthi, devant Osiris, et lui offre des présents, scènes souvent peintes d'une manière semblable sur les monuments de l'Égypte et décrites dans les légendes funéraires.

L'analyse linguistique n'est pas moins convaincante.

בריכה תבא correspond à ברוכה את, *benedicta tu* (Ruth, III, 10). Thébé est un nom égyptien venant probablement de *Tpè* ou *Tbè*, *le ciel, la déesse du ciel.*

ברת est le féminin construit de בר, *fils*, en syriaque et en chaldéen.

תחוי est formé du verbe hébreu et chaldéen חוה, הוא, Pah. חוי, avec le *tau* prosthétique qui entre souvent dans la composition des noms propres.

תמנחא. Barthélemy dit judicieusement, à l'occasion de ce mot : « Je ne le trouve nulle part, mais sa racine doit servir à le faire connaître. מנחה signifie en hébreu *présent, offrande* ; c'est le nom que les Juifs donnaient autrefois aux offrandes qu'ils faisaient soir et matin et qu'ils ont conservé aux prières qui remplacent ces offrandes. De מנחה, les Phéniciens ont fait, suivant les apparences, תמנחא, qui, dans leur langue, devait être un nom de dignité et désigner la personne chargée de pareilles offrandes. » Le *tau* augmentatif indique en effet l'habitude, la continuité, et ici, en ce sens, la profession. La substitution de l'*aleph* au *hé* final est une forme chaldaïque.

זי ne peut être qu'une variante de l'article génitif די en chaldéen, par suite d'une mutation fréquente entre les deux dentales.

אוסרי אלהא. Gesenius rapproche de cette locution le יהוה אלהים de la Bible, et Beer le Τῷ Θεῷ Ἰαριβώλου d'une inscription palmyréenne, le Τουτο το προσωπον Διος Θεου d'une inscription gréco-persane.

מן רעם באיש לא עבדת. Gesenius a très bien interprété ce passage. רעם signifie en chaldéen, comme le faisait observer Barthélemy, *se plaindre, murmurer,* et ; ajoute Gesenius, *être querelleur, être en colère ;* de là les noms dérivés *humeur querelleuse, colère,* qui conviennent à notre texte. עבד, avec un régime indirect précédé de ב et signifiant *agir envers quelqu'un,* surtout en mauvaise part, est une tournure analogue à celles-ci usitées chez les Hébreux ב פעל, ב עשה ; on trouve dans Jérémie, XII, 13 : « *Malheur à celui qui* ברעהו יעבד חנם *maltraitera injustement son prochain !* » Le *tau* final, que la concordance nous fait retrouver un peu plus loin dans אמרת, est la terminaison féminine de la 3e pers. sing.

וכרצי présente une sérieuse difficulté ; la racine, en effet, n'existe ni en hébreu, ni en chaldéen ; mais on trouve dans le dernier idiome קרץ, qui se lit dans deux passages de Daniel où il s'agit d'accusation malveillante, cruelle ; Buxtorf et Simonis le rendent par *détraction, calomnie ;* la fréquence de la mutation du *qôph* en *caph* autorise pleinement à confondre les deux mots. Le sens primitif est *couper, déchirer,* MORDRE ; de là vient que קרץ signifie aussi *morceau,* association d'idées que nous retrouvons dans notre locution française : *emporter la pièce,* ד קרצי אכל, pour *accuser, médire, calomnier cruellement.* La phrase de notre épigraphe pourrait donc fort bien se tourner ainsi : *Elle n'a déchiré personne par ses paroles.*

Le reste, jusqu'au second mot de la dernière ligne, n'a pas besoin d'explication, sauf le féminin חזי; cette forme, comme le fait remarquer Gesenius, se montre dans חזי, I Sam., xxv, 25, et dans המי, Ps. xLv, 1.

ולחה תם עתי. Ici commence une dissidence avec Gesenius. Ce savant auteur lit, avec Beer, פלחה, *colens, cultrix;* mais il déclare formellement que le mot suivant, ainsi qu'il le lit, מעתי, n'est point sémitique; il pense que l'*aïn* a été transposé par l'inattention ou l'ignorance du graveur, et qu'on doit rétablir געמתי, ce qui donnerait *deliciæ meæ, cultrix deliciarum mearum.* i. e. Osiridis, apostrophe qu'il suppose adressée à Thébé par son père, qui prend alors la parole à la première personne.

Je préfère lire avec Barthélemy ולחה, *et sa beauté, sa verdeur, la fraîcheur de sa jeunesse*, expression qu'on trouve, dans la Bible, appliquée à un pareil éloge envers Moïse, Deut., xxxiv, 7; pour compléter le sens, je fais une supposition qui me paraît plus concordante avec l'ensemble de l'inscription, savoir, que la première lettre du mot suivant est un *tau* dont le trait rectiligne s'est en partie effacé, comme se sont effacés quelques traits du *mem* qui commence la seconde ligne et du *qôph* qui ouvre la troisième. Au moyen de cette restitution fort simple, le sens devient très naturel.

ובין חסיה להוי שלם. Le sens de cette phrase me paraît déterminé par le mot חסה que les lexiques rendent par : *Elle a fini, elle s'est réfugiée, elle s'est confiée, elle a espéré.* On lit dans les Prov. xiv, 32 : חסה במותו צדיק, *le juste est plein de confiance à l'heure de sa mort.* C'est le commentaire de notre passage. להוי est une forme de futur employée par Daniel, à laquelle correspond rigoureusement notre expression *à venir, avenir;* le sens est donc conforme au proverbe *avoir foi, se réfugier avec confiance dans un avenir de paix.* Par conséquent בין doit être le sujet de la proposition, et il n'y a aucun doute qu'il ne soit employé pour בינה, *intelligence;* nous verrons souvent tomber le *hé* final des racines qui le possèdent en hébreu.

Ainsi, comme nous l'avons annoncé, l'interprétation justifie la leçon que nous avons adoptée, et particulièrement la détermination que nous avons donnée au caractère semblable à celui qui commence la formule numérale; ce caractère est bien un *schin*, comme l'ont pensé Barthélemy et Swinton.

On a dû remarquer les nombreux chaldaïsmes qui distinguent l'inscription de Carpentras, au point qu'on pourrait la considérer comme entièrement chaldaïque si elle ne se rattachait à l'hébreu par le mot איש et par la terminaison féminine en ה, terminaison à son tour d'autant plus notable que, partout ailleurs, les monuments phéniciens nous montrent un *tau* comme marque suffixe de ce genre. Ce caractère particulier ne détruit pas l'assimilation que nous avons établie entre le *schin* de cette inscription et le signe de même forme que l'on trouve souvent au commencement des dates phéniciennes.

Barthélemy avait pensé que le groupe שת, qui résulte de l'union de cette lettre au *tau* qui la suit sur la plupart des formules numérales, était une contraction de שנת, *année*, contraction analogue à celle qui de בנת, *fille*, a produit בת. Il aurait pu ajouter l'exemple du nom de nombre féminin שתים employé pour שנתים. La conjecture s'est trouvée depuis matériellement confirmée par une médaille du musée royal de Copenhague, sur laquelle M. Lindberg a lu en toutes lettres שנת (*voy.* pag. 85, A, 1). Il est inutile d'ajouter que, lorsqu'on ne rencontre qu'un *schin*, c'est encore un sigle du même mot, comme sur plusieurs monnaies asmonéennes. Sur un exemplaire du cabinet du roi, médailles d'Aradus, 856, on lit : בשת, *en l'an* (20).

Ainsi la formule numérale A, présentée comme type à la page 85, doit se rendre par : *l'an* $100 + 20 + 10 + 1 = l'an\ 131$.

M. Lindberg explique la valeur des signes supérieurs à l'unité en en rapprochant la forme de celles des lettres qui, prises numéralement, ont la même puissance. Ainsi la dizaine —, qui, dans quelques cas, offre cette variante ⌒ , lui paraît dériver de cette forme du *iod* ⌒, la vingtaine de celle du *caph* Y, ϓ, la centaine du *qôph* ꟼ.

Quoi qu'il en soit, au fond, de la justesse de ces rapprochements, le dernier seul nous suggèrera quelques remarques.

M. Lindberg fait abstraction du trait vertical placé à droite. En effet, on trouve des variantes ainsi tracées : |o|ǀ, ǀoǀǀǀ. Les lignes de droite sont évidemment, dans ce cas, des multiplicateurs ; par conséquent, lorsque la ligne est unique, elle ne fait point partie du chiffre proprement dit ; elle en indique seulement la puissance la plus simple ; le chiffre ne consiste réellement que dans le signe auquel M. Lindberg le réduit.

Quant à l'origine de la figure, on peut, à l'appui de l'opinion du savant Danois, citer la variante L des médailles de Juba II, table 42 xxi de Gesenius. Les variantes D à K portent pour légende deux mots que Gesenius transcrit fort bien ainsi : שמש מקם, *ville du soleil*. La légende de l'exemplaire L lui paraît devoir être lue et interprétée ainsi : מעכת מלך עלם רם = מעכת מ' ע' רם, *empire du roi éternel, élevé*. מעכת serait mis pour מלכת, comme, dans un autre cas que nous verrons plus loin, מעקר pour מלקר. Le roi éternel, élevé, serait Baal. Mais nous savons que la dernière lettre du premier groupe ne peut pas être un *tau* ; c'est un *mem*, comme au commencement du groupe, comme au début et à la fin du groupe suivant. L'interprétation, par cela seul, est inadmissible. D'un autre côté, aucune version n'est possible en conservant à chacune des deux figures intermédiaires de l'un et l'autre groupe une valeur propre. Je pense donc que ces deux figures ont été séparées à tort par le graveur, qui n'était peut-être point phénicien, et qu'elles doivent être réunies pour former un *qôph* semblable à celui de l'exemplaire G ; de cette manière, nous retrouvons le mot מקם des autres monnaies de la même classe. A la vérité, nous avons, non plus מקם שמש, mais מקם מקם ; si cette particularité n'est point le résultat d'une erreur facile à concevoir, elle a dû avoir pour but de dire : *le lieu, la ville par excellence*. Une pareille répétition, au surplus, se montre sur une médaille d'Enna, dont nous parlerons plus tard.

Ainsi le *qôph* aurait éprouvé une modification analogue à celle que M. Lindberg suppose dans le signe du nombre *cent*.

Les exemples C et D (page 85) nous offrent des signes numéraux de formes différentes de celles des chiffres précédemment déterminés. Nous n'avons aucune donnée pour fixer avec certitude la valeur de ces signes. Cependant l'explication de Gesenius réunit assez de probabilités pour qu'on l'adopte. Selon lui, le cercle de l'exemple C emprunté aux médailles d'Aco serait, comme la forme autorise à le croire, l'*aïn* initial du mot עשרים, *vingt*, de même que, dans l'exemple B 3, *cent* est exprimé par le *mem* initial du mot מאת. Le demi-cercle qui suit sur l'exemple C 2, et qui reparaît sur les exemples D, serait la moitié du nombre noté par le cercle entier, savoir *dix*.

Les signes H Π Λ des exemples D (*voy*. table 39 xiii de Gesenius) sont d'autres variantes du chiffre *vingt*. Cette valeur est évidente pour le premier, qui, sur la médaille D, table 36 vi, se trouve placé entre les vingtaines et la dizaine ; il ne peut pas faire le nombre intermédiaire, car, ainsi que le demande Gesenius, comment croire que, n'ayant pas de chiffre particulier pour *cinq*, les Phéniciens en auraient formé un pour rendre *quinze* ? Enfin, suivant l'illustre paléographe, Π serait une altération de ce même signe H ; Λ une altération du signe Ν.

Plusieurs médailles pourvues d'une date portent l'un ou l'autre de ces deux groupes בת ; בן ; des variantes du même type ont tantôt l'un, tantôt l'autre de ces mots.

Ainsi Pellerin, dans le tome II de son recueil, pl. 80, a représenté des médailles dont la légende se lit dans un cas : מרת בן שת מאת ושבונה, et dans l'autre : מרת בת שבעים ותשע. Barthélemy, qui a fort exactement lu le premier groupe, et non moins exactement attribué le type à Marathus, ville importante de la côte phénicienne, presque en face de l'île d'Aradus, ne se prononce pas sur la signification du groupe suivant ; il dit seulement : « Le *beth* qui vient après ce nom (*Marath*) doit se joindre peut-être avec le *tau* qui est de l'autre côté, aux pieds de la figure, pour désigner le mois où l'on frappa la médaille ; mais, loin d'étendre cette conjecture, j'observerai que sur plusieurs médailles de Marathus le *beth* est figuré comme un *aïn* phénicien (voy. *Journ. des Sçavans*, août 1760, méd. IV) ; si cette différence ne vient pas de l'artiste, on pourra lire *Marthah* (מורתע) au lieu de *Marath*. »

La ressemblance avec l'*aïn*, dans le cas dont il s'agit, n'est pas assez complète pour permettre la confusion ; le cercle présente à droite une dépression qui maintient le caractère du *beth*.

Les médailles dessinées sur la pl. CXIX du Recueil de Pellerin, n°ˢ 12 et 13, offrent chacune, dans le champ à gauche, un *mem* suivi d'un monogramme inexpliqué, au-dessous un *beth*, puis en bas, près des extrémités de deux cornes d'abondance, du côté droit un *beth* auquel se rattache à gauche, dans l'exemplaire 12, un *nun*, dans l'exemplaire 13 un *tau* ; le *beth* de ce dernier exemplaire est inexactement reproduit par Pellerin ; un exemplaire que je possède ne laisse aucun doute sur cette valeur ; le *beth* y a manifestement la même forme que celui de l'exemplaire 12. Enfin dans le champ à droite est une date. On a par conséquent, dans un cas מ ב?׃ מ' ב בת שת מאת ארבעים שתים ; dans l'autre : בן׃ ..... ארבעים ארבע.

L'hypothèse de Barthélemy que les groupes בן et בת peuvent désigner des mois n'est pas soutenable.

Cependant il est bien évident que ces groupes se rattachent à la date ; on les rencontre aussi sur les médailles de Marathus. (Rec. de Pellerin, pl. LXXX, n°ˢ 62, 63.)

Or, nous les trouvons fréquemment dans l'hébreu en tête de dates, savoir lorsqu'il s'agit de désigner l'âge d'une personne ; ainsi, Genèse, v. 33 : ויהי נח בן חמש מאות שנה ; *ibid*., XVII, 17 : שרה הבת תשעים שנה.

L'analogie serait complète, indubitable si, dans nos formules, au lieu de villes il s'agissait de personnages. Eh bien ! n'est-ce pas un des caractères les plus saillants du style biblique que la personnification presque constante des villes ? Ne retrouvons-nous pas cette personnification sur les médailles phéniciennes où nous lisons les qualifications tantôt de *mère*, צר אם צדנם (voy. page 31), tantôt de *sœur*, צר (pour אחת) אכת ..... צדן (voy. plus loin, liv. III, ch. II) ? L'emploi de cette locution, empruntée à un idiotisme usité pour indiquer l'âge d'un homme ou d'une femme, est donc une conséquence naturelle, presque rigoureuse de cette personnification, lorsqu'il s'agit de désigner l'âge d'une ville.

Mais pourquoi se sert-on tantôt du masculin בן, tantôt du féminin בת ? C'est que la personnification revêtait effectivement l'un et l'autre de ces genres. Il n'est pas rare de trouver dans la Bible des villes figurées sous l'image d'un homme, bien que la forme féminine soit plus souvent adoptée. De même, en phénicien, nous rencontrons, sur les monnaies de Gadir, tantôt le masculin בעל, tantôt le féminin בעלת pour dire *la cité*. C'est le premier de ces mots qu'il faut sous-entendre lorsqu'on trouve בן, le second lorsqu'on lit בת.

Nous avons vu dans quelques-unes des formules numérales examinées précédemment des lettres substituées aux chiffres. Ce procédé, commun à la plupart des langues anciennes, va se montrer exclusivement employé dans quelques inscriptions lapidaires. Dans d'autres, les nombres sont rendus par leurs noms entiers. Dans une enfin, le nombre est exprimé en partie par un nom appellatif, en partie par une lettre remplissant le rôle de chiffre.

La connaissance de ce fait rend clairs et naturels des textes qui ont longtemps exercé en pure perte la sagacité de savants orientalistes.

Dans la première classe se range la belle inscription décrite par Gesenius, sous le nom de *seconde maltaise* (voy. la table 7 de son *Atlas*). Elle a été découverte à Bin Isa ou Bin Ghisa, dans l'île de Malte, en 1761, dans une caverne sépulcrale. Elle est maintenant conservée à la Bibliothèque royale de Paris, encastrée, au milieu d'inscriptions grecques et latines, dans l'une des parois du vestibule ouvert au pied de l'escalier qui conduit à la salle de lecture. Elle est malheureusement mutilée ; mais les copies qui ont été prises et publiées lorsqu'elle était encore entière permettent de la compléter avec une entière confiance.

ET DE LA LANGUE LIBYQUE. 91

La découverte de cette inscription a été annoncée par Berthélemy dans une courte lettre adressée, le 17 nov. 1761, aux auteurs du *Journal des Sçavans*, et publiée le mois suivant dans ce recueil.

Incertain sur la fidélité des copies qu'il avait reçues et retenu par la réserve dont il s'était fait un principe, l'illustre académicien ne voulut point hasarder d'explication ; il se contenta de donner, au moyen d'un alphabet particulier, une transcription qui a été *adoptée* par Swinton, puis par plusieurs autres interprètes, et, en dernier lieu, par Gesenius, sauf la 9ᵉ lettre de la seconde ligne, que Berthélemy a prise pour un *iod*, Swinton pour un *zain*, Tychsen pour un *phé*, Drummond pour un *vau*, dont M. Ét. Quatremère n'a pas tenu compte, et qui ne peut être qu'un *aïn* ou un *vau*. Les leçons de Drummond et de M. Ét. Quatremère diffèrent aussi de celle de Barthélemy par la valeur qu'ils attribuent à la 13ᵉ lettre de la première ligne, Barthélemy la regardant comme un *ghimel*, Drummond comme un *beth*, et M. Ét. Quatremère comme un *phé*. Le dernier professe d'ailleurs plusieurs autres divergences que nous signalerons tout à l'heure.

On trouve dans Gesenius l'exposé et la critique des interprétations qui avaient été essayées avant lui par Swinton, Tychsen, Kopp et Drummond ; il serait superflu de refaire ce travail ; nous ne nous attacherons qu'aux versions proposées par ce savant auteur et, après lui, par M. Ét. Quatremère.

Gesenius avait d'abord traduit ainsi :

חדר בת עלם קבר נגעל   Conclave domûs æternæ, sepulcrum. Depositus est
נקה בכלת חוה רוח   purus in hoc claustro. Spiritus
מרפ אם בשת חנב־   remissionis mater ignominiæ. Hanni —
על בן ברמלך   bal, filius Barmeleci.

M. Ét. Quatremère, dans une analyse publiée en 1838 dans le *Journal des Savants*, a rejeté cette traduction après s'être demandé : « Est-ce bien ce qu'on doit s'attendre à trouver sur un mo-
« nument de ce genre ? Des réflexions philosophiques peuvent-elles avoir place dans des inscrip-
« tions qui, comme je l'ai déjà fait observer, ne contiennent que des légendes funéraires ou
« votives ? Si je ne me trompe, le sens de l'inscription diffère beaucoup de celui qu'a cru pou-
« voir adopter le docte écrivain. Je lis de cette manière :

חדר בת עלם קבר נפעל   Conclave domûs æternæ, sepulcrum fabricatum,
נציב כלתי ידח   monumentum nuruum mearum Jadhe—
מד ואם בשת חנב   med et Em-boschet. Anni —
על בן (ע)בדמלך   bal, filius Ebed-Molech.

D'abord l'épithète *fabricatum* paraît bien oiseuse ; mais des motifs plus péremptoires s'opposent à l'adoption de cette lecture ; en effet, la seconde lettre de la deuxième ligne ne peut être un *tsadé* ; c'est bien certainement un *qôph* ; nous en appelons à toutes nos précédentes analyses. En second lieu, en lisant au début de l'épigraphe חדר, où le *daleth*, par sa brièveté, est bien distinct du *resh* qui le suit, il est impossible de prendre pour des *daleth*, et pour autre chose que des *resh*, l'avant-dernier caractère de la seconde ligne, le deuxième de la troisième ligne et le cinquième de la dernière ligne. Enfin, comme nous l'avons déjà fait observer, le petit trait tracé après la huitième lettre de la seconde ligne, et qui existe distinctement sur le monument original[1], a été négligé.

---

(1) Cette omission provient sans doute de ce que M. Quatremère, qui ne parle que d'une empreinte en plâtre du cabinet des antiques de la Bibliothèque du Roi et d'une copie qui se trouve dans le même établissement, paraît n'avoir point vu le monument original dont nous avons précédemment indiqué la position dans le vestibule même de cette bibliothèque.

Assurément des réflexions philosophiques peuvent avoir place dans des inscriptions sépulcrales, et c'est d'une inscription de ce genre qu'il s'agit; mais, dans la version de Gesenius, c'est le fond de la réflexion qui ne paraît pas se lier au contexte.

Au surplus, Gesenius a lui-même reconnu ce vice; on lit, en effet, dans l'Appendice IV de son grand ouvrage : « In explicatione melitensis 2 l. c. proposita duo mihi ipsi semper displicuerunt : *unum*, quòd nimis multæ et nimis breves sententiæ in tàm brevi monumento minimè inter se cohærentes statuerentur; *alterum*, quòd duæ administrantur sententiæ sepulcrales in quibus maximè altera (רח כורף אמ בשת, *spiritus remissionis mater ignominiæ*) molesta erat, quippè quæ inter laudes viri et nomen ejus interjecta esset. Quæ dùm reputo, non possum non aliam suadere illorum verborum explicationem רח מורפא מבשת, *spiritus mansuetus sine dedecore*. Eamdem formulam רח מורפא in laudibus sepulti habes etiam in Carth. XI, lin. 4. »

Cette dernière remarque fait tomber une partie du reproche que l'abbé Arri (*Memorie della reale accademia delle scienze di Torino*, 1839) a adressé à Gesenius dans ces termes : « Sed ab sententia se abstinuisset vir doctissimus, si in interpretatione tituli XI carthaginensis eadem omnino verba ibi clare distincteque scripta reperiri recognovisset quæ in titulo melitensi ἀπόφθεγμα Hannibali illi in deliciis esse putabat. »

Voici l'interprétation que Gesenius a donnée de cette inscription carthaginoise à laquelle il renvoie (*voy*. sa table 47), et qui est en effet très importante :

מצבת	Cippus
לעבדעשתרת	Abd-Astarto,
בן עבדמלקר	filio Abd-Melcarthi,
ת בן שפטבעל	filii Sufetbalis.
בי רח מרפא מ	Have, anima placida, quam
שת אדן בעל מג	fulcivit dominus Baal, protexit
ז עשתרת	Astarte.

Il est facile de reconnaître que Gesenius est resté en deçà de la réalité en limitant la similitude aux mots רח מורפא; la lettre qui les précède a évidemment la plus grande ressemblance avec celle qui occupe la même place sur la *seconde maltaise*, et l'on peut présumer qu'un autre caractère pareil et un *vau* intermédiaire existaient au commencement de la ligne, qui est un peu échancrée en ce point. D'un autre côté, après les mots רח מורפא viennent les lettres משת que l'on ne peut pas ne pas rapprocher de celles-ci מבשת, qui figurent sur la *seconde maltaise*, en sorte que, sauf le *beth* en plus dans le dernier groupe, on a, de part et d'autre, la même formule, comme on le voit par le parallèle ci-après :

Seconde maltaise.	וחהרחמרפאמבשת
Onzième carthaginoise. . . .	הוחרחמרפאמ שת

Arri, qui a fait la même comparaison, pense qu'on doit suppléer le *beth*, soit à la fin de la cinquième ligne, soit au commencement de la ligne suivante, et, malgré cette supposition, il ajoute : « Proindèque desperandum de plena ac perfecta hujus tituli interpretatione. »

La plénitude des deux lignes dont il s'agit ne laisse aucune place pour l'addition proposée : l'absence du *beth* est certainement primitive.

Cette circonstance, loin d'augmenter la difficulté, est au contraire un trait de lumière qui fournit le moyen péremptoire de la résoudre ; il faut trouver, pour les deux textes, une formule commune qui se prête à l'élimination de ce signe. Pour cela, il suffit de le considérer comme numéral. Nous y sommes portés par la lecture du groupe שת que nous trouvons de part et d'autre à la fin de la formule, et que nous avons vu un peu plus haut employé pour signifier *année* au commencement de plusieurs dates monétaires; nous devons lui accorder ici la même acception, et dès lors ce nom appelle un nombre; si le *beth* fait partie de ce nombre, il ne doit pas être seul, puisqu'il disparait de l'inscription carthaginoise; il est précédé d'un *mem* que nous avons déclaré être un sigle représentant מאת, *cent,* dont il est l'initiale, comme c en latin; Gesenius dit à ce sujet : « Scribendi compendiis quæ § 37, p. 54, recensita sunt, adde מ et מא pro מאת, centum. » Le *beth*, de son côté, a la valeur correspondante à son rang alphabétique, c'est-à-dire 2, comme on l'a vu sur l'exemple emprunté aux médailles asmonéennes que nous avons rapporté au commencement de ce chapitre.

Nous avons donc, dans la *seconde maltaise*, CENT-DEUX ANS, et dans la *onzième carthaginoise*, CENT ANS.

Puisqu'il s'agit d'épitaphes, ces chiffres doivent indubitablement avoir trait à l'âge des individus désignés dans les textes à l'époque de leur mort; par conséquent le commencement de la formule doit rendre cette idée; c'est en effet ce que l'on trouve en lisant מורפא רח הוה.

Cette lecture demande des explications préalables au sujet du mot הוה, qui correspond, sur la *seconde maltaise*, aux 8°, 9° et 10° caractères de la seconde ligne. Les huitième et dixième rappellent ce que nous avons déjà dit d'une figure analogue à la page 39. Ils pourraient être pris pour des *iod;* mais avec cette détermination il est absolument impossible, nous ne craignons pas de le dire, d'arriver à une interprétation; M. Ét. Quatremère, qui l'a tenté, a été obligé, comme nous l'avons vu, de négliger le trait intermédiaire, et, malgré cela, sa version n'est pas encore admissible. En faisant, au contraire, des *hé* pour les considérations exposées dans l'un des chapitres précédents, on trouve un sens facile et naturel. Le trait intermédiaire n'a point d'analogue dans la forme d'écriture à laquelle appartient l'épigraphe de Malte. Le contexte permet de le prendre indifféremment pour un *iod* ou pour un *vau;* mais l'exemplaire de Carthage prouve que c'est un *vau;* les traits mutilés qui existent à cet endroit doivent en effet se décomposer et se restituer ainsi : ל רו, ce qui donne un *vau* comparable à celui que l'on reconnaît au commencement du fragment dessiné à côté sur la table de Gesenius.

הוה רח correspond à cette locution d'Isaïe, XXXVIII, 16 : חיי רוחי, *la vie de mon âme.* Gesenius fait en effet très bien ressortir, dans une note de la page 274 de son *Lexique*, la commune origine et la signification, au fond identique, des mots הוה, חיה, הוה et היה; il considère, page 271, la forme הוה comme primitive; c'est par conséquent celle qui convient le mieux au phénicien.

מורפא est le participe pihel de רפא, dont l'une des significations est *rendre*, REMITTERE. On trouve מורפא employé dans le sens de *remittens* par Jérémie, XXXVIII, 4 : הוא מורפא את ידי אנשי, *ipse remittens (remissas faciens) manus virorum* [1].

Ainsi la traduction de la formule entière serait :
Pour la *seconde maltaise*, VITAM SPIRITUS (vel ANIMÆ) REMITTENS (QUI REMISIT) CII ANNO ;
Pour la *onzième carthaginoise*, VITAM SPIRITUS QUI REMISIT C ANNO.

On va voir que la teneur de chaque inscription s'accorde parfaitement avec cette interprétation partielle.

Voici l'explication que je propose pour l'inscription maltaise :

חדר בת עלם קבר נפעל   Penetrale domus æternæ, sepulcrum remunerati..
נקה בכלת הוה רח   Justificatus est in consummatione, vitam spiritus
מרפא מב שת חנב   qui remisit CII anno, Hannibal,
על בן כרמלך   Filius Barmeleci.

---

(1) Morphée, qui plonge les membres dans un relâchement auquel on a souvent comparé celui de la mort, tire évidemment son nom du participe dont nous parlons; il n'y a, en quelque sorte, qu'une transcription littérale. L'emploi de ce mot au sujet du trépas d'un juste implique donc fort à propos une association d'idée avec l'image de s'endormir dans le calme.

Et pour la carthaginoise :

מצבת	Cippus
לעבדעשתרת	Abdastarti,
בן עבדמלקר	filio Abdmelcar-
ת בן שפטבעל	thi, filii Sufetbalis,
הוח רח מרפא מ	vitam spiritus qui remisit e
שת אדן בעלמג	anno. Basim Balmago
נשא קלא	feci maledixi.

Quelques mots sont nécessaires encore pour achever la justification de ces leçons.

Ainsi, dans la *seconde maltaise*, « les premiers mots, dit M. Ét. Quatremère, ne peuvent présenter aucune difficulté réelle ; ils ont été lus et expliqués d'une manière uniforme par tous les interprètes. חדרי, qui est écrit ici bien distinctement, se trouve plusieurs fois dans le texte hébreu de la Bible avec le sens de *cubiculum, conclave, penetrale*. Dans le livre des Proverbes, vii, 27, on lit חדרי מות, *les retraites de la mort*. L'expression *domus æterna*, appliquée au tombeau, rappelle naturellement un passage de Diodore de Sicile où cet historien assure que les Égyptiens désignaient les maisons sous le nom d'*hôtellerie* et appelaient le tombeau *la demeure éternelle de l'homme*[1]. »

קבר נפעל, *sepulcrum remunerati*. S'il est vrai que פעל signifie au propre *travail, ouvrage*, il est souvent aussi employé, par métonymie, pour *salaire, récompense*. Ainsi dans Job, vii, 2, on lit : כשכיר יקוה פעלו, *comme le mercenaire attend son salaire*; et dans Jérémie, xxii, 13 : « *Malheur à celui.... qui maltraitera injustement son prochain*, ופעלו לא יתן לו, *et ne lui donnera pas son salaire !* » Aussi l'une des acceptions du verbe est-elle *facere (exercere) justitiam* (Gesenius, *Lexique*, page 833 d.). Le passif peut donc être mis pour *être traité avec justice, être récompensé*. Nous allons voir la raison de ce sens.

נקה בכלת, *justificatus est in consummatione, in fine*. Gesenius, tout en traduisant נקה par *purus*, ne dissimule pas (p. 104) que, pour que la forme adjective fût congruante avec l'analogie hébraïque, ainsi que Fabricy l'avait aussi déjà fait remarquer, il faudrait que la troisième lettre fût un *iod* et non un *hé*; en effet, נקה est le verbe *justificatus est, justus declaratus est* : je suis donc resté dans la règle en choisissant le dernier sens.

Ainsi l'épitaphe dont nous nous occupons renferme trois membres corrélatifs qui forment, par leur réunion, un tout régulier et se prêtent les uns aux autres un mutuel appui. Il s'agit du tombeau d'un homme rémunéré ; cette rémunération a consisté dans une vieillesse consommée, prolongée au delà de cent ans ; cette longévité a été en même temps le prix et la preuve de sa vertu.

Il résulte d'un assez grand nombre de passages de l'Ancien Testament que, dans l'opinion des Hébreux, la vieillesse était une récompense promise par Dieu à la pratique de ses commandements. Dans la Genèse, xv, 15, Dieu dit à Abraham pour lui exprimer son contentement : « *Tu descendras au tombeau dans une vieillesse avancée et heureuse.* » Chacun a présent à la mémoire ce précepte du Décalogue, le seul qui contienne particulièrement la promesse d'une récompense : « Honore ton père et ta mère afin que tes jours soient prolongés sur la terre, que l'Éternel, ton Dieu, te donne. » L'un des interlocuteurs de Job, Eliphas, lui dit, v, 26 : « Si tu supportes avec résignation les maux dont Dieu te frappe, tu descendras vieux dans la tombe, » et le texte sacré emploie ici presque la même expression que celle de notre pierre : תבוא בכלה אל קבר ; Gesenius dit en effet, *Lexique*, p. 484 : « כלה... equidem non dubito quin idem notet quod כלח, *perfectus, consummatus est.* » Dieu promet aussi la longévité à Salomon pour prix de son obéissance,

---

(1) Biblioth. hist., lib. I, cap. LI, tome I, page 154, éd. Bipont.

I R., III, 14. Par contre, la brièveté de la vie est souvent annoncée comme le châtiment du péché; ainsi, Dieu, irrité contre le grand prêtre Héli, qui a laissé ses deux fils marcher dans l'impiété, lui dit : « Il n'y aura plus de vieillard dans ta maison.... » II Sam., xxx, 32.

La vieillesse était donc, comme je l'ai dit, une rémunération divine, et partant un témoignage de pureté; ainsi s'expliquent, dans leur parfaite harmonie, les diverses parties de l'épitaphe du centenaire Hannibal.

J. Spon rapporte, à la fin de ses *Miscell. erud. antiq.*, une inscription trouvée à Rome qui semble un commentaire fait tout exprès pour celle que nous analysons; la voici[1] :

MONVMENTVM . ABSOLVI . SVMPTV . ET . IMPENSA . MEA
AMICA . TELLVS . VT . DET . HOSPITIVM . OSSIBVS
QVOD . OMNES . OPTANT . SED . FELICES . IMPETRANT
NAMQVE . QVID . EGREGIVM . QVIDVE . CVPIENDVM . EST . MAGIS
QVAM . LIBERTATIS . VBI . TV . LVCEM . ACCEPERIS
FESSAE . SENECTAE . SPIRITVM . IBI . DEPONERE
QVOD . INNOCENTIS . ARGVMENTVM . EST . MAXIMVM

Quant à la *onzième carthaginoise*, il ne me reste à justifier que la proposition : אדן בעלמג עשא קלא.

Le second composant de Balmago, bien qu'il ne puisse être expliqué en hébreu, rappelle un nom célèbre à Carthage; il me semble dériver du chaldéen, et cette opinion s'appuie sur l'existence, à une très petite distance de Carthage, d'une ville dont le nom, סכות בנות (*Sicca venerea*, *Kef*) n'a pu être emprunté qu'au culte babylonien. Gesenius forme le substantif שגן, *don* ou *bouclier*, en supposant un *nun* au commencement de la dernière ligne, mais alors cette ligne aurait son point de départ sur la même verticale que les cinq précédentes; or, les traces qui restent de la première ligne indiquent qu'elle ne consistait qu'en un petit nombre de lettres dont la place correspondait au milieu des autres lignes; tout annonce que, par symétrie, la dernière ligne avait été disposée de la même manière, et cette conséquence paraît si nécessaire que Gesenius n'a pu s'y soustraire dans la transcription ; il a mis la dernière ligne en retraite comme la première, ce qui ne peut s'accorder avec sa supposition.

La restitution de קלא est assurément moins forcée que celle de Gesenius, qui convertit un *aleph* et un *qôph* parfaitement formés en *tau* et en *resh*. Le trait ajouté au *lamed* doit en être séparé pour figurer un *aleph*, qu'il n'est pas étonnant de voir en partie confondu avec la lettre antécédente sur une copie si défectueuse.

Ainsi le contexte des deux épigraphes s'accommode complètement aux leçons que nous avons adoptées, et, par conséquent, à l'attribution d'une fonction numérale aux deux lettres pour lesquelles nous l'avons proposée.

Nous en trouvons de nouveaux exemples sur trois des inscriptions de Citium dont il a été fait mention aux pages 2 et 80; nous voulons parler de celles qui sont reproduites sur la table 12 de Gesenius, n°s 4, 7 et 8.

La formule à laquelle nous voulons faire allusion a pour signes les trois dernières lettres de chacune de ces épigraphes. L'analogie qui doit faire rapprocher les groupes qui en résultent est frappante. Deux des lettres qui les composent restent identiques, savoir : l'une un *chet*, l'autre un *schin*; la troisième est variable; c'est, dans le premier exemple, un *daleth*; dans le second,

---

(1) Bonada, qui reproduit cette épigraphe, ajoute : « Mazochius hoc epigramma deformatum habet, correctius Gruterus, Sponius hoc modo exscripsit, additque immortali Scaligero visum fuisse fœtum veteris alicujus et elegantis poëtæ comici. » Carm. ex. ant. lapid., vol. II, p. 522-523.

un *beth;* dans le troisième, un *mem.* Des deux lettres invariables, l'une, le *chet,* occupe toujours la tête du groupe ; l'autre est tantôt précédée, tantôt suivie de la lettre variable.

Ces groupes doivent certainement, comme dans le cas précédent, représenter une formule commune, modifiée par la lettre variable. Le *chet* est le sigle de חיה, *il a vécu;* le *schin* celui de שנת ou שת, *année,* comme il l'est sur quelques monnaies asmonéennes; le caractère variable par conséquent est un chiffre, savoir : ד $= 4$, ב $= 2$, מ $= 40$, ou, si on le prend pour l'initiale de מאת, $= 100$.

Quant aux variations de position respective du chiffre et du *schin,* elles s'expliquent par cette seule remarque que, dans les exemples de la Bible que nous avons cités page 90, שנת se trouve à la fin de la phrase, et que ce mot ou ses abréviations se présentent au début, au contraire, sur les médailles soit hébraïques, soit phéniciennes.

Malheureusement les copies de ces inscriptions sont si défectueuses que l'on ne peut traduire que celle qui occupe le quatrième rang sur la table de Gesenius ; elle se rend ainsi : *Théora, esclave de Melkiton, prince. Elle a vécu quatre ans.*

Les recueils d'inscriptions latines fournissent deux épitaphes à peu près semblables, et, coïncidence remarquable, il s'agit d'esclaves aussi dans chacun de ces cas.

1°

IVCVNDVS LIVIAE DRVSI CAESARIS
F. GRYPHI ET VITALIS
IN QVARTVM SVRGENS COMPRENSVS DEPRIMOR ANNVM
CVM POSSEM MATRI DVLCIS ET ESSE PATRI.
Ex. Mus. Veron., p. 170, 1.

2°

DIS . MAN
L . CARISSIMO . VERNAE . SVO
FECIT
CLITIA . IVCVNDA
QVI . VIXIT . AN . IIII . MENSIB . XI
Ald. Manut. Orthogr. rat., p. 441

L'interprétation de la formule commune aux trois inscriptions citiennes dont il vient d'être parlé se trouve confirmée par la formule analogue, mais complètement développée et d'une lecture incontestable, qui se présente sur une série d'inscriptions découvertes en Numidie ; ce sont celles où l'expression numérale est rendue nominalement et en toutes lettres, savoir, les *sixième* et *septième numidiques,* tables 25 et 26 de Gesenius, les *quinzième,* voyez notre pl. 16, *seizième,* pl. 17, *dix-septième,* pl. 18, et *dix-huitième,* pl. 19.

Dans un mémoire publié dans le *Journal asiatique* (janvier 1845), en ne parlant que de la *sixième* et de la *septième numidiques,* je faisais remarquer que ces épigraphes ont chacune, sauf une lettre, un passage identique formé, dans l'une, par la dernière ligne, dans l'autre, par les 4°, 5°, 6°, 7°, 8°, 9° et 10° lettres de la seconde ligne, lequel passage doit être ainsi transcrit :

6° *Numidique*... עיעשענת ;
7° *Numidique*... שאשענת.

Ces groupes, pensais-je alors, doivent exprimer une formule commune modifiée par la lettre variable.

Pour en pénétrer la signification, il faut examiner d'ensemble les diverses épigraphes reproduites sur les tables 24, 25, 26, 47 LXXXIV de Gesenius et sur nos planches 16 à 23. Plusieurs se font remarquer par le caractère particulier de l'écriture; toutes par la commune analogie de la formule initiale. Mais un point particulier frappe en outre au premier aspect de chacun de ces monuments; c'est le nombre comparativement élevé des aïn. Le retour de cette figure est trop fréquent pour qu'on puisse croire qu'elle appartient essentiellement aux radicaux qui y sont employés; on doit penser qu'elle y est souvent à titre additionnel, ainsi que nous avons eu déjà plusieurs fois l'occasion de le reconnaître. Nous avons ici une preuve péremptoire de ce fait dans l'inscription de la planche 22, qui offre, dans les quatre dernières lettres de la première ligne et les trois premières de la seconde, un nom propre ainsi composé : בעליעתן; il est évident que ce nom est mis pour בעליתן et que, par conséquent, le second *aïn* est intercalaire.

Cette remarque est d'un grand secours pour l'interprétation de la formule propre à la *sixième* et à la *septième numidiques*.

Cette formule, prise rigoureusement dans sa composition alphabétique, continuais-je dans le mémoire précité, ne pourrait être traduite. A peine est-il maintenant nécessaire que nous relevions les erreurs dans lesquelles Gesenius est tombé en prenant pour un *samech* la seconde lettre, que nous savons, à n'en plus douter, être un *vau*, et tantôt pour un *lamed*, tantôt pour un *caph*, l'avant-dernière que nous avons plusieurs fois aussi démontré être un *nun* et seulement un *nun*. Nous ne pouvons donc tenir aucun compte de la version de ce savant auteur.

Le sens se manifeste au contraire avec clarté si l'on considère comme additionnel l'*aïn* qui figure parmi les quatre dernières lettres. En effet, en l'éliminant par la pensée, il reste שנת, *année*.

Dès lors, ajoutais-je, le signe qui précède, à raison de sa variabilité au milieu d'une formule dont les autres éléments sont immuables, s'accommode très bien à l'indication numérale qu'appelle ce mot *année*, savoir, ע ou 70 dans un cas, א ou 1 dans l'autre.

En poursuivant ce sens, on me paraissait amené à conclure que le groupe עו, qui ouvre la phrase, répond à la signification *vixit*, si commune en pareil cas sur les épitaphes latines, et que, de même qu'on le remarque souvent aussi sur les monuments que je viens de citer, ce pouvait être un sigle, une abréviation du verbe חוה, qui veut dire en effet *il a vécu*. Le *vau* pouvait représenter seul la racine, comme il le fait lorsqu'il est conversif, d'après l'opinion de Gesenius (Lexique, p. 271), et l'*aïn* qui le précède ne remplirait que l'office de *mater lectionis*, ou mieux cet *aïn* lui-même pourrait remplacer l'une des aspirées *hé* ou *chet*, comme nous l'avons vu, dans une autre circonstance, remplacer l'*aleph*. Les rapports qui existent en hébreu même, et que Gesenius indique dans son Lexique, entre חוה, אוה et עוה justifient pleinement cette opinion.

La démonstration décisive, au surplus, était liée à la traduction complète du contexte. Or, les deux inscriptions ont une autre formule commune, celle du début; elle est ainsi rendue :

6ᵉ Numidique... טענאעבן
7ᵉ Numidique... טענעאבן

Ces deux groupes ne diffèrent que par la transposition réciproque des quatrième et cinquième éléments.

On ne peut pas ne pas les rapprocher du commencement des deux épigraphes rapportées, l'une sur la table 47 LXXXIV de Gesenius, l'autre sur notre planche 22, lequel se lit עבנשען.

Il faut donc qu'il y ait concordance, relativement à ce passage, non-seulement entre les *sixième* et *septième numidiques*, dont nous nous occupons spécialement, mais aussi entre les deux autres, où nous ne trouvons point la seconde formule.

La *huitième numidique* contient quelques caractères évidemment mal copiés; ce défaut nous empêchera de hasarder une traduction complète.

L'inversion que les deux derniers exemples présentent, comparativement aux premiers, pour la formule initiale, indique, comme radicaux, ces mots אבן טען. Dans les deux derniers exemples l'*aleph* de אבן est remplacé par un *aïn*, ainsi que nous l'avons déjà vu, dans des inscriptions de la même contrée, pour le mot אדן ; dans les autres exemples, l'*aïn* est ajouté aux lettres radicales, tantôt avant, tantôt après l'*aleph*. Tout ce que nous connaissons maintenant du jeu de l'*aïn* sur les monuments numidiques nous rend ces anomalies familières.

טען, qui signifie *onerare*, *onus imponere*, *gravare*, fait allusion à la charge, à la lourdeur de la pierre tumulaire. טען אבן ou עבן correspond à אבן מעמסה qu'on trouve dans Zach., XXII, 3 ; aussi, dans deux des inscriptions analogues, dont nous parlerons bientôt, nous verrons le verbe עמש, équivalent à עמס employé en corrélation avec עבן טען.

Voici, d'après ces observations préliminaires, comment je traduisais les *sixième*, *septième* et *vingt-unième numidiques* :

6ᵉ *Numidique*.

טען עאבן של מתנבעל בני עשר־	Onus lapidis Mutumbalis, filii Osir-
בעל עא א שענת עשרבעל ש	balis. Vix. I annum. Osirbal p.

Pour :

טען אבן של מתנבעל בני עשר	Onus lapidis Mutumbalis, filii Osir-
בעל חוח א שנת עשרבעל שית	balis. Vixit I annum. Osirbal posuit.

7ᵉ *Numidique*.

טען אעבן של נפ?־	Onus lapidis.....
עת בת אוטר אצר־	.., filiæ Oteris Tyri-
ת שיצ תעתען בן מצ־	æ. Finivit Tatan, filius Mes-
יען עשת פדמר	ianis; operam impendit Pedumar.
ער ע שענת	Vix. LXX annos.

21ᵉ *Numidique*.

עבן טען אל בעלי־	Lapis oneris super Bali-
עתן בן בעשאטן	ton, filium Basatanis.
עלא תיעלתיא ו	Extuli Tialtia cum
תמב כעשמן לתמ	Tamabe, prout audivimus, ad consummationem.

Pour ce qui concerne la formule numérale qui fait particulièrement, en ce moment, le sujet de notre étude (je reviendrai plus tard sur les autres points), l'interprétation se trouve confirmée au fond, mais, en même temps, rectifiée en quelques détails, par les autres inscriptions énumérées à la page 96, inscriptions qui ont été découvertes depuis en Algérie, à Hanchir-aïn-Nechma, près Ghelma.

ET DE LA LANGUE LIBYQUE.

Ces inscriptions doivent être transcrites ainsi :

17ᵉ

עבן שטען עלש־
בלת בת מעלל ער־
ע שענת עאש־
רם ועמש א־
שת משי בן ענב
בן דיעל

15ᵉ

טן אעבן שלתב־
ב עאש תם ששן אש־
ז בן מתגבבל עוא־
שנת שבעם ועמש

18ᵉ

עבן שטען ע־
ל יערתן בן מען
כשלעת עוא שען־
ת שסס ו ד

16ᵉ

עבן שטען ע־
לשדבר בן ש־
לדיא עוא
שענת ערבם
ועמש

La *seizième*, la *dix-septième* et la *dix-huitième* contiennent, il est facile de le reconnaître, les mots שענת (ou עוע) עוא, comme la *sixième* et la *septième*. Cet emploi répété prouve bien que ce sont des termes formulaires; or la *quinzième*, au lieu du dernier de ces groupes, présente simplement שנת : voilà donc la confirmation évidente du sens que nous lui avons attribué, savoir celui d'*année*.

Mais, d'un autre côté, ce mot, dans les cinq premières des épigraphes que nous venons de transcrire, est incontestablement suivi d'un nom de nombre marqué en toutes lettres; ainsi, pour la 15ᵉ, שבעם, *soixante-dix*, pour la 16ᵉ, ערבם, *quarante*, pour la 17ᵉ, עאשרם, *vingt*, pour la 18ᵉ, ששם, *soixante*.

Il résulte de ce fait manifeste, que ce n'est point, comme je l'avais avancé d'abord pour la *sixième* et la *septième numidiques*, l'*aleph* ni l'*aïn* placés après עו qui expriment le nombre des années et que ces lettres, par conséquent, doivent, chacune suivant le cas, faire corps avec les deux précédentes, c'est-à-dire former avec elles le verbe עוא ou עוע, *fuit*, *vixit*.

On ne pouvait point prévoir cela lorsqu'on ne possédait que les deux textes que nous désignons sous les noms de *sixième* et *septième numidiques;* puisque, sur la *sixième*, par une fâcheuse omission, la formule n'est point achevée, le nombre des années n'est point indiqué après שענת ; on devait nécessairement croire que ce nombre était rendu par la lettre qui précède ce groupe, d'autant plus que, dans la Bible, le substantif שנת suit toujours le nom numéral.

Sur la *septième numidique* une autre cause d'erreur existait, c'était le rapport de עשר qui suit שענת avec la première partie du nom propre עשרבעל, et la dégradation des lettres suivantes qui permettait de supposer qu'elles formaient la fin de ce nom propre.

Maintenant nous reconnaissons clairement que ce groupe עשר, placé après שענת sur l'épigraphe en question, est le nom numéral *dix;* il y a analogie complète avec la formule des monuments découverts plus récemment. Sur la *dix-huitième* inscription nous voyons le dérivé עשרם, *vingt*, remplacé par אשרם ; mais, comme il y a une lacune sur la pierre, il est très probable que l'*aïn* radical précédait l'*aleph*, et que celui-ci n'est qu'une *mater lectionis*. Toutefois la substitution de l'*aleph* à l'*aïn* n'aurait rien d'extraordinaire.

Si, sur la *septième numidique*, le groupe עשר de la seconde ligne signifie *dix*, les lettres suivantes, que nous avions lues בעל ש, et dont nous considérions les trois premières comme lui étant liées pour compléter le nom propre, la dernière comme une abréviation de שית, *posuit*, ces lettres, disons-nous, ne peuvent recevoir cette interprétation; il faut en rechercher la véritable signification, ce qui remet en question leur détermination même, que nous n'avions adoptée qu'en vue du contexte. Or les 15°, 16°, 17° et 18° *numidiques* nous donnent aussi une explication évidente de cette partie.

En effet, chacun de ces textes présente, immédiatement après le nom de nombre, le groupe ועמש; il est facile d'y reconnaître le *vau* conjonctif et le thème עמש, *onus impositum portavit*, plus souvent écrit en hébreu עמס : « עמס.... interdum scribitur cum ש loco ס,» *Job. Buxtorfii lexicon ebraïcum et chaldaïcum*. Ce mot, comme nous l'avons déjà dit, correspond parfaitement à la formule initiale טען אבך, *onus lapidis*, ou אבן טען, *lapis oneris*; les deux interprétations se corroborent l'une l'autre. En conséquence, la formule entière, pour la *quinzième numidique*, par exemple, doit se lire ainsi : עוא שנת שבעם ועמש, *vixit annis septuaginta et oneratus est*, ce qui est un euphémisme de cette phrase analogue de la Genèse : שנה ויםות.... ויהיו.

Le plus léger examen démontre qu'il y a un parallélisme sur la *sixième numidique* et que c'est aussi le groupe ועמש qui la termine. En effet, la première lettre qui suit עשר est évidemment un *vau*; la suivante est un *aïn*, la dernière un *schin*; l'avant-dernière, qui est altérée, doit donc être le *mem*.

Nous rectifierons donc comme il suit la lecture et l'interprétation des *sixième* et *septième numidiques*.

6°

טען עאבן על מתנבעל בן יעשר־   Onus lapidis Mattambalis, filii Josir-
בעל עוא שענת עשו ועמש   balis : vixit annis decem et oneratus est.

7°

טען אעבן של נפ?   Onus lapidus Niph ?-
עת בת עוטר אצר־   atæ, filiæ Oteris Tyri-
ת מיצ תעתען בן מצ   æ. Confecit Tatan, filius mes-
יען עשת פדמר   ianis; comparavit Pedamar.
עוע שענת....   Vixit annis...

La *septième numidique* offre particulièrement des difficultés pour ce qui concerne les noms propres. Le premier est incomplet; il ne reste de la troisième lettre qu'un vestige qui se prête à diverses restitutions; comme elles ne pourraient être qu'arbitraires, nous nous en abstenons. Le second paraît venir de עטר et signifier *circumcingens, circumcludens, circumtegens, coronans*. Le troisième dérive de תעה, *errare, vagari*, par une duplication de la racine apocopée dont on a des exemples, pour le même verbe, dans le texte biblique, et l'addition d'un *nun* suffixe, formatif de noms propres. Le quatrième pourrait être formé du *mem* préfixe et de ציץ, *rubus*, avec l'*aïn* intercalaire; il correspondrait à notre nom *de Lépine;* mais il est plus probable que מיץ constitue la syllabe *mis* ou *mes* qui, en libyen comme en égyptien, veut dire *fils ;* ce serait un nom libyen. Enfin le cinquième nom propre, composé de פד, venant de פדה, *solvere*, et de מור, *amaritudo, mœror*, convient assurément bien à une femme.

Quant aux noms appellatifs de la même inscription, nous trouvons d'abord l'adjectif ethnique צרת avec l'*aleph* pour article, comme dans אגדר de plusieurs médailles de Cadix. Il peut paraître contradictoire d'assigner la valeur *resh* à l'avant-dernière ligne de ce mot, tandis que cette lettre, au huitième rang de la même ligne et au dernier rang de la quatrième, a une forme différente, la forme de la variante I des médailles de Tyr (table 34), c'est-à-dire de l'R romain retourné. Cette anomalie, cependant, est justifiée par un exemple semblable que présente l'épigraphe tracée sur la table 27 LXV de Gesenius, laquelle contient incontestablement ces deux variantes du *resh* placées à côté l'une de l'autre dans la première ligne, ainsi que nous l'expliquerons plus tard.

שׁיצי doit être le mot chaldéen שׁיצא, שׁיצי, voulant dire *achever*, et employé dans Esdras, vi, 15, dans un sens tout à fait semblable à celui que nous proposons ici. J. Buxtorf dit dans son Lexique, à propos de la première forme : « א juxta Masorethas redundat, » ce qui réduit précisément la racine aux éléments qui se trouvent dans notre texte.

Enfin, quant à עשׁת se rapportant à un sujet féminin, voici ce que dit Gesenius, Lex., index I, p. 1081 : עשׁת pro עשׂתה, 3 fem. præt. a radice עשׂה, Levit., xxv, 21. »

Les autres numidiques citées à l'appui de l'interprétation de ces deux dernières s'y rapportent, comme nous l'avons dit, non seulement par l'analogie de la formule numérale, que nous avons déjà expliquée, mais encore par l'analogie de la formule initiale. Cette formule, toutefois, ainsi que nous l'avons aussi annoncé, offre des variantes. En voici le tableau :

15° numidique....... טן אעבן של
17° et 18° numidiques. עבן שטען על

La valeur des groupes אעבן et עבן est donnée par l'orthographe du groupe correspondant dans la formule de deux autres numidiques représentées pl. 20 et 21, savoir :

20°	19°
אבן שטען על	אבן טן על אשר
תבכ עאש . .	בן שבמש בן
. . . . . . ק	עמש . . .
ש	

Il est évident, d'après ce rapprochement, que le groupe est équivalent dans les cinq cas et que la véritable racine est אבן, dont l'*aleph* tantôt s'est converti en *aïn*, comme dans עדן pour אדן que nous avons déjà vu, d'autres fois est resté, mais a été appuyé du même *aïn*, comme *mater lectionis*.

Nous nous sommes suffisamment expliqué sur la signification de טען, que nous croyons avoir mise hors de doute.

Sur la *quinzième numidique*, cette racine a subi la syncope de l'*aïn*; cette variante est, sous ce rapport, comparable à un passage analogue, טן אבן, de la *quatorzième numidique*, dont il a été parlé à la page 101, et, dans celle-ci, nous trouvons en outre un nouvel exemple de l'orthographe אבן dans le groupe parallèle à אעבן de la *quinzième*; partant nouvelle preuve de l'équivalence de ces deux groupes.

De même qu'au tour אעבן טען ou אעבן טען des *sixième* et *septième numidiques* nous avons vu, dans la *vingt-unième*, substituer celui-ci : עבן טען, nous voyons, dans la *dix-neuvième*, אבן טן remplacer אבן טן de la *quatorzième*, et, dans une autre, représentée pl. 23, sous le titre de *vingt-deuxième*, substituer au tour de la *quinzième* cette inversion : עבן שטן אל. Cette dernière inscription se lit ainsi :

עבן שטן א‾
ל שיאיח ש
על שד עבר ינים
רעו

Cette épigraphe se distingue d'ailleurs, ainsi que les *dix-septième*, *dix-huitième*, *dix-neuvième* et *vingtième*, en deux points.

Le premier, c'est l'apposition d'un *schin* devant טען ou טן, conséquents de אבן ou עבן. Ce *schin*, comme nous le constaterons plus tard, est indubitablement un exposant du cas oblique, équivalent, sous tous les rapports, au *daleth* chaldéen lorsqu'il remplit le même office, c'est-à-dire dérivant du pronom relatif.

Le second point, c'est la substitution de la préposition על ou אל, signifiant *sur*, à la particule של, autre marque du cas oblique, que l'on voit sur la *sixième* et la *septième numidiques*, de même qu'on trouve אבן שלי, *ma pierre*, dans le *Tour du monde* du rabbin Pétachia, *Journ. asiat.*, 2ᵉ série., 1831, p. 359.

En résumé, la formule initiale présente ces diverses variantes :

$$\left.\begin{array}{l}\text{עבן טען אל . . .}\\\text{עבן}\\\text{אבן}\end{array}\left\{\text{שטען על . . .}\right.\\\text{אבן טן על}\\\text{עבן שטן אל . . .}\end{array}\right\} \text{Pierre de fardeau sur...}$$

$$\left.\begin{array}{l}\left\{\begin{array}{l}\text{אעבן}\\\text{טען}\\\text{עאבן}\end{array}\right\}\text{של . . .}\\\text{טן אעבן}\\\text{טן אבן . . .}\end{array}\right\} \text{Fardeau de pierre de...}$$

Ceci bien établi, il devient facile d'achever la traduction de celles des inscriptions précitées dont la version n'a pas été complétée, à l'exception de la *dix-neuvième* et de la *vingtième*, dont la plus grande partie est indéchiffrable ou inexactement copiée.

Voici donc les explications définitives que nous croyons pouvoir donner.

15ᵉ *Numidique*.

« Onus lapidis Tubib, viri integritatis, gaudii, fortitudinis, filii Mattambalis. Vixit annos septuaginta et oneratus est. »

16ᵉ *Numidique*.

« Lapis oneris super sedebar, filium Saldiæ. Vixit annos quadraginta et oneratus est. »

17ᵉ *Numidique*.

« Lapis oneris super Siboletham, filiam Maâlalis. Vixit annos viginti et onerata est. Posuit Muschi, filius Anabis, filii Diâlis.

18ᵉ *Numidique*.

« Lapis oneris super Jârtan, filium Maonis. In pace vixit annos sexaginta et IIII. »

22ᵉ *Numidique*.

« Lapis oneris super Schiaïah, qui in agro trans Jonios interitus ejus. »

Ces versions demandent quelques commentaires que nous allons donner, ainsi que ceux réclamés, comme nous l'avons précédemment annoncé, par la *vingt-unième numidique*, dont la traduction se trouve à la page 98.

Dans la *quinzième*, nous nous heurtons d'abord au nom propre, dont la signification nous échappe, à moins qu'on ne le considère que comme un itératif du chaldéen תוב, *redire, reverti*. Le parallélisme prouve toutefois incontestablement qu'il y a là un nom propre ; la Bible même offre aussi quelquefois une pareille impossibilité.

ET DE LA LANGUE LIBYQUE.

עאש, pour אש, qui serait mis lui-même pour איש, est une modification orthographique semblable à celle de עאבן pour אבן que nous avons rigoureusement constatée.

Le reste de l'épigraphe ne présente aucune difficulté, si ce n'est peut-être le mot אשן. Gesenius dit de cette racine, dans son Lexique : « Rad. inusit. fort. I) *durus, validus fuit*, chald. אשין, אשון, *durus, fortis*, etc. » Le sens me semble donc justifié; l'emploi nominal du mot ne me paraît pas non plus devoir soulever d'objections.

La *vingtième numidique* offre avec celle-ci, pour le commencement, une identité remarquable; il est possible que ces deux parties aient été gravées sur des faces ou des pièces différentes d'un même monument, comme les deux parties de la *première maltaise*.

La *seizième numidique* ne doit nous arrêter qu'un instant pour les noms propres; je regarde le premier comme composé de שד, *champ*, et de בר, *fruit*, *champ fertile*; le second, comme formé de של pour שלו, *sécurité*, de די, *suffisance*, et de א pour אל, *Dieu*, comme dans עבדא; *sécurité dans la suffisante abondance des dons de Dieu*.

La *dix-septième* est riche en noms propres. Le premier, qui est gracieux pour une femme et correspond au nom d'homme latin *Aristæus*, est un terme bien connu pour avoir servi de mot d'ordre aux Hébreux dans une grave circonstance.

Le second ne peut venir que de מלל, avec l'intercalation de l'*aïn*, comme dans בעליעתך; il signifie *parleur*.

Le troisième se trouve dans les Paralip., liv. I, ch. vi, v. 4. Il veut dire *refuge*.

Le quatrième se lit aussi, sous la forme ענוב, dans le même livre des Paralip., iv, 8. Il a pour signification, *lien, moyen d'union*.

Le cinquième est synonyme de דיא, pour דיאל, que nous avons vu dans la *seizième numidique*; le nom de la divinité אל, abrégé en א, est ici remplacé par son équivalent על, dont Gesenius dit dans son Lexique : « Pr. subst. summitas, inde pro concr. *summus, altissimus*. De Deo Hos., xi, 7, etc. » Ces deux explications se confirment réciproquement.

La *dix-septième numidique* offre encore à remarquer l'absence de forme féminine pour les verbes, quoique le sujet soit féminin. Une semblable observation s'applique à la *septième numidique*. Il est bien vrai que, pour le verbe d'existence, tandis que sur toutes les autres épigraphes à sujets masculins il est ainsi écrit : עוא, c'est-à-dire terminé par un *aleph*, sur ces deux-ci il est écrit עוע, c'est-à-dire terminé par un *aïn*. Il y a là, sans doute, une curieuse coïncidence; mais il ne me paraît pas possible de considérer cet *aïn* comme l'adformante féminine que nous avons vue autre part représentée par le *tau* et qui ne se reproduit pas, sur la *dix-septième* inscription, dans le verbe שמע. On pourrait aussi, pour ce dernier verbe, penser que l'adformante réside dans l'*aleph* qui suit; mais nous avons déjà vu l'*aleph* être le signe de la première personne sing. du prét.; on ne pourrait, sans confusion, lui donner un double rôle. Le défaut de concordance n'est pas rare en hébreu, et on le comprend d'autant mieux ici, qu'il s'agit d'une formule banale que le graveur répétait par routine, sans penser probablement à la modifier selon le sexe des personnes à qui elle s'adressait.

Dans la *dix-huitième*, nous avons deux noms propres, dont l'un, composé de יער et de תן, signifie *Abundantia doni*; l'autre, sauf la suppression ordinaire du *vau*, est semblable à celui que l'on trouve dans I. Paralip., ii, 45, et veut dire *habitaculum*.

Le groupe suivant peut être lu כשלעת ou בשלעת, suivant que l'on considère comme primitive et essentielle, ou comme fortuite et produite par le temps, l'ouverture que présente la première lettre dans l'état actuel de la pierre. Cependant, en observant que la branche latérale monte obliquement en ligne droite, tandis que, sur tous les *beth*, la partie correspondante s'étend d'abord horizontalement et s'arrondit ensuite pour former une tête globuleuse, je suis plus porté à croire que c'est un *caph*. Au surplus, la signification est identique. Le groupe me semble mis indubitablement pour כשלות, par suite de l'un de ces jeux de l'*aïn* avec lesquels nous sommes familiarisés, par exemple, pour ne pas se lasser d'apporter des preuves, שעבת pour שבת. Ce groupe est composé de שלעת pour שלת, remplaçant lui-même שלות, et du *caph* préfixe dans l'acception *secundum*; la phrase signifie donc : *Il a vécu selon la paix* ou *en paix*.

La *vingt-unième numidique*, à son tour, offre de grandes difficultés dans les deux dernières lignes, et nous devons avouer que, pour cette partie, la version que nous avons proposée ci-dessus est conjecturale.

Le nœud principal se trouve dans la valeur à assigner à la quatrième figure de la dernière ligne. Au premier aspect, cette figure paraît être indubitablement un *phé*. Mais, avec cette détermination, il m'a été de toute impossibilité de trouver un sens. Faisant alors la remarque que les trois lettres suivantes rappellent le groupe כעשמע de plusieurs autres inscriptions numidiques, je me suis demandé si la figure en question ne serait pas un *caph* dont l'extrémité supérieure aurait été légèrement bifurquée, comme celle du *vau* sur la *quinzième numidique* (pl. 16). Par l'action du temps, la corne droite de cette bifurcation aurait disparu, non cependant sans laisser peut-être quelques traces sur la pierre. On aurait ainsi כעשמך.

Ce groupe ne laisse pas de présenter encore plusieurs difficultés. Pour le rapprocher de כעשמע, il faut admettre l'apocope de la troisième radicale. Cette apocope ferait rentrer l'*aïn* dans l'analogie des quatre autres aspirées אהוי, qui font souvent défection, en hébreu, lorsqu'elles sont quiescentes à la fin des verbes. Le *nun* serait alors l'adformante, et il s'agirait de déterminer quelle personne il représenterait. A mon avis, c'est la première personne plurielle. Le *nun* est en effet la lettre expressive de cette personne, celle qui subsiste dans les langues affines, tandis que la suivante varie; c'est un *vau* en hébreu, un *aleph* en chaldéen et en arabe; mais en syriaque, chose notable, en syriaque, dont on a dit, ainsi que nous l'avons plusieurs fois fait remarquer, que le phénicien se rapprochait en même temps que de l'hébreu, c'est un second *nun*, en sorte que la formation consiste en deux *nun*. Enfin dans les mots לאדנן...לבעלך, nous retrouvons, comme pronom possessif suffixe, le *nun* seul pour exposant de la première personne plurielle, tandis qu'en hébreu c'est נו, de même que dans les verbes; l'analogie, dans ce cas, est complète. כעשמן pour כעשמעך signifie donc : *Ainsi que nous avons entendu, ainsi qu'il nous a été prescrit.*

Dès lors ce verbe doit avoir au moins deux sujets, et en effet, à la fin de la troisième ligne, nous voyons un *vau*, qui doit être la copule unissant ces deux sujets, lesquels ne peuvent être eux-mêmes que des noms propres. Le second, enclavé entre cette copule et le verbe, est facile à trouver, sinon à expliquer. Pour isoler le premier, il faut chercher, dans le reste de la troisième ligne, une coupure donnant le complément de la phrase. Cette coupure me semble devoir être faite après עלא, défectif de la troisième radicale, pour עלהא, et signifiant, en vertu de l'*aleph*, exposant de la première personne singulière : *J'ai élevé, j'ai construit.* Le nom propre est alors תיעלתיא, *le troisième,* répondant à la forme chaldaïque תליתי ou תליותיא, par la métathèse du *iod*, et l'intercalation d'un *aïn, mater lectionis,* ainsi que dans בעליעתן.

Dans la construction de la phrase, les nombres différents des deux verbes se concilient d'une manière très naturelle et toute conforme au génie hébraïque.

La plus grande difficulté gît dans l'impossibilité de traduire le second nom propre. Nous laissons au lecteur à décider si cet obstacle, dont nous ne dissimulons pas l'importance, doit prévaloir contre toutes les autres considérations qui nous semblent plaider en faveur de notre interprétation.

Enfin la *vingt-deuxième numidique*, dont la teneur, à part la formule initiale, s'éloigne de celle de tous les autres monuments de ce genre, présente d'abord le nom propre *Shiaïah*, qui se décompose en שיא, pouvant se rendre ou par *grandeur,* ou par *don,* suivant qu'on prend la première radicale pour le *sin* ou pour le *schin*, et en יה, synonyme, dans la langue phénicienne, du mot יו, *Dieu,* qui, en hébreu, termine tant de noms propres. Cette synonymie est prouvée par le nom propre עבדיה que, dans l'un des chapitres suivants, nous verrons gravé sur un cachet récemment trouvé à Cyrène. Le nom entier signifie donc *grandeur* ou *don de Dieu*.

Le reste de l'épigraphe ne me paraît pas susceptible d'objection. יונים, *les Ioniens*, pour les Grecs en général, est le mot יונים de Joël, IV, 6. — רע, de רעע, *briser*, indique une mort violente, probablement dans un combat.

La tournure générale de la phrase, qui a pour pivot cette locution : *Qui.... interitus ejus*, pour *Cujus.... interitus*, est strictement conforme à cet exemple cité comme règle par M. Glaire (*Gram.*, Paris, 1843, p. 118) : « רשע אשר בא יומו, *l'impie qui est venu le jour de lui.* »

Quant à l'inhumation en Numidie des restes d'un individu tué au delà du pays des Grecs, elle trouve, par analogie, son explication dans cette disposition testamentaire rapportée sur une épitaphe citée par Alde Manuce, *Orthogr. rat.*, p. 219 :

> Ego. Gallus. Favonius. Jocundus. L. F.
> Qui. Bello. cont. Viariathum. occub
> Jocundum. et. Pudentem. filios. ex. test. her. relinquo
> et bonorum. Jocundi. Patris. mei
> et eorum. quæ. Mihi. adquisivi
> hac. tamen. condicione
> Ut. ab. Urbe. Roma. huc. veniant
> et. ossa. mea. intra. quinquennium
> exportent. e. Lusitania..... etc.

On a aussi découvert, en 1837, à Constantine une épitaphe gréco-latine, où il est dit : « *Translata ab Urbe, secundum voluntatem Marciani testamento significatam.* »

Il nous reste à citer, comme mode de notation des nombres, une inscription où une lettre, employée numéralement, est appuyée, pour la prononciation, par un *aïn* placé après elle à titre de *mater lectionis*. C'est l'inscription gravée sur la pierre dont Gesenius, sous la rubrique *cinquième numidique*, que nous conserverons, a donné une image table 24 de son atlas.

Ce monument, au dire du célèbre auteur, est enfoui, avec plusieurs autres, dans les souterrains du musée de Londres. On en ignore l'origine ; mais les figures des lettres ne permettent pas d'hésiter à la classer parmi les numidiques dont nous nous sommes déjà occupés dans ce chapitre.

Je pense même qu'elle doit aussi leur être assimilée pour la formule initiale, dont elle me semble, par sa simplicité, offrir le type.

En effet, je regarde les deux premiers traits comme les vestiges du *teth* qui commence, sur la *sixième* et la *septième numiques*, la formule précitée, et je lis, par conséquent, טען אבן, *thdan eben*, où l'on ne trouve point encore l'*aïn* qu'on voit préposé ou intercalé sur les autres pierres.

Ainsi, dès le début, nous sommes éloignés de la version de Gesenius, qui lit ici לבעל אדן, et cette divergence n'ira qu'en augmentant ; mais aussi comment se prêter à une interprétation où, pour une si courte épigraphe, on voit dans la première ligne quatre formes différentes affectées à une seule lettre, au *lamed*, savoir, signes 1, 4, 8, 22, et, au contraire, à la seconde ligne, deux valeurs distinctes, celle du *hé* une fois, et deux fois celle du *iod*, attribuées à un seul caractère, lettres 1, 4 et 14, tandis que dans d'autres inscriptions, et cette fois seulement avec raison, on avait déjà reconnu à cette même figure une autre puissance, celle du *schin*?

Je propose donc, sans autre préambule, la leçon suivante :

טען אבן עדרחנא מתנבעל		Onus lapidis Hadriani, filii Mattambalis
שיבש	בנע אנדא ראש	Siphacis in III legione capitis.

On remarquera que je mets אבן עדרחנא à l'état construit, tandis que le rapport est exprimé sur les numidiques analogues par של, et sur la presque totalité des autres pierres mortuaires que l'on connaît par le *lamed* préposé au conséquent. On pourrait cependant être porté à lire אבן, au moyen des deux petits traits qui suivent l'*aleph*, et à faire, comme Gesenius, de la longue ligne verticale qui vient après, le *lamed* dont il s'agit. Mais ce doit être maintenant pour nous une conviction bien acquise que le *lamed* ne descendait jamais au-dessous de la ligne, afin de rester distinct du *nun* avec lequel il avait souvent une ressemblance qui, sans cette précaution, aurait entraîné de fréquentes méprises. Aussi, à la fin de la même ligne, nous voyons en effet le *lamed* jeté au-dessus de celle-ci.

C'est aussi cette considération qui m'a fait penser que le premier trait de l'inscription ne peut pas être un *lamed*, qu'on ne doit point, par conséquent, lire, avec Gesenius, *Baali domino*, mais que ce trait doit être rejoint au suivant pour constituer un *teth* dont le contour a éprouvé, par l'injure du temps, une solution de continuité.

D'après cette manière de voir, le petit trait qui suit l'*aleph* ne serait qu'un accident, et l'on n'en devrait tenir aucun compte. Il ne faut pas oublier que ce monument est resté longtemps enfoui dans les caveaux du musée de Londres, au milieu d'autres débris, et qu'on ne possède qu'une copie donnée par Gesenius, qu'il a prise lui-même, à la vérité, sur l'original, mais sans faire connaître le procédé qu'il a suivi.

Le reste de la première ligne n'offre pas de difficulté sérieuse. Adoptant, pour le premier nom propre, la transcription de Gesenius, en y ajoutant toutefois, comme dans הנה de la 5ᵉ et de la 9ᵉ carthaginoises, l'*aleph* que cet interprète en sépare, je le rends par *Hadrianus*: telle, en effet, me paraît être l'étymologie du nom latin qui a été porté par plusieurs personnages nés en Phénicie ou en Afrique. La famille de l'empereur qui l'a illustré l'avait sans doute emprunté aux Carthaginois, possesseurs de la ville d'Espagne où elle s'était fort anciennement retirée, et où elle avait conservé des relations jusqu'à son avénement au trône, puisque la mère du successeur de Trajan était de Cadix, et que lui-même était né en Espagne. Peut-être était-ce aussi à cette affinité que son père devait le surnom d'*Afer*.

L'idée de rendre par *Siphax* le premier mot de la seconde ligne m'a été communiquée par M. de Saulcy, et je n'hésite pas à l'adopter, car il n'est pas sans exemple de voir deux noms à un seul individu. La mutation du *beth* en *phé* n'a, au surplus, rien d'extraordinaire.

Le reste de l'inscription, séparé par un intervalle prononcé, en est la partie la plus obscure, celle aussi sur laquelle mon interprétation sera peut-être jugée le plus hasardée.

Gesenius traduit ainsi : מבע אגדת רמו.... *Percutientis turmas Romani*.

J'attaquerai d'abord le dernier mot, qui me semble la clef de la phrase.

Gesenius avance qu'on pourrait le lire ראי. Il a raison, quant au second caractère ; il aurait pu même être absolu et dire qu'on doit le lire ainsi, pour ne pas déroger à la valeur qu'il a lui-même assignée dans les trois autres endroits de l'inscription où ce caractère reparaît. Mais alors, comme il le fait observer, on ne trouve point de sens. C'est qu'il s'est trompé aussi sur la dernière lettre, en en faisant un *iod*, tandis qu'elle ne peut certainement être qu'un *schin*. On a ainsi ראש.

Or le radical précédent אגד voulant dire, entre autres significations, *corps de troupes*, il n'est pas difficile de saisir le rapport qui peut exister entre ces deux mots, le dernier correspondant littéralement à nos expressions *chef*, *capitaine*, voire *caporal*.

Gesenius fait, du suffixe ajouté au radical אגד, un *tau* exposant du pluriel ; mais, matériellement, la figure à laquelle il prête cette attribution ne pourrait être qu'un *mem*.

D'un autre côté, le *mem* ne peut être, comme signe du pluriel, appliqué au substantif dont il s'agit, qui est féminin ; le contexte ne permet pas non plus d'en faire un pronom possessif. Ce ne peut donc, d'après le sens, être un *mem*, et il faut nécessairement que la figure soit inexactement représentée. Je pense que c'est un *aleph* dont le crochet a été omis sur la copie, sans doute parce que le temps l'a effacé sur la pierre même.

Je lis donc : אגדא.

Pour que ce mot puisse se lier au suivant, la préposition ב est indispensable, et nous la trouvons en effet en tête du groupe précédent בגע.

Par la même raison, גע doit être en rapport étroit avec אגדא. Mais ces deux lettres, prises au propre, ne fournissent aucun sens. Voici comment je lève cette difficulté.

אגדא, avec sa forme emphatique, peut signifier *legio;* nous avons donc : בגע אגדא ראש.... *In.... legione caput.*

Il est évident que les deux lettres dont nous cherchons l'explication renferment la dénomination de la légion.

Or les légions romaines étaient distinguées par des appellations numérales. D'un autre côté, l'on sait pertinemment par D. Cassius, ainsi que par des inscriptions trouvées à Ghelma, à Lambesa, etc., que la légion stationnée en Afrique était la *troisième auguste,* et nous trouvons dans notre groupe le *ghimel* qui vaut *trois.* Ce *ghimel* est suivi de l'*aïn,* dont nous avons vu l'addition, à titre de simple motion, caractériser les inscriptions dont nous nous occupons. Il joue ici le même rôle.

L'inscription que nous venons d'analyser offre, sous le point de vue graphique, cela de particulier que le *resh* y est tracé sous deux formes : la forme normale et celle de l'R romain rétrograde. Cette circonstance, que nous retrouverons sur quelques autres monuments, est une de celles qui ont porté M. de Saulcy à nier à la dernière figure la puissance du *resh* et à en faire un *hé.* Il n'a point appliqué cette nouvelle détermination au cas présent, et je ne vois pas comment il le pourrait faire. Pour moi, lorsque cette concomitance existe, l'une des formes est exclusivement initiale : c'est l'R romain.

En résumé, de tout ce qui a été dit dans ce chapitre, il résulte, outre la connaissance des divers modes d'exprimer les nombres, ce qui était l'objet principal de notre étude, la notion :

1° D'une variante de *schin;*

2° Du rôle particulier de l'*aïn* dans les inscriptions numidiques, soit comme permutation, soit comme addition et *mater lectionis;*

3° Des abréviations ש et שת pour שנת, *année;*

4° De l'emploi des particules préfixes ש ou של, comme exposant du cas oblique;

5° Du moyen de formation du féminin singulier à la suite des noms et des verbes;

6° Du moyen de formation de la première pers. plur. du prétérit.

LIVRE TROISIÈME.

ÉLÉMENTS MONUMENTAUX. — DIFFÉRENCES OU ANALOGIES GÉOGRAPHIQUES ET CHRONOLOGIQUES.

CHAPITRE I.

CONSIDÉRATIONS GÉNÉRALES.

Barthélemy disait, dès son premier Mémoire sur la langue phénicienne, lu en 1758 à l'Académie des belles-lettres : « Les lettres phéniciennes ne sont pas essentiellement distinguées des samaritaines, mais la plupart ont, suivant la différence des pays et des temps, éprouvé tant de variations qu'on perd bien souvent la trace de leur origine. Ainsi un alphabeth phénicien ne doit pas être uniquement fondé sur le rapport de ses éléments avec ceux des alphabets connus; il faut le tirer du sein même des monuments qui s'offrent à nos yeux, et, par une conséquence nécessaire, il faut le varier suivant que les monuments présentent une écriture différente.

De Guignes, près de neuf ans plus tard, exprimait la même remarque en ces termes dans son *Mémoire historique et critique sur les langues orientales* : « Le caractère phénicien est contourné différemment suivant les différents cantons où il a été en usage. Le caractère de Palmyre semble tenir plus de l'hébreu; celui de Carthage ou le punique, et celui de la Sicile ou de l'Espagne avaient une origine commune et tenaient de celui des Phéniciens; mais, malgré l'identité des figures, l'on y aperçoit des contours, des nuances, des altérations qui en rendent la lecture très difficile à ceux qui ne liraient que le caractère usité en Phénicie. Chaque province, chaque siècle ont leur goût particulier dans la manière d'écrire; il faut donc rassembler un grand nombre d'alphabets pour parvenir à la lecture de tous les monuments. »

La justesse de ces observations est vérifiée, en ce qui concerne les différences relatives aux contrées, par les remarques que nous avons été, pour notre propre compte, à même de faire dans le cours des analyses contenues dans le livre précédent. Nous avons été frappés en effet des variations de la plupart des lettres, de la circonscription de plusieurs de ces variations dans les limites de certaines localités et particulièrement, ainsi que De Guignes, des modifications tranchées que présentent les lettres gravées sur les monuments trouvés en Numidie. Nous n'avons point eu occasion de porter notre attention sur les différences chronologiques.

Nous allons reprendre l'étude des monuments sous ce double point de vue, et nous serons ainsi amenés à achever l'analyse des inscriptions connues. Nous acquerrons par ce nouveau travail la confirmation de nos déterminations alphabétiques.

Les contrées qui ont fourni des monuments phéniciens peuvent être séparées en deux grandes divisions, l'une orientale, comprenant la Phénicie proprement dite, la Célésyrie, la Cilicie, la Cappadoce, la Lydie, la Grèce, l'Égypte, les îles d'Arad et de Chypre; l'autre occidentale, renfermant l'Afrique proprement dite, l'Espagne, Marseille, et les îles de la Méditerranée depuis la Sicile jusqu'à Iviça. Nous suivrons cet ordre, si ce n'est qu'en considérant qu'Arad, bien qu'étant une île, était cependant très rapproché de la côte et comme intimement lié à la Phénicie continentale, nous pensons ne devoir pas l'en séparer.

ET DE LA LANGUE LIBYQUE.

Quant aux déterminations chronologiques, nous en puiserons les motifs, d'une part dans les indications directes que présentent quelques monuments, d'une autre part dans le synchronisme paléographique des inscriptions grecques dont plusieurs sont accompagnées.

La Phénicie et la Cilicie fournissent des médailles et des gemmes gravées ;
La Célésyrie a une médaille de Baalbeck ; la Lydie une médaille de Bagé, la Cappadoce une médaille de Mazaca ;
La Grèce a conservé des inscriptions lapidaires ;
L'Égypte, des inscriptions lapidaires, des papyrus, des scarabées ;
Chypre, des inscriptions lapidaires ;
L'Afrique, une gemme en forme de cachet, un grand nombre de médailles et d'inscriptions lapidaires, dont une en caractères latins ;
L'Espagne bétique, des médailles ;
Marseille, une très remarquable inscription lapidaire ;
La Sicile, des médailles, des inscriptions sur une pierre et sur des vases, peut-être une gemme ;
La Sardaigne et Malte, des épigraphes lapidaires ; la première, en outre, des médailles ;
Les îles d'Aïa, de Cossyre, de Minorque, d'Ebusus, des médailles ;
Enfin l'île de Gerbe, une inscription lapidaire.

C'est en parlant des monuments d'Afrique que nous aurions à nous occuper des inscriptions libyques ; mais nous leur réservons un chapitre à part à la fin du livre.

CHAPITRE II.

Phénicie proprement dite.

Les villes de Phénicie qui nous ont laissé des monuments sont : Arad, Carné, Laodicée, Gabala, Marathus, Byblos, Béryte, Sidon, Tyr et Aco.

Nous y ajouterons Baalbek, de la Célésyrie, pour éviter des subdivisions trop multipliées.

Tous ces monuments consistent en médailles, à l'exception de l'un de ceux de Béryte, qui est une gemme.

§ Ier. *Arad et Carné.*

On a attribué à Arad un assez grand nombre de médailles diverses. Une classe portant le titre ΑΡΑΔΙΩΝ ne laisse aucun doute à cet égard. Cette classe se compose : 1° du médaillon d'argent représenté par Pellerin, Recueil, pl. xc, n° 1, et de toutes les variantes dont les types ressemblent à ceux de cet exemplaire, soit dans l'Atlas du même auteur, soit dans celui de Mionnet : 2° des espèces en bronze ayant au revers un taureau courant à gauche ; 3° un exemplaire en bronze à l'effigie de Trajan. Ces espèces portent au revers, outre une ou deux dates notées en caractères grecs, une des lettres phéniciennes suivantes : א, ב, ג, ה, ס, ר. Je ne chercherai pas à pénétrer la signification de ces lettres solitaires ; ce travail, qui n'aurait aucune utilité dans le plan que nous nous sommes proposé, compète plus particulièrement aux numismates[1]. Ce que nous avons à faire remarquer, c'est la forme insolite des figures 𐤄, 𐤎 et 𐤕. Il est facile de déterminer les deux dernières en les comparant aux figures 𐤎 et 𐤕 marquées sur des exemplaires du cabinet du roi, n°^{s} 770 et 771 ; celle-là est évidemment un *hé ;* celle-ci est le signe que nous avons provisoirement considéré comme un *samech* en traitant de la *première athénienne.* Quant

---

(1) Il serait cependant possible que le *resh* de la médaille de Trajan fût le commencement de l'orthographe *rouad,* actuellement suivie par les Arabes.

à la première, l'assimilation qui nous paraît le plus probable, c'est aussi celle du *samech* tracé cursivement, comme la portion de gauche de la nouvelle variante du *hé* dont nous venons de parler.

Sur une série d'autres exemplaires représentés dans le Recueil de Pellerin, planche xc, n° 11, et planche cxix, n°s 1, 3 et 4, on ne trouve que l'abréviation AP en caractères grecs liés en monogramme. L'exemplaire 12, planche xc, ne porte que l'initiale A. Ces sigles ne laissent non plus aucun doute sur l'attribution des monnaies dont il s'agit. L'exemplaire 14 de la planche xc, dépourvue de légende phénicienne, conduit toutefois à l'attribution des exemplaires 16 à 22 de la planche cxix de Pellerin, qui n'ont aucun des titres d'origine en caractères grecs que nous venons d'indiquer, mais qui ont avec ce n° 14, pourvu du monogramme AP, une identité manifeste de types et de fabrique. Il est évident que l'analogie s'étend aux variantes 14 et 15, pl. cxix, qui ne diffèrent qu'en ce que, sur le droit, une tête féminine est accolée à la tête barbue et laurée, regardant à droite, qui est unique sur les autres exemplaires.

Dans cette série, les espèces n°s 11 et 12, planche xc, n'ont qu'une légende phénicienne écrite à l'exergue du revers, au-dessous d'une proue. Cette légende, commençant par ער, est évidemment une date, savoir, dans le premier cas, *An* 20; dans le second, *An* 42.

Les autres exemplaires, outre la légende numérale de l'exergue, en ont une seconde au-dessus de la proue. Lorsque le monogramme grec existe, il coupe cette légende, composée de deux figures, en deux parties, l'une à droite, l'autre à gauche.

Sur les exemplaires 14 et 16 de la planche cxix de Pellerin, cette légende paraît être אן; mais sur un exemplaire de ma collection pareil au n° 14, et sur plusieurs exemplaires du cabinet du roi, la leçon est évidemment אר, la tête de la seconde lettre étant fermée par le prolongement du trait vertical.

De même, sur l'exemplaire 10 de la planche précitée, les deux lettres du champ semblent être אן encore, tandis que sur une pièce de mes cartons c'est aussi et indubitablement אר.

Cette dernière leçon doit être certainement substituée partout où les planches donnent אן ou כן ; c'est, comme AP ou A à l'égard du nom grec, une abréviation du nom phénicien de la ville que la Bible nous montre écrit ארוד.

Une observation semblable s'applique aux n°s 15 et 19; au lieu de ען, on doit lire, comme au n° 4, ער, et ce groupe est équivalent au précédent; il y a une simple mutation de l'*aleph* en *aïn*.

M. Lindberg, qui regarde aussi le groupe ער comme une abréviation du nom d'Arad, rapporte, pour ce motif, à la même ville la pièce d'argent décrite par Mionnet, tome V, page 643, n° 30, de cette manière : « personnage coiffé de la tiare, la main droite levée, debout dans un char attelé de deux chevaux allant à gauche, conduits par un jeune homme; une autre figure suit le char à pied, etc. ℞ Galère avec pilote et rameurs; dessous des flots, etc. » Cette médaille a, dans le champ du droit, un groupe bilittère qui se lit sans difficulté ער; sur le revers, au-dessus de la galère, est la date 12. M. Lindberg donne la même attribution à une autre espèce, pareillement en argent, décrite aussi dans Mionnet, tome V, page 642; elle a pour types et pour légendes : « Homme barbu, debout, portant la tiare, revêtu d'un long vêtement, lançant de la main droite un globe dont il frappe la tête d'un lion dressé devant lui; dans le champ y : le tout dans un carré. ℞ Trirème avec rameurs; au-dessous, des flots; au-dessus, ער. » On reconnaît facilement à ces traits deux espèces des monnaies phénico-persanes attribuées à la Cilicie. Chacune offre une variante où le *resh* de la légende, au lieu d'être régulier comme dans les exemplaires que nous venons de citer, est modifié de manière à présenter une forme pareille à celle du *resh* dans la variante I des monnaies de Tyr (pl. 31 1 de Gesenius), c'est-à-dire du R retourné (*voyez*, pour l'une de ces variantes, la vignette gravée en tête du *Rec. des méd. de rois* de Pellerin). La restitution à Arad me semble au-dessus de toute attaque. Il est possible que quelques médailles aux types persans et à légendes phéniciennes appartiennent à la Cilicie. Mais il est certain que, lorsque les Perses occupaient simultanément cette contrée et la Phénicie, ils ont fait frapper, dans l'une comme dans l'autre, des monnaies à leurs types. Nous ne tarderons pas à constater qu'il faut rapporter à Gabala et à Byblos des monnaies du même style, et nous serons amenés à conjecturer, avec la plus grande vraisemblance, qu'il en faut attribuer d'autres à Baalbec et Aco, celle-ci, par parenthèse, offrant les mêmes types que la première des deux que nous venons de rendre à Arad.

Gesenius objecte à l'explication du groupe ער ce fait, que nous avons précédemment énoncé et dont nous nous sommes servis pour interpréter le groupe אר, savoir que, dans la Bible, le nom d'Arad commence, non par un *aïn*, mais par un *aleph*. Nous avons déjà dit que c'est une simple mutation. L'assertion est confirmée par la légende d'une médaille où le nom phénicien d'Arad est écrit en toutes lettres et indubitablement de cette manière : ערד ; il s'agit de l'exemplaire indiqué aux lettres D et E de la planche 36 vi de Gesenius.

Depuis Bayer, cette médaille est attribuée à Carné; mais la légende n'en avait pas encore été fidèlement retracée, ni, par conséquent, exactement interprétée. J'en donne, d'après un bel exemplaire que je possède, une copie correcte qui rend évidentes la lecture et la version (*voy.* pl. 2, n° 2).

Cette médaille porte au revers une corne d'abondance autour de laquelle est écrite la légende qui se divise en trois parties ; l'une se lit de haut en bas, dans le champ de gauche ; l'autre dans le même sens, dans le champ opposé ; la troisième, intermédiaire, est écrite horizontalement au niveau de la pointe de la corne d'abondance qui la coupe en deux parties, l'une de deux lettres à droite, l'autre d'une lettre à gauche.

La première partie de la légende est ainsi composée קרן ; c'est évidemment le nom de la ville, auquel la corne d'abondance fait allusion comme emblème parlant, puisque le nom phénicien, origine de variantes qui ont la même signification dans un grand nombre de langues, veut dire au propre *corne*.

La seconde partie est une date.

La troisième est celle qui doit plus spécialement nous occuper. Les deux lettres de droite, qui avaient été prises par Bayer pour des lettres numérales grecques, sont, depuis Fabricy, considérées par tout le monde, et avec raison, comme phéniciennes et lues ער. Mais la lettre de gauche a toujours été mal figurée, partant mal déterminée et mal interprétée. La légende D de Gesenius est empruntée à Bayer, l'autre à Mionnet et à M. Lindberg. L'erreur du dessin, prononcée surtout dans la dernière copie, provient sans doute de ce qu'on a confondu avec les traits appartenant à la lettre ceux des petits ornements qui s'échappent de la partie inférieure de la corne d'abondance.

Bayer prenait la figure dont il s'agit pour un *daleth* ou pour un *tau*, et, la joignant aux trois lettres placées au-dessus, il lisait : קרנד ou קרנת. Fabricy préférait y voir un *aleph*, ce qui lui donnait קרנא ; il regardait les lettres voisines, ער, comme numérales et formant une seconde date. M. Lindberg, plus égaré par un dessin plus défectueux, trouvait dans la figure de gauche une ligature des lettres צר, et, unissant ce groupe aux deux autres qui y aboutissent, il lisait : קרן 'ער צר, *Aradus, cornu Tyri*.

Notre exemplaire prouve définitivement que le caractère en question est un *daleth* très régulier et qu'il doit être joint aux deux lettres écrites dans le même sens, ער, ce qui fait ערד, variante du nom d'Arad, dont nous avons vu les deux premières articulations employées seules, par abréviation, sur d'autres monnaies, parallèlement à cet autre sigle : אר. L'union de ce nom à celui de Carné annonce une alliance entre ces deux villes, qui étaient en effet si rapprochées et si liées entre elles que Strabon, livre XV, appelle celle-ci le port de la première.

On a encore, par suite de la ressemblance ou de l'analogie des types, attribué à Arad les exemplaires retracés aux n°s 22, 1, 2, 3, 12 et 13 de la pl. cxix du Recueil de Pellerin, ainsi que celui dont je reproduis ci-après la légende, pl. 2, n° 1.

Le dernier a pour légende, au revers, au-dessous d'une proue, une date, *An* 143 ; au-dessus un groupe bilittère dont le premier signe est un *qôph*; cette initiale nous rappelle immédiatement le nom de Carné; nous devons dès lors penser que le jambage qui suit est un *resh*, détermination autorisée par la variante de cette lettre sur plusieurs exemplaires monétaires de Tyr (Gesenius, pl. 34, I, K, L, M). Nous avons donc une abréviation du nom de cette ville, קר, analogue à l'abréviation du nom d'Arad dans la plupart des cas précédemment étudiés.

La première variante du n° 22 de Pellerin nous offre, dans un groupe quadrilittère, le nom entier de Carné, קרן, suivi d'un autre signe que la seconde variante prouve être un *aleph*; cette dernière lettre est certainement l'initiale et le sigle du nom d'Arad.

L'exemplaire n° 1 de Pellerin offre d'abord un caractère entièrement semblable au *schin* du mot שת, *année*, qui commence la légende inférieure ou numérale; on ne peut s'empêcher de lui donner la même valeur. La figure suivante, en comparant ce groupe à celui du n° 3, parait un reste du monogramme grec AP. La dernière lettre est évidemment un *mem*. La légende phénicienne est donc שם; je n'en trouve pas d'explication suffisamment plausible. La légende du n° 3 parait être semblable à celle-ci; un trait du *mem* n'a point marqué ou a été effacé.

Sur le n° 2 les figures phéniciennes, séparées par un monogramme grec qui semble indiquer Gabala, sont, la première un *tsadé*, initiale probablement du nom de Sidon ou de Tyr, et la seconde le monogramme אר.

Enfin les médailles des n°˚ 12 et 13 de la planche précitée de Pellerin doivent un peu plus longtemps attirer notre attention. Nous en avons parlé déjà, dans le dernier chapitre du livre précédent, au sujet des deux lettres placées sur les côtés des pointes réunies des cornes d'abondance: nous avons dit que, sur le n° 13, au lieu de deux *tau*, il faut lire בת, comme sur l'exemplaire que nous reproduisons sur notre planche 2, n° 4. Nous n'avons à nous occuper en ce moment que du groupe gravé dans le champ à gauche.

Ce groupe, sur les deux exemplaires de Pellerin, est composé d'abord d'un *mem*, puis d'une figure inconnue, et, au-dessous de ces deux signes, d'un *beth;* sur un exemplaire que je possède, celui dont j'ai fait dessiner les légendes sur la planche 2, n° 4, le *mem* est remplacé par un *beth;* la figure intermédiaire n'est pas nettement tracée et la lettre inférieure est un *ghimel*.

Dutens, qui ne connaissait que la première de ces deux variantes, la lisait מאר (*Explication de quelques médailles phéniciennes*, Dissertation XI, pag. 148 et suiv.), et il rapportait la monnaie à Mariamé ou Mariammé, ville située à l'orient de Marathus, entre l'Eleutère et l'Oronte. La variante de notre planche renverse cette attribution.

Gesenius, on ne sait pourquoi, classait ces espèces parmi celles de Sidon.

M. Lindberg s'est moins éloigné de la vérité en les décrivant parmi celles d'Arad.

Les mutations de la première et de la dernière lettres indiquent que ces lettres ont chacune séparément une valeur propre. Je suis porté à les considérer comme des initiales de noms de villes associées; le *mem*, par exemple, représenterait Marathus; le *beth*, Balanée ou Béryte; le *ghimel*, Gibel (Byblos).

Reste à expliquer la figure intermédiaire. Cette figure me parait être un monogramme composé d'un *qôph* semblable, sauf une légère différence de direction, à celui qui se montre dans l'inscription de la table 27 LXIV de Gesenius, et d'un *resh* formé par un simple trait vertical, comme sur plusieurs monnaies de Tyr. Nous aurions donc קר, c'est-à-dire Carné, et le groupe entier donnerait : ב. קר. מו. קר. ou ג קר., savoir : *Marathus, Carné, Balanée,* ou *Balanée, Carné, Gibel.*

Les types persans de plusieurs des médailles que nous avons examinées dans ce paragraphe en font remonter la fabrication à une époque antérieure à celle d'Alexandre le Grand. Il y a lieu de s'étonner de trouver déjà sur quelques-unes de ces pièces la modification du *resh* que nous avons signalée, et qui ne reparait ensuite qu'aux temps les plus bas sur quelques monnaies de Tyr ou sur les monuments de l'Afrique et des contrées environnantes; mais cette modification s'explique précisément par la présence d'une population étrangère qui ne connaissait pas assez la langue phénicienne pour n'être pas souvent embarrassée par la similitude de la forme primitive de cette lettre avec celles du *beth* et du *daleth*.

Les pièces des époques ultérieures portent, comme on l'a vu, des dates précises écrites tantôt en caractères grecs, tantôt en signes phéniciens. Ces dates paraissent appartenir à l'ère d'Arad, qui commençait en 259 avant J.-C. Celles en signes phéniciens s'étendent de l'an 20 à l'an 163; celles en caractères grecs, de l'an 96 à l'an 375; la médaille à l'effigie de Trajan est dans le dernier cas. Ainsi les dates grecques chevauchent sur les dates phéniciennes; il en est de même, dans chacune de ces classes séparément, des dates de certains types sur celles d'autres types.

Nous avons particulièrement à noter, comme conclusions de ce paragraphe :

1° Un nouvel exemple de mutation de l'*aleph* en *aïn*, exemple qui a cela de remarquable qu'il se présente en Phénicie même ;
2° Les variantes graphiques du *hé* et du *samech* ;
3° L'aplatissement de l'*aïn* sur l'un de ses côtés ;
4° L'exemple de monogrammes phéniciens.

§ II. *Marathus*.

Cette ville a fourni un grand nombre de médailles à types divers, dont plusieurs sont dessinées sur la table 35 v de l'atlas de Gesenius. Le revers de la plupart porte une légende composée, comme celles de plusieurs médailles précédemment étudiées, de trois parties : une à droite dans le champ, se lisant de haut en bas מרת ; une opposée, à gauche, consistant dans une date qui se compte de bas en haut ; la troisième, intermédiaire et horizontale, formée des deux lettres בן ou בת, séparées par les pieds du personnage figuré sur ce revers, le *beth* à droite au-dessous de מרת, le *nun* ou le *tau* à gauche, entre le personnage et le commencement de la portion numérale.

מרת, MRT, est le nom de la ville, Μάραθος, πόλις ἀρχαία Φοινίκων (Strabon, XVI).

Le mot intermédiaire בן ou בת signifie, comme nous l'avons dit plusieurs fois, *âgé* ou *âgée de*.

C'est à Barthélemy (*Journal des Spavans*, 1760) qu'on doit la détermination de cette médaille que Swinton avait confondue parmi celles de Sidon. Notre illustre compatriote avait remarqué que la quatrième lettre du champ, à droite, est un *beth* qui, se trouvant placé dans un sens perpendiculaire à celui des trois autres caractères, ne doit pas se lier avec eux ; il pensa que ceux-ci forment exclusivement le nom de la ville, et présuma que le *beth* devait se joindre avec la lettre isolée, de l'autre côté, aux pieds de la figure ; mais il crut à tort que ce groupe désignait le mois où la médaille avait été frappée. En outre, comme le *beth* a quelquefois la queue très courte et que cela le fait, jusqu'à un certain point, ressembler à l'*aïn*, Barthélemy admit la possibilité de cette dernière valeur et avança que, dans ce cas, on pourrait lire מרתע, *Marthah* au lieu de *Marath*.

M. Lindberg a adopté comme règle cette pensée ; il fait toujours un *aïn* de la quatrième lettre du champ de droite et lit constamment מרתע. Dans cette lecture, outre que l'on méconnaît l'analogie graphique, on se place dans l'impossibilité d'expliquer la signification de la lettre isolée de gauche.

Gesenius a, avec raison, écarté cette opinion dont l'erreur se trouve démontrée par la pièce n° 1 dont j'ai un exemplaire dans ma collection et où la légende, exclusivement contenue à gauche, ne présente pour nom de la ville que מרת.

Mais de son côté, se fiant trop aux copies de Mionnet, bien qu'il termine son article sur Marathus par cette remarque : « Cæterum etiam horum numorum exempla turpiter detrita esse solent, ut litterarum figura sæpe ægre discernatur, » Gesenius rapporte plusieurs leçons de la partie intermédiaire de la légende qui n'existent pas. Ainsi, à la lettre A de sa table 35, בנך doit se lire simplement בן ; on a pris pour un *caph* un petit vase placé à gauche, au milieu du champ, au-dessus du *nun*. La même erreur a été commise au n° 16 de Mionnet, où, de plus, on a confondu le *beth* avec un *aïn*. Cette dernière méprise a eu lieu aussi dans plusieurs autres cas. Sur d'autres exemplaires, tantôt le *beth*, tantôt le *nun* ou le *tau* ont été pris pour un *mem*.

L'exemplaire I de Gesenius, qui l'a copié au musée de Londres, n'a, après מורת, ni בן ni בת ; il porte ערי, dont les trois éléments sont réunis horizontalement dans la portion droite du champ, au-dessous du nom de la ville. Ce groupe donne le nom d'Arad, selon la variante orthographique déjà signalée, d'Arad qui a eu en effet Marathus dans son alliance et même sous sa dépendance.

C'est cette circonstance aussi qui fournit l'explication de la légende d'un exemplaire gravé dans la vignette de la première page du quatrième supplément de Pellerin, légende qui doit se lire מ׳ א׳ ק׳, c'est-à-dire *Marathus*, *Arad* et *Carné*, indiquées par les initiales de leurs noms. Pellerin lisait מאג et attribuait par conséquent la pièce à *Mageddo* de Galilée. Mais le symbole maritime figuré sur le revers, savoir la proue avec un mât, ne permet pas cette attribution en faveur d'une ville située dans l'intérieur des terres. D'ailleurs la troisième lettre ne peut être admise pour un *ghimel*, avec lequel elle n'a aucune analogie ; c'est certainement un dessin incomplet du *qôph*, tel qu'en présentent les copies jusqu'à présent publiées de la médaille de *Carné*, plus exactement reproduite sur notre planche 2, n° 1 (*voy.* Gesenius, planche 36 E).

La portion numérale de la légende commence par שת, *an ;* c'est sur un exemplaire des médailles de cette classe, conservé au musée royal de Copenhague, que M. Lindberg a vu שנת écrit en toutes lettres.

Le nombre 100 est marqué tantôt en chiffres, tantôt par le mot מאת, et, dans ce dernier cas, l'*aleph* se présente sous deux variantes fort différentes.

La date entière va depuis 87 jusqu'en 166, au dire de M. Lindberg, et comme c'est précisément en l'an 166 de l'ère des Séleucides que Marathus a été détruit par les Aradiens, ce savant antiquaire en conclut, avec beaucoup de vraisemblance, que c'est cette ère des Séleucides que suivait la cité dont il s'agit.

§ III. *Gabala*.

On n'a jusqu'à présent rapporté à cette ville, qui était située un peu au-dessus de Marathus, aucune médaille phénicienne. Il me semble qu'on doit lui restituer celle qui est représentée par Gesenius à la lettre H de sa table 36 et décrite ainsi, page 284, parmi les incertaines de la Cilicie : « *Leo cervum devorans;* epigr. לעי בעל. ℞ Sine forma. Ex exemplo musei Britannici. In aliis aversa habet Herculem ad S. dextra clavam, s. arcum. Pellerin, III, pl. 122, n° 10 (ubi tamen epigraphe male picta est). Mionnet, tome III, page 663, n°s 647, 649 (pl. xxii, n°s 20, 21), ubi in altero exemplo est עיבעל sine ל. »

Gesenius, qui repousse avec raison toutes les autres lectures, et par conséquent les interprétations diverses qu'on s'est efforcé d'en déduire, ajoute au paragraphe précédemment cité : « Epigraphe in exemplis Parisiensibus et Londinensi admodum distincta לעיבעל, עיבעל hanc monetam indicat in Ciliciæ quadam urbe עיבעל (*tumulus Baalis*) dicta: cusam esse : sed quomodo hæc a Græcis appelletur, discere malo, quam docere : quum et adversæ et aversæ typus pluribus hujus regionis urbibus communis sit. »

On voit que c'est à cause des types que ce savant archéologue s'est cru obligé de comprendre cette monnaie parmi celles de Cilicie ; mais nous avons déjà annoncé et nous prouverons bientôt que ces types se retrouvent sur une médaille appartenant incontestablement à Byblos ; la médaille qui nous occupe peut donc aussi, nonobstant cette analogie fort explicable, avoir été frappée dans une ville de la côte orientale de la Méditerranée. Dès lors il est facile d'y lire *Gabâl*, en se

rappelant que l'*aïn* se prononçait souvent gutturalement comme le *ghaïn* des Arabes, et se rendait dans ce cas en grec par *gamma*, ex.: עזה, Γάζα, עמורה, Γόμορρα.
Cette monnaie remonte à l'époque de la domination persane.

§ IV. *Byblos.*

Deux médailles peuvent être rapportées à cette ville. Sur la première (*voy.* Gesenius, table 36 vii, viii, F) on lit : עינאל מלך גבל ; sur la seconde : שתל'ד 'גבל. La première légende signifie : *OEnulus, roi de Gibel.* Cette lecture est due à M. le duc de Luynes. Elle est très importante, car c'est elle qui prouve incontestablement que les types persans, que l'on attribue exclusivement à la Cilicie, ne lui appartenaient pas tous, que la côte orientale de la Méditerranée peut aussi les revendiquer.

OEnulus, on le sait, était en effet roi de Byblos lors de l'expédition d'Alexandre ; Arrien nous apprend, comme le rapporte l'abbé Mignot dans son cinquième mémoire sur les Phéniciens[1], qu'il était avec ses vaisseaux dans la flotte de Darius Codomanus ; mais que, lorsqu'il apprit que le héros macédonien était entré en Phénicie et s'était rendu maître de Byblos, il abandonna Darius et vint avec toutes ses forces grossir l'armée navale du vainqueur.

D'un autre côté, l'on n'ignore pas non plus que le peuple à qui les Septante donnent le nom de Βυβλιοι, et saint Jérôme celui de *Biblii*, est celui des גבלים de la Bible (Josué, xiii, 5 ; I R, v, 35), et qu'aujourd'hui encore les Arabes appellent *Gibelet, Gibil* ou *Gibail* la ville qui existe sur le même emplacement. C'est le גבל du Ps. lxxxiii, v. 8, et d'Ezéchiel, ch. xxvii, v. 9, et c'est aussi ce nom que l'on retrouve seul sur la seconde de nos deux médailles, décrite par Mionnet parmi les incertaines de la Phénicie.

Les faits rapportés ci-dessus prouvent que la première des monnaies dont il s'agit a été frappée très peu de temps avant l'invasion de la Phénicie par Alexandre ou au début de cette invasion.

La seconde porte une date qui donne 34, époque appartenant sans doute à l'ère des Séleucides.

§ V. *Béryte.*

On a publié, comme monuments de cette ville, 1° la médaille C de la table 36 vi de Gesenius ; 2° la médaille n° 2, tome V, page 334, de Mionnet ; 3° le cachet dessiné sur notre pl. 2, n° 4.

La première médaille, par les types et par les lettres ΛΑΦ qui se trouvent dans le champ du revers, convient en effet à Béryte.

La légende phénicienne est composée d'un *lamed*, d'un *beth*, d'une lettre nouvelle, d'un *resh* et d'un *tau*. Le *lamed* est la particule préfixe dont nous avons eu plusieurs occasions de constater la destination ; il est facile de reconnaître dans les autres lettres, en en exceptant même momentanément la seconde, la charpente du nom de Béryte, savoir : ב?ר?ת. Le caractère inconnu ne peut donc être qu'une aspiration, puisque toutes les articulations du nom se trouvent dans les lettres que nous venons de rapporter. Or, Étienne de Byzance assigne pour étymologie à ce nom le mot באר, voulant dire *puits* : Ἐκλήθη διὰ τὸ εὔυδρον, Βὴρ γὰρ φρέαρ παρ' αὐτοῖς. Le mot phénicien auquel il est fait allusion est donc באר, *puits, citerne,* au pluriel, בארות ; ce serait ce pluriel, avec la suppression ordinaire du *vau*, qui serait écrit sur la médaille, et, par une seconde conséquence, le signe inconnu, soit qu'il ait été inexactement dessiné, soit qu'il présente réellement une forme nouvelle, serait un *aleph*. Ce nom de ville correspondrait à celui des Latins *Putroli*.

---

(1) *Mém. de l'Acad. des inscript. et belles-lettres,* in-12, tome LXI, page 47.

DE LA LANGUE PHÉNICIENNE

Sur la seconde médaille, la légende est réduite aux lettres בר. C'est une abréviation, ou mieux, le singulier du nom précédent avec le retranchement de l'*aleph*, de même que בארתי du 2ᵉ livre de Samuel, ch. IV, v. 2, et ch. XXIII, v. 37, est contracté en ברתי dans le 1ᵉʳ livre des Paralipomènes, ch. XI, v. 39.

Enfin le cachet gravé au n° 3 a été décrit et interprété dans le *Journal asiatique*, cahier d'avril 1844, p. 310, par M. le professeur Benary, de Berlin. Il se trouve entre les mains du consul général de Prusse, en Syrie, M. de Wildenbruch, résidant à Beyrouth, l'ancien Béryte.

M. Benary lit et traduit comme il suit la légende de ce cachet :

לבעל
יתנאשאל
מאשלמלק
רתבאר

c'est-à-dire : לבעליתן אש אלם אש למלקרת באר, « A Balithon, homme de Dieu, homme de Melqarth de Ber. »

Les explications de M. Benary sont trop nettes et trop concises pour que nous croyions pouvoir mieux faire que de les lui emprunter textuellement.

« En ce qui touche la détermination des vingt-trois signes qui, d'après l'explication que je viens d'en donner, fournissent onze lettres, à savoir : א, ב, י, ל, מ, נ, ע, ק, ר, ש, ת, l'interprète exercé des monuments phéniciens ne peut être incertain que dans les cas qui suivent :

« 1° Le premier signe de la seconde ligne. On pourrait le prendre, au premier abord, plutôt pour un *vau* (comme sur les monnaies hébraïques) que pour un *iod*. Mais, quoique sa forme paraisse s'éloigner un peu de la figure ordinaire du *iod*, cette déviation s'explique facilement, et le signe en question doit, en réalité, être pris pour un *iod*, parce que ni le *vau*, ni le *tau* (seconde valeur que cette lettre pourrait aussi exprimer) ne donnerait ici un sens satisfaisant.

2° Le quatrième signe de la seconde ligne. Ce caractère, qui se répète, ligne 2, à la quatrième place, peut à peine faire difficulté. On doit le prendre pour un *aleph*, parce qu'il ne peut être ni un *mem*, ni un *schin*. La forme de ce signe s'éloigne à peine de la figure ordinaire de cette consonne, comme on peut s'en convaincre par la comparaison des monuments suivants : *Inscript. malt.*, l. A., l. 2 ; *Malt.* II, l. 3 et 4, dans Gesenius, *Monum. phœnic.*, tables 9 et 7. Mais, si l'on reconnaît ce caractère pour un *aleph*, puisqu'il ne peut être autre chose, il n'y a pas moyen de rester indécis sur le caractère suivant.

3° Ce caractère est le quatrième de la quatrième ligne. Ce signe se trouve, soit accidentellement, par le fait de la gravure, soit à dessein, joint au signe suivant, qui est un *resh* ; mais la jonction a eu lieu de telle sorte que ni l'un ni l'autre des deux caractères n'a rien perdu, ainsi que cela se voit sur une médaille de Tyr E. Il ne faut cependant pas prendre ces deux signes groupés pour un *tsadé* et un *resh* (qui feraient צר, ou *Tyr*), mais bien pour un *aleph*, comme le prouve déjà l'examen du premier caractère de la monnaie de Tyr elle-même, qu'on reconnaît comme différent du signe de l'inscription que nous avons sous les yeux. Une fois la valeur des caractères exactement déterminée, l'explication ne peut plus offrir beaucoup de difficulté.

Les sept premières lettres לבעליתן désignent le propriétaire de la pierre, Baalyithen, nom propre véritablement phénicien qui se trouve aussi dans la *quatrième* inscription *citienne*, l. 1, joint aux noms hébreux Jonathan, Elnathan et d'autres encore. D'autres adjectifs (formant autant de titres) sont donnés à ce Baalyithen. Le premier est אש אלם ; de ces deux mots, le premier, qui se représente fréquemment dans les inscriptions, et en particulier qui se voit deux fois dans celle qui nous occupe, doit se lire אש, c'est-à-dire איש. Le second doit se lire, non pas אלם = אליּם, qui, comme adjectif, signifie en araméen *courageux*, mais bien plutôt אלם, c'est-à-dire אלים, de façon que le prédicat איש אלם (c'est-à-dire איש אלים) répond complétement à l'expression hébraïque employée par les prophètes איש אלהים, *l'homme de Dieu*. Il est vrai que אל se trouve rarement en phénicien pour exprimer le nom de Dieu ; cependant l'index des noms propres de Gesenius et le nom phénicien Αβδήλεμος mettent hors de doute l'existence de celui de notre pierre. Mais, comme l'expression hébraïque איש אלהים est particulièrement un titre d'honneur pour le prophète, de même celle de notre inscription qualifie Baalyithen, moins comme un saint homme en général que d'après sa dignité, qui doit être celle de prêtre ; et, dans le fait, l'expression qui vient ensuite nous le représente plus positivement comme étant au service du dieu *indigène* Melcarth. Cette expression איש מלקרת, *à un homme (qui est attaché) à Melcarth*, n'a pas besoin de plus amples éclaircissements. Les trois derniers caractères de l'inscription désignent plus positivement, comme la divinité de Béryte, l'Hercule Melcarth, bien connu pour être un dieu phénicien. Je ne puis, en effet, lire ces caractères autrement que באר. Or, c'est là le nom même de la ville de Béryte, soit que באר (c'est-à-dire *les puits*) passe pour une abréviation du pluriel בארות (comme מלקר pour מלקרת), soit que, et ceci est plus vraisemblable, la forme même du mot au singulier fût le nom usuel de la ville, comme le dit Étienne de Byzance en parlant de cette cité.

Du contenu de l'inscription, aussi bien que du volume de la pierre, on peut conclure que le prêtre Baalyithen, à qui elle appartenait, la portait en bague et s'en servait comme de cachet. »

§ VI. *Laodicée.*

Barthélemy le premier a lu comme il suit la légende phénicienne de l'exemplaire IV, table 35 de Gesenius, savoir : ללאדכא אם בכנען, *de Laodica, mère en Canaan.*

Cette lecture n'est susceptible d'aucun doute, si ce n'est peut-être pour le signe qui occupe la cinquième et la sixième place ; mais on peut se convaincre de sa valeur en se reportant à la *première* inscription *citienne* qui présente deux fois le *caph* sous cette forme.

Deux villes portaient ce nom ; l'une, à l'extrémité septentrionale de la Syrie ; l'autre près du Liban, entre Béryte et Héliopolis. A laquelle appartiennent les médailles dont il s'agit ?

Barthélemy pensait que c'était à la première : « Elle rapportait autrefois, dit-il, son origine à Séleucus Nicator (Strabon, liv. XVI, p. 749), et de là on pourrait conclure qu'elle ne devait être habitée que par des Grecs et ne pas offrir des lettres phéniciennes sur ses monuments ; mais Séleucus ne fit que la rétablir. Elle s'appelait plus anciennement Ramitha (Ét. de Byzance), et ce nom suppose que ses anciens habitants étaient Phéniciens. »

Les types maritimes que portent ces médailles, savoir l'effigie de Neptune avec divers attributs, notamment sur une proue de vaisseau, s'accorderaient parfaitement avec cette origine.

Mais Eckhel (III, p. 409) a fait remarquer que le monogramme de l'exemplaire que nous venons de citer appartient aux médailles de Béryte. D'un autre côté, une monnaie de cette dernière ville a le groupe ΛΑ de nos médailles associé à ΒΗ. Enfin le culte de Neptune est indiqué aussi sur les monnaies de Béryte, soit par l'effigie entière du dieu, soit par le trident. Eckhel concluait de ces circonstances que les médailles dont il s'agit ne pouvaient être attribuées qu'à Béryte ; mais Gesenius a fort bien fait observer que les rapports signalés ci-dessus pouvaient n'exprimer que la soumission de Laodicée à Béryte ou une étroite alliance de ces deux villes. En effet, le groupe ΛΑ qui se trouve, comme nous l'avons dit, associé à ΒΗ sur certains exemplaires, et qui ne l'est point sur d'autres, avec ou sans légende phénicienne, ce groupe est, sans aucun doute, la première syllabe de ΛΑΟΔΙΚΩΝ, aussi bien que ΒΗ la première syllabe de ΒΗΡΥΤΙΩΝ ; cette association indique donc l'union des deux villes.

L'éloignement de Laodicée-sur-Mer de Béryte n'est pas un obstacle suffisant pour repousser la possibilité de cette union, car nous verrons bientôt la preuve d'une relation semblable entre Aradus et Aco, et Fabricy dit avec raison, à une autre occasion : « Quamque (concordiam) solemnibus pactis urbes non vicinæ solum, sed etiam maxime dissitæ inter se antiquitus sanciebant vel renovabant. » Mais Gesenius a fait une objection plus forte en avançant que Laodicée-sur-Mer était à une trop grande distance de la Phénicie proprement dite pour avoir pu être appelée *Mère en Canaan*, ce que représente, pour la légende grecque, le monogramme de l'exemplaire de Gesenius qui, ainsi que le pensait Pellerin, signifiait très probablement Φοινικης. Il croit donc que c'est à Laodicée du Liban qu'il faut attribuer les médailles dont il est question ; la position de cette ville expliquerait mieux, à son avis, les rapports avec Béryte, et ces rapports, à leur tour, justifieraient l'emprunt des types maritimes.

Malgré tout ce qu'il y a de spécieux dans ces remarques, je ne puis y souscrire ; je maintiens l'opinion de Barthélemy. L'union de la ville dont il s'agit avec Béryte est incontestable. Or, précisément, un motif pareil à celui qui fait admettre cette relation, une identité de type prouve que c'est avec Laodicée-sur-Mer qu'elle existait. Ainsi l'on trouve parmi les médailles de Béryte l'exemplaire cité par Pellerin, *Rec.*, tome II, planche LXXXVIII, n° 11 ; cet exemplaire se distingue par la présence, sur le revers, de Silène portant une outre sur l'épaule gauche ; ce type se représente sur un exemplaire reproduit par le même auteur, *Mél.*, planche XVIII, et ayant pour légende : *Septima Severa Laodicea colonia metropolis*, c'est-à-dire *Laodicea in Syria ad mare*. Ce fait me semble lever tous les doutes.

Une légende marginale grecque existe en même temps que la légende phénicienne sur les monnaies dont nous nous occupons ; elle consiste, sur une variante, en ces mots : Βασιλεως Αντιοχου, et sur l'autre, en ceux-ci : Βασιλεως Αλεξανδρου ; c'est, dans le premier cas, d'Antiochus IV ou Epiphane qu'il s'agit, et, dans le second, d'Alexandre Zébina ; par conséquent les époques sont, d'une part, de 174 à 164 avant J.-C. ; d'une autre part, de 125 à 121.

§ VII. *Sidon.*

Nous avons expliqué, dans le premier chapitre du second Livre de cet ouvrage, plusieurs légendes phéniciennes des médailles de Sidon, légendes qui signifient, sur une série d'exemplaires, לצדנם, *Des Sidoniens*, et sur une autre, לצדן, *De Sidon*.

Nous n'avons ici à faire remarquer que les variantes graphiques, les nombreuses dégénérescences qu'elles présentent. Ces dégénérescences proviennent sans doute de ce que ces monnaies ayant été frappées sous le règne des Séleucides et au delà, les coins ont été très probablement gravés par des Grecs.

Ces médailles portent des dates marquées en caractères grecs. C'est l'ère propre de Sidon, que le cardinal Noris a prouvé remonter à l'an 643 de Rome, 111 avant l'ère vulgaire. On a des exemplaires signés depuis l'an 2 jusqu'à l'an 315 de cette ère, c'est-à-dire depuis 109 avant J.-C. jusqu'à 204 après sa naissance.

Les exemplaires portant לצדן commencent à 156 de l'ère de Sidon, et, jusqu'à l'an 169, on n'en a plus avec d'autre légende. Celle de l'an 315 n'en diffère pas. Cette remarque porte à croire que la légende de l'exemplaire O, Gesenius, table 34, qui correspond à une époque intermédiaire, savoir, 201, doit être dans le même cas et que, par conséquent, la figure qui la termine, laquelle ne se retrouve, avec une valeur alphabétique, sur aucun autre monument, n'est point un *mem*, comme on l'a cru, n'est même pas une lettre, mais que c'est un signe semblable à celui qu'on rencontre, comme simple symbole, sur d'autres médailles, particulièrement sur plusieurs de celles de Cadix.

Il est quelques médailles de Sidon qui présentent une légende plus compliquée ; ce sont les exemplaires T *bis*, U, V, W et X, Gesenius, table 34.

On reconnaît sans peine, à la première ligne, לצדנם, *Des Sidoniens*.

Les trois autres lignes se lisent facilement ainsi :

אממכב
אפאכת
צר

La disposition matérielle est constamment la même sur chaque exemplaire ; cela donne à présumer que chaque ligne a un sens. Ainsi le groupe צר, qui se trouve toujours isolé à la fin, doit à lui seul former un mot, et nous sommes, dès le premier abord, disposés à y retrouver le nom de Tyr que nous avons vu ailleurs être ainsi écrit. Il est donc probable qu'il s'agit d'un rapport semblable à celui que nous avons reconnu être indiqué sur les exemplaires des monnaies de Tyr (page 31), savoir, לצר אם צדנם, *De Tyr, mère des Sidoniens*. En effet, nous distinguons le mot אם en tête de la première ligne, c'est-à-dire de la seconde ligne de la légende entière. Les lettres suivantes, réunies, ne donnent aucun sens rationnel. Tous les auteurs qui ont voulu les prendre dans leur valeur isolée ont été conduits à des explications aussi peu admissibles les unes que les autres. Ainsi de Guignes, qui avait parfaitement déterminé toutes les lettres de la légende (*Journal des Sçavans*, juillet 1763), la rendait ainsi :

לצדנם   Sidoniorum
אם כט ב   metropolis strenna in
אף אכת   conspectu odii
צר   Tyri

Hamaker (*Misc.*, p. 149) traduisait comme il suit :

לצדנם   Sidoniorum
אממכם ב   profligantium
אפאכם   mendacissimam
צר   Tyrum.

Un auteur que Gesenius cite sans le nommer a proposé cette version :

לצדנם   Sidoniorum,
אממכם ב   Qui percusserunt in
אף אכת   ira sororem
צר   Tyrum.

Gesenius fait remarquer, et Fabricy avait fait déjà cette observation, qu'il est entièrement contraire aux habitudes des villes antiques de consigner sur des monuments numismatiques des invectives contre d'autres villes. En outre la leçon de de Guignes n'est pas hébraïque ; il a probablement supposé, ainsi que Fabricy l'a fait remarquer, que כם pouvait être mis pour חם, qu'au surplus il aurait fallu mettre au féminin, et il a confondu אכת avec אבת ou איבת. La leçon d'Hamaker contient la faute grammaticale d'avoir placé l'adjectif avant le substantif. La dernière leçon est du moins irréprochable au point de vue philologique. Elle fournit d'ailleurs un trait de lumière : c'est la pensée que, dans אכת, le *caph* est substitué au *chet*, et qu'on doit donner à ce groupe l'acception *sœur*.

Les autres auteurs, jusqu'à Gesenius, et la liste en serait longue, s'étant trompés sur la détermination de plusieurs lettres, sont souvent tombés dans des aberrations plus grandes encore. Cependant il en est deux, Kopp et Bellermann, qui, au milieu de leurs méprises, ont touché juste sur quelques points. Ainsi Kopp, qui a reproduit pour la seconde ligne la leçon erronée de Maffei, אם כבד, *matris circuli*, a rendu avec raison le groupe אף de la ligne suivante par *imo vero*, צר אחת אף, *Imo vero sororis Tyri*. Bellermann, de son côté, a eu l'heureuse idée de penser que le titre אם devait être suivi de noms de villes; mais il en a fait une fausse application.

Aidé de ces antécédents, Gesenius a trouvé définitivement la clef de la légende en considérant les trois dernières lettres de la seconde ligne comme des sigles, comme les initiales d'autant de noms de villes, et il a rendu la légende entière de la manière suivante, sauf qu'il mettait *Melitæ* au lieu de *Marathi*, qui me semble préférable :

      לצדנם Sidoniorum
     אם כ׳מ׳ב׳ matris Citii, Marathi, Beryti,
      אף אחת item sororis
      צר   Tyri.

Gesenius a fort bien justifié la locution : *Sidoniorum matris vel metropoleos*, qui avait été proposée avant lui et critiquée, en citant ces exemples empruntés à la numismatique grecque : Ἀντιοχέων τῆς μητροπόλεως (Frœlich., *Ann. Syr.*, p. 101, 111, 115), Σαγαδασσαίων πρώτης Πισίδων (Eckhel, IV, 282), etc. D'un autre côté, le titre de *sœur* trouve aussi son commentaire dans ce passage de Strabon (*Rer. geogr.*, lib. XVI) au sujet de la tétrapole formée par les villes d'Antioche, de Séleucie, d'Apamée et de Laodicée : ἐλέγοντο ἀλλήλων ἀδελφαὶ διὰ τὴν ὁμόνοιαν.

Les médailles de cette classe, à l'exception d'un petit nombre d'autonomes, sont frappées aux effigies des rois Antiochus IV, Démétrius Ier et Démétrius III.

§ VIII. *Tyr.*

Les médailles phéniciennes de Tyr comprennent, comme celles d'Arad, deux classes distinctes, l'une composée d'exemplaires présentant des lettres isolées, variables, accompagnées de dates, tantôt simples, tantôt doubles, en caractères grecs ; l'autre formée par les exemplaires offrant l'une ou l'autre des légendes propres de Tyr que nous avons étudiées dans le livre précédent.

Les lettres isolées que portent les pièces de la première classe sont, en grande partie, les mêmes que celles d'Arad ; il en faut seulement retrancher le *qôph* et la variante du *samech* qui occupe les onzième et treizième cases du tableau de Pellerin ; il y faut ajouter, au contraire, le *mem* présentant les deux variantes des n°s 1 et 1 *bis*, pl. 6 de Mionnet. Nous ne nous livrerons pas plus que pour les monnaies d'Arad à des conjectures sur la signification de ces lettres.

La légende לצר אם צדום appartient à un exemplaire d'Antiochus IV, c'est-à-dire à la période comprise entre les années 176 et 164 avant J.-C., ou les années 135 à 147 de l'ère séleucidienne, laquelle cessa peu de temps après d'être suivie par les Tyriens. L'explication de cette légende est due à Barthélemy, qui l'a donnée dans les *Mémoires de l'Académie des Inscriptions*, t. XXX, in-4°, p. 414 ; t. LIII, in-12, p. 37.

La légende simple לצר coïncide avec l'ère propre de Tyr, qui commence sous Alexandre Zebina, l'an 628 de Rome, 126 av. J.-C. Cette légende descend jusqu'à l'an 281, correspondant à 155 de notre ère, en s'altérant, se dégradant de plus en plus, comme celle des médailles de Sidon de la même époque. C'est en l'an 121 et par le *resh* que commence particulièrement cette dégradation. En 141, le *resh* a la forme de notre R retourné. Depuis l'an 179 jusqu'à la fin, ce n'est plus qu'une barre légèrement inclinée de gauche à droite.

§ IX. *Aco.*

L'ancienne Aco, nommée Ptolémaïs sous les Lagides et maintenant Saint-Jean-d'Acre, a fait frapper des monnaies phéniciennes qu'on peut ranger en deux classes ; l'une, dont nous nous sommes entretenus déjà dans le livre précédent, contient les médailles dont la légende ne consiste que dans le nom de la ville, עך, suivi d'une date (voy. *Atlas* de Gesenius, table 35 III) ; l'autre, des médailles dont la légende se compose de la même partie, plus, tantôt du monogramme ₳, suivi lui-même d'une date en chiffres phéniciens, de cette manière : ⟶YഠIПППhᏉ ₳ ; tantôt, comme dans l'exemplaire figuré par Pellerin (dern. suppl., fleuron du titre), une ou deux lettres phéniciennes placées à la suite de la portion de la légende relative à Aco.

C'est à Pellerin qu'on doit la lecture du nom עך, AK.

La légende de la première classe est remarquable par les variantes du *caph* et par celles des chiffres qu'elle présente. Ces chiffres ne s'étendent que du nombre 23 au nombre 36. Le synchronisme qu'ils indiquent est révélé par la légende de la seconde classe. En effet, le monogramme placé en tête de cette légende sur la première variante et suivi d'une date différente de celle qui est ajoutée au nom d'Aco doit être, comme l'a avancé M. Lindberg, le sigle du nom d'Arad[1], et, par conséquent, les chiffres qui le suivent doivent être ceux de l'ère de cette dernière ville, savoir 43 correspondant à 538 de la fondation de Rome, 216 av. J.-C. L'ère propre d'Aco commençait donc dix ans plus haut, puisque le chiffre qui suit עך vaut 10.

Or, dans la seconde variante, la première des deux lettres qui viennent après la date, sur l'exemplaire précité de Pellerin, est un *aleph* ; c'est aussi cette lettre qui paraît seule sur un autre exemplaire ; comme ce caractère est l'initiale de l'une des variantes orthographiques du nom phénicien d'Arad, il est probable que l'on a l'équivalent du monogramme grec ₳, et que la dernière lettre de l'exemplaire de Pellerin, dont les traits, au dire de cet auteur, n'étaient pas bien distincts, était un *resh*.

A la vérité, les médailles de la seconde classe, aussi bien que celles de la première, portent, outre les légendes dont nous venons de parler, une autre légende grecque constituée par le nom d'Alexandre le Grand, ce qui fait dire malicieusement à Gesenius, au sujet du synchronisme proposé par M. Lindberg : « Sed quomodo in *Alexandri Magni* numo anni possint ab anno 226 a. Chr. computari, vir doctus non docuit. » Barthélemy, dans sa lettre de 1760, *Journal des Sçavans*, p. 500, et Pellerin, dans son quatrième supplément, p. iv, avaient d'avance répondu à cette objection. Barthélemy dit en effet : « Il est impossible, quant à présent, de déterminer à quelle ère se rapportent ces différentes époques ; il paraît seulement que quelques-unes sont postérieures à la mort d'Alexandre, car on a longtemps frappé des médailles avec le nom de ce prince, et j'ajouterai en passant qu'on en a frappé même dans les endroits qu'il n'avait pas soumis à sa puissance, etc. » Pellerin, de son côté, s'exprime en ces termes : « Il s'ensuit de cette date de l'année 26 de l'ère d'Alexandre que la présente médaille a été frappée seize à dix-sept ans après sa mort, arrivée en l'année 324 avant J.-C. En rapportant des médailles d'or et d'argent de ce prince avec des dates de même sorte, j'ai marqué que, selon toutes les apparences, elles avaient été ainsi fabriquées à son image et avec son nom à l'occasion des sacrifices et des fêtes solennelles qui étaient célébrées chaque année dans les temples qu'on lui avait consacrés comme à un dieu de son vivant, et qu'on continua de lui rendre des honneurs divins dans ces temples, dont plusieurs subsistèrent longtemps depuis sa mort, témoin celui qui existait encore plus de cinq cents après dans la ville d'*Arca*, appelée ensuite *Césarée du Liban*, comme je l'ai marqué M. I, page 34, en y rapportant un trait de l'histoire de l'empereur Sévère Alexandre, savoir que Mammée, sa mère, étant allée à *Arca* avec son mari pour y assister à une fête solennelle qu'on y célébrait en l'honneur du roi Alexandre, elle accoucha dans son temple de cet empereur en l'année 208 de J.-C. »

Toutefois Pellerin s'est trompé sur l'origine de l'ère d'Aco.

---

(1) In uno *Mion.* I, 521 no. 160 præterea monogr. ₳ quod numum sub imperio *Aradensium* esse cusum evincit, additur, et duplex æra, scilicet *acensis* an. X et ara- densis an. 43, ex quo numo *æram acensem* anno 226 a. Chr. n. incepisse colligo.

Enfin, de même que nous avons vu qu'on doit rapporter à Arad des médailles aux types persans qui avaient été, jusqu'à M. Lindberg, exclusivement dévolues à la Cilicie, je pense qu'on doit attribuer à Aco la médaille de même fabrique dont je reproduis la légende sur la pl. 2, n° 5, d'après un exemplaire de ma collection; en comparant cet exemplaire à celui d'Aco aux types d'Alexandre qui est représenté à côté, il me semble impossible de ne pas remarquer l'identité, sauf la direction inverse des deux lettres du droit de la monnaie persane avec celles qui forment, sur l'autre, le nom de la ville עך; il me paraît hors de doute que l'attribution doit être la même. La direction rétrograde de la légende sur l'exemplaire persan s'explique naturellement par cette remarque que les diverses écritures persanes procédaient toutes de gauche à droite. En n'adoptant point cette leçon, on aurait צע ou תע qui échapperaient à toute explication.

§ X. *Baalbek.*

Je possède de petites médailles d'argent d'un fort joli travail, semblables, pour la fabrique, à plusieurs de celles que l'on attribue à la Cilicie; elles présentent, sur l'avers, une tête casquée à droite, entourée d'un cercle de points; sur le revers et dirigé également à droite, un lion, tantôt assis, tantôt dévorant un cerf, dans un encadrement de points disposés en carré. Au-dessus et à gauche du lion, dans la première variante du revers, se trouvent, sur un exemplaire, les lettres לב, sur un autre בך. La seconde variante porte cette dernière légende (voy. pl. 2, n°s 7 et 8).

Il est évident que le groupe בך est un nom, très probablement un nom de ville, dont, dans l'autre groupe, l'initiale se trouve seule, précédée, comme dans לצר, du *lamed* attributif.

Or, je ne doute nullement que ce groupe *Bek*, *Beka*, ne soit le véritable nom de la ville célèbre de Baalbek; *Baal*, בעל, y signifie *cité*, comme dans un assez grand nombre de villes rapportées dans la Bible, et de même que, de l'avis de Gesenius, חצור, mentionnée dans Neh., xi, 33, peut être la même ville que בעלחצור, indiquée dans II Sam., xiii, 23, de même בך, partie caractéristique du nom בעלבך, a pu être employé seul; c'est ainsi encore que la légende ordinaire des monnaies de Sexti, מבעלצכע, est, sur quelques exemplaires, réduite à la forme simple צכע. *Beka*, tout court, est encore le nom de la belle vallée près de laquelle gisent les ruines de Baalbek ou Héliopolis.

Ce nom substitué Héliopolis a donné à quelques philologues le change sur la signification de Baalbek; on a pensé que *Baal* était le nom du dieu, c'est-à-dire du soleil divinisé; que *Bek* était le mot égyptien *Baki*, *ville*, et l'on a trouvé ainsi équivalence complète entre les deux noms. Mais d'abord l'inversion répugne au génie de la langue phénicienne, et, d'un autre côté, le composé serait hybride, ce qui ne serait pas moins insolite. La signification doit donc se chercher entière dans la langue phénicienne même, et elle rentre dans celle de tous les noms analogues, c'est à savoir que *Baal* veut dire *cité* ou *possédant* (voy. p. 30), et *Bek*, *enveloppement*, de בוך ou אבך, *convolvo, implico, verto*.

La fabrique des médailles en question, dont les lettres sont fort pures, porte à les faire remonter à l'époque de la domination persane.

CHAPITRE III.

Cilicie, Cappadoce et Lydie.

On a attribué à la Cilicie toutes les médailles à légendes phéniciennes portant des types persans, parce que l'une de ces légendes se lit בעל תרז, *Baal tarsien*. Les exemplaires portant cette légende étaient rapportés à Tarse ; les autres étaient considérés comme d'origine incertaine.

Mais nous avons déjà vu que deux d'entre elles doivent être rapportées à des villes de Phénicie, Byblos et Gabala ; d'autres, à Arad et à Aco. Nous allons essayer de prouver que plusieurs appartiennent à Mazaca de Cappadoce et à Bagé de Lydie. Nous continuerons de regarder provisoirement comme incertaines de Cilicie celles que nous ne pourrons faire entrer dans ce cadre.

§ I. *Mazaca*.

Nous croyons pouvoir, avec Fabricy, rendre à cette capitale de la Cappadoce les médailles figurées aux lettres A, B et G de la table 36 VII, VIII de Gesenius.

Nous avons déjà eu l'occasion d'annoncer que ces monnaies se distinguent en ce que, sur les caractères qui doivent avoir une tête fermée, savoir le *beth*, le *daleth*, l'*aïn* et le *resh*, cette tête est ouverte supérieurement, comme le sont quelquefois, parmi les anciens caractères hébreux des monnaies asmonéennes, le *beth* et le *resh*. Nous avons vu déjà des exemples de cette modification sur le marbre de Carpentras. Cela paraît évident en considérant les médailles A à G incl. de la table précitée de Gesenius ; on remarque au premier coup d'œil que, sur aucune des légendes de ces monnaies, dont une, lettre A, est fort longue, il n'y a de caractère à tête fermée ; il est cependant impossible qu'il n'y ait ni *beth*, ni *daleth*, ni *aïn*, ni *resh* ; il faut donc que ces consonnes soient représentées par quelques-unes des figures qui leur ressemblent, sauf l'ouverture supérieure de la tête.

Les exemplaires A, B, C, D présentent sur le droit une légende marginale identique ; sur le revers, l'exemplaire A a une très longue légende dont les quatre premières lettres seulement se retrouvent sur l'exemplaire suivant ; les pièces C, D, E ont une légende commune, mais différente de celle dont nous venons de parler. Enfin l'exemplaire G porte sur le droit quatre signes qui, nonobstant quelques légères différences de formes, paraissent être équivalents à ceux du revers du spécimen B.

Le revers de cet exemplaire G a un groupe bilittère dont le premier élément est un *beth*, le second un caractère inconnu que nous reverrons sur des médailles de Sobttutu, qui nous fourniront seules les moyens d'en déterminer la valeur.

Une fois admise la conviction que plusieurs des lettres à tête échancrée doivent être prises pour les équivalents à tête fermée, il est facile de reconnaître, dans les trois premiers caractères de la légende marginale du droit des exemplaires A, B, C, le nom בעל. Le signe suivant est évidemment un *tau* ; celui qui lui succède, en supposant une tête arrondie et fermée au lieu de celle qu'il a, serait un *resh*. On a ainsi תר, deux des éléments du nom de la ville de Tarse. Il est donc probable que le dernier signe complète ce nom : c'est une simple ligne verticale. Nous avons reconnu à cette figure la valeur n sur quelques variantes des monnaies de Tyr ; elle ne peut l'avoir ici si la détermination du caractère précédent a été juste. Nous possédons un autre moyen de détermination dans les monnaies mêmes dont nous nous occupons. En effet, ainsi que nous l'avons dit un peu plus haut, il est très vraisemblable que la légende du droit de l'exemplaire G est équivalente à celle du revers de l'exemplaire B. Or, dans le second signe de la première de ces deux légendes, nous trouvons la forme normale du caractère dont il s'agit, et cette forme est identique à celle à laquelle nous avons attribué la valeur du *zaïn* dans la *troisième athénienne*. Cela nous donne donc effectivement la charpente TRZ, et la légende entière se lit, ainsi que Swinton l'a indiqué le premier : בעל תרז.

Cette légende est susceptible de deux interprétations, ou bien l'on y verra simplement *ville de Tarse*, comme dans les légendes de *Sex* et de *Lix*, מבעל לכש, מבעל צגג, dont nous avons souvent parlé, ou l'on comprendra *Baal de Tarse*, ce qui correspondrait à Διος Ταρσεων qui se trouve, ainsi que Belley l'indique (*Mémoires de l'Académie des inscriptions*, LXVIII, in-12, p. 203), sur une médaille frappée par cette ville en l'honneur de l'empereur Hadrien. On sait, en effet, que la principale divinité adorée à *Tarse* du temps des Grecs était Jupiter, qui prenait pour cela le nom de Τέρσιος. Ce Jupiter a pu remplacer le Baal des phéniciens représenté précisément sur ces monnaies comme l'est Jupiter soit sur les monnaies émises ultérieurement par la même cité, soit sur celles d'autres villes.

Nous allons voir qu'il s'agit effectivement de Jupiter Tarsien, mais qu'on ne doit pas inférer que les monnaies qui nous occupent appartenaient à la ville de Tarse.

La longue légende écrite au revers de l'exemplaire A offre de très grandes difficultés, non pas tant à l'épellation qu'à l'interprétation.

Trois caractères peuvent susciter quelque incertitude sur leur détermination ; ce sont les 13ᵉ, 15ᵉ et 17ᵉ.

Le 13ᵉ ne se représente nulle autre part ; en l'appréciant par analogie, on peut, avec assez de vraisemblance, l'assimiler au *hé*.

Le 15ᵉ est mal figuré sur la table de Gesenius ; je me suis assuré, en examinant avec le plus grand soin le bel exemplaire du cabinet du roi, qu'il est tracé, à très peu de chose près, comme l'avait déclaré l'abbé Peyron ; Gesenius reconnaît que cette forme est celle d'un *aleph*.

Le 17ᵉ caractère est semblable à celui que nous avons déjà remarqué sur une médaille de Béryte. Nous l'avons alors considéré comme un *hé* ; mais ici il ne peut avoir cette valeur, puisque, quatre rangs avant lui, se trouve un caractère différent à qui nous l'avons déjà donnée. Gesenius, à l'exemple de M. Peyron, en fait un *chet*. Mais, sur un vase de Panorme que nous étudierons bientôt, se présente une difficulté inverse à celle que nous venons de signaler, c'est-à-dire que la ligne qui commence par ce caractère se termine par un *chet* de forme différente, de forme normale ; aussi, dans ce cas, nous le considérerons encore comme un *hé*. Nous sommes donc obligés de demander la détermination à l'examen du contexte.

Les quatre premières lettres de la légende se trouvent séparées en un groupe isolé sur l'exemplaire B de Gesenius ; ce doit donc être un mot. Il doit se lire מזרך, car la seconde figure est semblable à celle qui forme le *zaïn* dans le mot הרד de la légende du droit.

Après les quatre signes suivants, on reconnaît le groupe עבד que l'on peut, selon toute probabilité, considérer comme le commencement d'un nom propre ; en effet, les trois lettres suivantes constituent le mot זהר, qui correspond, ainsi que M. Peyron l'a avancé, au nom de la *Vénus* ou *Artémis* des Perses. Le nom est donc ABDSOHAR, *serviteur de Vénus*.

Ceci étant incontestablement établi, le commencement de la légende, selon Gesenius, serait : מזרך זך על עבדזהר, *stella tua lucida super Abdsohar*. La phrase s'adresserait à Jupiter. Dans cette hypothèse, le groupe isolé de l'exemplaire B voudrait dire *stella tua*, et sous-entendrait le reste de la légende. Cette supposition n'est pas vraisemblable ; le groupe isolé doit avoir un sens arrêté. Dutens et Fabricy ont pensé que ce devait être un nom de ville ; mais Dutens se demandait à quelle ville pouvait se rapporter ce nom *Mazarca*. Fabricy prétendait qu'on devait lire מזכך, et que c'était le nom original de *Mazaca*, de Cappadoce, adouci plus tard par les Grecs. Il est certain qu'on doit lire מזרך ; mais ce mot me semble pouvoir tout aussi bien être le nom primitif de la ville que nous venons de citer. Le culte de Jupiter Tarsien pouvait s'être étendu dans cette capitale, voisine de la Cilicie, et ainsi le type et la légende de l'avers se concilieraient sans difficulté avec notre attribution. Nous croyons donc pouvoir dire : *Mazarca pura coram Abdsohare*....

Le reste de la légende est beaucoup plus difficile à expliquer. Je pense, avec Gesenius, qu'on ne peut y arriver qu'en considérant comme deux sigles l'*aleph* et le *ghimel* qui suivent immédiatement le membre de phrase que nous venons de traduire, c'est-à-dire comme les initiales des mots אדן גדל, *Domino magno*, se rapportant à *Abdsohare*. Ces deux mots doivent régir le suivant. Gesenius le lisait חלך et le rendait par *Cilicia ;* il traduisait ainsi la légende entière : *Stella tua (ô Jupiter) lucida super Abd-sohar, sacerdotem (vel dominum) magnum Ciliciæ.* Mais, s'il s'agit réellement de Mazaca, on ne peut adopter la version *Cilicia ;* en effet, la dernière lettre, dont l'appendice latéral est courbé vers le haut, ne peut être un *caph,* car nous voyons cette lettre au 4ᵉ et au 6ᵉ rang, présenter, pour appendice latéral, une perpendiculaire rectiligne. Je ne trouve de sens acceptable qu'en prenant la première lettre du groupe final pour un *chet* et la dernière pour un *daleth ;* on a alors, pour ce groupe, חלד, *terre, monde,* et pour la légende entière : מזרך דך על עבדזהר ג׳ א׳ חלך, *Mazarca, pure devant Abdsohar, seigneur puissant de la terre,* soit que l'on prenne le mot *terre* dans le sens restreint de *contrée,* ou, suivant la coutume emphatique des Perses, dans le sens général et plus hébraïque de *monde.*

Gesenius dit, à la suite de la description de son exemplaire B : « In aliis, quorum plura in Museo britannico vidi, in aversa, infra leonem, sunt litteræ סם. » Il est probable que le savant auteur fait allusion à une légende pareille à celle-ci ꜧꓤ , qui se montre sur l'exemplaire 673 du cabinet du roi ; la figure de droite n'est pas un *samech,* c'est un monogramme qui paraît composé de ג י. Les deux figures représenteraient alors גי מזרך, conformément à plusieurs noms de lieux désignés dans la Bible, et elles signifieraient *pays de Mazarca.* Cette leçon serait la confirmation de l'interprétation que nous avons donnée un peu plus haut. J'ajouterai, pour dernier argument, que le terme גי, au propre *vallée,* convenait très bien à la situation de Mazaca, assise, suivant Strabon, au-dessous de l'Argœus, le mont le plus élevé de l'Asie mineure, auprès duquel le Mélas coulait dans une vallée profonde,

§ II. *Bagé.*

Bien qu'on trouve peu de traces du séjour des Phéniciens en Lydie, je crois que l'on doit attribuer à l'une des villes de cette contrée, à *Bagé,* les médailles à types persans représentées par Gesenius parmi les incertaines de la Cilicie, table 37, lettres N et O, dont l'une a sur le revers une légende phénicienne qui se lit בעגא, l'autre seulement un *beth,* initiale du même mot.

Dutens, qui a le premier décrit ces médailles[1] et qui en avait parfaitement lu la légende, d'ailleurs peu embarrassante sous ce rapport, même de son temps, les croyait originaires de *Vaga* ou *Vacca,* en Afrique, opinion appuyée par Fabricy. La fabrique et le caractère persan prouvent qu'elles appartiennent à la classe de monnaies frappées sur le littoral méditerranéen de l'Asie pendant la domination médo-persane, et, dans cette condition, *Bagé* me semble la seule ville à laquelle on puisse les rapporter. Le type de la vache allaitant son veau, qui est marqué sur le revers, au-dessous de la légende, convient très bien à la Lydie dont le sol était d'une fécondité extraordinaire. Jérémie (XLVI, 20), rend la même idée, mais d'une manière moins expressive, lorsque, pour peindre la fertilité de l'Égypte, il la compare à une belle génisse. On sait d'ailleurs qu'on rapporte à la langue phénicienne le nom même de *Sardes,* capitale de cette contrée (צרות, *rochers*).

§ III. *Incertaines.*

Nous reléguons dans cette catégorie les médailles dessinées sur les tables de Gesenius 36 VII, VIII, et 37, lettres C, D, E, L, M, I, K, Q, P et R.

Les exemplaires C, D, L ont au droit la légende בעל תרז, ce qui indique, sinon la fabrication à Tarse, du moins le voisinage de cette cité, et ce qui entraîne la même conséquence pour les exemplaires E et M.

La légende du revers a été prise d'abord par Fulvio Ursini et même par Swinton (*Hist. univ.,* trad. de l'angl., tome XI, S. III, L. III, c. 36, p. 665) pour le nom d'Annibal, qu'on supposait

---

(1) Explication de quelques médailles grecques et phéniciennes, avec une paléographie numismatique ; 2ᵉ éd., Londres, 1776, 4.

représenté par la tête casquée. Cette opinion a été rejetée par Pellerin et combattue surtout par Dutens. Ce dernier numismate la lisait תכנמו, sans pouvoir l'expliquer. Fabricy lisait תכנמו, qu'il interprétait ainsi : « *Dirige eos*... τὸ תכן vel תכין *Tachin*, verbum 2 personæ masculinæ, ut grammatice loquar, futuri *Hiphil*, a *Themate* seu *Radice*, uti aiunt, כון *choun*, aut *coun, Præparare, stabilire, dirigere*, et suum *affixum*, quod vocant, *poeticum* in psalmis, Jobo, et proverbiis usurpatum, nempè מו, *Mo*, *Eos*, loco τοῦ ם vel הם *Hem*, uti in libris cæteris Veteris Testamenti Hebræi illud vulgo adhibent. »

Bellermann a lu תכנמו, que Gesenius dit pouvoir être interprété ainsi : « תכן מג *dirigens magus* i. q. רב מג (Jér., xxxix, 3) *archimagus*, quo nomine summus sacerdos Olbensis appellari poterat, cujusque mentio a moneta Persicis figuris ornata profecto aliena non fuerit. »

Cependant Gesenius fait observer que la seconde lettre peut être regardée comme un *resh* plutôt que comme un *caph*, celui-ci étant figuré différemment sur les exemplaires A et B, et la dernière pour un *vau* plutôt que pour un *ghimel*, l'extrémité supérieure étant arrondie dans plusieurs exemplaires.

La première remarque confirme celle que nous avons faite nous-mêmes concernant la dernière lettre de la légende du revers de l'exemplaire A. Quant à ce qui se rapporte aux médailles dont nous nous occupons en ce moment, nous pensons, d'après un examen très attentif des exemplaires du cabinet du roi, qu'en effet les deux lettres dont il s'agit sont un *resh* et un *vau*, et que la légende doit se lire ainsi : תרנמו.

Gesenius croit avoir fait connaître son exemplaire D. Il dit à ce sujet : « Ex exemplo parisino, ni fallor, inedito, quod meum in usum delineavit Hohlenbergius (tablette 61). » Une description et une figure plus complètes de cette monnaie se trouvent dans Fabricy, qui s'exprime ainsi, page 620-621 : « Ex adversa parte, Jovis sedens ac seminudus cernitur, diadematus, seu simplici ligula cincto capite, hastæque, cui insistit aquila expansis alis, innixus ; sinistra, botrum tenens et spicas sive e modio, sive e calatho erumpentes ; ante, vasculum aut cantharus : in numi peripheria, epigraphe = בעל תרז, *Baal Tarz*, i. e. *Dominus*, vel *dominator Tarsi*... Aversa pars, in quadrato non incuso, duos sistit stantes viros barbatos, simul colloquentes, Jovemque, quantum conjectura assequor, in vota vocantes : horum unus plane nudus, læva demissa, sinistra autem elevata, comparet ; togatam vestem sinistra sublevans, dextra quicquam suo innuit socio, vel portendit : interjacet vasculum, aut cantharus, aut quodcumque aliud ad Jovis sacra spectans. Hinc inde epigraphe = חזה תכנמו, *Hinne Tachnemo*. »

On voit qu'il y a dans cette légende un mot de plus que sur l'exemplaire de Gesenius ; ce mot est placé derrière le personnage de gauche, parallèlement à celui qui est écrit au milieu ; les lettres en sont figurées ainsi : ✝ 𐤄✝. On a vu que Fabricy les transcrit חזה. Il traduit ce groupe par *Ecce*, et, le reliant à celui du milieu, il dit pour l'ensemble : *Ecce*, *dirige eos (ô Jupiter !)*. Mais il est évident, en premier lieu, que la première et la dernière lettres du groupe de gauche sont identiques ; en second lieu, qu'elles ne peuvent former ni le *chet* ni le *hé* ; aucune analogie ne justifie ni l'une ni l'autre de ces déterminations. Les caractères ressemblent au *tau*, surtout au *tau* carthaginois ; mais cette lettre existe dans le groupe du milieu et elle n'a point d'appendice à gauche. Nous pensons donc que ce sont des *aleph* comparables à celui qui occupe le 17ᵉ rang dans la légende du revers de l'exemplaire A, table 36 vii de Gesenius, et à celui que l'on remarque en tête du groupe אגדר sur l'exemplaire G des médailles de Gades, table 40 de Gesenius. Le groupe équivaudrait donc à אנא.

La position des deux mots, chacun à côté de l'un des interlocuteurs, semble indiquer qu'ils expriment les noms de ces personnages. Toutefois, à l'exemple des plus sages de mes prédécesseurs, je crois devoir rester dans le doute.

Les exemplaires I et I *bis* de Gesenius offrent une même légende לבעלמלך. Cette légende est fort nette sur deux pièces que je possède, et l'une explique l'erreur commise pour la seconde lettre de la légende I *bis* de Gesenius ; cette lettre est un *beth*. Il s'agit probablement de *Baal-Moloch*.

Sur les exemplaires K et Q la légende n'est pas exactement reproduite : la preuve ressort des expressions mêmes de Gesenius ; en effet, pour le premier exemplaire, cet auteur trahit son incertitude par ces paroles : « Quantum ex tribus exemplis efficio, quæ ante oculos sunt, epigraphe superior ita legenda est... » Pour le second exemplaire, il dit plus explicitement : « Epigraphe has litteras continet מלכמרפס satis perspicuas, nisi quod *mem* litt. 3 a litt. 1 et litt. 5 paullulum differt, siquidem linea media directà fere dubia est, et litteræ extremæ nonnisi parvum vestigium superest. » Je possède un exemplaire K ; mais les lettres y sont empâtées et peu distinctes. Un exemplaire du cabinet du roi présente d'une manière fort lisible : מלך עלם.

La légende de l'exemplaire P ne laisse pour la lecture aucune hésitation ; c'est bien, ainsi que Fabricy l'avait avancé, לארק מלך. Mais que signifie cette phrase ? Fabricy confondait le premier mot avec ארך de la Genèse, x, 10, et il le regardait comme le nom d'un roi. Kopp et Lindberg l'ont pris pour le nom d'*Arca cæsarea ad Libanum*; après avoir, pendant quelque temps, professé la même opinion, Gesenius l'a rejetée pour attribuer la monnaie à la Cilicie, comme l'avaient fait Mionnet et d'autres numismates ; il s'appuie sur ces motifs que la fabrique est trop nette et trop élégante pour appartenir à la Phénicie, qu'on manque d'exemplaires authentiques d'une monnaie d'Arca, tandis que le type de la pièce dont il s'agit se rencontre sur d'autres médailles de Cilicie (*voy.* Mionnet, t. III, n° 677-680, cf. 651, 681), enfin sur ce que le nom hébreu ערקי, Genèse, x, 17, prouve que, dans la langue des Phéniciens, le nom de cette ville commençait, non par un *aleph*, mais par un *aïn*. Cette dernière considération n'est peut-être pas péremptoire, puisque, sur les médailles d'Arad, nous avons vu le nom commencer tantôt par un *aleph*, ainsi que dans la Bible, tantôt par un *aïn*. Quoi qu'il en soit, nous croyons prudent de partager le doute de ce savant antiquaire.

Enfin, sur notre planche 2, n° 39, nous rectifions, d'après une monnaie du cabinet du roi, les deux légendes de l'exemplaire R de Gesenius ; mais nous avouons ne pouvoir en pénétrer la signification.

CHAPITRE IV.

Grèce. — Athènes.

Nous avons décrit, dans les chapitres II, III, IV et VI du livre précédent, quatre inscriptions bilingues trouvées à Athènes.

Les deux premières ont entre elles une très grande ressemblance, tant sous le rapport de la tournure des contextes que sous celui des caractères phéniciens ainsi que des caractères grecs. Ceux-ci permettent de fixer approximativement la date. Elle ne remonte pas, d'après les paléographes compétents[1], au delà du temps de Démosthènes.

La *quatrième* présente des caractères moins purs. Elle se lie, pour le canevas formulaire du contexte, à la *seconde citienne* et à la *première maltaise*. Elle se rapproche encore de la dernière par le dessin des lettres. Aussi pensons-nous qu'elle lui est contemporaine et qu'elle correspond, par conséquent, ainsi que nous le verrons ultérieurement, à une époque un peu inférieure à celle d'Alexandre le Grand.

L'autre inscription bilingue est rapportée au temps des Antonins, dans la seconde moitié du deuxième siècle de notre ère.

Une *cinquième* inscription *athénienne* a été décrite et expliquée par M. de Saulcy dans les *Annales de l'institut archéologique*, 1er cahier de 1843. Nous la reproduisons sur notre planche 4.

---

(1) Boech. *Corp. Inscr.* I, p. 523-527.

DE LA LANGUE PHENICIENNE

La transcription de ce fragment, comme le dit le savant auteur que je viens de citer, ne présente aucune espèce de difficulté, et la lecture donne les mots :

עבדאשמן בן שלם בן עבד. . . . . . Abdaschmoun, fils de Schalom, fils d'Abd.....

Le style de cette épigraphe est exactement semblable, sous le rapport paléographique, à celui de l'épitaphe d'Asepté ; nous l'attribuons donc à la même époque.

CHAPITRE V.

Ile de Chypre. — Citium.

L'île de Chypre, située à proximité et en regard de la Phénicie, avait reçu des colonies phéniciennes bien longtemps avant que des colonies grecques ne vinssent, postérieurement à la guerre de Troie, y former des établissements[1]. Cependant une seule de ses anciennes villes, mais, à la vérité, la plus importante, Citium, a jusqu'à présent laissé exhumer, au milieu de ses ruines, des monuments de cette occupation. Nous avons parlé déjà des trente-trois inscriptions découvertes par Pockoke en 1738. Nous en avons interprété cinq dans le livre précédent. Plusieurs autres, comme nous l'avons aussi annoncé, viennent d'être déterrées par M. le professeur Ross.

La plupart des inscriptions de Pockoke, ainsi que nous l'avons dit précédemment, ont été copiées d'une manière très inexacte. Aussi, parmi les vingt-huit dont nous ne nous sommes point encore occupés, sept seulement paraissent susceptibles d'une lecture certaine, bien que le dessin de plusieurs exige même des rectifications. Ce sont les *cinquième*, *douzième*, *dix-septième*, *vingtième*, *vingt-unième*, *vingt-quatrième* et *trentième* de Gesenius, table 12.

La *vingtième*, indéchiffrable dans la seconde moitié de la dernière ligne, a été, pour le reste, fort bien interprétée par Gesenius. Ce savant antiquaire a ramené avec raison aux formes normales du *chet*, du *iod*, du *mem*, du *schin* et du *caph*, les 6e, 7e, 8e, 14e, 15e et 21e lettres; il lit en conséquence :

מצבת בחים לעבדאשמ־ Cippe, parmi les vivants, à Abdesm-
ז בן מלכיתן. . . . . un, fils de Melkiten.....

On voit que, pour le contexte, cette épitaphe se rattache aux trois premières précédemment analysées.

Les autres sont plus simples. La *vingt-quatrième* se lit ainsi :

עמת שר לאש־
רמל. . . בן עבדא

Gesenius rend les deux premiers mots par : *le peuple de Schûr*... Il regarde עמת comme une forme féminine de עם, ainsi qu'il l'avait déjà fait pour la *quatrième numidique* ; mais nous avons alors prouvé que sa lecture était inadmissible. Ici elle est exacte; mais la signification dont il s'agit n'existant pas en hébreu sous cette forme, on est d'autant moins autorisé à l'adopter qu'on ne connaît point de ville à qui le nom proposé pour le mot suivant pourrait s'appliquer, et que

---

(1) Barbié du Bocage, *Dict. géogr. de la Bible*, Paris, 1834.

d'ailleurs on ne comprendra guère comment l'inscription d'un monument élevé en l'honneur d'un personnage méritant, par une cité autre que *Citium*, se serait trouvée parmi les ruines de celle-ci.

Je crois que שר doit conserver sa signification commune : *murus, paries, strues lapidum*, et que le mot précédent doit avoir un sens corrélatif, sens que l'on trouve facilement en le dérivant, comme le mot עם lui-même d'ailleurs, de עםם, *texit*. Les deux termes voudraient dire : *Tectio parietis*, et l'épigraphe entière pourrait se rendre ainsi : *Construction protectrice d'Osirmel....., fils d'Abda.*

Les cinq dernières se lisent couramment et n'exigent, pour ainsi dire, aucune explication ; nous nous bornerons presque à reproduire la transcription et la traduction de Gesenius, savoir :

12°

לעבדאשמן   A Abdesmum,
בן עבדמלקר   fils d'Abdmelqar.

30°

לעשתרתי(ת)   A Astartit-
ז בן במצ   en, fils de Bemas.

5°

לאשמן   A Esmun,
בן אבע   fils d'Abâ.

17°

לאשמ־   A Esmu-
נעיר   nir.

21°

לאשמנחן   A Esmunhana.

Quelques-uns des noms propres mentionnés dans les six dernières inscriptions demandent seuls une analyse particulière.

Abda, sur la *vingt-quatrième*, est probablement une abréviation de עבדאל ; l'un et l'autre se trouvent dans la Bible ; le premier, I R., IV, 6, et Neh., XI, 17 ; le second, Jér., XXXVI, 26.

Bemas, de la *trentième*, peut signifier *dans l'oppression, né pendant l'oppression*, מוץ, *premere*, מויץ, *pressura*.

Dans l'inscription suivante, *Abd* est une abréviation, sans aucun doute ; mais il est difficile de trouver le second composant dont l'*ain* doit être l'initiale ; la plus grande probabilité est pour עליון, *supremus*, ce qui correspondrait à אביאל de la Bible. La traduction, d'ailleurs très facile, de cette épigraphe appartient à Swinton.

De même, dans la *dix-septième* épigraphe, *Esmunir*, qui vient de עיר אשמן, *Esmun suscitavit*, est formé comme le nom propre des Hébreux, יעיר, *Deus suscitavit*.

On a dû remarquer combien revient fréquemment, soit seul, soit combiné, parmi tous ces noms propres, celui d'Esmun ou Esculape; on doit se rappeler qu'il figurait déjà dans la *troisième citienne*; on le déchiffre sans difficulté dans trois de celles que nous renonçons à lire en totalité, savoir dans la *huitième*; il y est formé par les 2ᵉ, 3ᵉ, 4ᵉ et 5ᵉ lettres de la seconde ligne; puis dans la *vingt-deuxième*, ligne première, et dans la *trente-troisième*, troisième ligne, lettres 6ᵉ, 7ᵉ, 8ᵉ et 9ᵉ. Nous le reverrons enfin sur les deux inscriptions récemment découvertes par M. Ross. Une répétition si fréquente donne à penser qu'il y avait à Citium un temple consacré au dieu de la médecine, et cette conjecture est fortifiée par la juste renommée de douceur et de pureté qui était généralement accordée à l'air de l'île entière.

Pour appuyer son opinion sur la signification de אש dans les formules אש נדר et אש יתנא, qu'il lit אש יקנא, formules dont nous avons parlé aux pages 80 et suiv., M. Ét. Quatremère dit, *Journal des Savants*, septembre 1842 : « Dans les inscriptions de Citium, après le mot מצבת et devant le nom de celui qui a fait élever le tombeau, on lit toujours אש. » Or, sur les trente-trois épigraphes dont il s'agit, le mot מצבת ne se présente que quatre fois, soit cinq fois en y comprenant צבת, qu'on lit au commencement de la *vingt-neuvième*, et la syllabe אש ne les suit, non pas même immédiatement, que deux fois, savoir, dans la *vingtième*, après בחים, où elle appartient en effet à l'une des formules précitées, et dans la *vingt-neuvième*, dont la première ligne me semble, après rectification de la quatrième lettre, devoir être lue ainsi ...לאש(מ)צבת; d'où il résulte que אש n'est que la première syllabe du nom de l'individu pour qui le cippe avait été construit. L'argument de notre illustre académicien, loin d'avoir l'importance que lui prête gratuitement la forme générale sous laquelle il est exposé, se réduit donc à un fait unique, et ce fait ne prouve rien puisqu'il rentre dans la question en litige.

Les deux inscriptions de M. Ross sont faciles à lire.

L'une, que nous appellerons *trente-quatrième citienne* et que nous reproduisons sur notre planche 5, est gravée sur un piédestal en marbre blanc, carré; la face qui la présente est aujourd'hui brisée. En voici la transcription :

לגדמלקרת בן עבדעשמן עכך

M. de Saulcy, qui, le premier, ainsi que nous l'avons déjà déclaré, a fait connaître ces deux inscriptions[1], traduit ainsi celle dont il s'agit :

A Gadmelqart, fils d'Abdesmun, d'Acco.

Le premier nom rappelle celui de Gadastoret, que nous avons déjà vu dans la *troisième carthaginoise*.

Le second, qui se rattache par le composant *esmun* à ceux de la plupart des autres citiennes, a cependant cela de remarquable que ce composant commence par un *aïn*, tandis que partout ailleurs l'initiale est un *aleph*. Cette mutation, dont nous avons eu d'ailleurs plusieurs autres exemples, doit être particulièrement rapprochée de celle que nous avons signalée dans le nom d'Arad.

M. de Saulcy regarde le dernier mot comme le nom propre d'Acco, bien que, sur les médailles de cette ville, le nom soit écrit avec un seul *caph*. Le savant académicien appuie son opinion sur ce que, dans la transcription arabe qui constitue encore aujourd'hui le nom de Saint-Jean-d'Acre, la gutturale est marquée d'un teschid. Elle est aussi pointée d'un dagesh dans l'orthographe hébraïque. Cette double circonstance donne, on doit en convenir, une assez grande vraisemblance à la leçon que nous venons d'indiquer. Mais on ne peut, d'un autre côté, méconnaître que cette construction sans *iod* ethnique serait fort extraordinaire. N'ayant point vu le monument, je crois prudent de rester dans le doute.

La seconde inscription, qui a été trouvée dans un village, près de Citium, gravée sur une

---

[1] *Revue philologique*, 1845, 6ᵉ cahier.

grande stèle de marbre blanc, et que nous désignerons sous le titre de *trente-cinquième citienne* (*voy.* notre pl. 5), doit se transcrire ainsi :

לעטהד בת עבדאש־
מן חשפת אשת גד־
מלקרת בן חד־
ש בן גדמלקרת ב־
ן אשמנאסר

A Athahed, fille d'Abdes-
mun le sufite, femme de Gadmelqart, fils de Benchod-
esh, fils de Gadmelqart, fils
d'Esmunosir.

Le premier nom propre paraît formé de עטה et de הד, *induit jubilationem*. Le reste se trouve dispersé dans plusieurs des inscriptions que nous avons jusqu'à présent analysées ; ainsi עבדאשמן dans plusieurs autres *citiennes*, חשפת dans la *cinquième carthaginoise*, אשת dans la *seconde citienne*, גדמלקרת dans la précédente, בנחדש dans la *seconde athénienne*, אסר, composant du dernier nom propre, dans la *première maltaise* et dans l'inscription de Carpentras, sauf, dans le dernier cas, la différence d'un *vau* en plus comme seconde radicale ; l'élimination de cette quiescente rentre dans les idiotismes de la langue phénicienne. Quant à l'emploi de ce nom à Citium, il s'explique par ce passage d'Étienne de Byzance : Ἀμαθοῦς πόλις Κύπρου ἀρχαιοτάτη, ἐν ᾗ ἢ Ἄδωνις Ὄσιρις ἐτιμᾶτο, ὃν Αἰγύπτιον ὄντα Κύπριοι καὶ Φοίνικες ἰδιοποιοῦνται.

L'écriture de toutes les inscriptions citiennes que nous venons d'examiner paraît se rapporter, pour les caractères matériels, à trois époques différentes.

La seconde de ces épigraphes, par l'échancrure supérieure des lettres qui devraient avoir une tête fermée, se rapproche beaucoup des légendes des médailles de Mazaca, ainsi que de l'inscription égyptienne de Carpentras et des papyrus de même origine dont nous avons déjà parlé. Le synchronisme des médailles de Mazaca porte donc à faire remonter cette forme graphique à l'époque de la domination persane.

Les trente-deux autres inscriptions de Pockoke, bien différentes de la *seconde*, ont entre elles un cachet de ressemblance très prononcé. Cette ressemblance se manifeste surtout dans la forme particuculière de l'*aleph*, du *chet* et du *schin*.

CHAPITRE VI.

Égypte.

Outre le bas-relief de Carpentras et les papyrus dont il a été parlé, l'Égypte a fourni un autre bas-relief analogue pour le tableau, mais marqué d'un seul mot phénicien (*voy.* Gesenius, tab. 29 LXXII, et page 232), puis quelques légendes gravées sur des pierres gemmes (*ibid.*, table 28 LXVII *bis*, et 31 LXVIII, LXX), enfin cette belle inscription, naguère rapportée par M. Ampère, et que nous avons reproduite sur la planche 6.

§ I. *Bas-relief de Londres.*

Le second bas-relief auquel nous venons de faire allusion a été découvert par Gesenius, à Londres, parmi d'autres objets d'antiquité rapportés d'Égypte par Salt et achetés dans une vente publique par le célèbre poëte Rogers. Dans le compartiment inférieur est représenté un cadavre enveloppé de bandelettes et couché sur une table ayant la forme d'un lion, au-dessous de laquelle sont quatre vases fermés par des couvercles dont trois sont à têtes d'animaux, un à tête humaine. Dans l'encadrement supérieur se trouve, à droite, Osiris assis et tenant le fouet et le lituus; devant lui est dressée une table chargée de mets variés; à gauche se tient un homme n'ayant pour vêtement qu'une ceinture et dont la tête est couverte d'un casque; sur le front de ce casque est un serpent, insigne de la dignité royale. Ce personnage présente de la main droite une patelle au-dessus de laquelle, à la hauteur du casque, se voient cinq lettres entièrement semblables à plusieurs de celles de l'inscription de Carpentras et formant le mot שמיתי.

Gesenius, qui n'avait su d'abord comment expliquer ce mot, pensa plus tard en avoir trouvé la signification dans cette décomposition שם יתי, forme araméenne pour שם אתי, *Nomen* (scil. Deus) *mecum* (page 467). Je ne pense pas qu'il en soit ainsi.

En jugeant d'après tous les monuments égyptiens analogues, le groupe en question doit être le nom du personnage qui comparaît devant Osiris, et ce personnage lui-même, décoré du schent avec l'urœus, doit être un roi mort.

S'il en était ainsi, ce ne pourrait être qu'un des princes étrangers, appelés *Phéniciens* par Manéthon, un de ces *pasteurs* ou *Hycsos*, dont l'origine réelle a tant embarrassé et embarrasse encore les historiens. Peut-être n'est-il pas téméraire d'avancer que c'est en effet le premier de ces rois qui est ici mentionné et représenté. Son nom était, d'après Jules l'Africain, *Saïtes*; d'après Josèphe, *Salatis*; et d'après le Syncelle, *Silitis*. On voit déjà que les deux dernières leçons, en faisant abstraction du sigma terminal qui appartient à la langue grecque, soit *Salati*, *Siliti*, ne s'éloignent pas trop du nom phénicien dont nous nous occupons, lequel doit être lui-même transcrit *Smati* ou *Smiti*. Ce rapprochement aura plus de force encore si l'on considère combien les Grecs, en les transcrivant, altéraient les noms étrangers; les variantes du nom même dont il s'agit sont loin assurément d'être les exemples les plus remarquables. Mais il y a plus dans le cas présent; en effet, si nous ne nous faisons illusion, la forme des caractères grecs donne une explication matérielle de l'altération que le nom a subie. Ce nom, sur les manuscrits grecs, a dû être écrit ΣΜΑΤΙ ou ΣΜΙΤΙ; n'est-il pas facile de comprendre qu'on ait pu se tromper et lire ΣΛΛΑΤΙ, ΣΙΛΙΤΙ ou ΣΑΙΤΙ, d'autant plus que l'*alpha* manque souvent de barre transversale, ainsi que Mionnet le constate dans sa paléographie grecque, et que, d'après le même auteur, le *mu* se trouve effectivement aussi, sur les médailles, coupé en deux parties, de cette manière ΛΛ [1]. en sorte que réellement le nom, écrit de cette façon : ΣΛΛΑΤΙ, a pu se prêter à la double lecture ΣΜΑΤΙ ou ΣΛΛΑΤΙ. On trouve des remarques et des exemples analogues dans *Frider. Jac. Bastii Comment. palæographica* et dans les notes de *Schæfer*; ainsi : « Formæ Λ et λ codicibus nunc cum *alpha*, nunc cum *delta* confusæ sunt.... Duplex *lambda* item pro *my* passim habitum est, et vice versâ; indè orta creberrima commutatio vocum ἀλλά et ἅμα... πάιδα Γαλλον al. Παιδαγαμον. Wesselingius : « Γαμον et Γαλλον una duntaxat littera, ad scripturæ errorem progenerandum prona, distinguit. » Enfin, dans l'ouvrage si remarquable qu'il publie sous ce titre: *Aegypten's Stelle*, etc., M. Bunsen a prouvé que presque tous les noms grecs des anciens Pharaons doivent être rectifiés, et il a fait à ce sujet les plus heureuses corrections.

La présomption d'identité se fortifie lorsqu'on pénètre dans la signification du mot. En effet, le *iod* terminal est patronymique. Le thème שמית est une formation semblable à celle de שלישי, *troisième*, venant de שלש, *trois*. La racine est donc שמת. D'un autre côté, nous avons vu, en analysant l'inscription de Carpentras qui a, nous devons le rappeler, tant de rapport avec celle-ci, que les formes chaldéo-syriaques y prédominaient d'une manière très prononcée. Or, l'une des particularités caractéristiques de ces formes, c'est la substitution du *tau* au *schin* dans beaucoup de mots où les Hébreux mettent la dernière lettre; ainsi תו pour שו, etc., etc. On peut donc supposer que שמת est pour שמש, *soleil*, et ainsi le dérivé שמיתי serait l'adroit équivalent du titre

---

[1] Gesenius dit aussi, à une autre occasion : « In græcis monumentis Μῦ litteram in duas, adeò tres partes fractam conspici. » *Monum.*, p. 62.

pharaon que portaient les rois légitimes de l'Égypte, ou mieux peut-être CI PH, *fils du soleil*, qu'ils écrivaient au-dessus de leur écusson nominal.

§ II. *Gemmes.*

La première gemme est un scarabée en cornaline conservé au musée royal de La Haye; elle a été décrite par Hamaker dans ses *Miscell.*, p. 102, 311. Elle porte pour légende : לסראגר.

Nous verrons, sur presque toutes les pierres analogues, les légendes débuter, comme ici, par un *lamed;* nous devons en conclure que cette lettre a une signification commune, que c'est le préfixe indiquant la possession.

Le reste de la légende, dans le cas particulier qui nous occupe, est donc un nom propre. Il veut dire, si l'on traduit directement סר אגר, *évitant d'amasser*, ou, si l'on prend le premier mot pour la forme assyrienne du terme hébreu שׂר, *prince amassant*, spécialement les fruits de la terre; c'est ainsi que le nom de la Bible (Isaïe, xx, 1) סרגון est rendu par *prince juste, clément*.

La légende entière signifie, par conséquent, *à Saragar* ou *à Saroger*.

La seconde gemme se trouve dans le musée royal de Berlin; nous en empruntons le dessin à Gesenius, qui dit l'avoir fait exécuter avec le plus grand soin d'après un moule pris sur l'original; il est double de la grandeur réelle. Les quatre lettres phéniciennes qui y sont gravées donnent, sans aucun doute, le nom propre בנאך. Gesenius, s'appuyant sur l'exemple des médailles de Sidon où אכת est mis pour אחת, *sœur*, suppose avec assez de vraisemblance qu'ici aussi אך est écrit pour אח; que le nom, par conséquent, signifie littéralement *fils de frère;* il répondrait alors à notre nom propre *Neveu* ou *Leneveu*.

Gesenius n'élève aucun doute sur l'origine de cette pierre dont toutes les figures, d'après ses expressions, se rapportent clairement au culte égyptien.

Il ne pense pas de même de celle qu'il a reproduite table 28 LXVII *bis*, bien qu'au dire d'un honorable antiquaire de Londres, qui possède un moule en soufre pris par lui-même sur l'original, elle ait fait partie de la collection de Salt. C'est un cylindre pareil à ceux qui servaient de cachets parmi les Perses. Gesenius, pour en récuser l'origine égyptienne, s'appuie, d'une part, sur ce que les personnages qui y sont représentés ont les jambes écartées; d'une autre part, sur ce que leur chevelure est figurée à la mode persane. Pour l'écartement des jambes, nous ferons remarquer qu'il existe aussi sur la pierre précédemment étudiée, et dont le caractère égyptien a été jugé en tous points évident par le célèbre archéologue; quant à ce qu'il considère comme la chevelure, c'est, si nous ne nous trompons, la coiffe usitée en Égypte et dont la forme se retrouve, bien qu'un peu modifiée, sur les deux images d'Horus dessinées sur le n° LXX de la table 31. Nous pensons donc que rien ne s'oppose réellement à ce que le cylindre dont il s'agit soit compté parmi les monuments égyptiens.

Quoi qu'il en soit, la lecture de la légende ne peut donner lieu à aucune hésitation, si ce n'est pour la seconde lettre dont la figure est nouvelle; mais elle a trop de ressemblance avec le caractère fulguriforme auquel, dans la *seconde citienne*, par exemple, nous avons reconnu la valeur du *samech*, pour que nous ne lui accordions pas ici la même puissance. Nous lisons donc avec Gesenius : לסרגד, *à Sargad*. Ce nom est composé de סר que nous avons déjà vu, et qui signifie ici *prince*, puis de גד, qui veut dire *fortune, succès*, et la divinité qui était censée y présider.

§ III. *Inscription d'Ipsamboul.*

On lit dans un article sur les sources de la religion des Phéniciens, etc., publié par M. Guigniaut dans la *Revue de philologie*, 1re année : « Une épigraphe curieuse, encore inédite, que M. de Saulcy nous signale en terminant cette communication, est celle que notre confrère

M. Ampère a copiée tout récemment sur l'un des colosses d'Ipsamboul en Nubie. Elle n'appartient précisément à aucune des divisions précédentes (*Inscr. votives, sépulcr., historiques*); mais elle est, en phénicien, un exemple jusqu'ici unique d'une de ces inscriptions de visiteurs dont certains monuments de l'Égypte, et surtout le fameux colosse de Memnon, offrent tant d'exemples en grec et en latin. Elle présente de plus cette particularité non moins rare d'un nom hybride composé d'un mot phénicien et du nom d'une des grandes divinités de l'Égypte, *Abd-Ftah*, le serviteur de Ftah, comme si le Phénicien qui le portait eût été consacré au dieu égyptien, ou eût adopté son culte, par suite de l'un des fréquents établissements d'hommes de cette nation sur les bords du Nil, dont nous avons parlé plus haut. »

Je dois à l'obligeance de M. de Saulcy une copie de ce remarquable monument qui est reproduite, comme je l'ai dit plus haut, sur la planche 6₁.

On y distingue deux parties : la première, composée de deux lignes, dont l'une, du double plus longue que l'autre, présente de majestueux caractères; l'autre, écrite aussi en deux lignes, mais en lettres plus grêles, est encadrée dans une espèce de cible. Ma planche n'a pas présenté un espace suffisant pour reproduire exactement ces dispositions; je les crois, toutefois, indiquées avec une suffisante clarté. L'espèce d'ornement placé sur cette planche, au-dessous de la seconde ligne, se trouve, sur l'original, isolé au niveau de la première ligne.

Les deux parties distinguées ci-dessus ont été évidemment tracées par des mains différentes. La lecture en est facile. On doit toutefois se rappeler, d'après ce que nous avons annoncé à la page 26, que nous avons à compléter ici la démonstration de la valeur *samech* donnée à l'avant-dernière lettre de la première ligne.

La première partie se transcrit :

כאית עבדפתח בן יתר אשם אחדל אוחמסי
פתח יהעדף אש

la seconde :

כאי
בב בהרעם

ce qui signifie :

Premier visiteur.

« L'affliction d'Abd-Ftah, fils d'Itar, est l'accusation du délaissement, de la violence que j'ai subie; puisse Ftah faire surabonder sa colère! »

Deuxième visiteur.

« L'affliction est la porte de la plainte. »

Il s'agirait, d'après cette leçon, d'un malheureux, victime de quelque injustice, conjurant Ftah de le venger. Un autre voyageur, passant après lui en ces lieux, et plus miséricordieux, est ému de cette imprécation; mais, dans sa compassion, il en excuse l'auteur.

Il y a une analogie très remarquable entre les idées de la première partie et celles du premier verset du quatrième livre de l'Ecclésiaste, bien que les termes soient différents; l'Ecclésiaste dit en effet : « J'ai porté mon esprit ailleurs; j'ai vu les oppressions qui se font sous le soleil, les larmes des innocents qui n'ont personne pour les consoler et l'impuissance où ils se trouvent de résister à la violence, abandonnés qu'ils sont du secours de tout le monde... » (Trad. de L. d. S.)

Justifions notre interprétation.

On est frappé, au premier abord, de la répétition du même mot, aux terminaisons près, au début de chacune des deux parties épigraphiques : כאית . . . כאי. Ces deux formes me paraissent être des variantes d'un substantif dérivé du verbe כאה, *se plaindre, être affligé*. A la vérité les lexiques ne présentent pas ces formes nominales; mais, d'abord, l'analogie des nombreux substantifs dérivés d'un verbe dont la troisième radicale est ה, et dans lesquels cette finale est changée en י, rend, en quelque sorte, forcée la forme כאי; presque toutes les pages des vocabulaires présentent des exemples de cette mutation. Quant à la seconde forme כאית, elle trouve son entière analogie dans cet exemple : ראה, *voir*, ראי et ראית, *vue, vision*. On est généralement d'accord pour admettre que la Bible ne contient pas toute l'ancienne langue hébraïque ; il est donc très rationnel d'accepter des dérivations aussi naturelles que celles dont il s'agit. On comprend, d'un autre côté, comment, les deux parties ayant été gravées par des individus différents, les deux formes ont pu être employées, d'autant plus que, dans le premier cas, la terminaison en *tau* a pu être appelée par l'état d'annexion.

חדל. On sait que cette expression, qui a pour sens *abandon, délaissement, mépris*, est une de celles qui donnent tant d'énergie au fameux verset d'Isaïe : « Il nous a paru un objet de mépris, le délaissé des hommes, etc... »

חמסי se trouve aussi dans la Bible, à l'endroit où Saraï dit à Abram : « L'injure que je souffre vient de toi, חמסי עליך. »

La différence des personnes, c'est-à-dire l'emploi de la 3ᵉ pers. sing. au commencement de la phrase et de la 1ʳᵉ à la fin, pour parler du même individu, est un hébraïsme dont la concision, sans rien ôter à la clarté, contribue singulièrement à l'énergie de l'expression. On en a un exemple dans ce passage de la Genèse XLIV, 32, cité par Gesenius à propos de la *première maltaise* : עבדך ערב את־הנער מעם אבי, « *ton serviteur a cautionné l'enfant auprès de mon père*, » pour : « *Moi, ton serviteur, j'ai cautionné*, etc. »

Les *aleph* préposés à חדל et à חמסי sont des articles, comme nous l'avons vu sur une classe de médailles de Cadix. Celui qui précède חדל est lié au *chet*.

יעדף est la forme primitive de la 3ᵉ pers. sing. du futur *hiphil* pris ici optativement ; on lit d'une part, dans la grammaire hébraïque de Cellerier fils, p. 32 : « Au futur, par suite d'une habitude euphonique et constante, cette syllabe ה, précédée des préformantes, se contracte avec elle et laisse perdre son ה. Ainsi de l'infinitif הפקד devrait se former le futur יהפקד, et, au lieu de cela, il prend, en se contractant, la forme יפקד; » d'une autre part, dans la grammaire chaldéenne de Petermann, page 19 : « In chaldaismo biblico, tam ab initio quam in fine verborum, loco א scribi solet ה, id quod hebraismum redolet. e. g.... Præt. Aphel : הקטל pro אקטל, adeoque יהקטל, etc. » Cette dernière forme est celle de notre verbe. On en trouve d'ailleurs des exemples en hébreu, tels que יהודה, qui fait le sujet de la note 7, § 52 de la grammaire de Gesenius, 10ᵉ édit., 1831, et אהורנו, dont le même auteur dit (*Lexic.*, p. 1073) : « 1 fut. biph. c. suff. נו, pro אודנו, forma non contracta, a ידה, Hiph. *celebravit.* Ps. XXVIII, 7. »

Enfin l'emploi de אש dans le sens de *colère, vengeance, calamité*, est d'accord avec ces explications données dans le Lexique de Gesenius au mot dont il s'agit : « Figurate de Dei irâ et furore... Igne et incendio Hebræi *quodvis exitium* designant, tam hominum, tam rerum. »

Dans la seconde partie, après ce que nous avons déjà dit de כאי, rien ne présente de difficulté. Nous nous bornerons à faire remarquer que l'article placé devant רעם est un *hé*, ce qui confirme l'opinion que ces lignes ont été tracées par une autre main que celle qui a gravé les premières. On voit aussi sur les médailles de Cadix l'emploi de l'*aleph* et du *hé* comme signes de l'article.

Notre interprétation paraît donc sur tous points légitime, et si elle est acceptée, elle emporte la démonstration de la valeur *samech* attribuée au signe pour lequel, de la page 26, nous avons renvoyé à celles-ci, c'est-à-dire l'avant-dernier de la première ligne.

Sous le point de vue paléographique, ce précieux débris nous semble devoir être considéré comme à peu près contemporain des deux premières inscriptions d'Athènes et de la *première maltaise*.

CHAPITRE VII.

Cyrénaïque : — *Cyrène.*

M. F. Fresnel a récemment publié un cachet trouvé à Cyrène sur lequel sont gravées deux lignes qu'il regarde comme de l'ancien hébreu et que M. de Saulcy, dans la *Revue archéologique*, 3ᵉ année, 1ʳᵉ partie, a traduites comme puniques. Le rapport que nous avons plusieurs fois signalé entre la plupart des lettres phéniciennes et les lettres correspondantes de l'ancien alphabet des Hébreux explique cette divergence sur laquelle nous reviendrons.

Cette gemme est de jais oriental très dur et de forme elliptique; les lettres en sont fort nettes (*voy.* pl. 2, n° 8). L'inscription consiste en deux lignes, dans le sens du grand diamètre, et séparées par deux traits parallèles. La première ligne contient six caractères; la deuxième cinq.

L'explication donnée par M. de Saulcy ne laisse rien à désirer : nous lui emprunterons ce que nous avons à en dire.

Les caractères, de formes et de valeurs parfaitement déterminées, se lisent sans hésitation :

לעבדיה A Abdiahh,
בן ישב fils de Jasub.

De ces deux noms propres, le premier est formé de עבד, dont nous connaissons si bien la signification, et de יה, venant de חיה, *il vit;* le sens complet est donc : *Serviteur du Vivant, du Vivant par excellence, de l'Éternel.* Nous disons souvent encore : *le Dieu vivant.*

Le second nom propre, que M. de Saulcy dit signifier *habitation, demeure,* et de l'emploi isolé duquel il déclare ne connaître aucun exemple, me semble n'être autre chose que le nom ישוב que l'on trouve dans les Nombres, xxvi, 24, et dans Esdras, x, 29 ; on le traduit par *se convertens.* Nous avons maintes fois signalé l'usage des Phéniciens d'éliminer le *vau* quiescent, si tant est que l'on ne doive pas plutôt considérer l'intercalation de cette lettre comme une addition des Hébreux.

Au point de vue graphique, l'inscription a cela de remarquable que *l'aïn* est triangulaire, exemple qu'on ne retrouve, mais moins prononcé, que dans la *première athénienne.* En second lieu, le *schin* a une forme peu commune, que nous retrouverons particulièrement sur quelques marbres de Malte et de la Sardaigne.

Ce sont ces particularités, ainsi que le nom de la divinité *Jahh,* et probablement le lieu où la gemme a été trouvée, qui ont porté M. Fresnel à considérer l'inscription comme hébraïque. Ces motifs ont certainement de la force; cependant, pour la forme graphique, nous venons de voir qu'elle n'est pas complètement étrangère aux monuments phéniciens ; quant au nom de la divinité, on ne le trouve jamais rendu, dans l'Ancien Testament, par l'orthographe יה, c'est-à-dire avec un *chet.* Il nous paraît donc y avoir sujet de rester dans le doute.

CHAPITRE VIII.

Afrique proprement dite.

Nous avons déjà emprunté à l'Afrique occidentale un assez grand nombre de matériaux étudiés dans le deuxième livre; cette riche contrée va nous en fournir encore de fort curieux. Nous avons remarqué, en analysant ceux qui viennent d'être rappelés, qu'ils se divisent en familles très distinctes et par la forme des caractères, et par quelques particularités orthographiques, et par le canevas formulaire. Ces différences subsistent parmi ceux qu'il nous reste à examiner; elles correspondent aux divisions géographiques que nous allons suivre.

L'Afrique proprement dite comprenait les régions syrtique, byzacène et zeugitane. Chacune d'elles fera le sujet d'un paragraphe.

§ I. *Région syrtique.*

Trois villes principales, *Oea* ou *Ocea*, aujourd'hui *Zavia*, *Leptis Magna*, aujourd'hui *Lebdah*, et *Sabratha*, aujourd'hui *Zaorath*[1], existaient dans cette région et lui ont fait donner le nom de *Tripolis*. Toutes les trois ont conservé des monuments de la langue phénicienne qui y fut jadis parlée. MM. Falbe et Lindberg s'expriment ainsi, à ce sujet, dans leur *Annonce d'un ouvrage sur les médailles de l'ancienne Afrique* :

1° *Leptis Magna*. Médaille autonome punique.

2° *Oea* (*Ocea*). Médailles autonomes puniques; médailles impériales, les unes avec légendes puniques, les autres avec légendes latines et puniques. — L'article descriptif de ces médailles sera accompagné de renseignements sur une inscription punique qui porte le nom de la ville d'Oea et confirme l'interprétation des médailles.

3° *Sabratha*. Médailles autonomes puniques; médailles impériales avec légendes latines et puniques.

Nous ne connaissons point les médailles autonomes de Leptis, mais nous aurons à citer, de cette ville, quatre inscriptions lapidaires, dont une bilingue (latine et punique), deux trilingues (latines, grecques et puniques).

Nous ajouterons aussi à cette nomenclature des médailles de Macarée et de Subtuttu, que nous grouperons autour de celles d'Oea, parce que ces deux villes étaient voisines de celle-ci et probablement sous sa dépendance.

A. *Oea, Macarée, Subtuttu.*

Attribuées à tort à Iol par Pellerin, à Nisuaâg (Νίσουα de Ptolémée) par Fabricy, les médailles d'Oea, autonomes et impériales, portent une légende de quatre lettres dont les variantes ont été reproduites par Gesenius, table 44 xxv, D, et par Pellerin, pl. cxxi, 16. Cette légende se lit très facilement ויעת, *Oedt*. On ne comprend guère comment Gesenius a pu prendre le premier signe pour un *samech*, ce qui l'a conduit à lire סיעת, *Sigat, Sigata*. Toutefois la valeur gutturale attribuée dans cette circonstance à l'*aïn*, valeur qu'il a effectivement quelquefois, peut, dans notre leçon, expliquer la synonymie *Ocea* par ces transformations : *Oegat, Okea, Ocea.*

---

(1) Voy. *Mémoire géogr. et numism. sur la partie orientale de la Barbarie appelée Afrikia par les Arabes.* — Comte Ch.-Oct. Castiglioni. Milan, 1826.

Oéat n'est pas un mot phénicien ; il est d'origine égyptienne ; c'est le substantif *auêt, aouêt, aouot*, signifiant *demeure, séjour*.

Les exemplaires A, B, E de la table précitée de Gesenius offrent une légende formée de trois mots, dont l'un est encore évidemment ויעת. Celui qui le précède se transcrit sans plus d'hésitation מעקר. L'autre est plus difficile à déterminer ; le premier et le troisième des caractères qui le composent varient sur les différents exemplaires ; celui marqué E paraît les présenter le plus correctement tracés ; il indique que la lecture doit être, ainsi que Gesenius l'a pensé, בילת, et nous inclinons à croire aussi, avec le savant interprète, que cette orthographe remplace בעלת, *ville*. La légende est donc בילת מעקר ויעת, et nous pensons qu'on doit la traduire par *Urbs Macara, Oew*. Il s'agit par conséquent de la ville de Μακαράια, mentionnée dans le Σταδιασμὸς τῆς Θαλάσσης, et qui était située très près d'Oea ; elle est nommée aujourd'hui *Gargach*[1]. La légende indique que cette ville, dans la circonscription tripolitaine, relevait d'Oea, et la position géographique est parfaitement d'accord avec cette induction ; c'est ainsi que, sur quelques médailles de Carné, nous avons vu ערד קרן, *Carne Aradi*; c'est ainsi que, dans le périple de Scylax, nous trouvons ces titres : Ὀρνίθων πόλις Σιδωνίων, Σάραπτα Τυρίων πόλις, Βῆλος πόλις Τυρίων ; sur le n° 7 nous ne lisons que בילת מעקר, *Urbs Macara* ou *Macarœa*.

Une inscription lapidaire découverte, en 1824, dans la même contrée et déposée actuellement dans le musée de Londres (*voy*. Gesenius, table 27 LXV) porte au commencement ces deux mots בעל מעקר, *Baal Maqar* ou *Mager*, dont le dernier est figuré d'une manière tout à fait identique au même mot des médailles ; c'est la divinité éponyme de la ville, c'est-à-dire Μάκηρις, que, suivant Pausanias, on confondait avec Hercule, en Égypte et en Libye. Ce mot מעקר est mis en effet pour מלקר, qui est lui-même une abréviation de מלקרת.

Le reste de l'inscription présente de grandes difficultés. Gesenius regarde les deux lettres qui suivent les mots cités ci-dessus comme formant l'adjectif רב ; or, d'abord, le *resh* ne ressemble pas à celui qui termine le nom מעקר ; cependant il ne paraît pas possible de nier l'identité de valeur ; nous avons déjà signalé cette particularité très remarquable. D'un autre côté, le caractère pris pour un *beth* ne ressemble ni à celui qui est écrit au commencement de l'inscription, ni à celui qui occupe le cinquième rang, en comptant de gauche à droite, à la dernière ligne ; il a l'apparence d'un *resh ;* mais le contexte ne se plie point à cette dernière détermination, et je ne puis découvrir pour ce groupe d'autre sens que celui adopté par Gesenius, savoir, comme je l'ai dit, רב, *seigneur*, répondant au titre רבת donné à Tanaïs sur les épigraphes de Humbert. Bien que Gesenius fasse savoir que le dessin qu'il présente et que nous avons reproduit ait été fait sur un moule que lui-même avait minutieusement collationné avec l'original, on doit observer que la pierre a subi des endommagements assez notables ; on peut donc penser que quelques-unes des linéaments de l'écriture ont été altérés ; nous le croyons entre autres pour la neuvième lettre de la première ligne et pour la huitième des figures apparentes de la dernière ligne ; nous croyons que la partie inférieure de la tige de ces lettres devait être un peu courbée de droite à gauche comme celle du *beth* gravé au commencement de l'épigraphe et comme celle du *tsadé* qui termine la première ligne. Au surplus on verra bientôt, sur une médaille de la ville voisine Sabratha, le *beth* et le *resh* se ressembler exactement comme ici d'après le dessin de Gesenius ; on peut donc l'admettre à la rigueur. En second lieu, nous conjecturons que les petits traits qui suivent la quatrième lettre de la dernière ligne doivent être, non pas au nombre de deux, mais au nombre de trois, comme vers la fin de la seconde ligne, et qu'ils forment, dans l'un et l'autre cas, un *chet*, ainsi que nous l'avons vu dans la *première numidique*.

Nous transcrivons donc et traduisons l'inscription comme il suit :

---

(1) Voy. *Recueil des itinéraires anciens*, comprenant l'*Itinéraire d'Antonin*, la Table de Peutinger et un choix des Périples grecs, par M. le marquis de Fortia d'Urban, membre de l'Institut, Paris, Imprimerie royale, 1845, page 375.

בעל מעקר רב עץ	Baal Maqer dominus consuluit
לקתאם סלא היא	Qetamo, sustulit vitam
עיגע כלכל אש	fessi. Sustinuit aram
לכן אח רב בריאת	ad durationem frater, princeps Bariatæ.

עץ est pour עוץ. — Le nom propre קתאם est analogue à celui de deux noms de villes, יקתאל, que l'on trouve dans la Bible, Jos., xv, 38, et II Rois, xiv, 7, et que l'on fait dériver de קתה et de אל, remplacé ici par אם; il signifie *subegit mater*. — היא est un chaldaïsme comme nous en avons souvent rencontré. — עיגע pourrait être interprété, à la manière de Gesenius, par עבד יגע, *servi fessi*, ou עבדי יגע, *servi sui fessi*; mais je suis plus porté à regarder l'*aïn* initial comme remplissant la fonction de *mater lectionis*, ainsi que nous l'avons vu plusieurs fois dans les inscriptions trouvées en Numidie. Nous adoptons du reste le sens *accablé par l'âge* donné par l'archéologue prussien. — Il semble difficile d'attribuer au mot אש, qui finit la troisième ligne et dont la lecture est certaine, une autre acception que celle que je lui ai assignée, et c'est une nouvelle preuve en faveur de ce qui a été dit sur ce point dans le second livre. — Enfin nous souscrivons à l'explication proposée par Gesenius au sujet du dernier mot, בריאת, savoir qu'il s'agit de la ville de *Barathia*, que Ptolémée place dans cette région, et au nom de laquelle on a voulu à tort donner la forme grecque *Barathra*.

Les médailles B et A, table 44 xxvi de Gesenius, présentent, comme les précédentes, une légende composée, sur un exemplaire, de trois mots, et de deux sur l'autre.

Les légendes de ces médailles contiennent plusieurs signes qui demandent un examen particulier, savoir:

1° Le premier. Nous le retrouvons sur les exemplaires M, N, O des médailles figurées sur la table 39 xiii de Gesenius, et, en rapprochant ces variantes de celles de la même légende que présentent les exemplaires G, H, I, il est facile de se convaincre que le signe dont il s'agit est un *schin*, car le caractère correspondant sur les derniers numéros a incontestablement pour nous cette valeur.

2° Le sixième et, sur l'exemplaire B, le huitième. En comparant les variantes de la légende des médailles dessinées sur la table 43 xxii de Gesenius, et notamment les exemplaires G et B, on acquiert la certitude que cette lettre, qui termine le mot sur l'exemplaire B, est équivalente au *iod* qui, sur l'exemplaire G, termine le même mot sous une forme qui nous est déjà connue.

3° Enfin le second et, sur l'exemplaire B, le septième. Nous l'avons déjà vu sur un exemplaire des médailles de Mazaca, et nous avons remis la démonstration de sa valeur jusqu'à ce moment. Or les éléments connus du dernier mot, savoir יעה, portent à penser qu'il s'agit encore ici du nom ויעת, et que par conséquent le caractère en question est un *vau*, conclusion avec laquelle l'analogie de forme est d'ailleurs d'accord.

La légende entière doit donc se lire:

A. שוק טטי ויעת,
B. שוק טטי.

Nous devons penser que, dans le premier cas, comme pour les monnaies de *Macara*, ויעת indique une circonstance accessoire, une condition de dépendance ou d'association, et que le nom de la ville est exprimé par les deux autres mots qui se trouvent seuls sur l'exemplaire A. Le premier veut dire *marché*; il se trouve encore avec cette signification et une orthographe un peu adoucie dans plusieurs noms de lieu de l'Afrique, ainsi que l'a fait remarquer M. le comte Castiglioni dans ses *Recherches sur les Berbères atlantiques*. Le second ne peut venir que de טוב, *timon*, et il fait très probablement allusion à une situation auprès de quelque marais. La réunion des deux mots me semble former *Suqtutu* ou *Suqtuttu*, qui, par mutation euphonique, s'est converti en *Subtuttu*; une ville de ce nom existait en effet à une petite distance d'Oea.

B. *Leptis magna.*

Quatre inscriptions phéniciennes ont été, jusqu'à présent, découvertes à *Lebdah*, l'ancienne *Leptis magna*, et nous allons voir que deux d'entre elles sont très précieuses. L'une de ces inscriptions est unilingue, une autre est bilingue (latine et phénicienne), les deux autres sont trilingues (latines, grecques et phéniciennes). Ce sont ces deux dernières, on le conçoit, qui ont un grand prix. Nous allons suivre l'ordre que nous venons d'indiquer.

1° *Inscription unilingue.*

Une copie de cette inscription vient d'être publiée par M. F. Fresnel dans le *Journal asiatique*, 1846. La pierre sur laquelle elle est gravée était naguère sur la terrasse du couvent à Tripoli; mais elle a été récemment expédiée à Naples par M. le consul général Morelli.

Je reproduis, pl. 7, la copie adressée par M. Fresnel. Un coin de la pierre a été cassé dans le transport de Lebdah au couvent de Tripoli.

Malheureusement la copie de M. Fresnel est une moyenne entre un premier *fac-simile* tel quel, dit-il, fait par lui, et un second communiqué par M. Morelli. On voit qu'il y aurait témérité à pousser la prétention jusqu'à vouloir complétement interpréter un texte si incertain. Il est à regretter que M. Fresnel n'ait pas envoyé les deux copies originales.

Quoi qu'il en soit, dans l'état où elle se trouve, l'épigraphe doit se transcrire ainsi :

תברלריבתכלעתנר?ל
תעטראטרפ. . . .
. . . רתפ.

On distingue, dans le groupe formé par les 4°, 5°, 6° et 7° lettres de la première ligne, le mot לרבת, *Dominæ*, que l'on voit si souvent, on doit se le rappeler, sur les inscriptions de Carthage, comme titre de *Tanit*; mais puisqu'ici ce dernier nom ne suit pas, il ne s'agit pas de cette déesse. On doit donc penser que le mot en question a la même application que sur une inscription d'Eryx dont nous parlerons dans le chapitre relatif à la Sicile, où il occupe une place analogue, c'est-à-dire que c'est le titre d'une femme dout l'inscription est l'épitaphe. Dès lors le nom propre doit venir après; ce doit donc être כלעת pour כלת, signifiant *accomplie*. D'un autre côté, et en suivant le même ordre d'idées, on est autorisé à conjecturer que la première lettre de la ligne, incomplétement retracée, doit être un *qôph*, pour former le mot קבר, *tombeau*, au lieu d'un groupe auquel on ne pourrait trouver aucune signification. A cela se borne tout ce qu'il me paraît prudent d'avancer sur une inscription tronquée et dont on n'a pas de copie exacte.

2° *Inscription bilingue.*

Il s'agit du fragment d'épigraphe retracé sur la table 27 LXIV de Gesenius. Il a été découvert en 1806 par M. Delaporte, qui l'avait, à cette époque, mentionné et dessiné dans un mémoire adressé au ministre des relations extérieures de l'empire français. Ce mémoire a été récemment exhumé en quelque sorte et publié dans le *Journal asiatique*, cahier d'avril 1836. Le savant espagnol Badia, qui, vers le même temps, avait parcouru la même contrée sous le pseudonyme d'Ali-Bey, a fait paraître, en 1814, une relation de ses voyages dans laquelle le fragment dont il s'agit se trouve aussi reproduit; mais les circonstances relatives à l'emplacement ne se concilient pas tout à fait avec celles de M. Delaporte; elles paraissent même se contredire.

Quoi qu'il en soit, la pierre est maintenant en Angleterre, dans le jardin royal voisin du château de Windsor (*Virginia Water*), servant, les lettres renversées, de piédestal à une statue de Flore ou de Cérès. C'est là du moins que Gesenius l'a vue en 1835, et qu'il en a pris copie. Cette copie ne diffère de celle de M. Delaporte qu'en ce que la dernière lettre, que celui-ci, ainsi qu'Ali-Bey, avait prise pour un F, est un E.

La pierre, au rapport de M. Delaporte, a soixante-quatorze centimètres de long sur soixante de haut; les caractères en sont très purs et bien conservés. Ceux de la ligne latine, selon Gesenius, ont quatre doigts de haut; ceux de la partie phénicienne en ont deux et demi.

Hamaker[1], M. Lindberg[2], Gesenius, Arri[3] et M. l'abbé Bargès[4] se sont successivement efforcés d'interpréter ce fragment; leurs tentatives n'ont pas été heureuses. Gesenius seul en a transcrit convenablement la partie phénicienne, sauf la première lettre qui ne me paraît pas intacte. Cette transcription donne : תלמלכתמרמקם עלם ?

Nous n'essaierons pas une explication qui, dans l'état de mutilation du débris, ne pourrait être que conjecturale. Nous ferons seulement remarquer, d'une part, l'intervalle qui sépare les trois dernières lettres des précédentes; d'une autre part, que les 2ᵉ, 3ᵉ, 4ᵉ, 5ᵉ et 6ᵉ caractères forment indubitablement un mot distinct signifiant *au royaume* ou *du royaume*. Nous renvoyons ceux des lecteurs qui désireraient pousser l'investigation plus loin aux auteurs cités ci-dessus, en particulier à Gesenius et à l'abbé Arri. Nous ne nous arrêterons qu'à une opinion récemment émise par M. de Saulcy, savoir que le texte phénicien doit être transcrit ainsi : ת...למלכת המקם עלם, c'est-à-dire : *à la souveraine de la demeure éternelle*. Bien que l'état si incomplet du fragment ne permette pas d'apprécier comment cette phrase, où il est question de Tanit, et qui n'a aucun rapport avec la partie latine, s'adapte au contexte, bien qu'en outre la présence de l'article devant עלם eût été plus correcte, nous avouons avec empressement que cette application des idées nouvelles de M. de Saulcy sur la figure qu'il regarde comme le *hé* de la basse époque nous paraît la plus heureuse de celles qu'il a faites.

3° *Inscriptions trilingues.*

Ces inscriptions sont au nombre de deux. Elles ont été trouvées en mai 1846 gravées sur deux pierres calcaires de mêmes dimensions, gisant l'une à côté de l'autre dans la partie orientale des ruines de Lebdah. Elles ont été publiées, comme la première, par M. F. Fresnel dans le *Journal asiatique*, second semestre de 1846. Malheureusement, comme la première aussi, elles ne présentent, pour la partie phénicienne, qu'une copie arrangée, résultant, à titre de moyenne, de la combinaison de deux *fac-simile*. Mais ici les textes latins et grecs, parfaitement équivalents entre eux sur chaque monument, viennent puissamment en aide aux textes phéniciens et permettent de les rétablir presque avec certitude dans leur intégrité.

Ainsi, sur les deux monuments, les textes latins et grecs présentent une partie, la seconde moitié de chaque ligne, identique, sauf l'inflexion, savoir :

N° 1. { . . . . . *Clodi medici.*
       { . . . . . Κλωδίου ιατρου.

N° 2. { . . . . . *Clodius medicus.*
       { . . . . . Κλωδιος ιατρος.

---

(1) *Miscell. phœn.*, p. 77. (2) *De inscript. Melit.*, p. 49. (3) *Journ. asiat.*, août 1836. (4) *Ibid.*, juin 1837.

Sur les textes puniques, la seconde moitié de chaque ligne est semblable aussi, si ce n'est que, sur le n° 1, il y a, au 5ᵉ rang de cette moitié, un *aïn* en plus que sur le n° 2, ainsi qu'on le voit dans le parallèle suivant en adoptant provisoirement le tracé de M. Fresnel :

N° 1. קלעאעירדרבא . . . . . .
N° 2. קלעאידרבא . . . .

Mais nous connaissons assez le jeu de l'*aïn* intercalaire pour pouvoir négliger ici la différence que sa présence simule entre les deux textes et pour les regarder comme identiques au fond. Ils doivent donc être les équivalents des portions pareillement identiques des textes latins et grecs. Or, il est impossible de trouver cette équivalence aux passages phéniciens en question parce qu'il est impossible de leur trouver un sens quelconque. On doit donc penser, et le procédé de fusion adopté par M. Fresnel y autorise pleinement, que c'est la copie qui est en défaut. En effet, de légères modifications au dessin de trois lettres rétablissent l'équivalence avec la plus grande facilité ; ces modifications consistent : 1° à ajouter à la seconde lettre, la dix-septième de toute la ligne sur le n° 1 et la seizième sur le n° 2, une queue descendant verticalement, peu allongée, pour en faire un *daleth*; 2° à convertir la troisième avant-dernière lettre en une figure semblable à la dernière, c'est-à-dire en un *aleph*; 3° à ne point fermer en anneau l'extrémité supérieure de l'avant-dernier signe; à le ramener à un simple demi-cercle, ou *phé*, comme on en voit sur l'inscription de Macarée et sur la première de Leptis magna. On a ainsi, pour cette portion parallèle de chaque épigraphe :

N° 1. קלדאעי ארפא . . . . . .
N° 2. קלדאי ארפא . . . . . .

Ce qui donne, comme dans la partie correspondante des textes latins et grecs : *Clodius le médecin*.

Il est à peine nécessaire de dire que l'*aleph* qui précède רפא est l'article, tel que nous l'avons signalé dans une classe des médailles de Cadix.

La première partie du n° 1, qui se coupe ainsi : ברכת בת בעלשלך אם, rend littéralement la partie correspondante des textes latin et grec, savoir : *Byrycth*, *fille de Balsilech, mère de*.....

La ligne entière est donc :

ברכת בת בעלשלך אם קלדאעי ארפא.

Byrycth, fille de Balsilech, mère de Clodius, le médecin.

Cette concordance absolue entre les trois textes est la justification la plus satisfaisante du système de lecture exposé jusqu'ici.

Mais il n'est pas facile d'obtenir le même résultat pour la première partie du n° 2 qui reste à examiner.

Impossible d'abord de ramener le phénicien à une leçon qui donne *Boncarmecrasi*, premier mot des textes latin et grec. Mais ce mot ne se prête lui-même à aucune signification. On doit donc penser qu'il est altéré. D'un autre côté, בדעלקרת, que donne la transcription du phénicien, d'après le tracé de M. Fresnel, n'offre point d'interprétation acceptable. Il y a donc aussi vraisemblablement quelque inexactitude dans ce tracé. Or, l'analogie de plusieurs autres textes appelle בדמלקרת, *Bodmelqart* (*la part de Melqart*), dont nous avons déjà parlé. Cette restitution ne demande que la conversion de la troisième lettre, de la forme ronde qui lui a été supposée, en celle d'une petite croix de Saint-André, ou *mem*, semblable à celle qui occupe le neuvième rang.

Reste רמקרתי. Ce mot est incontestablement un surnom ethnique formé de רם קרת, *la hauteur de la ville* ou *la ville haute*, et il signifie, par conséquent, *originaire* ou *habitant de la ville haute*. Il était naturel, dans ce cas, de porter le *iod* formatif de l'ethnique, à la fin du composé, comme on le voit dans בית האלי, II R., xvi, 34.

La véritable appellation phénicienne de Clodius était donc *Bodmelqart-remqrati*, nom entièrement semblable, pour la forme, à celui dont nous venons de citer une partie : חיאל ביתהאלי.

La terminaison en *crasi* des textes latin et grec provenait de l'habitude, qui domine encore chez les indigènes, d'adoucir le T en sifflante.

Le nom latin et grec est évidemment une syncope du nom phénicien.

La ligne entière présente donc aussi une parfaite concordance avec celles des deux autres textes, savoir :

בדמלקרת רמקרתי קלודאי ארפא.
Bodmelqart remqrasi Clodius, le médecin.

Boncar se trouve parmi les noms des contractants sur un traité d'hospitalité publié dans les *Acta fratrum arvalium* (Rome, 1795, 4), p. 785. *Boncaria* ou *Voncaria* était un siége épiscopal de la Mauritanie césarienne. Gesenius (*Monum.*, p. 397, 2ᵉ note, p. 404 et 429) en donne cette explication, qui approche beaucoup de la vérité : « Contr. ex *Bomelcar*, abjecto *l*, ut in *Macar*. »

Quant au nom de la ville, *Remqrati*, et, avec la terminaison latine, *Remqratis*, je ne doute pas que ce ne soit le mot primitif d'où *Leptis* s'est formé, par contraction aussi, et par mutation de *r* en *l* et de *m* en *p*.

La mutation de l'*r* en *l* est, comme chacun le sait, très commune ; on en voit en Afrique diverses applications, par exemple, pour les temps anciens, dans *Magaria*, *Magalia* ; pour les temps plus modernes dans *Tremcen*, *Tlemcen*. Le changement de *m* en *p* n'est ni moins naturel, ni moins fréquent ; il était ici particulièrement appelé par le besoin de compenser la contraction par le renforcement du son. Enfin des contractions analogues se montrent aussi en assez grand nombre. Je ne citerai que *Suthul* pour *Sufetula*, *Muthul* pour *Mutbaal*.

C'est surtout dans la localité et dans l'inscription même dont il s'agit qu'on trouve la justification de cette opinion, puisqu'on y voit précisément des mutations de lettres et des contractions non moins remarquables. Au surplus, la probabilité arrive presque à la démonstration par le parallèle suivant :

Bodmelqart,	Remqratis,
Boncar,	Reptis,
Voncaria.	Leptis.

Les quatre inscriptions de *Leptis magna* ont entre elles, sous le point de vue graphique, un air de famille frappant et incontestable. La ressemblance s'étend aussi à celle de Macarée, dont nous avons parlé dans le paragraphe précédent. Elles sont évidemment de l'époque impériale et contemporaines ou de dates peu éloignées les unes des autres.

La première et les deux dernières épigraphes leptitaines ont un autre caractère de similitude avec celle de Macarée : c'est l'emploi du *resh*, pareillement à ce que nous avons déjà vu sur la *cinquième numidique*. C'est précisément à l'occasion des inscriptions de Leptis que ce fait a frappé M. de Saulcy et lui a inspiré la pensée de dépouiller l'ancienne et commune opinion à ce sujet pour assigner à l'une de ces formes, celle du R rétrograde, la valeur du *hé*, ce qui constituerait le *hé* de basse époque.

Dans cette pensée, il transcrit la seconde inscription trilingue comme il suit : בדמלקרת המקרדי

הרבא ou mieux הרפא, comme nous lisons, serait certainement une restitution très heureuse; mais, d'une part, M. de Saulcy ne sait comment expliquer l'ethnique מקרוי; d'une autre part, il ne donne aucune interprétation pour la partie de la *première leptitaine* que nous croyons avoir sainement analysée. En conséquence, comme notre détermination, ou plutôt l'ancienne détermination, ne laisse point ces lacunes, et que l'emploi de l'*aleph* pour article est aussi légitime que celui du *hé*, nous persistons dans notre première manière de voir.

D. *Sabrata*.

Nous avons eu déjà, dans l'un des chapitres du second livre, l'occasion de citer quatre des légendes des médailles dont il s'agit en ce moment, et nous avons alors transcrit de cette manière : 1° צברתעת la variante D de la table 43 XXIV de Gesenius, groupe principal des variantes, A, B, E ; 2° צברתת les variantes C et G. Tout ce que nous avons acquis depuis ne peut que confirmer cette lecture qui donne indubitablement le nom *Sabratat*, déjà trouvé, sauf le dernier signe, par l'abbé Barthélemy (Lettre au marquis Olivieri).

Les exemplaires A, B, E, outre le nom qui vient d'être indiqué, ont, en exergue, un ou deux autres groupes dont la composition varie pour chacun de ces exemplaires ; ainsi sur A, c'est תעבוץ, sur B צי.כל, sur E מץ.תי : nous n'en saurions donner l'explication.

La légende F est plus compliquée encore ; Gesenius, qui l'a mal reproduite, la lit : רם עם עכבר צברתעת, et il la traduit ainsi : *Regia populi Achbor, Sabratha*: il regarde le nom d'Achbor comme celui du fondateur du peuple dont il s'agit et compare l'expression עם עכבר à celles de l'Ancien Testament עם יהודה, עם ישראל; enfin il fait remarquer que le nom propre Achbor lui-même, qui signifie *rat, loir*, se trouve en plusieurs endroits de la Bible (Genèse, XXXVI, 38. — II. R., XXII, 12, 14. — Jér., XXII, 26, XXXVI, 12).

Pellerin, sur la 2ᵉ pl. de sa seconde Lettre, a davantage approché de la vérité en donnant une légende qui se lit : צברתעת רם יאעכבר. L'examen d'un exemplaire du cabinet du roi m'a prouvé que le 9ᵉ signe seulement est incomplétement figuré, probablement parce qu'il était fruste ; il manque, au devant de la figure en forme de 2, et y attenant supérieurement, un petit trait qui, au lieu d'un *iod*, en fait un *schin* de forme numidique. La légende est donc צברתעת רם שאעכבר, c'est-à-dire, en adoptant une partie de l'explication de Gesenius, *Sabrata, capitale d'Achbor*, car nous verrons ultérieurement que le *schin* préfixe est quelquefois l'exposant du cas oblique. L'*aleph* qui le suit paraît prosthétique.

Cette légende me semble s'élever encore contre la détermination nouvellement proposée par M. de Saulcy pour la première lettre du second groupe, car le *hé*, que cette lettre représenterait, ne donnerait point de sens admissible. Cependant, mû par une conviction profonde, ce savant philologue croit pouvoir lire : המקם עכבר שברתעץ, *la grande ville* ou *la métropole, Sabrathan*.

« L'*aïn*, ajoute-t-il, qui précède כבר, est superflu ; mais on trouve, dans toutes les épigraphes connues en écriture punique du bas temps, une telle surabondance de *aïn* intercalés sans raison apparente dans les textes, que l'on a véritablement le droit de ne pas se préoccuper de leur présence. Peut-être aussi cet *aïn* ne joue-t-il d'autre rôle que celui d'une prise de son guttural inhérente au *caph* initial du mot כבר sous sa forme punique ; peut-être encore avons-nous le superlatif arabe אכבר, formé de כביר. » Je ne m'attacherai pas à ces diverses conjectures, puisqu'elles tombent toutes devant ce fait décisif, que la légende n'est pas écrite ainsi que le pense M. de Saulcy, trop confiant dans la leçon de Gesenius. Je maintiens donc, jusqu'à meilleure démonstration, et ma transcription et mon interprétation.

L'époque de ces médailles, qui sont toutes évidemment du même temps à peu près, est indiquée par celle qui porte les signes de la consécration d'Auguste ; elle a dû être frappée peu de temps après la mort de cet empereur.

§ II. Région Byzacène.

MM. Falbe et Lindberg font à ce sujet l'annonce suivante :
1. *Achulla*. Médailles impériales latines avec des lettres puniques en contre-marque ;
2. *Hadrumetum*. Médailles autonomes puniques ; médailles du roi Juba Ier avec lettres puniques ;
3. *Thapsum*. Médaille impériale avec légende latine et punique.

Nous ne connaissons de ces monuments qu'une médaille d'Achulla ; la légende phénicienne qu'elle porte en contre-marque se lit קיר (voy. Gesenius, table 42 xxii). Ce mot, qui veut dire *paroi*, *mur*, est employé dans la Bible comme nom de ville (Is., xv, 1). Nous ignorons à quel endroit de l'Afrique il peut s'appliquer.

§ III. Région Zeugitane.

Carthage, l'illustre capitale de cette région, a fourni de nombreux et d'importants matériaux à notre analyse dans les deux chapitres du livre précédent. Les monuments dont nous nous sommes occupés dans le premier de ces chapitres ont des caractères communs consistant dans le lieu où ils ont été trouvés, dans le dessin de certaines lettres, dans le canevas formulaire des contextes. Nos études précédentes ont porté sur les deux derniers points ; mais nous devons ici y revenir pour rectifier, d'après une nouvelle lecture proposée par M. de Saulcy depuis l'impression du cinquième chapitre de notre livre II, le canevas formulaire des 1re, 2e, 3e, 4e, 5e, 12e et 14e *carthaginoises*.

Nous disions, à la page 42 : « On doit remarquer que le *nun* qui suit le premier לבעל et qui attache à ce mot, comme dans לאדנן de la *première maltaise*, le pronom possessif de la première personne plurielle, est incorrectement dessiné sur la *cinquième carthaginoise* ; il ressemble au *nun* du composant תנת de la *première athénienne* que nous avions dû d'abord prendre pour un *caph*. Le parallèle avec l'inscription de la *troisième carthaginoise* lèverait toute incertitude s'il en pouvait rester sur la valeur réelle de ce signe. »

En émettant cette opinion, nous cédions, à notre insu, à l'ascendant des autorités qui nous avaient devancé dans l'analyse de ces monuments, malgré notre intention bien arrêtée de ne nous soumettre qu'aux conséquences d'un examen rigoureux, tant il est difficile de résister entièrement au prestige de la voix des maîtres ! tant on doit d'encouragement ou au moins d'indulgence à ceux qui ont assez de résolution pour tenter de s'y soustraire dans les limites convenables !

Les copies, dessinées avec une précieuse netteté, de deux inscriptions nouvelles qui viennent d'être découvertes à l'île du Port-Cothon par M. l'abbé Bourgade, desservant de la chapelle Saint-Louis, et qui sont conservées à Tunis, ont mis M. de Saulcy en mesure de réformer la lecture adoptée et que lui-même avait jusque-là suivie.

Ces deux copies reproduisent, pour les 9e, 10e et 14e figures, les caractères graphiques que ces figures présentent sur la 3e et la 5e *carthaginoises* de Gesenius, c'est-à-dire, pour la 9e, le caractère du *phé*, pour la 10e celui du *nun*, et pour la 14e, celui, non pas du *caph*, comme nous le répétions tout à l'heure, mais du *vau*, à raison de la courbure du trait principal de gauche à droite. Cette dernière équivalence est évidente aussi sur la *douzième carthaginoise* de Gesenius, planche 47. Or la constance de ce dessin ne permet plus de se méprendre sur sa valeur et de supposer qu'il y a incorrection. « Je ne prétends pas, dit M. de Saulcy, à qui nous empruntons ces remarques (*Rev. archéol.*, 3e année, 10e livr.), nier qu'il puisse arriver qu'un *lapsus scalpri* ait substitué parfois une lettre à son analogue. Mais si ce prétendu *lapsus scalpri* se reproduit invariablement sur plusieurs épigraphes tracées par des mains diverses et à des époques différentes, il devient impossible d'admettre l'existence d'un parti pris de commettre perpétuellement les mêmes bévues. Or c'est là précisément le cas qui se présente lorsqu'il s'agit des inscriptions puniques dédiées à Tanit et à Baal Khamon. » Nous adoptons cette opinion sans aucune réserve, et nous lisons en conséquence la formule de cette manière : לרבת לתנת פן בעל ולאדן לבעל חמן.

Il n'y a, pour le sens, d'innovation grave dans cette lecture que les mots בעל פן qui paraissent se rapporter à Tanit. M. de Sauley dit à ce sujet : « פן veut dire *facies*, *vultus*, *aspectus*, et ce mot entre en composition dans le nom propre hébraïque פניאל ou פנואל, *Faniel* ou *Fanuel*, *aspectus Dei*; il en résulte, je crois, que les mots בעל פן signifient *aspectus Baalis*, et que la déesse Tanit portait, chez les Carthaginois, un surnom signifiant *manifestation de Baal*. Nous avons donc : *A la souveraine Tanit, manifestation de Baal, et au seigneur Baal-Khamon*. De la sorte, le texte se simplifie et devient plus naturel; car comment expliquer la présence du pronom possessif *noun* après le mot Baal, tandis qu'il n'est pas exprimé après le mot Rabbet? »

M. de Sauley n'explique pas, au point de vue mythologique, cette qualification de *manifestation de Baal* donnée à Tanit. Il me semble que la solution du problème se trouve dans ce rapprochement. Nous avons dit que *Tanit* des inscriptions carthaginoises pouvait être regardée comme *Taneit* du culte égyptien. Or, d'un autre côté, l'on est généralement d'accord pour identifier cette dernière déesse, et par conséquent Tanit aussi, avec *Athéné* des Grecs, ou *Minerve*. Selon la mythologie, Minerve était *sortie tout armée de la tête de Jupiter*; c'était donc la personnification de l'intelligence de Jupiter, c'est-à-dire une manifestation de Jupiter lui-même, et comme Baal correspond à Jupiter, il y a concordance parfaite dans l'allégorie; Tanit était à Baal ce que Minerve était à Jupiter.

On doit remarquer combien les rectifications que nous venons de signaler et auxquelles on a été amené par une lecture rigoureuse apportent de force à nos déterminations graphiques, puisque nous n'avions pu adopter la version que nous venons de modifier qu'en supposant qu'il y avait *incorrection* dans le dessin des lettres que nous lisons maintenant différemment.

Nous avons dit précédemment que l'un des caractères communs des épigraphes de Carthage, dont il a été parlé dans le livre II, chapitre v, c'est d'avoir été découvertes dans le même lieu. C'est un bourg établi sur la partie de l'emplacement de l'ancienne cité où paraissent avoir été construites les citernes; il est aujourd'hui nommé *Malqa*, *Malga* ou *Moallakah*. Il est dit à ce sujet dans la traduction d'un manuscrit arabe de la Bibliothèque du roi contenant la description de l'Afrique, publiée en 1831 par M. Ét. Quatremère, page 63 : « On voit à Carthage un palais appelé Moallakah qui se distingue par une étendue et une élévation prodigieuses. Il est composé de galeries voûtées qui forment plusieurs étages et qui dominent sur la mer. »

Quatre de ces inscriptions, celles que nous avons désignées sous les titres de 1re, 2e, 3e et 4e *carthaginoises*, ont été déterrées en 1817 par Humbert, à un peu plus d'un mètre au-dessous de la surface du sol; elles étaient rapprochées les unes des autres et gravées avec soin sur une pierre calcaire d'un rouge cendré propre à la contrée. Elles ont été acquises en 1820 par le roi des Pays-Bas et sont depuis conservées au musée de Leyde.

La *cinquième* a été découverte en 1831 ou 1832 par Scheel, consul danois dans le royaume de Tunis; elle se trouve actuellement dans le musée royal de Copenhague en parfait état de conservation.

La *douzième* est due à sir Thomas Read, qui en a envoyé, en 1836 ou 1837, une copie à la Société des antiquaires de Londres.

Enfin la *quatorzième* a été rapportée, vers la même époque, par M. Falbe, qui a bien voulu m'en donner un moule en plâtre sur lequel a été tracé le dessin de la planche 8. L'original est à Copenhague, sans doute dans le musée royal. Il a été trouvé enfoui à deux mètres et demi au-dessous de la surface du sol.

Quant à l'inscription carthaginoise dont il a été parlé dans le chapitre vii, livre II, c'est-à-dire la *onzième*, elle a été aussi trouvée par Read avec celle dont il a été question un peu plus haut.

Il en est de même d'une *treizième*, dont nous ne nous sommes point encore occupés et qui est figurée sur la table 47 de Gesenius, n° LXXXIII. La copie en est évidemment incorrecte; aussi, à l'imitation de l'auteur que nous venons de citer, nous abstiendrons-nous d'en essayer l'explication; nous nous bornerons à faire remarquer que l'on peut reconnaître, au commencement de la dernière ligne, des vestiges de la formule נדר אש.

On possède trois autres inscriptions carthaginoises dont nous n'avons point non plus fait mention encore et par l'analyse desquelles nous compléterons ce paragraphe. Deux, que nous désignerons sous les titres de *huitième* et *neuvième carthaginoises* (Gesenius, table 18), ont été découvertes dans les environs de Malqa, savoir, l'une en 1823, l'autre à une époque plus rapprochée, mais indéterminée. C'est M. Falbe qui en a répandu les copies. L'une est au musée de Leyde; l'autre, au dire de Gesenius, après avoir appartenu à M. Falbe, était, en 1837, à Paris entre les mains du comte Turpin. La dernière, c'est-à-dire la *quinzième*, a été trouvée au cap Carthage en 1841 dans les fouilles exécutées pour établir les fondations de la chapelle Saint-Louis; elle est déposée au Louvre (voy. pl. 9).

La *huitième carthaginoise*, d'après Gesenius, qui l'avait vue, est gravée sur la surface d'une pierre carrée de six doigts d'épaisseur. Les lettres, tracées très superficiellement sur un plan bien poli, ont un peu plus de ténuité que sur la planche.

L'explication en avait été tentée, avant Gesenius, par Münter, aidé des avis de M. Lindberg, et par Hamaker. La leçon et l'interprétation du professeur de Halle sont seules irréprochables; les voici :

קבר כתב(על) בת חמלכת בן עבד־   Tombeau de Bathbaal, fille d'Hammalcut, fils d'Abd-
אשמן בן אשמניתן בן ברי חרב   esmun, fils d'Esmuniton, fils de Béri, prince.

On doit remarquer le trait semi-lunaire placé au-dessus du *qôph*; il a été considéré par Kopp, suivi en cela par Hamaker et Gesenius, comme un signe orthographique analogue à celui qu'emploient les Samaritains pour indiquer qu'un mot est détourné de la prononciation ordinaire.

Le nom propre *Hammalcut* est mis, selon Gesenius, pour חמלכת, *gratia regni* ou *gratia reginæ*, de même que *Hamilcar* pour חמלקר, *gratia Melqarti*. Le savant interprète demande si *Himilco* ne viendrait pas de ce nom חמלכת?

Le dernier nom propre ברי est équivalent à בארי qui correspond, comme Gesenius le fait observer, à notre nom *Fontane*. La dernière orthographe était celle du nom du père d'Hosée dans le texte de ce prophète; la première est employée dans les Paralipomènes.

Gesenius a séparé ce groupe des suivants, pour faire de celui-ci un qualificatif, parce que בריחרב n'aurait aucune étymologie correcte. רב est le titre *préfet*, *maître*, précédé de l'article comme שפט (השפט) dans la *cinquième carthaginoise*, ספר (הספר) dans la *troisième*. Cette interprétation, qui est ici forcée, justifie l'emploi que nous avons fait du même mot רב dans la version de la *quatrième citienne*.

La *neuvième carthaginoise*, qui est échancrée à l'angle correspondant au commencement de la première ligne, avait été restituée et traduite par M. Lindberg (Falbe, *Empl. de Carth.*, p. 103) de la manière suivante :

(קבר) יהובס עבד   Sepulchrum Jobasi, cultoris
חוא בן עבדאשמן   Hevæ, filii Abdesmunis.

M. Lindberg supposait qu'un Carthaginois avait pu être nommé יהובס, *Jehova conculcans*, prétendant qu'il se trouvait même dans les populations puniques des sectateurs de la religion judaïque. Mais c'eût été un singulier disciple de la loi de Moïse que cet adorateur d'Eve, fils d'un adorateur d'Esculape ! Au surplus Gesenius fait judicieusement observer :

1° Que la direction des deux traits qui subsistent au bord de la brisure ne permet pas de rétablir le mot קבר; en effet l'un de ces traits, et vraisemblablement le premier, devrait être la tige du *beth*; or l'inspection du reste de l'épigraphe prouve que, dans cette supposition, la tige ne devrait être ni aussi longue, ni rectiligne; elle devrait être inclinée vers la gauche.

2° Qu'une séparation trop manifeste existe entre les restes du *iod* et le *hé* suivant pour qu'il soit possible de les réunir et, par conséquent, de former le nom יהיבם.

Le savant prussien proposait en conséquence une leçon différente, savoir :

(מ' בח)י הכבם עבד Cippus in vitâ fullonis Abd-
חנא בן עבדאשמן hannæ, filii Abdesmunis.

L'illustre antiquaire fait remarquer la singularité de la position du qualificatif הכבם avant le nom propre; mais il justifie cette tournure par les exemples analogues que l'on trouve fréquemment dans la Bible; ainsi, au lieu de המלך דויד, que l'on trouve dans les Paralipomènes, les Livres des Rois disent המלך דוד; on y voit aussi המלך שלמה, etc.

M. de Saulcy a proposé une autre version pour la première ligne de cette inscription dans une note communiquée au *Journal asiatique* (mars 1843) et ayant particulièrement pour sujet la *quinzième carthaginoise*.

Nous nous occuperons d'abord de celle-ci, puisque c'est à son occasion que le savant académicien a été amené à reporter son attention sur la précédente.

M. de Saulcy lit la *quinzième carthaginoise* comme il suit :

קבר חב: עבד בעמלקרת בן עזרבעל בן ע...

Il traduit : *Tombeau de Habig, serviteur de Bômelkart, fils d'Azrubdal, fils d'A.....*

La transcription ne donne lieu à aucune observation.

Quant à la traduction, elle présente un point sur lequel nous devons nous arrêter; c'est par ce point que cette inscription se rattache, selon notre auteur, à la précédente.

« Le troisième groupe עבד, qui signifie serviteur ou esclave, entre, comme on le voit, dit M. de Saulcy, en composition dans une foule de noms propres phéniciens et puniques; on pourrait donc être tenté de le regarder comme le commencement du nom d'un personnage, si le mot suivant, בעמלקרת, dans lequel entre en composition le nom Melkart de l'Hercule phénicien, ne devait pas nécessairement représenter à lui tout seul le nom propre cherché. Il ne me paraît pas possible d'admettre qu'un nom ait été composé comme le suivant : *Abdbômelkart;* Abdmelkart ou Bômelkart seuls, à la bonne heure, voilà des noms de forme régulière. De ce que le mot *abd*, ainsi placé devant un nom propre, ne peut signifier que *serviteur* du personnage dont le nom suit, je conclus que le mot tri-littéral qui précède ce mot *abd* est le nom du serviteur dont il s'agit. »

Je souscris pleinement à cette opinion; mais il n'en est pas de même de la conséquence suivante :

« La lecture de cette curieuse petite inscription, poursuit un peu plus loin M. de Saulcy, a l'avantage de conduire à celle de l'inscription qui, dans l'ouvrage de Gesenius, porte le numéro général LIV, et le n° 9 parmi les monuments épigraphiques carthaginois. Elle se transcrit ainsi :

קבר יהובם עבד
חנא בן עבד אשמן

C'est-à-dire « *Tombeau de Jahoubes, serviteur de Hanna, fils d'Abdachmoun.* »

« Je ne doute pas que l'inscription ne soit simplement l'épitaphe d'un esclave comme celle de la chapelle de Saint-Louis, et que le mot initial ne soit le mot קבר, comme l'a pensé Lindberg. »

L'objection de Gesenius contre cette lecture me semble péremptoire, aussi bien que celle relative à la jonction du *iod* au groupe suivant, et cette observation rend inadmissible la version entière de notre savant compatriote.

« Gesenius, qui se trouve fort embarrassé, continue M. de Saulcy, d'un nom tel que Abd Channa, s'exprime ainsi à son sujet : « Nomen proprius עבדחנא, cultor Hannæ, arguit חנא « fuisse numen vel hominem numinis instar cultum. » Il serait superflu de discuter la valeur de cette hypothèse par trop hasardée. »

Cette critique est fondée; mais elle ne ruine que les suppositions de Gesenius et non la possibilité de l'existence du nom עבדחנא. L'erreur de Gesenius est résultée de la pensée que *abd*, dans la composition d'un nom propre, ne pouvait précéder qu'un nom de divinité; or, cela n'est point exact, puisqu'on trouve, dans deux endroits de l'Ancien Testament (II Sam., VI, 10; I Paral., XVI, 38), עבד אדם comme nom propre d'un lévite. Le nom יהובש ne serait pas, à coup sûr, plus facile à expliquer.

Quoi qu'il en soit, en parlant de l'inscription du cap Carthage, M. de Saulcy émet avec raison l'avis que בעמלקרת, qu'il rend par *le sectateur* ou *l'imitateur de Melkart*, ou mieux encore par *celui que Melkart accompagne*, correspond au nom latin *Bomilcar*, et עזרבעל, c'est-à-dire *Baal est son appui, celui dont Baal est le soutien*, au nom *Asdrubal*.

Il est plusieurs médailles que l'on attribue tantôt à Carthage, tantôt à la Sicile; nous croyons plus utile d'en remettre l'examen au moment où nous traiterons des monuments phéniciens de la Sicile.

M. Falbe, qui a jeté tant de jour sur l'archéologie de Carthage, donne une précieuse indication pour évaluer l'âge des inscriptions trouvées parmi les ruines qui couvrent le sol où fut jadis cette puissante cité. « A une profondeur de deux mètres et demi au plus, dit-il dans un manuscrit qu'il a eu l'extrême obligeance de me communiquer, on trouve des débris du moyen âge mêlés avec ceux du Bas-Empire; il faut, en quelques endroits, dépasser six mètres pour arriver à la ville punique. » D'après cette donnée, il estime que le cippe qu'il a déterré (*quatorzième carthaginoise*) ne remonte pas au delà du quatrième siècle. Ceux de Humbert sont au moins aussi récents, et comme les caractères de ces cippes ont une grande ressemblance avec ceux des autres inscriptions carthaginoises dont nous avons parlé, on en peut conclure que celles-ci appartiennent très vraisemblablement à la même époque.

CHAPITRE IX.

Numidie.

La Numidie, mine féconde, fournit un très grand nombre de médailles et d'inscriptions lapidaires.

Relativement aux médailles, MM. Falbe et Lindberg citent :

1. *Bulla regia;* médaille autonome punique; médailles impériales avec légendes latines et puniques;
2. *Cirta;* médailles avec légendes puniques;
3. *Hippo regius;* médailles autonomes puniques;
4. *Lamasbua;* médailles autonomes puniques;
5. *Lambesa;* médailles autonomes puniques; médailles du roi Bogud avec légende punique;

médailles impériales, les unes avec légendes puniques, les autres avec légendes latines et puniques ;

6. *Simithu*; médaille du roi Micipsa avec légende punique ; médaille du roi Hiempsal Ier avec légende punique ; médailles de Simithu, avant le temps de Juba II, avec légendes puniques ; médailles d'un préfet de Simithu, du temps de Juba II, avec légende latine et punique ;

7. *Theveste* ; médaille autonome punique ;

8. *Massinissa*; médaille avec légende punique ;

9. *Jugurtha*; médaille avec légendes puniques ;

10. *Hiempsal II* ; médailles avec légendes puniques ;

Juba Ier ; médailles avec légendes latines et puniques ; médailles avec légendes puniques ;

Juba II; médaille avec légende latine et punique frappée à Simithu.

De ces médailles, nous ne connaissons que celles des villes de *Cirta*, de *Lambesa*, et celles des deux rois *Juba*. Nous y ajouterons une médaille de la ville de *Tipasa* ou *Tiffech*.

Une seule inscription correspond à l'une des villes citées dans cette énumération : c'est celle de *Cirta* ou *Constantine* (*vingt-troisième numidique*) dont il a été parlé à la page 63.

Des vingt-deux autres inscriptions numidiques étudiées dans le livre précédent, chapitres v et vii, cinq ont été trouvées entre *Tucca terebenthina*, aujourd'hui *Magrava*, *Vacca* ou *Bedja*, et *Sicca venerea* ou *Kef*; ce sont les *première, seconde, troisième, huitième et dixième*.

La *première* a été trouvée en 1833, par sir Grenville Temple, dans une chétive habitation du bourg de Maghrava, non loin de l'emplacement de l'ancienne *Tucca terebenthina* ; elle orne le musée de la Société asiatique de Londres.

La *seconde*, découverte un peu avant 1837, a été envoyée à Copenhague par Scheel, secrétaire du consulat de Danemarck ; elle est conservée dans le musée de cette ville.

La *troisième*, un peu plus grossière que la précédente, a été trouvée vers la fin de 1823 et achetée par Humbert pour le musée de Leyde, où elle est déposée.

La *huitième* a été découverte en 1837 par Read à Challik, qui paraît une dépendance du bourg de Maghrava.

La *dixième*, enfin, a été trouvée le 26 avril 1838 par M. Falbe à Makhter. Elle est au musée de Copenhague.

La *quatrième* a dû être découverte dans la même région. Elle faisait autrefois partie de la collection de Tulin, consul anglais à Tunis ; elle a été achetée en 1828 par le roi des Pays-Bas, et placée dans le musée de Leyde.

Quatre autres, savoir la *onzième*, la *douzième*, la *quatorzième* et la *vingt-unième*, ont été déterrées à Ghelma, autrefois *Calama*, l'une de nos plus importantes stations de l'Algérie : la *onzième*, en 1836, par M. le capitaine d'état-major Delcambre ; la *douzième* et la *vingt-unième* en 1845 par M. de Lamare, chef d'escadron d'artillerie; enfin la *quatorzième* en 1846 par mon ami le docteur Grellois. La *onzième* est reléguée dans le musée de Narbonne ; la *douzième* et la *vingt-unième* viennent d'être apportées au musée algérien fondé récemment au Louvre ; la *quatorzième* est entre les mains de M. Grellois.

La *cinquième*, la *sixième* et la *septième*, à en juger par les analogies graphiques et formulaires, proviennent très probablement de la même contrée ; mais on ne sait de quel point précisément. La *cinquième* a été vue par Gesenius enfouie dans l'un des caveaux du musée de Londres, au milieu d'autres inscriptions de la collection Sloane ; elle est gravée avec soin sur un marbre blanc très dur et fort bien poli. La *sixième* et la *septième*, rapportées, il y a une dizaine d'années, de Tunis, par un marchand juif, ont été acquises par le musée Bourbon, à Naples.

Les neuf dernières, savoir les *neuvième, treizième, quinzième, seizième, dix-septième, dix-huitième, dix-neuvième, vingtième* et *vingt-deuxième*, font partie de la précieuse collection rapportée de Hanschir-aïn-Nechma par M. de Lamare.

Ces diverses inscriptions se distinguent d'une manière toute particulière, comme on l'a indiqué dans le deuxième livre, par les modifications considérables qu'ont éprouvées certaines lettres, modifications propres à toute la Libye, moins le territoire de Carthage, à l'Espagne bétique et aux îles adjacentes à l'une et à l'autre de ces contrées. Ces changements portent sur l'*aleph*, le *beth*, le *daleth*, le *vau*, le *chet*, le *mem*, le *nun* et le *resh*. Ce sont, sans aucun doute, des dégradations, mais qui ne se sont pas introduites sans méthode. Ainsi l'*aleph* et le *mem*, comparables à une croix de Saint-André, ont entre eux une grande ressemblance ; il est cependant toujours facile de les distinguer, ainsi que Barthélemy, tout en se trompant sur la valeur absolue des caractères, l'avait déjà remarqué dans sa lettre au marquis Olivieri, page 41 ; l'*aleph* est constamment signalé par un ou deux petits traits dont on a soin de surmonter les lignes qui se croisent, un lorsque le *mem* n'en a point, deux lorsque celui-ci en a un. Le *beth*, le *daleth* et le *resh*, en se réduisant successivement à une ligne plus ou moins courbe, puis à un simple trait droit, conservent les rapports de configuration qui les rapprochent dans l'alphabet normal. Le *nun* maintient aussi son analogie avec le *lamed* ; mais la confusion est évitée par la précaution presque constante de faire monter celui-ci au-dessus de la ligne et descendre l'autre au-dessous, disposition corrélative à ce qui existe dans l'alphabet normal. Le *vau*, pour qu'on le distingue du *caph*, a la tige courbée à droite. Aucune des modifications auxquelles nous venons de faire allusion n'est aussi remarquable que celles du *chet* depuis sa réduction à trois traits verticaux un peu concaves à gauche, réduction reconnue par Gesenius, jusqu'aux contours bizarres qu'il présente dans plusieurs autres cas et dont la détermination nous appartient.

Les formes précitées, toutefois, ne sont pas, à l'exception peut-être du *vau*, constamment employées sur les monuments phéniciens que nous rapportons à la Numidie ; les figures normales, surtout celles du *beth*, du *daleth* et du *resh*, s'y trouvent aussi. La présence relative ou prédominante de l'un ou de l'autre système indique l'âge relatif des monuments, en considérant, bien entendu, comme les moins anciens ceux dont les caractères s'éloignent le plus de l'alphabet commun.

Le *resh*, je persiste à le croire et je compte en donner de nouvelles preuves dans ce chapitre, se montre assez souvent sous une autre forme, celle de la même lettre de l'alphabet romain, mais tournée en sens inverse. On doit se rappeler que cette forme existe aussi sur les médailles tyriennes de la plus basse époque.

Enfin le *schin* subit aussi une métamorphose ; c'est probablement la plus ancienne, car on en surprend le début sur la *quatorzième carthaginoise*.

Mais les inscriptions numidiques ont un caractère tout à fait spécial dans certains canevas formulaires qui leur sont propres ; nous avons signalé, en effet, dans le livre précédent, les analogies qui les lient sous ce rapport et à la fois les séparent dans l'ordre suivant : 1re, 2e, 3e, 4e, — 10e, — 23e, — 9e, 11e, 12e, 13e, 14e, — 5e, 6e, 7e, 8e, 15e, 16e, 17e, 18e, 19e, 20e, 21e, 22e.

Chacune de ces familles se distingue en même temps par une physionomie graphique particulière.

Outre les monuments que nous avons été jusqu'à présent amenés à analyser, la Numidie en a fourni plusieurs autres qu'il nous reste à étudier, savoir : une médaille de Tipasa ; trois inscriptions trouvées à Ghelma : deux en écriture phénicienne, l'autre en caractères romains ; une inscription découverte à Hanschir-aïn-Nechma ; une médaille de Constantine ; plusieurs de Lambesa, de Juba Ier et de Juba II.

Il existe enfin une inscription bilingue, phénicienne et libyque, trouvée, ainsi que nous l'avons dit dès le commencement de cet ouvrage, à Tucca. Afin de traiter en particulier de la langue libyque, nous remettons, comme nous l'avons annoncé, à en parler dans le dernier chapitre de ce livre. Nous mentionnerons alors les fragments d'inscriptions libyques découverts aux environs de Tucca, à Hanschir Makhter, à Tiffech et à Hanschir-aïn-Nechma.

§ I. *Tipasa.*

J'attribue à Tipasa la médaille inédite dont la légende est représentée sur la planche 2, n° 10. Elle fait partie de ma collection, mais j'en ignore l'origine; elle est en bronze et porte au droit une tête d'Hercule coiffée de la peau de lion; au revers un éléphant marchant à droite.

Les quatre premiers caractères de la légende, qui est en exergue au-dessous de l'éléphant, se lisent sans hésitation טפהך.

Ces caractères sont suivis d'un point et d'un trait vertical; ce point et ce trait peuvent constituer un *tsadé*, comme dans la *deuxième athénienne*, la *seconde citienne*, etc., ou le point peut être un signe orthographique et le trait une marque numérale. La seconde supposition me paraît la plus probable, parce qu'elle permet de former, avec les quatre lettres transcrites ci-dessus, le nom *Tipahaca*, *Tiphaca* ou *Tipaca*, qui correspond assez bien au nom latin *Tipasa* et au nom arabe *Tiffech*. En prenant le point et le trait vertical pour un *tsadé*, on aurait טפהצך, *Tipacsa* ou *Tiphacsa*, qui ne manqueraient pas non plus d'analogie.

§ II. *Ghelma.*

J'ai trouvé en 1837, à *Ghelma*, le fragment d'inscription reproduit, en grandeur naturelle, sur la planche 25, sous le titre de *vingt-quatrième numidique*. Il a été depuis transporté à la Bibliothèque royale. C'est un grès rougeâtre. L'inscription est gravée en traits grêles et superficiels.

Ce fragment, sauf quelques caractères altérés, se transcrit ainsi :

(לאד)ן בעל חמן אתמא   Au (seigneur) Baal Haman . . .
רמאכנף בן טא . . . . fils de . . . .
ג דאעש ? . . . . . .

La configuration du *chet*, analogue d'ailleurs à celle de plusieurs numidiques déjà étudiées, est la plus extraordinaire qui se soit encore présentée à notre examen.

Le *lamed* qui termine le nom de Baal nous offre aussi l'unique exemple du prolongement de cette lettre au-dessous de la ligne; toutefois la présence et la direction du crochet dont son extrémité supérieure est munie empêchent sûrement de la confondre soit avec le *nun*, qui n'a point d'appendice analogue, soit avec le *tau* dont le crochet, comme on le voit dans la même ligne, forme un angle plus aigu.

On est autorisé à supposer que את, qui suit l'adjectif חמן, veut dire *signum*, *monumentum*; il correspondrait alors à הקש de la *vingt-troisième numidique*, et il fournirait ainsi un nouvel argument en faveur de l'acception que j'ai attribuée, d'une part, au même mot dans les *onzième* et *douzième numidiques*; d'une autre part, au groupe אש qui lui est parallèle dans les *carthaginoises* de Humbert. Mais l'impossibilité, vu la mutilation de la pierre, de traduire le contexte entier, s'oppose à toute conclusion arrêtée.

L'autre inscription de Ghelma à légende phénicienne, ou *vingt-cinquième numidique*, représentée planche 26, a été trouvée en 1845 par le docteur Grellois, qui m'en a envoyé d'abord une copie, puis un moule en plâtre sur lequel la planche a été calquée avec beaucoup d'exactitude.

Cette inscription est gravée sur une stèle à deux compartiments latéraux et destinée, par conséquent, à recevoir deux épitaphes; le compartiment de droite est seul rempli.

La première ligne offre, après les deux premières lettres, une figure qui semble formée par la réunion de deux *iod*; mais quel sens aurait cette leçon ? A part cette difficulté, l'épigraphe se transcrit facilement, et je pense que l'on en peut proposer l'explication suivante :

גֵּוִי? לִם	Stela Ma-
ז ולאטן	ni et Athani.
עלא עבן	Extuli lapidem
נעשעיא	oneris
ברכת בת	Bericat, filia
רגעטא	Ragûtæ.

Cette interprétation reposerait sur le jeu de l'*aïn* dont nous avons plusieurs fois signalé des exemples constants. Ainsi, au commencement de l'épigraphe, nous croyons voir des traces qui rappellent le mot hébreu גאות, *élévation, colonne*, etc.; la quatrième ligne nous paraît remplie par un mot répondant à celui-ci נשואה, *fardeau*. Peut-être dans l'un et l'autre de ces cas, où le *iod* d'ailleurs serait substitué au *vau*, trouvera-t-on forcée notre tentative d'application des faits analogues précédemment démontrés; nous laissons à de plus habiles à décider. Quoi qu'il en soit, nous avons déjà rencontré עלא, dans le même sens que celui que nous lui donnons ici, sur la *vingt-unième numidique*, dont le nom propre תיעלתיא présente, en outre, une forme orthographique comparable à נעשיא. Quant aux noms propres, le premier serait l'impératif apocopé de מנה, comme on le trouve dans le Ps. LXI, 8, avec la signification *préparer, constituer*; le second équivaudrait au nom latin *Linus*, le troisième n'a pas besoin d'explication; le dernier serait composé de רגע, *rompre, réprimer, arrêter*, et de טא, racine primitive de מותאתא, *balai*, souvent pris au figuré.

Avant d'abandonner les inscriptions de Ghelma écrites en caractères phéniciens, nous devons revenir sur la catégorie des 9e, 11e, 12e, 13e et 14e *numidiques* pour donner, d'après des réflexions qui nous sont survenues depuis l'impression du chapitre V, une nouvelle explication du mot מולכא qui se trouve sur chacune d'elles précédé de la préposition ב. Cette nouvelle explication confirme davantage encore notre lecture.

Nous avons traduit ce mot dans le sens général *royaume*; nous pensons maintenant que c'est le nom propre de la ville.

Toutes les inscriptions dont il s'agit ont été exclusivement trouvées à Ghelma; aucune de celles qui ont été déterrées à Hanschir-aïn-Nechma, distant d'environ quatre kilomètres seulement, ne présente ce mot במולכא. Or Ghelma, comme nous l'avons dit, se nommait en latin *Calama*. Ce nom me paraît être ACALAM lu à rebours, c'est-à-dire de gauche à droite, par les Romains, habitués à ce mode de lecture, en sorte qu'au lieu de *In regno*, il faut dire *In Malaca* seu *Calama*. On voit de quel poids ce nouveau sens pèse en faveur de l'ensemble de notre interprétation; il importe donc de chercher une preuve démonstrative. Nous croyons l'avoir trouvée dans une inversion tout à fait semblable qui s'était introduite dans l'ancienne nomenclature de la géographie mauritanienne.

Les géographes sont embarrassés au sujet de deux noms de rivière cités dans les auteurs qui ont décrit les Mauritanies, savoir la *Mulucha* ou *Molochath* et la *Chylémath*. Le docteur Shaw, dans le tome I*er* de ses *Voyages*, p. 14 et suiv., dit à cet égard : « On peut demander si la *Malva* est une rivière différente de la *Mulucha*, de la *Molochath* et de la *Chylémath* dont parlent les anciens, ou si ce n'est qu'une seule et même rivière sous différents noms... Il faut de nécessité que la *Mulucha*, la *Molochath* et la *Chylémath* soient la même rivière. » M. Pélissier, dans son Mémoire sur la géographie ancienne de l'Afrique, *Explor. scient. de l'Algérie*, tome V, p. 313, s'exprime à son tour de cette manière : « Ainsi le Chylémath reste indéterminé; peut-être l'étymologie du mot éclaircirait-elle la chose, mais nous n'avons pu la trouver. » Cette étymologie est simplement le mot Mulucha lu en sens rétrograde, comme celui de notre ville de Malaca devenu Calama; de là aussi l'origine du nom d'une autre ville de Calama, assise auprès de la rivière en question. Les mutations des voyelles n'impliquent aucune difficulté, puisque ces voyelles ne sont point écrites dans le nom phénicien.

Nous arrivons maintenant à la dernière inscription de Ghelma gravée, avons-nous dit, en caractères latins.

J'ai remis en 1837, entre les mains de M. Duvivier, alors colonel et commandant supérieur de la station, un petit monument qui depuis a été apporté au musée algérien par M. de Lamare; en voici la description. C'est un bloc de marbre blanc ayant à peu près 0^m,75 de hauteur, 0^m,30 de largeur et 0^m,15 d'épaisseur ; sur l'une des faces est représenté en relief un personnage au visage jeune, plein et gracieux ; il est vêtu de la robe punique ; il tient de la main droite une grappe de raisin, de la gauche une corne d'abondance ; sur son épaule droite repose, la tête penchée, un oiseau de rivage ; à ses pieds et à gauche est couché un lion. Au-dessous, sur une surface parallélogrammatique qui n'offre aucune autre trace de lettres, se lit l'inscription suivante :

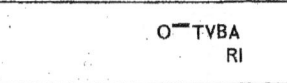

Cette épigraphe est indubitablement intacte, et, je le répète, le reste du champ est parfaitement uni. Cependant ces lettres, bien que romaines, ne donnent aucun sens dans la langue latine ; on est donc en droit de penser qu'elles expriment un autre idiome. Or, comme ce n'est point non plus le grec, on est conduit à supposer que c'est du phénicien ; et, en effet, lui seul fournit une interprétation qui répond très bien aux attributs du personnage. Le tiret qui sépare l'o des lettres suivantes indique, à n'en pas douter, qu'il s'agit d'une particule liée au mot suivant. *Tuba* est littéralement טובה, *bonté; ri* peut être, littéralement aussi, רי, *irrigation*, d'où vient רוה, *abondance*, ce que représenterait effectivement le relief. L'ensemble exprimerait donc : הוא טובה רי, *le bienfait de l'irrigation, l'image de la fertilité produite par l'irrigation.*

Ce serait là, si je ne me trompe, l'unique exemple d'une inscription phénicienne écrite en lettres latines, et, quoique la remarque soit peu importante, je ne crois pas tout à fait inutile de faire observer que, par un reste d'habitude caractéristique, c'est à droite de l'aire que la gravure a eu lieu.

La vallée de Ghelma, où ce petit monument a été trouvé, est arrosée par la Seybouse. Or cette rivière était anciennement nommée *Rubricatus*, qu'avec tant de raison Gesenius (page 148 de son grand ouvrage), d'après Hamaker (*Miscell.*, p. 271) a traduit par רו בריכת, *Fluvius benedictus*, « le cours d'eau, le *ru* béni, fertilisant. » Qui ne serait frappé de la concordance de cette dénomination avec notre légende? Gesenius donne lui-même l'explication de la transformation de *ru* en *ri* : « רו scriptum est pro רוי *irrigatio*, à רוה *irrigavit*. Cf. quod inde contractum est רי. »

C'est, je n'en doute pas, de notre épigraphe que dérive le nom de la *Seybouse*. En effet, comme nous l'avons déjà fait remarquer en un autre endroit, les indigènes ont l'habitude de convertir la dentale en sifflante; ils ont donc pu prononcer *Suba* au lieu de *Tuba*, et les Latins ont dit *Tubus* ou *Subus*. Ceci n'est pas une vaine supposition; la nomenclature de la géographie ancienne prouve que c'est une réalité. Ptolémée (4, 1) désigne sous le nom de Ῥούσιϐις, *Rusibis*, une ville de la Mauritanie Tingitane à laquelle Polybe (34) et Pline (4, 1) donnent le nom de *Rutubis*. C'est la même expression que sur notre épigraphe, mais renversée, רו טובה, *ru Tuba* ou *ru Suba*, *fleuve de fertilité, fleuve fertilisant.* Il y avait aussi dans la Mauritanie Tingitane un fleuve et une ville portant le nom de *Subur;* c'est encore la même qualification que sur notre marbre, savoir, *Subu-r* pour *Tubu-r.*

A côté de *Calama* (Ghelma) se trouvait *Tybelis*, renommé pour ses eaux thermales, *Tibilitanæ aquæ*; or, en se rappelant la fréquente mutation de l'*r* en *l*, ne peut-on pas voir dans ce nom notre *Tuba ri* ?

N'est-ce pas aussi cette expression qu'on retrouve intacte dans le nom d'un fleuve dont, malgré sa célébrité historique, l'étymologie était jusqu'à présent restée si obscure, dans le nom du Tibre, *Tyberis*, en grec Θύβρις, dont les eaux limoneuses fécondaient les plaines qu'elles traversaient?

Enfin le nom du fleuve et de la ville de *Sybaris*, en Lucanie, ne trouve-t-il pas son étymologie dans l'explication que nous avons donnée de notre courte inscription? Le nom de *Copia*, substitué plus tard par les Romains à celui de *Sybaris*, ne prouve-t-il pas la justesse de cette explication? Ainsi que le rapporte Mentelle dans sa *Géographie classique et élémentaire* (Paris, Germain Mathiot, 1813), partie ancienne, pages 569 et 570, quelques savants ont présumé que cette ville, qui avait, à une époque très reculée, des médailles d'argent témoignant d'une opulence fort antique, avait été fondée par des Orientaux. Cette opinion justifie donc la recherche de l'origine du nom dans une langue orientale, et le nom latin, la fertilité de la contrée, tout s'accorde à appuyer l'étymologie que nous proposons.

Quelques-unes des anciennes médailles citées ci-dessus portent pour légende ΣYBAPI; en admettant ici aussi la mutation du T en S, ce nom équivaut à *Tubari*. Or la supposition de cette mutation acquiert un grand degré de vraisemblance par les variantes d'orthographe du nom de l'un des personnages de cette cité dont l'histoire a conservé le souvenir, savoir, *Thamyris* ou *Asamyris*, l'un des députés envoyés à Delphes par les Sybarites pour consulter l'oracle sur la durée de leur bonheur[1]. Cet adoucissement euphonique allait bien à la mollesse de leurs mœurs.

Mazocchi, inspiré par la signification du nom romain, avait pensé que le nom primitif de la ville, *Sybaris*, et celui de la cité qui fut plus tard reconstruite sur ses ruines, Θουριον, devaient pareillement exprimer la fécondité du sol abondant en récoltes, et c'était aussi dans les langues sémitiques qu'il était allé chercher cette synonymie; ainsi, selon ce savant, *Sybaris* venait de שבר, *Uber*, et *Thurium*, dont les médailles ont pour type une vache, emblème de la fertilité, de תור, *taureau* en chaldéen. Mais il me semble plus juste de penser que Θουρι-ον est une contraction du primitif Θουβαρι avec une terminaison grecque, et cela confirme l'opinion que j'ai précédemment émise sur la mutation de la consonne initiale. On sait en effet qu'en Laconie, par exemple, le Θ se changeait souvent en Σ, νὴ τῷ Σιῷ, pour νὴ τῷ Θεῷ.

Le nom de *Sybaris* ou *Thurium*, rendu en latin par *copia*, confirme donc d'une manière toute particulière l'interprétation de la curieuse inscription de Ghelma.

§ III. *Hanschir-aïn-Nechma.*

Il ne reste à examiner, des monuments de cette localité, que l'épigraphe suivante, dont la découverte est due à M. de Lamare, et que nous nommerons *vingt-sixième numidique* (voy. pl. 26 *bis*).

לבעל בעל מן פעל Domino Baali fec-
א קל מצ בן אר i maledicens Mes, filius Aur.

Cette épigraphe se rapporte, pour la trame formulaire, à la *première maltaise* et à la première catégorie des numidiques. Il est inutile de revenir sur les explications dont les variantes de cette trame ont été déjà l'objet. Nous devons toutefois faire remarquer que ce contexte apporte un dernier argument en faveur de notre thèse, puisque évidemment ici le mot קל ne signifie point *voix*, *prière*, ce sens ne pouvant d'aucune façon se lier au contexte.

§ IV. *Constantine.*

On connaissait depuis assez longtemps et l'on attribuait à Juba II des médailles en bronze,

[1] Voy. *Mém. de l'Acad. des inscript.*, in-12, t. XIII, p. 257.

grand module, présentant sur le droit un profil barbu et lauré dirigé à gauche, sur le revers un cheval galopant à gauche; sur ce revers et sous le ventre du quadrupède existe une légende phénicienne, variable suivant les exemplaires. Ainsi tantôt, comme sur la planche 2, n° 11, ce sont un *mem* et un *caph*; tantôt, comme sur le n° 13 de la même planche, un *aleph* et un *lamed*. Ces différences font supposer que les monnaies ne se rapportent pas à la même ville; mais on ne savait quelle attribution particulière leur donner, lorsqu'en 1842 on découvrit à Constantine un très grand nombre de pièces en plomb de la première espèce, c'est-à-dire de celle qui est caractérisée par מך. Ce fut une révélation; on pensa que ces types appartenaient à Cirta ou Constantine.

Mais, dans ce cas, comment expliquer la légende?

Voici comment je l'ai tenté.

En supposant, comme on doit le penser, que la légende a trait au nom de la ville, c'est le *caph* seul qui peut correspondre à Cirta; il en serait l'initiale. Le *mem* préfixe jouerait le même rôle que sur les médailles de Cadix, de Sexti et de Lix; il indiquerait l'origine.

Comment le *caph* peut-il être l'initiale de *Cirta* dans l'orthographe phénicienne? le nom latin a toujours été considéré comme représentant CARTHA, *ville, capitale;* « Cirta vel Cirtha, ut habet « Mela, dit S. Bochart (Chan. L. I, c. 24), punicè קרתא, *Cartha*, id est civitas. Vocem à Pœnis « acceptam Numidæ detorserunt. » « *Cirta*, répète en dernier lieu Gesenius, caput Mauritaniæ, « קרח, *urbs.* » Or, dans cette étymologie, le nom commence par un *qôph*.

Cette assertion n'étant basée sur aucun document, elle ne peut prévaloir contre un témoignage monumental. Or, le début par un *caph* fournit une autre étymologie qui convient très bien à Constantine. Nous la découvrons sans peine dans la racine כרת, *couper, tailler*, qui a servi à former les noms *Cerethæi, Crethim*, que l'on rencontre fréquemment dans l'Écriture sainte, dit Bochart, et *Creta*, l'île de Crète, ainsi appelée, selon Hiller, du mot phénicien כרותה, *abscisa*. On voit de suite avec quelle justesse cette dénomination s'applique à Constantine, située, comme on le sait, sur un rocher coupé, taillé à pic. C'est ainsi que nous trouvons, dans la nomenclature de notre géographie moderne, *Pierre-cise, Roche-taillée*, qui, sous des termes équivalents, reproduisent la même image; c'est ainsi encore qu'Excideuil se nommait en latin *Excisum* (voy. F.-K.-L. Sickler, *Handb. der Alt. geogr.*, I, 93).

Il me semble donc très vraisemblable qu'en effet cette médaille appartient à *Cirta*.

Quant à celle dont la légende est אל, nous en reparlerons dans le chapitre relatif à la Mauritanie, et, en particulier, au paragraphe concernant Iol.

On remarquera que le *mem*, sur les pièces de la première classe, l'*aleph*, ainsi que le *lamed* sur celles de la seconde, sont conformes au type normal, et que les caractères cités en dernier lieu, particulièrement, sont tracés très correctement. On reconnaît à ces signes le goût d'un prince élevé à Rome et d'un esprit cultivé.

§ V. *Lambesa.*

MM. Falbe et Lindberg sont les premiers auteurs qui mentionnent des médailles de *Lambesa*; nous avons appris de la bouche de M. Falbe que ces médailles sont celles que Gesenius représente table 43 XXIII sous la rubrique *vacca seu vaga*.

On lit, sur les exemplaires A, C, D, etc., לבקי, et sur l'exemplaire B, לבקי עם בקד.

De vives controverses se sont élevées, dès le temps de Barthélemy, sur la lecture et l'interprétation de ces légendes.

Barthélemy lisait la première, ainsi que le premier groupe de la seconde, לבקם, *à Bocchus*, et la dernière partie de celle-ci הבקר ou מבקר[1], ne décidant pas si ce groupe indiquait la filiation de Bocchus ou une épithète, ou le nom de la femme de ce roi.

---

[1] Fabricy adopte cette dernière leçon, ainsi que celle du premier groupe; il rend la légende entière par *Bocchi vigilantissimi*.

Pellerin lisait sur les exemplaires A, C, D, E, et, pour le premier groupe, sur l'exemplaire B, לבדי, ainsi que Swinton, sur les exemplaires F et G, לבדי, c'est-à-dire, suivant le docteur d'Oxford, *Lapethus*, dans l'île de Chypre, et, selon le numismate français, *Leptis (magna)*; la dernière partie de l'exemplaire B paraissait à Pellerin pouvoir se traduire ou נעם בדד, *jucunditas solitudinis*, ou בדד עם, *juxta solitudinem*; Swinton y lisait בבדר, qu'il considérait comme la forme originale du nom de *Cyprus*.

Court de Gébelin (*Monde prim.*, t. III, p. 491) lisait le premier groupe לבקע.

Il y a, comme on le voit, controverse au sujet des deux dernières lettres du premier groupe, ainsi que de la première figure et des deux dernières du second groupe de l'exemplaire B.

Pour l'avant-dernier signe des deux groupes, il n'y a plus aujourd'hui le moindre doute ; chacun est d'accord pour y reconnaître le *qôph*.

Le dernier signe du premier groupe est, incontestablement aussi, un *iod*, ainsi que le prouve le parallélisme des exemplaires F et G, où il est remplacé par une figure pour laquelle nous avons constaté cette valeur.

Comme Pellerin l'a fait remarquer, la brièveté de la queue de la dernière lettre du second groupe la distingue, pour en faire un *daleth*, du *resh*, qui a avec elle, à part cette particularité, une grande ressemblance.

Enfin je partage aussi l'opinion de cet estimable antiquaire au sujet de la première figure du second groupe ; je la considère comme un monogramme, une combinaison des lettres ש et O, c'est-à-dire עם, qu'on a réunies pour établir de la symétrie avec le premier groupe.

Je traduis donc : *Labeqa* (Lambeqa), *peuple de Boqud*.

Nous avons déjà expliqué cette union du nom collectif עם à celui d'une ville.

Il s'agit du *Bocud*, souvent nommé *Bocchus*, qui soutint si utilement le parti de Jules César et d'Octave, et qui avait reçu du premier, pour récompense, le royaume de Juba, dont Lambesa était une des villes les plus importantes. Les effigies des exemplaires A et C, où se trouvent, d'un côté, la tête d'Octave, de l'autre, celles d'Antoine et d'Octavie, laquelle tête d'Octavie se représente sur l'exemplaire B, sont d'accord par le synchronisme avec cette interprétation.

Gesenius transcrit ainsi les deux groupes : לבקי מלקר. Il regarde le *lamed* qui commence le premier comme la particule préfixe et les trois lettres suivantes comme formant l'orthographe phénicienne du nom de ville rendu en grec par Βάγα, Οὐάγα, en latin *Vacca, Vaga*, lequel nom lui paraît être le substantif égyptien *baki*, voulant dire *ville*, ou une apocope pour בקיע, de la racine phénicienne בקעה, *vallis*, par extension, dans quelques langues affines, *regio*, *campus*.

Ce qui a déterminé MM. Lindberg et Falbe à repousser cette explication, c'est la judicieuse observation que, sur les monnaies puniques, le *lamed* n'est jamais employé comme il le serait ici ; il est toujours remplacé par le *mem*.

Quant au second groupe, outre ce qui a été déjà dit au sujet de la dernière lettre, on doit faire remarquer l'impossibilité de prendre pour un *lamed* la seconde figure, entièrement semblable au *beth* qui occupe la place correspondante dans le premier groupe, tandis que le *lamed* placé au commencement de ce groupe a une forme tout à fait différente. La leçon מלקר est donc inadmissible.

§ VI. *Juba Ier et Juba II.*

Nous nous sommes occupés, dans le second livre, au chapitre IV, de la légende de la médaille de Juba Ier, dessinée sur la table de Gesenius 42 xx, A, et, au chapitre VII, de la légende des médailles de Juba II représentées même table xxi, de la lettre D à la lettre L.

Les variantes, ou, pour mieux dire, les dégradations des *mem*, dans le premier mot מקם, et des *schin* dans le second שמש, méritent d'attirer l'attention d'une manière particulière. Les *mem* des exemplaires D, D *bis*, E, K, peuvent, sans trop de difficulté, être ramenés à la figure de ceux des exemplaires F, G, L; le *schin* des exemplaires F, G et celui de l'exemplaire E peuvent être comparés à des variantes bien déterminées des médailles de Lix ; mais le *mem* final et les *schin* de l'exemplaire H n'ont pas d'analogues ; on n'en peut constater la valeur que par le parallélisme des légendes.

La légende des médailles de Juba Ier offre deux autres variétés, dont l'une appartient aux exemplaires A et C, l'autre à l'exemplaire D.

La première de ces variétés se lit ainsi : שויבעי רם מלכת. Il y a en outre, à la fin de la légende, sur l'un et l'autre exemplaire, une figure inconnue en forme d'S retourné, à laquelle nous ne pouvons donner aucune valeur certaine. Gesenius la regarde comme un *nun*, expression du pronom possessif de la première personne plurielle. Pour nous, considérant qu'elle n'existe sur les légendes analogues, ni de la première variété que nous avons dit se lire מלכת רם יובעי et se traduire « *Juba, chef du royaume,* » ni de la troisième variété que nous venons de mentionner et que nous examinerons tout à l'heure, nous pensons que cette figure est purement un remplissage calligraphique. Au surplus, ainsi qu'on va le voir, l'opinion de Gesenius peut fort bien se concilier avec la leçon que nous adoptons pour le reste de la légende.

Cette légende diffère de celle de la première variété, rappelée ci-dessus, par l'addition d'un *schin* en tête de la proposition. Il était naturel de considérer cette lettre comme une particule, et dès lors elle ne pouvait exprimer que le génitif que l'on trouve aussi sur un assez grand nombre de médailles grecques, par exemple : Βασιλέως Ἀλεξάνδρου, Βασιλέως Ἀντιόχου, etc. Cette opinion, que nous avons déjà émise à l'occasion de plusieurs inscriptions numidiques, est pleinement justifiée par le cas analogue d'une légende hébraïque dans laquelle la présence d'un *schin* préfixe, comme ici, a été jusqu'à présent regardée comme une faute de l'artiste; nous voulons parler de la légende d'une médaille de Siméon fort connue et ainsi écrite : שמעון נשיא ישראל, *De Siméon, prince d'Israël.* Ce *schin* est celui qui se trouve dans la particule plus compliquée של, qui exprimait aussi le génitif et que nous avons vue avec cette signification dans trois inscriptions numidiques.

La légende de la variété dont nous nous occupons doit donc être rendue ainsi : « *De Juba, chef du royaume,* » ou, en admettant l'opinion de Gesenius relativement à la dernière figure : « *De Juba, chef de notre royaume.* »

C'est par l'existence de ce *schin* préfixe que M. de Saulcy justifie sa traduction : *A Juba (la royauté)*; mais cette justification même est la condamnation du transport de cette traduction aux légendes, à cela près identiques, qui n'ont point cette préposition, et réciproquement l'impossibilité de ce transport, là où il faut cependant une version commune, s'oppose à ce qu'on adopte celle qui vient d'être rappelée, même pour le cas où le *schin* préfixe existe.

La troisième variété, que l'on ne connaît que par un dessin de Bayer, a une légende double, partie sur le droit, partie sur le revers. La légende du droit se lit ממולכת, ce que l'on peut, sans aucun doute, considérer comme le reste de la phrase רם מלכת, et très probablement même יובעי 'מ' ou שיובעי'. La légende du revers présente d'abord un *schin*, puis un *lamed*, mais ensuite vient un caractère qui, tel que l'a figuré Bayer, ne peut être déterminé, faute d'analogue, et cette circonstance nous interdit toute explication.

CHAPITRE X.

Mauritanie.

On trouve, sous ce titre, dans le catalogue de MM. Falbe et Lindberg :

1° *Guiza*, médaille autonome punique ;
2° *Iol*, médaille autonome punique ;

ET DE LA LANGUE LIBYQUE.

3° *Lixus*, médailles autonomes, tant avec légendes puniques que bilingues, savoir : gréco-puniques et latino-puniques;
4° *Salla*, médailles autonomes puniques;
5° *Tingis*, médailles autonomes puniques.

Nous ne connaissons de ces monuments que deux médailles de Cherchell, l'une de l'époque à laquelle cette ville portait le nom de Iol, l'autre du temps où elle avait reçu celui de Césarée, et les médailles de Lix ou Lixus, aujourd'hui El-Arach, dont nous avons parlé à diverses reprises dans le deuxième livre. Nous y ajouterons une médaille généralement attribuée à Juba II, et qui, si cette attribution est fondée, nous paraît avoir été frappée peu de temps après la translation de la résidence de ce roi à Iol, ainsi qu'une médaille de Bocchus fabriquée à Siga.

§ I. *Iol ou Césarée.*

La médaille de Iol à laquelle nous avons fait allusion en premier lieu est celle que nous avons mentionnée dans le précédent chapitre, à l'occasion de Constantine, comme ayant, au revers, sous un cheval galopant, la légende אל (voy. pl. 2, n° 13). Ce mot me paraît être le même que celui des Hébreux איל ou אל qui signifie *chêne*, et ce serait la première de ces deux formes qui aurait entraîné la prononciation. Nous devons faire remarquer la correction graphique des deux lettres composant le groupe dont il s'agit.

La médaille que l'on doit rapporter à la même ville, mais au temps où elle avait reçu le nom de Césarée, est dessinée au n° 14 de la planche 2; elle a été trouvée à Cherchell par mon ami le docteur Bonnafont. Elle porte sur le droit une tête d'Hercule imberbe, revêtue d'une peau de lion, et sur le revers un cavalier galopant à droite; devant le poitrail du cheval, une étoile; en exergue et en caractères très fins, ΚΑΙΣΑ;... au-dessus de la légende, entre les jambes du cheval, un *caph* phénicien semblable à celui que l'on voit sur la *première* et les deux *dernières maltaises;* ce *caph* est, sans aucun doute, l'initiale du nouveau nom de la ville passé dans la langue phénicienne, comme celui de Laodicée et plusieurs autres. La légende en lettres grecques porte à croire que c'est pendant la vie de Cléopâtre que cette monnaie a été frappée. Elle est par conséquent moins ancienne que la précédente, que, à la ressemblance de ses types avec ceux de la médaille de Constantine, on est autorisé à regarder comme ayant été fabriquée au moment même où Juba II a quitté la Numidie pour régner sur la Mauritanie.

L'analogie des types de la troisième espèce de médailles attribuées à la ville qui porte aujourd'hui le nom de Cherchell (Gesenius, table 42 xxi, A, B, C) avec ceux de la première espèce entraîne à leur assigner à peu près la même époque.

La légende de celle dont il nous reste à parler est écrite en caractères très fins; aussi a-t-elle été lue différemment, du moins dans les trois premiers éléments, par les auteurs qui s'en sont occupés. Gesenius, n'ayant point vu les pièces et n'en traitant que par conjecture, a essayé de refaire un texte particulier à l'aide des diverses leçons qu'il connaissait. Nous verrons tout à l'heure qu'il n'a pas réussi; nous ne nous arrêtons donc point à son opinion.

M. de Saulcy, pensant qu'on doit lire les trois premières lettres comme Mionnet (tome I, p. 548 et pl. xx, n° 49) les a lues, savoir : באק, *Bek, Bok*, n'hésite pas, dit-il, à traduire la légende entière : באק הממלכת, *A Bocchus la royauté*. C'est la présence du *hé* d'ancienne époque, au quatrième rang, dans cette légende, qui a contribué à lui faire considérer comme devant avoir aussi la même valeur la figure semblable au R rétrograde qui se trouve sur les médailles de Juba père, de manière à y lire, comme ici, הממלכת après le nom propre. Ce parallélisme, on doit le reconnaître, a quelque chose de séduisant. Mais ici aussi, comme dans les légendes de Juba Ier qui ne débutent point par le *schin* servile, on se demande d'abord où est l'exposant du datif, nécessaire pour former cette espèce d'acclamation? Cette objection a certainement de la force; mais il en est deux autres qui sont péremptoires, c'est que, d'une part, les deux premières lettres de la légende ne sont point telles que le pense M. de Saulcy; d'une autre part, le nom de Bocchus est écrit différemment, savoir, בקש, sur une médaille de Siga, dont nous parlerons au paragraphe suivant, de même que nous avons déjà vu בקר sur quelques médailles de Lambesa.

Après avoir examiné avec le plus grand soin l'exemplaire conservé au cabinet du roi, je me suis convaincu que le second signe est le demi-cercle ouvert à gauche qui forme le *phé* ou, dans l'alphabet de basse époque, le *beth*; la forme normale des autres lettres porte à lui assigner la première de ces valeurs. Le premier signe, un peu moins distinct, me paraît cependant, sans aucun doute, être un *samech*. Je donne, à la planche 2, n° 40, d'après cette lecture, une copie de la légende, qui se rend ainsi : ספכ המומלכת, *l'abondance du royaume*.

On doit remarquer, dans cette légende, d'une part, sous le rapport paléographique, la forme correcte des lettres, de même que sur la médaille de Constantine et sur la première de celles auxquelles ce paragraphe est consacré; d'une autre part, sous le rapport philologique, la présence de l'article devant le conséquent et celle du *mem* formatif du substantif. Juba II, dont le goût s'était formé aux écoles de Rome, pendant le grand siècle de la littérature, a très probablement voulu ramener la langue phénicienne à sa pureté graphique et grammaticale.

§ II. *Siga*.

La médaille dont il s'agit se trouve au cabinet du roi, dans le casier des rois de Mauritanie, en deux exemplaires; l'un de ces exemplaires, qui porte le n° 9, est un moyen bronze ayant, sur l'avers, une tête à droite, barbue et diadémée, devant laquelle se lit facilement la légende בקש (pl. 2, 15, A); sur le revers, un personnage debout, tourné à gauche, que l'état de ce côté de la pièce ne permet pas de caractériser, et derrière lequel se lit toutefois sans hésitation la légende שיגעת (même pl., B). Le second exemplaire a le même avers; sur le revers est un personnage debout, tourné à gauche, tenant de la main droite un thyrse, je crois, et une grappe de raisin; devant lui est un petit cheval regardant à gauche; la légende שיגעה est enfermée dans un encadrement parallélogrammatique.

Ces leçons, qui me paraissent incontestables, ne permettent pas de mettre en doute leur interprétation par les noms du roi Bocchus, d'une part, et de la ville de Siga, de l'autre part.

Ce Bocchus est distinct de Bocud, dont il a été parlé au sujet des médailles de Lambesa; on peut consulter sur ce point Hamaker (*Miscell.*, pag. 153-154 et 310).

§ III. *Lix*.

Nous reproduisons à la planche 2 les variantes des médailles de cette ville publiées dans la notice de MM. Falbe et Lindberg. Nous renvoyons, pour les explications purement numismatiques, à cette très intéressante notice. Nous nous bornerons ici à quelques remarques succinctes empruntées à ces auteurs.

Ils font d'abord observer la forme insolite du *schin* sur le n° 20; nous l'avons déjà signalée à la page 38.

« Il est tout naturel, disent-ils ensuite, de voir des légendes puniques sur les monnaies autonomes d'une ville libre de la Mauritanie, et ce qu'il y a de particulier en y voyant des légendes grecques et latines s'explique par la circonstance que de telles monnaies ont dû être frappées pour cette ville maritime et commerçante à l'époque de la puissance croissante des Romains en Afrique. Les légendes latines des médailles de Bocchus, des deux Juba et des Ptolémées font voir combien la langue romaine prédominait sur les monuments publics, même dans les États, indépendants de Rome, soumis à ces princes. La légende grecque ΛΙΞ [1] s'explique comme une conséquence de la

---

(1) La médaille dont il s'agit ici n'est pas figurée dans la Notice précitée de MM. Falbe et Lindberg; elle est décrite ainsi : « 8. Tête nue imberbe à droite; derrière Λ (probablement ΛΙΞ, *Lixus*). ṛ. Grappe de raisin; à droite בזבעל, lettres presque effacées; à gauche, des lettres e'facées. »

présence des colons grecs qu'on avait senti la nécessité d'appeler dans ces contrées éloignées (*voy.* Strabo, lib. XVII, p. 1138). L'on peut croire aussi que cette médaille est contemporaine de Cléopâtre et que la prédilection bien connue de cette princesse pour tout ce qui était grec avait donné l'idée de composer le nom de la ville dans cette langue à l'instar des monnaies frappées en Mauritanie pendant le règne de Cléopâtre, dont les légendes qui contiennent son nom sont toujours écrites en grec. »

Cette dernière opinion nous paraît la plus probable. Ainsi les considérations précédentes font connaître, dans des limites assez resserrées, les âges des variantes des médailles dont il s'agit.

Nous avons, à une autre occasion, fait ressortir l'importance de la tiare qui, sur quelques types, couvre une tête virile. Bouteroué, dans ses *Recherches curieuses des monnaies de France*, avait déjà figuré un exemplaire semblable à celui du n° 18, mais avec une légende incomplète.

MM. Falbe et Lindberg pensent qu'on doit considérer comme un *nun* le petit trait qui, sur les exemplaires 17 et 19, suit le mot בעל, et lire par conséquent מובעלן, qu'ils considèrent comme le pluriel, à l'état absolu, signifiant *a civibus*. Cette interprétation paraît, au premier abord, d'autant plus plausible que, sur ces exemplaires, לכש est à la partie supérieure de la médaille, et l'autre groupe de la légende à la partie inférieure, ce qui semble autoriser à lire dans cet ordre : לכש מובעלן, *Lix a civibus*. Mais, avec un peu de réflexion, on ne peut consentir à suivre cet ordre; indubitablement, à notre avis du moins, la proposition doit commencer par le groupe qui commence lui-même par le *mem* indiquant l'origine, quelle que soit, sur la monnaie, la position relative de ce groupe. D'ailleurs le pluriel par *nun* peut être considéré comme sans exemple en phénicien. Nous avons déjà, dans la traduction des scènes de Plaute, émis une semblable opinion sur le peu de probabilité de cette forme. Nous pensons donc ou que les traits dont il s'agit ne sont point des lettres et tiennent aux ornements du type, ou que ce sont des *tau* qui donneraient מובעלת. Toutefois, comme nous n'avons point vu les médailles, nous ne présentons cette opinion qu'avec une juste réserve.

CHAPITRE XI

Espagne.

Pour ce qui concerne l'Espagne, c'est exclusivement dans la Bétique que l'on a trouvé des médailles à légendes phéniciennes.

A l'exception de deux espèces, une de Besippo, l'autre attribuée à Belo, ces diverses médailles, savoir celles de Gadir ou Cadix, de Malaca, capitale des Bastuli-Pœni, de Sexti et d'Abdère, nommée aujourd'hui Adra, ont été analysées dans le cours du deuxième livre.

Parmi les dernières, celles de Cadix seules exigent que nous revenions d'une manière spéciale sur ce qui les concerne.

Ces médailles offrent cela de digne d'attention, que la légende présente deux variantes bien tranchées par leurs formes grammaticales, et que cette distinction est constante, savoir : d'une part, בעלת הגדר, de l'autre מובעל אגדר. La différence de l'article, toujours corrélative à celle du premier groupe, est surtout caractéristique; elle indique deux époques nettement séparées dans la production de ces médailles. Or l'emploi du *hé* pour article est la forme orientale, celle qui paraît sur les monuments de Citium et d'Athènes ; on la retrouve aussi sur les monuments de Carthage. Nous devons donc penser que la première catégorie est la plus ancienne ; elle peut remonter à l'époque de la domination carthaginoise. On peut voir une autre preuve de cette ancienneté relative dans la forme du *mem*, qui ne présente pas la modification qu'on lui trouve sur les médailles de Sexti.

On doit se rappeler que nous avons signalé la présence des deux formatives de l'article sur le monument d'Ipsamboul.

Les exemplaires D des médailles d'Abdère annoncent authentiquement le règne de Tibère comme celui de leur fabrication.

Passons aux deux nouvelles espèces que nous avons à examiner.

§ I. *Besippo.*

Parmi diverses monnaies que plusieurs auteurs, entre autres M. Lindberg, attribuent à tort à Cossyre, il en est une que Gesenius a décrite aussi, page 327, n° 4, de son *Monumenta*, et dont il a donné la légende sur la table 44 xxvi, lettres G, H, I, K. Cette légende est inexactement retracée. D'après deux petits bronzes que je possède et un plus petit encore du cabinet du roi (*Incert. d'Afrique*, tablette 5, n° 914), où l'écriture est parfaitement nette, cette légende doit se lire בשבי. Elle est dans chacun de ces exemplaires placée au-dessous d'un crabe; mais le revers diffère sur mes pièces et sur celle du cabinet du roi; sur celle-ci, c'est une tête à droite, imberbe et diadémée ou laurée, sans aucune lettre; sur les miennes, c'est un personnage marchant à droite, la main droite tendue en avant, la gauche appuyée sur les reins et armée d'une petite massue, Hercule probablement; devant lui les lettres בן (*voy.* pl. 2, 21).

Ce dernier groupe semble indiquer qu'une date correspondait dans le champ, à gauche; cependant il n'en existe aucune trace sur les monnaies que j'ai sous les yeux, ni sur celles citées ailleurs, savoir : dans Neumann , *Numi inediti*, t. I, table i, n° 13; M. della Marmora, *Saggio*, etc., tables i, iv; le Catalogue de la collection de M. Léopold Welzl de Willenheim, Vienne, 1844, n° 991.

La figure donnée par M. della Marmora, que je viens de citer, fait confusion avec une médaille dont la légende est représentée pl. 2, n° 35, et dont il sera parlé, comme appartenant à Agrigente, à la fin du chapitre relatif à Cossyre. Il est vrai qu'outre la présence commune d'un crabe au-dessus de la légende, les types de l'autre côté ont une grande ressemblance; toutefois, sur le dernier exemplaire, le personnage, debout et dirigé à droite, a un bouclier que celui de l'autre exemplaire ne porte pas.

La légende, telle que je l'ai transcrite précédemment, me semble ne devoir laisser aucun doute sur l'interprétation que je lui donne, savoir *Besibbo* ou *Besippo.*

Ces médailles, d'après la forme des lettres et la fabrique, semblent d'un temps intermédiaire entre la haute et la basse époque.

§ II. *Belo.*

Les variantes de la médaille dont il s'agit sont dessinées sur la table 41 xviii de l'atlas de Gesenius. La légende se lit tantôt בעלת (A, C, B, H, E), tantôt מבעלת (F, F *bis*). Elle a été ainsi d'abord par M. Lindberg, qui l'avait à tort rendue par *senatus*. Gesenius a reconnu que c'est, d'une manière absolue, le mot employé en construction sur d'autres monnaies et signifiant *ville, cité*. Il a attribué la médaille à Belus ou Belo, ville maritime située sur l'embouchure du fleuve du même nom.

La légende est remarquable par la dégradation des lettres, et particulièrement du *tau*, qui se réduit à une simple ligne verticale, comme sur plusieurs monnaies d'Abdère. Elle n'est donc vraisemblablement pas d'une époque plus reculée.

CHAPITRE XII

Marseille.

Ce monument décore le musée de la cité antique et célèbre où il a été trouvé. Nous le reproduisons planches 27 et 27 *bis*. Nous en emprunterons la description à M. Limbéry, secrétaire interprète du parquet de la cour royale d'Alger, qui en a le premier (Alger, 1846) publié et tenté d'expliquer le texte.

C'est dans le courant de juin 1845, pendant la démolition d'une maison située dans la vieille ville, non loin de l'église de la Mayor, ancien temple de Diane, que la pierre a été déterrée. Le maçon qui l'avait découverte la vendit pour dix francs au musée de la ville, où elle fut déposée, sans avoir toutefois, à ce qu'il paraît, attiré l'attention.

Peu de temps après, M. Texier, inspecteur général des bâtiments civils en Algérie, visitant le musée de Marseille, remarqua cette inscription et en prit deux copies, dont une fut adressée au ministre de l'instruction publique et l'autre confiée à M. Limbéry.

Cette copie était inexacte; un œil exercé ne pouvait s'y tromper : on avait particulièrement laissé échapper les différences caractéristiques des lettres qui ont entre elles de la ressemblance.

M. de Saulcy, convaincu de ces incorrections, demanda au directeur du musée de Marseille deux moules en plâtre qui ne tardèrent pas à lui être envoyés. L'un d'eux est conservé à la Bibliothèque royale.

L'inscription est gravée, dit M. Limbéry, sur une pierre très compacte, dite *pierre de Cassis*, qui se trouve dans les environs de Marseille.

La pierre se compose de deux fragments s'adaptant parfaitement ensemble. L'un, planche 27, forme un rectangle de $0^m,55$ de long sur $0^m,40$ de large et $0^m,10$ d'épaisseur; l'autre, pl. 27 *bis*, un triangle de $0^m,25$ à la base sur une hauteur de $0^m,35$.

L'inscription est entourée, sur les trois côtés qui ne sont pas rompus, d'une bande de $0^m,10$ de large, laquelle portait une moulure en forme de talon qui a été abattue par les ouvriers lors de son emploi à la construction.

Dans sa totalité, la pierre affecte aujourd'hui la forme d'un trapèze dont le grand côté a $0^m,69$ de long, $0^m,55$ de haut, et le petit côté $0^m,35$.

L'inscription, composée de vingt-une lignes, occupe une hauteur de $0^m,35$. La lacune de forme elliptique qui se voit dans la première ligne a été occasionnée par un éclat quand on a abattu la moulure. Le grain très fin et très compacte de la pierre, en tout semblable à la pierre lithographique, a permis de graver les caractères avec une pointe très déliée et de leur donner beaucoup de netteté; ils se sont, la plupart, conservés intacts.

Nous ne nous arrêterons point à la malheureuse tentative d'explication de M. Limbéry. M. de Saulcy a lu sur ce précieux texte, à l'Académie royale des inscriptions, un travail que nous ne connaissons point en détail, mais auquel, nous le savons d'une manière générale, sont conformes les résultats que nous allons nous-même exposer [1].

(1) Depuis la rédaction de ce passage, M. de Saulcy a publié dans la *Revue des Deux-Mondes*, 15 déc. 1846, et....
une partie de cette traduction; nous la reproduisons ci-dessous: elle a avec la nôtre des différences plus importantes que nous ne le présumions. Voici cette partie :

1.... (Khallas)baal? le sufète, fils de Bedtanit, fils de Bed...

2. Le sufète, fils de Bedaschmoun, fils de Khallasbaal et....

3. Pour un bœuf, sacrifice prescrit ou d'action de grâces; ce sacrifice vaudra aux prêtres 10 sicles d'argent pour chacun. La victime sera payée en sus de cette redevance....

4. Et selon les préceptes, elle (la chair) sera dépecée et

Les lettres sont tracées avec une correction qui prévient toute confusion entre celles qui ont ordinairement le plus de ressemblance, savoir le *daleth* et le *resh;* exemple : ligne 9, lettres 9 et 15 ; le *caph* et le *nun;* exemple : ligne 16, lettres 7 et 8, 13 et 14 ; le *mem* et le *schin;* exemple : ligne 8, lettres 15 et 16.

L'inscription se lit donc de cette manière :

1. — בתבעל . . . . . . ב. . . . . . דתתאשט . . . . תתעת . . . בעלחשפתכנבדחנגתבנגד
2. — השפטבנבדראשטבנחלאצבעלו
3. — באלאפכללאמצוע׳אתאמשלמכלללכהנמכספעשרת . באחדוחבלליכנלמעלתפנוחמשאתיש
4. — ובצוע׳תקצרת׳ייצלת׳וכנזהערתוהשלבמדהפעמנמואחריהשרלבעלחזבה.
5. — בעגלאשקרנילמבנמצרמואטטוטטאאמבאילכבללאמצוע׳אתשלמכלללכהנמכספחמשת
6. — תפנהמסאאתישארמשקללמאתוחמשט . . זז . ובצוע׳תקצרת׳ייצלת׳וכנזהערת׳ותשלבטוחפע
7. — ביבלאמבעוזכללאמצוע׳אתאמשלמכלללכהנמכספשקל. ור. . באחדובצואת׳יכ
8. — ויצלת׳וככנהערתוהשלבמוהפעמנמואחריהשרלבעלחזבה.
9. — אמראמבנודאאמבצרבאילבללאמצוע׳אתאמשלמכלללסחנמכספרבעשלשת׳וזר
10. — פנחמשאאת׳יקצרת׳וערתוהנהערתוהמוהפעמנמואחריהשראלב
11. — פראגנגאמצשלמכלללאמשצפאמחזתלכהנמכספר׳ועשלשת׳וזר . . באחדוזכה
12. — לצפראמקדמתקדרתאתאמזבזחצדאמזוטמגלכהנמכספ . . . . . לבאחד
13. — . . . . בצועאתאשייעמטפנתאלמ׳כנבלכהנמכנבדצרתויצלת׳ו
14. — . . . בלל׳ועאלחלבועאלחלבעאלכלובחזאשאדמלובה.
15. — . . . כלובאאשיחנדרלמקנאאמוראלצפרבלאבכלחנגמ
16. — כלמרחוכלשפחוכלמר׳וחאלמוכלאדמאמאשיוזבח
17. — האוממחתשתחתמסאאתעלזבחאאתו׳ומותדתשתבכתבב
18. — כלמשאתאשאיבלשתתבפסוותכלפיוחכתבתאש
19. — תוחלאצבעלבנבדראשמנוחבדנם
20. — כלבחנאשיקחמשאתדבעלצלאששתבפסוונענע
21. — בלבעלובחאשאיבלשת

Le simple aspect de l'inscription y fait reconnaître, à la brièveté des seconde, quatrième, huitième et dix-neuvième lignes, qui indiquent autant de fins de périodes, cinq divisions principales.

La première de ces divisions, composée de deux lignes, est évidemment la fin d'un préambule; le retour du mot בן, *fils*, à des intervalles rapprochés, annonce une série de noms propres, la désignation et la filiation des individus qui ont présidé à la rédaction de l'acte.

Les cinq premières lettres בתבעל semblent indiquer le *temple (la maison) de Baal.* On ne peut reprendre le sens qu'à partir de la dix-huitième avant-dernière lettre. On a d'abord בעל une seconde fois; mais comme ce mot est ici suivi du qualificatif השפט, *le sufète*, et de בן, *fils*, il est évident que *baal* est la fin d'un nom propre. L'ascendance du magistrat dont il s'agit est énon-

brûlée; la peau; les intestins, les pieds et les restes de la chair reviendront au maître du sacrifice.

5. Pour un veau *auquel les cornes ne sont pas encore poussées, mais auquel elles pousseraient?* ou pour un cerf (ou une biche), sacrifice prescrit ou d'action de grâces, ce sacrifice vaudra aux prêtres 5 sicles d'argent pour chacun.... La victime sera payée en sus

6. de cette redevance; (on prendra) de la chair 150 miscal (c'est un poids usuel); elle sera dépecée et brûlée; la peau, les intestins, les pieds et les restes de la chair reviendront au maître de la victime.

7. Pour un bélier ou pour une chèvre, sacrifice prescrit ou d'action de grâces; ce sacrifice vaudra 1 sicle d'argent *étranger?* pour chacun...., et, selon les préceptes, elle sera dépecée

8. et brûlée; la peau, les pieds et les restes de la chair reviendront au maître de la victime.

9. Pour un agneau ou un chevreau, ou *en temps de calamité?* pour un bélier, sacrifice prescrit ou d'action de grâces, ce sacrifice vaudra aux prêtres 3/4 de sicle *étranger?* pour chacun.... la victime sera payée en sus...

15. Pour tout sacrifice qu'offrira un pauvre, soit d'une bête de troupeau, soit d'un bouc (ou d'un oiseau), il n'y aura rien pour les prêtres.

cée comme il suit : בדתנת בן בדאשפון בן חלצבעל..... השפט בן בד... בדתנת, *Bodtnat, fils de Bod... le suffète, fils de Bodaschmoun, fils de Chelesbal.*

Nous connaissons les noms de divinités qui entrent dans la composition des noms propres ; nous devons nous rappeler que nous les avons particulièrement remarqués sur les inscriptions carthaginoises.

בד, qui est l'autre composant des trois premiers de ces noms propres, rappelle le nom carthaginois *Bodostor, Ouodostor, Botsor*, prononcé dans la Phénicie proprement dite *Badezor*. On considère cette première syllabe comme une abréviation par aphérèse de עבד, ABD, *serviteur;* mais il me semble plus probable, comme je l'ai déjà dit, que c'est simplement le mot בד, signifiant *séparation, chose séparée,* et ici *personne séparée,* c'est-à-dire *consacrée* à telle ou telle divinité. C'est ainsi que, dans la Genèse, xxxvi, 35, et dans les Paralip., liv. I, i, 46, on trouve isolée la racine בדד comme nom propre du père d'Hadad, roi des Iduméens.

Le premier composant du dernier nom propre חלץ se rencontre seul aussi, comme nom propre, dans le dernier livre de Samuel, xxiii, 26, et dans le premier livre des Paralip., ii, 39 ; xi, 27. Il signifie *arraché, délivré, conservé.*

En examinant avec quelque attention les lignes suivantes, jusqu'à la treizième inclusivement, on s'aperçoit que de fort longues séries de lettres se répètent à chacune de ces lignes ; ces séries sont, quant à la composition, de deux espèces, savoir :

— 3. יכנגלמעלתפנחהמשאתיש..... באחד..... כללאמצוענתאמשלמכללהכדגמכבסם
— 5. כללאמצוענתאמשלמכללהכדגמכבסם
— 6. פנחהמשאתיש.....
— 7. באחד..... כללאמצוענתאמשלמכללהכדגמכבסם
— 9. כללאמצוענתאמשלמכללהכדגמכבסם
— 11. ה..... וכנ..... באחד..... שלמ..... לכדהגמכבסם
— 12. באחד..... לכדהגמכבסם

— 4. ובצוענתקצדתתויצלהערתנהשלבמוחפעממואחריהשארלבעלהזבח
— 6. ובצוענתקצדתתויצלהערתנהכנהשלבמוחפע
— 7. ובצוענת
— 8. ויצלתתויכנהערתנהשלבמוחפעממואחריהשארלבעלהזבח
— 10. קצדתתויכנהערתנהשלבמוחפעממואוחריהשארלב.....
— 13. קצדתתויצלתו.....

Il résulte de cette disposition que l'inscription, en apparence si longue, se réduit cependant beaucoup pour la traduction, puisque ces différents passages se confondent, pour ainsi dire, en deux seulement. La longueur même, au lieu d'être une augmentation de difficulté, est un puissant secours pour l'interprétation, car les diverses répétitions sont autant de moyens de contrôle, aussi bien pour la figure des caractères que pour le sens.

Ainsi la fin de la dixième ligne, en raison de son rapport avec la partie des quatrième et huitième lignes qui précède les six dernières lettres, doit évidemment se continuer comme dans les deux lignes que nous venons d'en rapprocher, c'est-à-dire par ces lettres עלהזבח ; elle doit, par conséquent, présenter aussi, avec cette addition, une terminaison de phrase.

L'identité des dix premières lettres de la sixième ligne avec les dix dernières de la troisième ligne, et le retour, après les dix-neuf signes suivants, sur la sixième ligne, de la série commençant par ובצוענת qui forme le début de la quatrième ligne, donnent à penser, avec la plus grande vraisemblance, que la troisième ligne devait aussi présenter les dix-neuf signes qui existent, sur la sixième, entre יש et ובצוענת ; ainsi la première ligne devait avoir un prolongement de toute la longueur de ces dix-neuf signes, et les lignes suivantes, excepté la seconde, la quatrième, la huitième, la dixième, la dix-neuvième, peut-être la dernière, devaient mesurer une étendue équivalente. Ce prolongement, pour la cinquième, devait être réciproquement semblable à la portion de la première ligne comprise depuis עשרת exclusivement jusqu'à תפן.

Sur la troisième ligne, qui commence un sens, la série כלל' est précédée de quatre lettres, באלף, qui doivent, à elles seules, constituer au moins un mot, puisqu'elles se séparent de la formule commune qui les suit. Dès le premier abord, la pensée se porte sur אלף avec la préposition ב.

אלף signifie ou *taureau*, ou *chef*, etc. Or, à la cinquième ligne, nous voyons encore la même série précédée de trois lettres marchant après un *beth*, et ces trois lettres, איל, expriment aussi un nom d'animal, celui du *bélier*. A d'autres débuts de phrases, nous retrouvons des noms d'animaux avec la même préposition ; ainsi, au commencement de la cinquième ligne que nous venons de citer, עגל signifiant *veau;* au commencement de la septième, יבל, *bouc*, et, deux mots après, עז, *chèvre;* au commencement de la neuvième, אמור, *agneau;* un peu plus loin, sur la même ligne, גדא pour גדיה, *jeune chèvre*. Il est donc évident que, pour le début de la troisième ligne, c'est le sens *taureau* qu'il faut donner à אלף. La désignation de ces divers animaux porte à croire qu'il est question de sacrifices, et nous verrons bientôt que la préposition qui domine constamment est le ב *pro pretio* (Gesenius, *Lex.*, p. 120).

La présomption qu'il s'agit de sacrifices est immédiatement confirmée par l'extrême facilité avec laquelle l'interprétation de chacune des deux séries formulaires s'adapte à cette idée.

Ainsi, une première partie de la série qui se trouve sur les 3ᵉ, 5ᵉ, 7ᵉ et 9ᵉ lignes, se décompose comme il suit :

(ב...) כלל אמץ ועת אם שלם כלל לכהנם כסף.

Ce qui donne :

(Pour tel animal) entier, fort, et s'il est pour le moment d'une santé parfaite, aux prêtres, d'argent...

Ce dernier mot appelle un nombre, et ce nombre doit naturellement varier suivant l'animal ; des groupes différents dans chaque cas suivent en effet le mot כסף ; et, dans ces groupes, on reconnaît toujours des noms de nombre ou des chiffres, accompagnés quelquefois d'autres mots ou de signes dont nous aurons à chercher la signification, savoir :

3ᵉ ligne.	עשרת
5ᵉ —	חמשת
7ᵉ —	שקל ו זר וו
9ᵉ —	רבעשלשת ז
11ᵉ —	רבעשלשת וזו

עשרת, mis pour עשרה par la substitution ordinaire du *tau* au *hé* final, nous fait entendre sans hésitation *dix*. Ce nombre est suivi d'un signe que l'on revoit à la douzième ligne, pareillement après un nom de nombre régi par כסף, *argent*, et comme, dans ces deux cas, les nombres sont différents, ce n'est point eux que le signe représente sous une autre forme ; c'est probablement l'espèce monétaire qui détermine le nom générique כסף.

Sur la cinquième ligne, on trouve חמשת, pour חמשה, *cinq*. Le bris de la pierre a emporté le signe qui suivait probablement.

A la septième ligne, on lit d'abord שקל, *sicle;* ce mot est suivi d'une barre verticale que l'on retrouve double après les deux lettres subséquentes זר, ainsi qu'après les deux mêmes lettres sur la onzième ligne ; il est très probable que ces barres sont les marques de l'unité que nous avons déjà vues sur les médailles ; ainsi il y aurait d'abord, sur la septième ligne, *un sicle*.

Il résulte secondairement de cette détermination que le groupe זר, suivi pareillement d'un nombre, doit représenter aussi une espèce monétaire, et une espèce inférieure au sicle. Ce mot n'a en hébreu aucune acception monétaire; il signifie *étranger*. Il est très probablement employé ici dans ce sens, c'est-à-dire pour désigner une monnaie *étrangère*, sans doute une monnaie propre à Marseille.

La neuvième et la onzième lignes ont une même notation : elle se termine aussi par le groupe דו, suivi des deux barres verticales. Les lettres qui précèdent donnent רבע et שלשת. Le dernier groupe, mis pour שלשה, vaut *trois*; רבע signifie *quatre*. On pourrait croire, par conséquent, à une combinaison représentable par $4 + 3 = 7$. Mais cette forme serait trop insolite pour qu'on l'admît lorsqu'il s'offre une explication plus naturelle. En effet, רבע veut dire aussi *quart*, espèce monétaire. On trouve, I Sam., VIII, 9 : רבע שקל כסף, *Le quart d'un sicle d'argent*. Or, le parallélisme avec le passage correspondant de la septième ligne porte à penser qu'il s'agit ici aussi du déterminatif de כסף, et qu'on doit comprendre *trois quarts*, probablement *trois quarts de sicle*. Alors le דו aurait été inférieur encore au quart de sicle.

La douzième ligne reproduit, comme nous l'avons déjà dit, le signe indéterminé que nous avons vu à la troisième ligne, à la suite du nom de nombre. Ce signe est précédé d'un *aleph* après lequel existe une petite lacune résultant de l'éclat des bords correspondants des deux fragments. Cet *aleph* doit être l'initiale d'un nom de nombre; or l'espace laissé entre lui et le signe figuratif ne permet de restituer que deux lettres; c'était donc probablement אחד, *un*.

Les formules communes reprennent ensuite leur cours. Les lignes 3, 7, 11 et 12 présentent, après les passages variables que nous venons d'analyser, le groupe באחד, dont l'existence propre ne peut être mise en doute, puisque, sur les trois premières de ces lignes, il est suivi de caractères différents. Ce groupe, composé de ב et de אחד, veut dire : *Pour chacun*. Sur la douzième ligne, il est en outre précédé d'un *lamed*, ce qui fait : *Pour à chacun*.

La portion du texte comprise, pour les troisième, cinquième et sixième lignes, entre le groupe dont nous venons de parler et la seconde espèce de formule commune, commençant par ורבעת, portion que nous avons dit se compléter par les fragments différents répartis entre les trois lignes précitées, doit se diviser ainsi :

ובכלליכן למעלת פן המשאת ישאר משקל...

ce qui signifie :

Et le tout sera placé sur l'autel; la partie antérieure de l'oblation restera du poids de...

Sur la sixième ligne, le complément est : מאת וחמשם, *cent et cinquante*, plus un signe, qui représente probablement le poids dont il s'agit, le groupe דו, et un autre signe de même forme que le précédent, mais dirigé en sens inverse.

דו est le nom d'une monnaie qui paraît avoir servi de poids comme le sicle. On lit à ce sujet, dans la dissertation de J.-H. Hottinger intitulée : *De nummis Orientalium, Hebræorum maxime et Arabum*, Heidelb., 1662 : « Huc pertinent I. Nomina *monetam* significantia, ut sunt *a*. מטבע, ab *imprimendo*, infigendo sic dicta. *b*. זוז *zuz*, quæ tamen synecdochica est significatio, indè deducta, שוז מזה ויתן לוה, *quia recedit ab hoc et illi datur*, etc... דוז vel דודא Chaldæorum et Syrorum vox vel generaliter notat *pecuniam*, vel certam speciem, nempe, ut *Elias* explicat רבע שקל הכסף, *Quadrantem sicli argentei*. Undè Kimchius השקל ארבעה זוזים, *siclus est quatuor zuzim*. Hunc nummum cl. *Waser. cap*. 20. cum Denario Romanorum et Drachma Atticorum confert. Certè pro voce δραχμή, Luc, 15, 8, 9. Syrus habet דודא.

On conçoit que, puisqu'il est question, dans la sixième ligne, d'un bélier, et, dans la troisième, d'un taureau, les poids ne doivent pas être les mêmes; c'est pourquoi nous n'avons pas ajouté cette partie à la troisième ligne.

Il résulte, de la restitution que nous venons d'établir, que ce que nous avons appelé la seconde espèce de formule se lie immédiatement à la portion que nous venons d'examiner et en est la suite continue. Cette partie doit être coupée ainsi :

ובצעת קצרת ויצלת וכן הערת והשלבמ יהפעמם ואחר יהשאר לבעל הזבח

et traduite :

Et une portion aura été coupée, et elle sera rôtie, ainsi que la peau, et les intestins, et les pieds, et la partie postérieure sera laissée au maître du sacrifice.

Cette leçon demande quelques explications particulières.

בצועת est pour l'hébreu בציעה (*voy.* Fr. Nork, *Worterb.*, 1842). Ce mot vient de בצע, qui signifie : *découper, dépecer, tronçonner, déchirer, rompre.*

קצרת s'accorde avec le substantif précédent ; il dérive de קצר, *couper.* C'est le prétérit mis pour le futur, ou mieux pour le futur passé.

ויצלת, 3e pers. sing. fém. fut. de צלה. Cette explication, qui admet une forme étrangère aux grammaires sémitiques, me paraît commandée par le contexte ; la forme est propre à l'idiome phénicien ; mais il est facile d'en saisir le lien logique avec le système des langues affines, ainsi que nous le montrerons plus tard, et peut-être même en trouve-t-on un reste dans cette apparente anomalie du vers. 31, ch. xxv de l'Exode, תיעשה, 3e pers. sing. fém. fut. hiph., où l'on voit le *iod* pareillement maintenu ; il n'y a, dans le cas de notre inscription, que transposition de la formative du commencement à la fin, comme cela a lieu pour plusieurs autres personnes du même temps, et notamment pour la 3e pers. plur. masc.

ערה se lit, employé dans le même sens et dans un cas tout à fait semblable, au vers. 27, ch. xvi du Lévitique.

אחר, *la partie postérieure,* est en opposition avec פן, *la partie antérieure,* que nous avons vu précédemment. L'antithèse est la preuve de l'exactitude des versions.

יהשאר est le futur hiph. de שאר, dont nous avons vu un peu plus haut le futur simple. Nous avons déjà signalé à la page 135 un exemple du maintien du *hé* caractéristique, et nous en avons alors donné l'explication.

Enfin זבח, *sacrifice, victime, immolation,* est de l'hébreu le plus pur. Le *zaïn* a une assez grande ressemblance avec celui qui se voit sur la *troisième athénienne ;* mais il en a une plus prononcée encore avec le *schin* de la *quatorzième carthaginoise.* Toutefois, comme ici le *schin* a une forme normale très franche, il n'y a point possibilité de méprise.

Les neuf dernières des onze lignes dont nous venons d'explorer le fond formulaire ont, soit des variantes dans ce fond, soit des intercalations qui réclament un examen particulier. Nous suivrons l'ordre des lignes.

La cinquième commence, ainsi que la troisième, par un nom d'animal, עגל, *veau.*

La suite, jusqu'à באיל, qui rentre dans les explications antérieures, me paraît ne pouvoir être divisée que de cette manière :

אש קרן ילם במחצר באט ומטא אם

Les Hébreux ayant, pour rendre le sens *veau,* les mots עגל et עגלה, on pourrait, en se rappelant la mutation fréquente du *hé* final en *aleph,* être porté à lire : בעגלא שקרן.

En raisonnant provisoirement dans cette hypothèse, il est facile de reconnaître, après le *schin* qui suit immédiatement le nom de l'animal, la racine קרן, *corne,* dont le sens se rapporte trop bien à *veau* pour qu'on hésite à le saisir. Le *schin* dont il vient d'être parlé est un sigle de אשר, remplissant l'office de particule conditionnelle équivalente à אם, comme au commencement du vers. 22, ch. iv du Lévitique, ou mieux celui de l'adverbe de temps, *quo tempore, quum.*

ילם, qui doit faire le mot suivant, est inexplicable si on le prend à la lettre ; il me semble donc devoir être considéré comme représentant, par mutation ou aphérèse, הלם ou יהלם, ce qui serait le même verbe, au présent dans un cas, ou, dans l'autre, au futur, et signifiant *frapper, heurter.* Ce sens s'appliquerait à la corne de la génisse aussi bien qu'il s'applique, Jug., v. 22, au pied du cheval.

בחצר est évidemment composé; la racine ne peut être que חצר, qui veut dire *enclos*, et ici, en particulier, la boîte osseuse du front qui enferme les cornes à leur origine. במו sont les deux particules préfixes signifiant, par leur combinaison, *au sortir de.*

באט, qui vient après, doit former un groupe isolé, car il est lui-même suivi d'un groupe, ומטא, qui ne peut être que la réunion de la copule et de מטא pour מטה, voulant dire *au-dessous*, précisément comme dans ce passage des Paralip : « Agés de vingt ans, ולמטה, *et au-dessous.* » באת doit donc être un composé du préfixe ב et de l'adverbe אט, *doucement, lentement, à peine.*

Enfin אם est la particule disjonctive qui unit ce premier membre de phrase au suivant.

Mais nous verrons, en analysant les dernières lignes, que le mot invariable אשר, au lieu d'être contracté en ש, l'est en אש, et comme nous retrouvons précisément ici, après עגל, l'*aleph* nécessaire pour former, avec le *schin* qui suit, ce sigle אש, nous devons penser que c'est lui en effet qui unit עגל à קרן, et que l'on doit réellement lire cette portion de phrase comme nous l'avons indiqué en premier lieu. Au surplus, le sens est exactement semblable et le reste de l'interprétation subsiste.

La neuvième ligne débute aussi par un nom d'animal, אמור, *agneau*, précédé du *beth* préfixe. Mais ce nom n'est point immédiatement suivi de la formule כלל א'; on lit après lui אם, comme à la fin de la portion de la cinquième ligne que nous venons d'analyser, ensuite un nouveau groupe formé encore d'un nom d'animal, גדא pour גדי, *chevreau*, muni de la préposition; puis vient de rechef אם, puis un *beth*, puis un mot dont le sens est à chercher, enfin le nom du bélier, איל, que nous connaissons déjà.

La répétition de אם indique la particule disjonctive *ou;* ainsi l'on comprend très bien d'abord באמור אם בגדא אם, *pour un agneau, ou pour un chevreau, ou...*

Mais, après cette seconde disjonction, de même qu'après la précédente, on s'attend à trouver le nom d'un troisième animal, d'autant plus qu'on aperçoit de suite le *beth* préfixe. D'un autre côté, on est naturellement entraîné, par tout ce que l'on a vu jusque-là, à réunir באיל et à dire : *pour un bélier*, en sorte qu'il reste צר pour le nom du troisième animal.

Cependant, dans la langue hébraïque, aucun nom d'animal ne correspond à ce groupe.

En second lieu, le tarif du bélier a été déjà fixé; la répétition serait d'autant plus surprenante qu'ici, sans aucune explication, le prix serait différent; ce serait une contradiction.

Enfin la particule disjonctive devrait se présenter encore entre ces deux noms d'animaux, aussi bien qu'entre les deux premiers, et cela n'a point lieu.

Ces considérations me semblent démontrer que le *beth* qui précède איל, dans cette ligne, ne doit pas être attaché à ce mot, mais qu'il doit être reporté aux deux lettres précédentes pour former avec elles une racine à laquelle se lie, comme particule, le *beth* qui les précède elles-mêmes. Dès lors on a אם בצרב איל, et le rapport des deux substantifs indique clairement que le premier gouverne le second, qu'il en exprime un état particulier, sans doute la modification que doit présenter ici le sacrifice du bélier.

On rencontre plusieurs fois, dans l'Exode et dans le Lévitique, pour unique analogie de construction, בן בקר, ou הבקר בן, *le fils du taureau*, c'est-à-dire *le veau*. Mais צרב, racine inusitée au kal en hébreu, et peu employée au niph., veut dire : *brûler, être brûlé*, et il ne semble pas possible, avec cette signification, d'étendre l'analogie au cas actuel. Cependant aucune autre interprétation ne se présente.

Eh bien, je n'hésite pas, pour mon compte, à admettre une signification équivalente. Voici sur quoi je me fonde.

On lit dans le *Dictionnaire rabbinico-philosophique* de J. Buxtorf : « צרב, נצרב, aduri. Hinc צורבא מרבנן, ignitabulum sapientum : subtilis, acutus discipulus, *rabbinatui proximus, sed juvenis adhuc*. R. Sal., Psalm. CVII, 32. »

Ce qui ressort le plus positivement de ce passage, c'est que צורבא veut dire *être jeune*, mais *approcher de l'état de perfection.* Dans la phrase de Buxtorf, il s'agit de l'état moral ; mais n'est-il pas possible que ce sens ait été appliqué à l'état physique ? Dans ce cas la signification aurait été *touchant au dernier degré de la croissance,* et, dans notre phrase, par conséquent, צרב אול signifierait *un bélier jeune, mais presque adulte.*

Cette condition serait en rapport avec les deux précédentes où il est question d'un agneau et d'un chevreau.

Mais quelle liaison trouver entre l'acception que nous venons de proposer et le sens intime, le sens primitif de צרב, *brûler, être brûlé ?* On ne saisit pas celle que J. Buxtorf semble vouloir indiquer par la traduction *ignitabulum.* L'explication ne découle-t-elle pas de l'usage de purifier les jeunes Phéniciens en les faisant passer entre les bûchers de Moloch ? Ne peut-on pas en conclure que ce baptême de feu avait lieu au moment d'entrer dans la virilité et que le nom de la lustration servait naturellement à indiquer l'âge où elle était subie [1], de même qu'aujourd'hui, en berbère, pour un enfant *pubère,* on dit : un enfant *qui jeûne ?* Des hommes, par une extension abusive sans doute, mais commune, l'expression aurait passé aux animaux, comme זכר, *mâle,* dont le sens primitif, *mémorial,* ne convenait évidemment qu'aux rejetons des familles humaines [2].

La dixième ligne offre une variante notable dans la trame formulaire par la suppression d'une grande partie de cette trame ; le commencement de la ligne, où cette suppression a eu lieu, se rend ainsi :

פן המשאת יקצרת ויצלת

La partie antérieure de l'oblation sera coupée et elle sera rôtie, etc.

A partir de la onzième ligne des difficultés assez grandes se présentent. Deux lettres au moins manquent au commencement, par suite de l'éclat du bord de la pierre. La suite indique bien qu'il s'agit de la désignation d'un animal dont le nom finissait par פר, en sorte que, des deux lettres disparues, l'une devait être la première radicale de ce nom, l'autre le *beth* préfixe. Or on trouve, comme pouvant, avec פר, produire un nom d'animal, le *caph,* כפר, pour כפיר, *lionceau,* l'*aïn,* עפר, *faon,* le *tsadé,* צפר, *oiseau.* Le dernier nom est employé à la ligne suivante. Il n'y a aucune probabilité pour le premier. C'est donc le second qu'il faut choisir. Or il signifie quelquefois, d'une manière absolue, *faon de biche ;* mais souvent il est pris, dans la Bible, avec le sens générique *faon, petit,* et déterminé par un conséquent, qui est le nom spécifique de l'animal ; ainsi, Cantique des Cantiques, II, 9 : עפר האילים ; IV, 5 : עפר צביה. Il est de toute vraisemblance que c'est le dernier sens qui est suivi dans notre texte, et que le nom de l'animal est exprimé par le groupe אגנן ; mais il m'a été impossible de découvrir à quel animal ce nom peut appartenir.

אם צצ שלם כלל, qui vient après, peut s'expliquer ainsi : *si fleurit une santé parfaite, si sa santé est florissante et parfaite.* Dans le membre de phrase suivant la répétition de la particule disjonctive annonce autant de conditions. Le premier mot, qui ne se trouve qu'une fois dans la Bible, Is., LIV, 8, a été diversement expliqué par les lexicographes ; J. Buxtorf dit : *Pauculum... momentum ;* Simonis : *Vehementia... gravitas ;* Fr. Nork : *Ira* (zorn) ; Gesenius et Glaire : *Inundatio... effusio.* Au milieu de ces divergences, c'est dans le contexte qu'il faut chercher une solution ; il doit s'agir d'une qualité requise pour que la victime soit admissible ; or nous ne trouvons que l'explication de Simonis qui fournisse une déduction applicable à la circonstance : nous pensons qu'il est question, non pas de la véhémence à proprement parler, mais de la force, de la vi-

---

(1) « Ceterum non combustos aut mactatos pueros, sed duabus pyris extractis, per illarum medium traductos solummodo et ad eum modum velut februatos esse, sacerdotibus Molochi rem procurantibus, scribunt plerique Ebræorum. » Selden, *De Dis Syris syntagma,* I, cap. VI. Il est probable que c'était là, en effet, la conduite ordinaire ; mais il n'est pas moins certain que, dans quelques cas, on allait jusqu'à la combustion réelle.

(2) Ne pourrait-on pas attribuer une pareille signification, dans sa source, au mot latin *puer,* qui se prononçait primitivement *por* et qui avait une si grande affinité avec le mot grec πῦρ ? Dans ce cas, le diminutif *pullus* présenterait une extension tout à fait analogue à celle de notre terme hébreu.

vacité de l'animal. Le second terme, à raison de la liaison des idées, confirme cette interprétation, car il nous paraît évident que ce terme n'est autre que le mot hébreu חזות que Gesenius rend ainsi : *species*, maxime magna et pulchra; c'est la qualité à laquelle se rapporte l'adjectif latin *speciosus*.

La douzième ligne présente d'abord צפר, *oiseau*, précédé d'un *lamed* devant lequel manque une autre lettre. Comme on trouve à la quatorzième ligne la préposition על plusieurs fois écrite, on doit supposer que c'est elle aussi qui existait ici et que, par conséquent, la lettre enlevée était un *aïn*. On ne voit pas le motif qui a fait substituer la préposition על au ב jusqu'alors préféré, si ce n'est le sentiment de l'euphonie qui réclame de la variété.

Ici, comme dans la plupart des lignes précédentes, le retour de la particule אם sert merveilleusement à marquer les divisions de la phrase. Nous lisons donc ensuite אם קדמת קדשת, *ou les prémices consacrées*. En hébreu קדמה n'exprime *la priorité* que *de temps* ou *de lieu*; mais, dans le cas présent, le contexte ne permet pas de se refuser à admettre *la priorité de production* qui revient au fond, du reste, à une priorité de temps.

אם זבח צד, *ou un sacrifice de lait*. צד, en se tenant à cette orthographe, n'aurait aucun sens applicable aux circonstances dont il s'agit ; en admettant au contraire que ce mot, par suite d'une mutation très naturelle et assez fréquente, répond à שד des Hébreux, *mamma*, *uber*, q. d. EFFUSIO LACTIS (Simonis), on a un sens qui s'adapte parfaitement à l'ordre général de la dénomination des offrandes.

אם זבח שמן, *ou un sacrifice d'huile*. Ce passage ne présente aucune difficulté.

La treizième ligne débute par un *beth* que la brisure de la pierre a un peu échancré ; nous pensons que l'on doit lire ainsi la ligne entière :

בצועת אש יעמס פנת אלם יכן לכהנם קצרת ויצלת ו

Le morceau qui chargera l'entrée du portique; il sera posé pour les prêtres une part et elle sera rôtie, et...

Cette leçon me paraît n'exiger aucun commentaire, si ce n'est que le genre du verbe יעמס, différent de celui de בצועת, fait supposer que ce dernier mot était précédé d'un sujet masculin. Quant à יכן, son défaut de concordance tient à l'inversion, de même exactement que dans notre tournure *il sera posé une part*.

Les huit dernières lignes ne se rattachent plus aux formules générales qui constituent la trame des précédentes ; aussi, par suite de leur état fragmentaire et de leur construction isolée, elles ne présentent que des sens incomplets, décousus, obscurs.

La quatorzième ligne n'est que la suite d'une phrase décapitée ; on le reconnaît au second mot, qui est ועל, c'est-à-dire une préposition, et la copule indiquant que cette préposition s'était déjà montrée. Quoi qu'il en soit, ce débris de phrase se décompose ainsi :

בלל ועל חלב ועל חלב ועל כל זבח אש אדם לזבח כמל . . .

Gâteau, et pour graisse, et pour graisse, et pour tout sacrifice qu'un homme pour sacrifier...

La répétition de חלב, *graisse*, a pour but d'exprimer les deux espèces de graisse qui sont presque toujours énoncées dans le Lévitique, par exemple chap. III, v. 3 : « La graisse qui couvre les entrailles avec toute la graisse qui est sur les entrailles. » La tournure de notre texte revient donc à dire : *Pour l'une et pour l'autre espèce de graisse*.

La quinzième ligne offre les groupes suivants :

כל זבח אש יזבח דל מקנא אם דל צפר בל יכן לכהנם

Tout sacrifice qui immolera du menu de bétail ou du menu d'oiseau, rien ne sera posé pour les prêtres.

La seizième ligne, bien que difficile, me paraît devoir être divisée et traduite ainsi :

כל מזרח וכל שפח וכל מרוח אלם וכל אדמם אש יזבח

Tout lépreux, et tout serviteur et tout affligé isolé et la totalité des hommes qui sacrifiera...

מזרח a pour racine זרח, dont Gesenius dit : « Transfertur ad lepram in cute exorientem II Paralip., XXVI, 19. » C'est la seule acception applicable au cas dont il s'agit.

שפח, comme substantif, ne se trouve point dans les lexiques hébreux ; mais le féminin שפחה qu'on y rencontre et qui signifie *famula* donne le sens de notre forme masculine.

Les autres mots n'ont point besoin d'explications.

La dix-septième ligne donne :

...האדמם חשת משאת על זבח אחד ומדת שת בכתב

Les hommes du don d'une oblation pour un sacrifice unique et le tribut établi dans l'écrit...

La dix-huitième ligne me semble pouvoir se rendre de cette manière :

כל משאת אש איבל שת בפסז ונתן לפי הכתבת אש ...

Toute oblation qui n'est point placée sur... et est disposée selon l'inscription du...

Il y a, dans ce passage, un mot, פסז, dont je n'ai pu, quelques efforts que j'aie faits, trouver l'explication.

Pour la dix-neuvième ligne, nous lisons :

... ת וחלצבעל בן בדאשמן וגבדנם

... et Cheselbal, fils de Bodasmoun, et.....

La vingtième fournit :

כל כהן אש יקח משאת בד צל אש שת בפסז ונע

Tout prêtre qui prendra l'oblation, une portion de la chose brûlée qui est placée sur...

Nous retrouvons ici le groupe בפסז que nous n'avons pas pu interpréter dans la dix-huitième ligne.

צל est mis pour צלי ; c'est, comme dans tant d'autres cas, l'apocope de la lettre quiescente.

Enfin la vingt-unième ligne se réduit à ceci :

לבעל זבח אש איבל שת ...

Pour le maître du sacrifice qui n'est point placé....

D'après cette analyse détaillée, l'inscription entière doit donc être divisée, en partie restituée, et traduite comme il suit :

1. — בת בעל .... ב .... דתתאשט .... תתעת .... בעל השפט בן בדתנת בן בד ...
2. — השפט בן בדאשמן בן חלצבעל ו ...
3. — כאלף בללי אמץ ועת אם שלם בללי לכזהגם כסף עשרת באחד וזבללי יכן למעלות פן המשאת יש(אר משקל........)

4. — וכצועת קצרת ויצלת וכן הערת והשלבם וחפעמם ואחר יהשאר לבעל הזבח.
5. — בעגל אש קרן ילם במחצר באט ומטא אם באיל כלל אמץ ועת אם שלם כלל לכהנם כסף חמשת (באחד וחכלל יכן
6. — למעלת פן המשאת ישאר משקל מאת וחמשם .. זז . ובצועת קצרת וכן הערת והשלבם וחפע(מם ואחר יהשאר לבעל הזבח.
7. — ביבל אם בעז כלל אמץ ועת אם שלם כלל לכהנם כסף שקל ז זר זז באחד וכצועת יכ ....
8. — ויצלת וכן הערת וחשלבם וחפעמם ואחר יהשאר לבעל הזבח.
9. — באמר אם בנדא אם בצרב איל כלל אמץ ועת אם שלם כלל לכהנם כסף ארבע שלשת זר ....
10. — פן המשאת יקצרת ויצלת וכן הערת והשלבם וחפעמם ואחר יהשאר לב(על הזבח).
11. — בעפר אגנן אם צץ שלם כלל אם שצף אם חות לכהנם כסף רבע שלשת זר זז באחד וכן ח..
12. — על צפר אם קדמת קדישת וחפעמם אם זבח צד אם זבח שמן לכהנם כסף אחד . לבאחד ....
13. — בצועת אש יעמם פנה אלם יכן לכהנם קצרת ויצלת ו........
14. — ... בלל ועל חלב ועל חלב ועל כל זבח אש ואדם אדם לזבח ....
15. — כל זבח אש יזבח דל מקנא אם דל צפר כל יכן לכהנם ....
16. — כל מזרח וכל שפח וכל מרזח אלם וכל אדמם אש יזבח ....
17. — האדמם חשת המשאת על זבח אחד שת בכתב ....
18. — כל משאת איבל שת בפס וננתן לפי חכתבת אש ....
19. — ת וחלצבעל בן בראשמן ובדנם ....
20. — כל כהן אש יקח משאת בד על אש שת בפסם ונעג ....
21. — ף לבעל זבח אש איבל שת ....
....

1... Temple de Baal........... bal, le sufète, fils de Bodtanit, fils de Bod...
2. Le sufète, fils de Bodasmoun, fils de Chelesbal, et...
3. Pour un taureau entier, fort, et à la condition qu'il soit dans le moment en pleine santé, (il sera donné) aux prêtres dix pièces d'argent pour chacun, et le tout sera placé sur l'autel; la partie antérieure de l'oblation restera du poids de........
4. Et un morceau aura été retranché, et il sera brûlé, ainsi que la peau et les intestins et les pieds, et la partie postérieure sera laissée au maître du sacrifice.
5. Pour un veau, lorsque la corne frappe doucement au sortir de l'enceinte osseuse qui le recélait, et au-dessous, ou pour un bélier entier, fort, en pleine santé, (il sera donné) aux prêtres cinq pièces d'argent pour chacun et le tout sera placé
6. sur l'autel; la partie antérieure de l'oblation restera du poids de cent et cinquante... zuz..., et un morceau aura été retranché, et il sera brûlé, ainsi que la peau, et les intestins, et les pieds, et la partie postérieure sera laissée au maître du sacrifice.
7. Pour un bouc ou une chèvre, entiers, forts, alors en parfaite santé, (il sera donné) aux prêtres un sicle d'argent, deux..., pour chacun, et un morceau sera..........
8. Et il sera brûlé, ainsi que la peau, et les intestins, et les pieds, et la partie postérieure sera laissée au maître du sacrifice.
9. Pour un agneau, ou une jeune chèvre, ou un bélier presque adulte, entiers, forts, alors en pleine santé, (il sera donné) aux prêtres trois quarts de sicle d'argent..... pour chacun..................
10. La partie antérieure de l'oblation sera séparée et brûlée, ainsi que la peau, et les intestins, et les pieds, et la partie postérieure sera laissée au maître du sacrifice.
11. Pour un petit de.... s'il brille d'une parfaite santé, s'il a de la vivacité et une belle apparence, (il

sera donné) aux prêtres trois quarts de sicle d'argent, deux . . . pour chacun, et sera placée la . . . . . .
. . . .
12. Pour un oiseau, ou des prémices consacrées, ou une offrande de lait, ou une offrande d'huile, (il sera donné) aux prêtres une pièce d'argent pour chacun . . . .
. . . .
13. Le morceau qui chargera l'entrée du parvis; il sera posé pour les prêtres une part, et elle sera brûlée, et. . . . .
14. Gâteau, et pour toute espèce de graisse, et pour tout sacrifice qu'un homme pour sacrifier . . . . .
. . . .
15. Tout sacrifice qui immolera du menu bétail ou des oiseaux de petite espèce, rien ne sera posé pour les prêtres. . . . .
. . . .
16. Tout lépreux, et tout serviteur, et tout affligé isolé, et tout homme qui sacrifiera . . . .
. . . .
17. Les hommes du don d'une oblation pour un sacrifice et le tribut établi dans l'écrit . . . .
. . . .
18. . . Toute oblation qui est placée sur. . . . et est disposée selon la règle. . . . .
. . . .
19. . . . Et Cheselbal, fils de Bodasmoun, et. . . . .
. . . .
20. Tout desservant qui prendra l'oblation, une portion de la chose brûlée qui est placée sur. . . . . et .
. . . .
21. Au maître du sacrifice qui. . . . placé. . . . .
. . . .

Cette pièce est donc évidemment un rituel qui ne peut être mieux comparé qu'à certains passages du Lévitique. Il prouve, ce qui est fort digne de remarque, qu'il y avait à Marseille des résidants phéniciens assez nombreux, ayant, comme à Carthage, deux sufètes à leur tête.

Le caractère paléographique de l'inscription la place à côté des monuments carthaginois rapportés par Humbert, ou plutôt le tracé plus soigné des lettres lui donne l'antériorité sur ceux-ci. Nous avons déjà signalé l'attention que l'on a eue de distinguer nettement, par le dessin, les lettres qui ont ordinairement de la ressemblance. Nous devons, à ce sujet, revenir sur le *vau* et le *caph* pour constater le point de départ des caractères distinctifs des figures qui leur appartiennent, par la direction de la queue à gauche pour le dernier et à droite pour le premier.

Cette inscription offre une particularité sur laquelle nous devons revenir ; c'est l'emploi du sigle אש pour אשר.

On se rappelle qu'aux pages 61, 62, 63, 64 d'une part, 80, 81, 82 d'une autre part, au sujet des inscriptions que nous avons nommées 1re *maltaise*, 1re, 2e, 3e, 4e, 5e, 12e, 13e et 14e *carthaginoises*, 4e *athénienne*, 2e, 3e et 23e *citiennes*, le mot אש, uni d'un côté à נדר, de l'autre à יִמְנְאִי, ou יִמְנְאַת, a été l'objet d'une longue discussion qui a roulé en partie sur la question de savoir s'il pouvait être une abréviation de אשר. Nous avons reproduit, en lui donnant un grand poids, l'opinion de Gesenius, qui se refusait à admettre que l'on eût éliminé la lettre forte *resh* pour conserver la lettre faible *aleph*. Les exemples que nous semble contenir indubitablement l'inscription dont nous venons de nous occuper détruisent cet argument dans ce qu'il a d'absolu.

S'ensuit-il rigoureusement que, dans les cas que nous avons rappelés, le groupe en question représente, comme ici, le pronom אשר? Cela ne nous paraît pas démontré, car, aussi bien que אשר lui-même, אש peut cumuler différentes significations, et nous savons en effet, par la *seconde athénienne*, qu'il veut dire aussi *homme*. Il peut donc conserver l'acception que nous lui avons donnée, acception qui possède en effet un mot chaldéen écrit de la même manière.

Cependant nous avouons qu'éclairé par la lumière nouvelle que l'inscription récemment découverte à Marseille nous a apportée, et fidèle au principe de l'analogie, nous préférons définitivement croire que, dans les épigraphes précédemment citées, אש représente אשר, mais, ainsi que nous l'avions déjà dit et expliqué à la page 62, dans le sens du pronom démonstratif, en sorte que אש נדר doit se rendre par *hoc votum* ou mieux *hanc sepulturam*, et אש ימנא par *hanc protectionem, hoc tegumentum*. Cela n'altère en rien l'interprétation générale que nous avons donnée.

CHAPITRE XIII

Iles adjacentes à l'Espagne et à l'Afrique.

La plupart des îles semées dans la Méditerranée ont été, en tout ou partie, occupées par les Phéniciens au temps de leur empire sur cette mer. Nous avons mentionné, au commencement de ce livre, les monuments appartenant à deux îles dépendantes du domaine oriental de ce peuple. Nous allons nous occuper d'abord de trois îles placées dans une position analogue, c'est-à-dire se rattachant deux à l'Espagne, savoir *Ebusus* ou *Iviça*, et *Minorque*, l'autre à l'Afrique proprement dite, savoir *Gerbe* ou *Ménynx*. Nous traiterons ensuite, dans autant de chapitres particuliers, des monuments découverts dans chacune des îles situées en pleine mer dont les noms suivent, savoir Cossyre, Malte, la Sardaigne, Aïa et la Sicile.

§ I. *Ebusus*.

Les monuments de cette île, nommée par Silius Italicus *Ebusus phœnissa* (lib. III), sont des médailles très répandues dans les collections et qui ont fort occupé les antiquaires. On en a trouvé en nombre considérable en France, à Vieille-Toulouse; plusieurs étaient mêlées à des médailles celtibériennes. Elles sont très communes aussi dans les îles Baléares, à Majorque et à Minorque. Il s'en est rencontré en Andalousie. Enfin elles ne sont pas rares en Sicile.

Gesenius en a reproduit les variantes principales sur sa table 39 XIII. Nous avons eu occasion d'en parler déjà aux pages 33, 35, 85, 89.

Ces médailles, au premier abord, se distinguent en deux classes principales : dans l'une, le droit présente un cabire debout, dirigé de face, ayant la tête ornée de trois cornes ou radiée, tenant de la main gauche un serpent qui se dresse sinueusement jusqu'à son oreille, et de la main droite, levée à la hauteur de la tête, un marteau; sur le revers existe, au milieu d'une couronne, une légende phénicienne composée de deux lignes transversales contenant l'une cinq signes, l'autre trois; la seconde classe porte au droit une tête nue tournée à droite avec la légende marginale GERMNICVS CAES sur une variante, et, sur une autre, AVGERM TI CAES, ou, plus probablement, AVGERMNI CAES, comme l'a supposé Gesenius; le cabire est sur le revers et autour se déroule une légende bilingue formée, à droite, de ces abréviations latines INS AVG, à gauche, de la première ligne phénicienne des médailles de la première classe.

Ces médailles bilingues, qui jettent un grand jour sur la signification de la légende phénicienne, n'ont été portées à la connaissance des savants qu'en 1834, par le général della Marmora, qui les a trouvées à Minorque (*Saggio sopr. alc. monete fenice delle is. Baleari*. Torino, 1834, t. IV, p. 8). Aussi, privés de leur secours, les antiquaires qui s'étaient auparavant occupés des monnaies de la première classe se sont-ils tous égarés.

Toutefois dès le principe on avait remarqué les différences matérielles et toujours corrélatives qui existent entre la première, puis la dernière lettre de la première ligne d'une partie de ces médailles et les lettres correspondantes d'une autre partie ; l'on n'avait point hésité néanmoins à en reconnaître l'équivalence.

Notre illustre Barthélemy, pour passer de suite à un interprète sérieux [1], avait d'abord supposé que les deux premières lettres de la première ligne signifient *une île* (il les lisait par conséquent אי), et que les trois autres sont peut-être le nom de Majorque (*Dissertat. sur les origines de Toulouse*. Avignon et Toulouse, 1764). Plus tard, en 1766, dans sa Lettre à Olivieri, il lut אסבלם et rapporta les monnaies à *Isbala* ou *Hispalis*, aujourd'hui *Séville*. Quant à la seconde ligne, il avoue n'en point pénétrer la signification.

Les légendes en question ont, au premier aspect, une apparente identité avec celle des médailles d'une autre île dont nous parlerons bientôt, savoir *Cossyra*, aujourd'hui *Pantellaria*. Cette fausse apparence a entraîné la plupart des autres auteurs à confondre ces diverses monnaies dans une commune attribution.

Le chanoine Perez Bayer lisait אשדנם, qu'il rendait par *Istonim*, dérivé de Ἰστός, nom d'une île dépendante de la Libye, selon Ét. de Byzance.

Mais, comme l'origine des médailles de Cossyre est indubitable, c'est à la même origine qu'on a presque toujours rapporté les monnaies dont nous nous occupons, et l'interprétation de la légende de celles-ci a été subordonnée à l'interprétation de la légende des premières.

Ainsi, sur les unes et sur les autres, Pellerin lisait קשרנם, *Qossuranim*, lecture que Barthélemy avait proposée pour les légendes de Cossyre; il a été suivi par Bellermann et Lindberg. Kopp et Hamaker lisent, de part et d'autre aussi, אירנם, *Iranim, insula victoriarum* seu *victorum*. Gesenius avait reconnu que la leçon la plus vraisemblable de la légende dont nous nous occupons en particulier est איבשם, la valeur de la quatrième lettre étant indiquée par celle qui commence la légende de certaines médailles de Juba Ier (שובעי). Mais, pénétré de la croyance à l'identité d'origine de ces médailles avec celles de Cossyre, lisant sur celles-ci, non pas איבשש, mais איבנם; et ne pouvant supposer un changement de nom, il fut amené à lire, d'un côté comme de l'autre, איבנם, *insula puerorum*. Égaré, à mon tour, par son ascendant, pour ce qui concerne l'origine des médailles, mais excité, pour le sens de la légende, par celui de la légende latine du revers des monnaies bilingues, où *insula* se trouve en regard de אי, j'avais pensé qu'on devait compléter le rapprochement en lisant אירום, *insula excelsi* vel *summi*, scil. *Augusti*.

M. le général della Marmora, de son côté, reprenant en 1834 (ouvrage cité) la première opinion de Barthélemy, soutint que les médailles dont il s'agit, distinctes de celles de Cossyre, appartiennent aux îles Baléares, où, de tout temps, on les a trouvées en grande quantité, tandis que jamais on n'y a rencontré de médailles avec les types constatés de Cossyre ; dans cette conviction, exprimée de nouveau en 1840 (*Voyage dans la Sardaigne*, 2ᵉ partie), le savant général propose de lire איבתא ou איבתם, *Ibeta* ou *Ibetim, insula Bœtica* ou *Bœticorum*.

Enfin, en 1843, dans le mémoire cité, M. de Saulcy insista avec une nouvelle force sur les différences de type et surtout de fabrique qui séparent les monnaies dont nous traitons de celles qui appartiennent incontestablement à Cossyre ; il déclara que la fabrique des premières est sans nul doute espagnole, ainsi que Barthélemy paraît lui-même l'avoir pensé. Dégagé alors de toute autre impression, M. de Saulcy démontra rigoureusement que l'on ne peut adopter que la première transcription de Gesenius, savoir איבשם, *Ibosim*. Ces deux points établis, et la légende latine des exemplaires bilingues prouvant en outre qu'il s'agit d'une île, le conséquent dialecticien arriva naturellement à attribuer les monnaies en question à *Ebusus* ou *Ebosia*, l'*Iviça* des modernes.

La transcription איבשם est entièrement conforme à nos déterminations antérieures ; nous ne croyons pas nécessaire d'en reproduire la démonstration.

---

(1) Voyez, pour un historique plus détaillé, l'intéressant *numismatique punique*. — Mém. de l'Acad. des inscr., mémoire de M. de Saulcy intitulé : *Recherches sur la* tome XV, 2ᵉ part.

Quant aux trois caractères de la seconde ligne des exemplaires autonomes, M. de Saulcy, à l'imitation de Barthélemy, s'abstient de toute explication. Pour nous, les motifs allégués par Gesenius à la page 87 de son *Monumenta* nous font pencher vers son opinion, et nous avons cru pouvoir, dans l'un des chapitres précédents, comprendre ces caractères parmi les notes numérales, bien que, de même que le professeur de Halle, nous ne puissions expliquer d'une manière parfaitement satisfaisante le retour d'un même nombre sur des monnaies d'époques évidemment différentes.

Au surplus ces signes offrent des variantes sur les exemplaires E, F, G, H, K et I. Or, à ne les considérer que sous le rapport alphabétique, ces variantes impliqueraient de grandes différences dans les valeurs, puisque les deux premiers signes seraient des *hé* sur les exemplaires E à K, et des *ghimel* sur l'exemplaire I, tandis qu'au parallélisme il est difficile de ne pas regarder ces groupes comme équivalents; en les prenant pour des chiffres, il est possible de tout concilier, car il ne paraît pas trop téméraire de les juger les uns et les autres comme des altérations du type numéral N.

La légende de l'exemplaire I, outre la variante que nous venons de signaler dans la seconde ligne, en présente une importante aussi dans la première ligne en ce que le mot אי est supprimé et qu'on ne lit que בשם. Cette ellipse, ainsi que le fait observer Gesenius, est comparable à plusieurs exemples de la Bible, tels que: שלם pour ירושלם, Gen., xiv, 18; Ps. lxxvi, 3; יער pour קרית יערים, Ps. cxxxii, 6.

Cet exemplaire offre encore une différence. Les autres autonomes ont, dans le champ du droit, soit deux lettres, une de chaque côté, savoir un *schin* et un *qôph*, soit une seule à gauche, un *aleph*; celui-ci n'en a point: il présente à la place une branche de laurier. Je laisse aux numismates à expliquer ce que signifient ces lettres solitaires.

Il appartenait surtout au savant investigateur des antiquités de la Sardaigne, au général della Marmora, de signaler les rapports qui existent entre l'effigie mythologique de ces médailles et plusieurs statuettes trouvées dans l'île que nous venons de citer. « La divinité figurée au revers, est-il dit dans le *Voyage en Sardaigne*, t. II, p. 540, rappelle les *Patèques* ou *Cabires* vus par Cambyse dans le temple de Memphis, et les trois cornes qui sont sur sa tête (on pourrait ajouter le serpent enlacé au bras gauche) sont analogues à celles que portent les idoles sardes. C'est là, selon nous, un caractère de haute antiquité, modifié ensuite, dans les monnaies bilingues de l'époque romaine, par les rayons qu'on voit entourer la tête du même personnage. » Nous devons faire remarquer que cette haute antiquité ne peut s'appliquer qu'aux exemplaires dont les légendes sont composées des lettres primitives.

§ II. Minorque. — Mahon.

Je crois pouvoir attribuer à Mahon, anciennement *Mago*, une médaille qu'on n'a su, jusqu'à présent, à quelle ville rapporter et qu'on a successivement considérée comme appartenant à la Sicile ou à la Sardaigne; je veux parler de celle qu'ont représentée Paruta, t. XVIII, 178, P. Burmann, à la suite du *Sicula* de d'Orville, t. II, 6, Münter, *Sendschreiben über einige sardische idole*, etc.

Cette médaille, de moyen bronze, porte au droit une tête de Cérès; à gauche, au revers, trois épis unis par la tige, au-dessus desquels est un croissant dirigé de haut en bas, et, entre les épis, sont les lettres מג.

Bien déterminées par Fabricy, ces lettres l'avaient porté à attribuer la pièce qu'elles caractérisent à Mégare de Sicile. La fabrique me semble engager à lui assigner une origine plus occidentale, et je n'hésite pas à y voir le nom de *Mago*, le port le plus important de la Baléare mineure. L'insuffisance actuelle des récoltes de blé dans cette île, qui ne subvient à son alimentation qu'au moyen d'importations, implique, à la vérité, une apparente contradiction avec le symbole

présenté par les épis du revers; mais cette insuffisance ne doit être imputée qu'à la décadence de l'agriculture, puisque le grain de froment rend neuf.
La forme des lettres indique une fabrication antérieure à la basse époque.

§ III. *Gerbe.*

Nous ne mentionnerons ce monument que pour mémoire, car la copie que l'on possède et que l'on doit à sir Grenville Temple (*Excurs. in the Medit.*, t. II, p. 353 ; *voy.* Gesen., table 27 LXVI), est évidemment trop incorrecte pour que l'on puisse asseoir sur elle autre chose que des conjectures dénuées de tout fondement solide. Nous nous bornerons à faire remarquer que plusieurs des signes qui paraissent avoir été exactement reproduits sont mal déterminés par Gesenius. Nous n'avons pas besoin de revenir, par exemple, sur l'attribution de la valeur ח donnée à la figure en forme de croix de Saint-André qui occupe le 7e rang de la première ligne; mais nous signalerons la valeur *tsadé* accordée au signe qui tient la quatrième place dans la seconde et la troisième lignes, et qui est certainement un *vau* dans l'un et l'autre cas.

CHAPITRE XIV

Cossyre.

Cossyre, Κοσσούρα de Strabon, Κόσσυρα de Ptolémée, Κόσυρος d'Étienne de Byzance, *Cossura*, *Cosura*, *Cosyra* des auteurs latins, nommée aujourd'hui *Pantellaria*, est une petite île située entre les côtes de la Zeugitane et le promontoire de Lilybée, en Sicile. Nous avons vu, dans le chapitre précédent, qu'on lui a attribué à tort les médailles d'Ebusus. Nous en aurons quelques autres encore à détacher de son domaine.

Les véritables monnaies de Cossyre, figurées depuis la lettre A jusqu'à la lettre C inclusivement de la table 39 XIII de Gesenius, sont caractérisées par l'identité de leur type avec celui de l'exemplaire D de la même table, où se trouve écrit le nom COSSVRA. Le prince de Torremuzza a publié (*Sicil. pop. et urb... vet. num.*, table XCVI, n° 7, p. 94) un exemplaire bilingue qui présente d'un côté ΚΟΣΣΥ, de l'autre les trois premières lettres de la légende phénicienne gravée sur les autres exemplaires.

Nous avons indiqué, à l'occasion des médailles d'Ebusus qu'on leur a assimilées, les diverses manières dont on a proposé de lire cette légende. Barthélemy y voyait קסרנם, *Qosuranim ;* M. Lindberg a reproduit récemment la même opinion, à l'exception qu'il fait un *schin* de la seconde lettre. Bayer y trouvait אשדנם, *Ischdonim*, l'île libyque d'Udénoë, l'ἰστός d'Étienne de Byzance. Kopp et, après lui, Hamaker ont lu אירנם, *Insula victoriarum* seu *victorum*. Gesenius a préféré איבבנם, *Insula puerorum*, i. e. *colonorum*. Nous enfin, nous avons cru pouvoir proposer אירום, *Insula excelsi*, scil. *Augusti*.

M. de Saulcy, dans le Mémoire sur la numismatique punique que nous avons plusieurs fois loué, a prouvé que la lecture de Kopp et de Hamaker, c'est-à-dire אירנם, est seule admissible. Il fait observer qu'indépendamment des motifs paléographiques, qui sont péremptoires, la Victoire paraît souvent sur les monnaies de Cossyre, et que la présence de ce type ajoute une certaine force à l'interprétation qu'il adopte.

« Grâce à sa position, l'île de Cossyre fut sans doute, dit M. de Saulcy, la première terre que les navigateurs phéniciens, partis du port de Carthage, rencontrèrent en faisant voile pour l'Italie. Déserte et stérile, comme elle l'est encore de nos jours, cette île eût été pour eux une misérable conquête si elle n'eût assuré un point de réunion ou de refuge à leurs flottes militaires, une station et un entrepôt à leurs flottes commerciales. Ce double avantage fit sans doute accueillir avec joie la découverte de Cossyre; un établissement durable y fut fondé, et, sur cette terre aride, s'éleva bientôt une ville assez importante pour que la métropole l'autorisât à émettre, en son propre nom, les monnaies dont ses habitants devaient faire usage. »

La forme normale des lettres composant les légendes phéniciennes de ces médailles indique que leur fabrication remonte jusqu'à l'époque de la domination carthaginoise.

Plusieurs auteurs, entre autres M. Lindberg, rapportent à Cossyre, ainsi que nous l'avons dit plus haut, outre les monnaies d'Ebusus, diverses médailles qui ne lui appartiennent pas davantage. Ces monnaies, qui sont toutes de petits bronzes, offrent, pour caractère commun, d'avoir au droit un crabe, au-dessous duquel sont plusieurs lettres phéniciennes; mais elles diffèrent et par les revers et par la valeur des lettres dont il vient d'être parlé. Nous avons déjà mentionné les monnaies de Besippo qui étaient confondues dans cette catégorie. Il en est deux autres dont les légendes sont représentées, d'après les exemplaires que je possède, aux n°ˢ 35 et 37 de la pl. 2.

La légende du second de ces exemplaires est מום.

Celle du premier laisse de l'incertitude; elle consiste en un groupe composé de deux signes, dont le premier, à n'en pas douter, selon moi, est une ligature formée d'un *aleph* et d'un *ghimel*. En effet, il me paraît que le petit trait à droite, qui ne ferait, avec le reste de la figure, aucun caractère déterminé, est ajouté à un *ghimel* dont la forme est facile à reconnaître, et ce trait, dans ce cas, ne peut que représenter, incomplètement encore, un *aleph*; on trouve un *aleph* réduit aux mêmes éléments sur deux légendes des monnaies dont il sera bientôt parlé sous le titre d'Enna (*voy.* table de Gesenius 40 xiv, n°ˢ 30 et 33).

Le second signe, à raison de sa courbure vers la gauche, semble d'abord devoir être pris pour un *beth*. Cependant, comme cette courbure est très faible, ne serait-il pas permis d'y voir un *resh*, ce qui donnerait peut-être la partie essentielle du nom d'Agrigente, convertie en *Acra* par les Grecs pour l'assimiler, suivant leur coutume, à leur idiome?

C'est cette pièce, ainsi que nous l'avons déjà fait remarquer, que M. della Marmora a confondue avec celle de Besippo.

Trompé par Neumann, le savant archéologue de Turin a, en outre, mal figuré et mal placé les deux signes de la légende. Le *beth*, ainsi qu'Arigoni (pl. III, tab. III, n° 24) l'avait indiqué, doit être à gauche, tandis que le caractère que Neumann (tome II, p. 117-118) regarde comme un *gôph*, M. della Marmora comme un *aleph*, et dont je fais la ligature אג, occupe, à droite, la tête de la légende.

CHAPITRE XV.

Malte.

Nous avons longuement analysé les quatre inscriptions qui constituent les seuls monuments de la langue phénicienne trouvés à Malte.

De ces textes, deux seulement se ressemblent pour les caractères paléographiques, en sorte qu'on peut, sous ce rapport, les diviser en trois classes.

1° La *première maltaise* a des lettres élégantes qui peuvent être, comme nous l'avons dit précédemment, comparées à celles des deux premières *athéniennes*, et le texte grec dont elle est accompagnée rend ce rapprochement plus naturel encore. Les savants versés dans la paléographie grecque rapportent cette inscription bilingue au troisième siècle à peu près avant notre ère, un peu au-dessous de l'époque d'Alexandre le Grand. Cette fixation s'accorde avec la mention de Sérapis, dont le culte ne s'est répandu en Grèce que pendant le règne des Ptolémées, ainsi que Kopp l'a fait observer.

2° La seconde classe comprend la *troisième* et la *quatrième maltaises*, qui sont presque identiques. Malgré le peu d'exactitude des copies qui nous ont été transmises, on peut reconnaître dans les caractères un degré de correction inférieur à celui de l'épigraphe précédente, et conclure, par conséquent, à une origine plus récente, dont cependant on chercherait vainement à préciser la date.

3° La *seconde maltaise* a des caractères différents encore, et qui, bien que gravés avec soin, s'éloignent davantage des formes primitives.

Par leurs contextes, les inscriptions phéniciennes de Malte servent de lien entre celles de l'Asie, de l'Europe et de l'Afrique : nous avons vu en effet les analogies qui unissent, sous ce rapport, la *première* et les *deux dernières* de ces inscriptions, d'une part, à la *seconde* et à la *troisième ciliennes*, ainsi qu'à la *quatrième athénienne*, et, d'une autre part, aux *carthaginoises* de Humbert et à plusieurs *numidiques*.

La *seconde maltaise* offre une formule spéciale qui se retrouve sur la *onzième carthaginoise*.

La *troisième* et la *quatrième maltaises* ont, en outre, pour l'aspect graphique, la plus grande ressemblance avec la principale inscription de Nora, en Sardaigne.

CHAPITRE XVI.

Aïa.

Barthélemy, dans sa troisième Lettre au *Journal des Sçavans*, nov. 1763, décrit, d'après un exemplaire de la Bibliothèque du roi, la médaille représentée sur la table 39 xi de Gesenius, exemplaires D, E. Il lisait איא la légende inscrite à l'une des extrémités de l'exergue, et la considérait comme le nom d'Aea, Oea, dont nous avons parlé en traitant de la région syrtique de l'Afrique. Reconnaissant toutefois que la fabrique et les types de cette pièce élégante sont évidemment siciliens, il faisait observer qu'Oea fut plus d'une fois dans la dépendance des Siciliens, qu'elle les reconnaissait pour ses fondateurs, ou que du moins elle en avait reçu une colonie ; il citait, à l'appui de son opinion, ce vers de Silius Italicus :

OEaque Trinacrios Afris permixta colonos.

Nous avons vu, dans un article précédent, que le nom d'Oea avait en phénicien une orthographe différente. D'un autre côté, la seconde lettre de la légende, ainsi que Fabricy l'a déjà fait remarquer, doit être un *iod* plutôt qu'un *hé*, et le groupe doit, par conséquent, se rendre ainsi : איא.

Ce savant auteur rapporte avec raison à la même espèce une médaille signalée par Maffei, par Pellerin (Suppl. IV, p. 76), par Eckel (Table 10, p. 287), et sur laquelle le premier de ces numismates, trompé par l'inexactitude avec laquelle la seconde lettre est tracée, lisait אבא, *Aba*, c'est-à-dire *Abacænum*, ancienne ville de Sicile dont il ne reste plus de traces.

Fabricy a en outre, d'après un exemplaire du musée du cardinal Borgia, exemplaire qu'il avait sous les yeux, fait mention et donné la figure d'une obole ayant sur l'avers une tête juvénile à courte chevelure ; sur le revers un taureau à face humaine et barbue, au-dessus une légende phénicienne en deux mots (*voy.* pl. 2, n° 34), qu'il lisait מבעל איא, et rendait par *dominans*, seu *dominator*, seu *dominus Aicæ*. Pour justifier la lecture מבעל, il rappelait les monnaies de Cadix, où se trouve aussi cette expression.

Notre auteur regardait איא comme le nom de l'île adjacente à l'Italie, mais dont la position précise est maintenant ignorée, qu'Homère, dans l'*Odyssée*, liv. X, v. 131, a le premier citée sous ce nom, Αἰαία,, et que P. Mela mentionne encore dans ces termes : « Circa Siciliam in siculo freto est Aeace, quam Calypso habitasse dicitur (II, 7). »

Fabricy déclarait que cette monnaie avait été représentée avant lui par Lastanosa (*Museo de las medallas*, etc., tab. 47, n° 155); par Paruta (*Sicil. numism.*); par P. Burmann (*Thes. antiq. et histor. Sicil.*, vol. VII, tab. XIV, n° 135). Eckhel (*Catal. Musœi Cœsarei Vindob. numor. vet.*, part. I, tab. v, n° 11), cite un exemplaire où la légende est au bas du revers. P. Burmann, en outre, dans le commentaire qu'il a ajouté au *Sicula* de d'Orville, Amsterdam, 1764, a figuré, tab. x, n° 3, une autre obole qui a sur l'avers le même type, mais dont le revers ne présente que le buste du taureau à face humaine, à droite ; au-dessus de ce buste ne se trouve que la portion de légende אא. P. Burmann attribuait cette monnaie à *Gela*.

Les auteurs suivants, jusqu'à M. de Saulcy, n'ont point parlé de ces oboles. Le tétradrachme à la simple légende איא a été seul étudié par Bellermann (III, p. 11, 12), Hamaker (*Diatr.*, p. 53; *Miscell.*, p. 137), Gesenius (*Monum.*, p. 296).

Gesenius, dont l'erreur est démontrée par ce qui précède, pensait que les deux autres auteurs que je viens de citer s'étaient seuls avant lui occupés de cette légende.

Hamaker et Gesenius ont discuté sur les exemplaires cités par le dernier. L'un et l'autre voyaient deux *aleph* dans la première et la troisième lettres de l'exemplaire E, un *aleph* dans la première lettre seulement, et un *tau* dans la dernière de l'exemplaire D. Mais leur dissidence portait sur le second caractère. Hamaker le considérait à tort comme un *nun*, et il lisait dans un cas אנא, dans l'autre אנת, qu'il pensait correspondre à *Enna*, ville de Sicile ; Gesenius soutenait avec raison que c'est un *iod*; il lisait par conséquent איא et אית, et prétendait qu'il s'agissait de la partie de Syracuse nommée *Insula*, dans un passage de Cicéron (*Verr. Act.*, II, lib. IV, c. 52, 53), et Νᾶσος, νῆσος, par Strabon (VI, p. 415), ainsi que par Diodore de Sicile (XI, 67).

M. de Saulcy a repris la question entière dans ses *Recherches sur la numismatique punique;* il traite des tétradrachmes à légende trilittérale, des oboles dont l'inscription contient sept lettres, et d'une autre obole bilingue publiée par Hunter, pl. XLI, fig. 2, par Mionnet, Suppl. I, p. 421, n° 433, tab. 8, 10, et par Gesenius (*Append. quart.*, p. 468). Il prouve très bien que la légende phénicienne de cette dernière monnaie, lue de droite à gauche, מתם, et non expliquée par Gesenius, n'est que la légende des tétradrachmes écrite en sens rétrograde. Au revers se trouve la légende grecque : ΠΑ-ΝΟΡ-ΜΟΣ.

Cette dernière circonstance lui fait considérer comme chose évidente que les monnaies en question, qui ont toutes pour caractère commun le groupe phénicien trilittéral des tétradrachmes, doivent être attribuées à Panorme. Il ne discute que l'attribution de Gesenius ; mais les autres attributions se trouvent implicitement combattues par la différence de sa lecture du groupe trilittéral.

Il regarde, de même que Fabricy et Gesenius, la lettre médiane comme un *iod*, ce qui est indubitable. La divergence roule sur les deux autres signes, qui lui paraissent avec raison identiques entre eux, ainsi qu'ils l'avaient aussi paru à Barthélemy et à Fabricy. Mais, au lieu d'*aleph*, il les déclare indubitablement des *tsadé*. A l'appui de cette assertion, il présente le relevé des légendes recueillies par lui sur vingt-cinq exemplaires qu'il lui a été donné d'examiner. Mais nous devons d'abord faire observer que, dans la légende commençant par le groupe מבעל, les deux lettres à déterminer ne sont pas exactement retracées, à en juger du moins par deux exemplaires que je possède et qui m'ont été donnés par M. de Saulcy lui-même ; au lieu d'être ainsi figurées, ⸠, ⸡, ces deux caractères le sont ainsi, ⸠, mais en plus petites proportions.

Les deux signes en question pourraient être, en effet, pris pour des *tsadé* sur la légende rétrograde, sur le sixième et neuvième groupes, et même sur les troisième, quatrième, douzième et treizième groupes, nonobstant, pour les deux derniers, la correction précédemment indiquée ; mais il est absolument impossible d'admettre cette valeur sur les deuxième, septième et huitième légendes ; ici les deux caractères dont il s'agit ne peuvent être considérés que comme des *aleph* ;

cette similitude est plus prononcée encore sur l'exemplaire rapporté par Barthélemy et surtout sur l'obole figurée par Fabricy, qui avait particulièrement fixé son attention sur ce point et qui dit : « In altero vocabulo, seu אוא, ΑΙΒΑ, quicquam negotii facessat, primam et posteram litteram, satis explorate cognitum esse cuique et perspectum potest ad τό א *aleph* omnino pertinere. »

Or, s'il est impossible, pour les légendes énumérées en dernier lieu, de ramener la forme des deux lettres dont il s'agit à celle du *tsadé*, il est très facile, au contraire, de ramener à celle de l'*aleph* la forme des deux mêmes lettres sur les autres exemplaires. En effet, la dernière figure du onzième groupe est un *aleph*, comme on en voit plusieurs exemples en tête des légendes des monnaies d'Enna (Gesenius, table 40 xv, n°s 25, 27, 35). Dès lors, rien de plus naturel que de penser que sur le sixième, neuvième et dixième groupes le dessin est incomplet et doit être rétabli sur ce type; le fait est évident pour le onzième groupe, qui nous a servi de point de départ; car il est incontestable que la première lettre doit être identique à la seconde. N'a-t-on pas un exemple entièrement pareil sur une monnaie de Cadix dont la figure est prise sur une pièce du cabinet du roi (*voy.* Gesenius, table 40 xv, G)? D'un autre côté, sur les quatrième, douzième et treizième groupes, la forme est analogue à celle de l'*aleph* du monument de Carpentras, etc.

J'adopte donc, après avoir longtemps hésité, la lecture אוא, telle que l'a proposée Fabricy, et, dès lors, je ne vois pas d'attribution plus convenable que celle indiquée par cet auteur. La présence de Πάνορμος sur l'obole bilingue ne fait aucun obstacle, car la double légende peut fort bien avoir trait à une alliance entre la capitale de l'île d'Aïa et la ville de Panorme, lorsque celle-ci était habitée par les Grecs. Plusieurs exemples analogues se rencontrent dans les *Recherches sur l'écriture celtibérienne* de M. de Saulcy, savoir, des médailles avec le nom d'une ville en latin et le nom d'une autre ville en celtibérien (*voy.* p. 211). La direction rétrograde de la légende phénicienne tend à prouver que c'est à Panorme même et par les Grecs que la pièce a été frappée.

CHAPITRE XVII.

Sardaigne.

La Sardaigne a enrichi les collections de monuments phéniciens d'une médaille que je crois pouvoir attribuer à Enosis, de quatre inscriptions lapidaires, dont deux ont été découvertes à Pula, sur l'emplacement de l'ancienne Nora ou Nola, les autres à Sant-Antioco, parmi les ruines de l'antique Sulcis, enfin d'un cachet trouvé aussi dans la dernière localité.

§ I. *Médaille d'Enosis.*

Je possède un petit bronze qui porte, sur l'avers, deux têtes couronnées de laurier, regardant à droite, et, sur le revers, deux cornes d'abondance dirigées, l'une à droite, l'autre à gauche, et entre-croisées à leurs pointes ou parties inférieures. Dans le champ, entre les parties supérieures de ces deux cornes d'abondance, se lit la légende suivante :

הנסס
א:לה

L'exergue a deux autres lettres que je n'ai pu suffisamment déchiffrer (*voy.* pl. 2, n° 25).

Pellerin a représenté cette médaille sur la planche 121, n°s 26 et 27 de son Recueil. Quoique le titre soit *Médailles puniques*, Pellerin dit, dans le texte : « Les deux dernières de cette planche sont peut-être phéniciennes. »

P. Bayer (*Alf. y leng. de los Fen.*, p. 345) a transcrit la première ligne de la légende de cette manière : ארעת ; il crut d'abord que c'était le nom de la ville d'Orthosia, en Phénicie ; mais, après avoir plus attentivement examiné la fabrique, il conjectura qu'elle se rapportait plutôt à la Sicile.

C'était encore lui faire trop d'honneur. Cette fabrique annonce un art moins avancé que celui de la Sicile. L'attribution me semble s'appliquer beaucoup mieux à la Sardaigne ; l'explication de la légende va, je pense, le démontrer.

Les deux têtes accolées du droit, les deux cornes d'abondance du revers attestent qu'il s'agit de deux villes alliées, comme nous l'avons vu pour Arad et Carné ; la disposition des deux groupes de la légende répond parfaitement à cette indication ; ce sont probablement les noms séparés des deux villes dont il s'agit. Or, le premier groupe ne reproduit-il pas littéralement le nom d'*Henosis*, *Enosis*, ville de l'extrémité méridionale de la Sardaigne mentionnée par Pline, liv. III, 13, et que les Grecs, par leur système constant d'assimilation, ont appelée *Chersonesus*? Le second groupe ne répond-il pas, soit à l'île d'*Ilua*, qui avait pu faire d'Enosis un entrepôt pour ceux de ses métaux qu'elle destinait à l'Afrique [1], soit à la capitale de cette peuplade du centre de la Sardaigne nommée Ἰολάειοι par Diodore, *Ilienses* par Pline [2] ? Serait-il possible de trouver un rapport plus convaincant ?

Une seule difficulté se présente, c'est la détermination de la seconde lettre du deuxième groupe, dont nous faisons un *lamed*, tandis qu'elle semble ne pas différer de la seconde du groupe précédent que nous avons considérée comme un *nun*; mais en y regardant de près, sur deux exemplaires que j'ai à ma disposition, je me suis assuré qu'il existe une différence caractéristique dans le crochet dirigé à droite dont est munie l'extrémité supérieure de la figure du second groupe.

§ II. *Inscriptions de Nora.*

M. le général della Marmora, à qui l'archéologie de la Sardaigne est si redevable, s'exprime ainsi sur l'inscription que Gesenius a reproduite table 13 XLI : « La pierre sur laquelle cette inscription est gravée existait autrefois près du village de Pula, au sud de l'île et non loin de l'emplacement où était située l'ancienne ville de Nora ; elle faisait partie d'un mur moderne où nous l'avons vue pendant longtemps ; mais depuis plusieurs années, grâce aux soins de quelques personnes éclairées, on l'a transportée à l'université de Cagliari, où elle est maintenant à l'abri de toute destruction.

« Feu le P. Hintz, professeur de langues orientales à l'université de Cagliari, fut le premier qui découvrit ce monument et qui en envoya un dessin (très incorrect) au célèbre orientaliste de Parme, M. de Rossi. Ce dernier publia une explication de l'inscription dans les *Éphémérides littéraires* de Rome, année 1774. » Nous ne jugeons pas nécessaire de reproduire cette explication, qui se trouve dans l'ouvrage de Gesenius.

En 1834, l'abbé Arri, Sarde comme M. le général della Marmora, entreprit une nouvelle interprétation de cette manière :

כתרשש	In Tarschisch
נגרשהא	vela dedit Pa-
בשדינש	ter sardou pi-
למאשל	us; ecce fi-
ספבאם	nem attingens, el-
לנתבבנר	evavit scriptum in Nora,
שבנגד	quam novit adversam
לגמי	Lixo.

(1) « Memorabilis ylva metallis. » Rutilius, *in Itin.*, lib. I.
(2) « Celeberrimi in eā (Sardiniā) populorum Ilienses, Balari, Corsi. » Pl. L, 111, 13.

DE LA LANGUE PHÉNICIENNE

Trois années après cette publication, Gesenius proposa de lire comme il suit :

בת רש ש	Domus capitis
נגד שדא	Principis qui Pa-
ב שרדן: ש	ter Sardorum; pacis a-
לם חא של	mans ille, pax
ם יבא מ	contingat re-
לכתן: בנך	gno nostro : Ben-
ש בן נגד	Rosch, filius Nagidi
לפמי	L- ensis.

M. Benary, en 1837 aussi, mais après Gesenius, a essayé de fondre les deux interprétations précédentes dans cette traduction :

בתרשש	Tartessi		Tartessi
נגרש חא	expulsus hic		expulsus hic,
בשרדן ש	in Sardis in-		in Sardis pa-
לם חא של	columis hic in-	ou	cificus hic : pa-
ם יבא מ	columis ingrediatur reg-		x veniat super ma-
לכתן בן ר	num nostrum filius prin-		lchiten filium Ro-
ש בן נגד	cipis, filius pauperis,		sch, filii Naghid,
למפי	jussu meo.		Lamptenum.

M. Ét. Quatremère, à son tour, a présenté la version suivante dans un article analytique publié dans le *Journal des Savants* :

(מצ)בת רש ש	Monumentum Rosch-S
ר בן רש חא	ar, filii Rosch-a-
בשר בן ש	b-sar, filii scha-
לם לאש ל	lem, Uschlu-
וסי ב(?) אס	censis, filii Asu-
ליתן בן ר	litten, filii Ro-
ש בן נור	sch, filii Nour,
אשלוסי	Uschlucensis.

M. Movers (*Phön. Texte*, Erst. Theil, Breslau, 1845, p. 80) modifie cette version en prenant en beaucoup d'endroits, pour préfixe, signe du génitif, le *schin*, qu'il regarde alors comme une formule de filiation, tandis qu'à la fin de l'épigraphe cette filiation est plusieurs fois indiquée par בן. Voici sa leçon :

בת רש שבנגד שדאב שרדן	Domus Rasi, qui (filius) Nagidi, qui Haabi, qui Rhodani,
שלם האסלסי באסלם תן	qui Lami, Usellensis in Usella. Tennes,
בן רש בן נגד לפסי	filius Rasi, filius Nagidi, Lapisius.

Enfin, dans un article inséré dans la *Revue philologique*, vol. I, cahier n° 6, M. de Saulcy dit : « Il est une inscription funéraire qui renferme une formule précative, le seul exemple constaté jusqu'ici, et qui nous offre en même temps un nom nouveau de divinité, le nom phénicien du *Sardus Pater* des médailles romaines de la Sardaigne. Elle a été trouvée à Nora dans cette île, et contient la phrase suivante, qui a rapport à une femme : « AB SARDON SELIMHA, *que le père Sardon lui fasse paix!* »

Cette courte indication donne à penser que M. de Saulcy, comme tous ses prédécesseurs, voit un *tau* dans la seconde lettre de la première ligne, et, par conséquent, dans la troisième lettre de la sixième ligne. C'est là, à mon avis, une grave erreur; cette lecture a fourvoyé tous ceux qui ont, jusqu'ici, tenté de traduire cette difficile épigraphe. Je crois avoir démontré, à l'occasion des inscriptions numidiques, que nulle part, quoi qu'en ait dit particulièrement Gesenius, le *tau* n'affecte cette forme; si cependant on admettait le contraire, encore faudrait-il que l'ensemble de l'inscription présentât le même caractère paléographique, c'est-à-dire les modifications constamment concordantes de l'*aleph*, du *mem*, du *schin*. Or il n'en est nullement ainsi. Cette remarque conserve, au surplus, toute sa puissance, quelque valeur qu'on accorde d'ailleurs au signe en question, car c'est la figure elle-même qui fait anachronisme. Il faut donc penser que cette figure est inexacte, et, en examinant attentivement les choses, on se fortifie singulièrement dans cette opinion. En effet, d'une part, cette figure n'offre pas des dimensions proportionnées à celles des autres lettres; elle paraît donc incomplète : d'une autre part, la lacune laissée à la place correspondante de la première ligne sur la copie de M. de Rossi, reproduite par M. della Marmora, prouve que les traces en sont peu visibles et que, par conséquent, une partie peut en être complétement effacée, comme on le reconnaît indubitablement pour d'autres lettres que tous les dessins laissent inachevées ou reproduisent mal. D'après ces considérations, on est naturellement conduit à regarder les deux figures dont il s'agit comme des *aleph* incomplets, et la restitution que chacun peut faire, au moyen de points, rend frappante la probabilité de cette leçon.

Plusieurs autres lettres ont été différemment déterminées par les auteurs dont nous venons de citer les versions : il nous est facile de juger la plupart de ces déterminations en restant fidèles à celles que nous avons précédemment adoptées pour les mêmes signes.

La seconde lettre de la deuxième ligne et l'avant-dernière de la septième ligne, qui sont évidemment identiques, ont été lues identiquement aussi par Arri, Gesenius et M. Benary, qui font de chacune un *ghimel*; M. Ét. Quatremère considère la première comme un *nun* et l'autre comme un *vau*, sans que cela l'empêche de regarder, d'une part, comme des *nun*, les caractères auxquels les autres interprètes donnent avec raison cette valeur, et, d'autre part, comme un *vau*, le second signe de la dernière ligne, dont l'extrémité supérieure est arrondie au lieu de présenter un angle aigu.

M. Ét. Quatremère prend pour un *beth* la quatrième lettre de la troisième ligne; les autres auteurs, incontestablement mieux inspirés, s'accordent à ne donner cette puissance qu'à la lettre à peu près semblable dont la branche descendante est coudée à gauche.

Tous aussi reconnaissent un *hé* dans la troisième lettre de la quatrième ligne, ainsi que dans l'avant-dernière de la seconde ligne; ces deux lettres sont, en effet, entièrement semblables. Cependant M. Ét. Quatremère, qui fait aussi un *hé* de la première, fait de la seconde un *lamed*, et il donne en même temps cette dernière valeur à la figure, toute différente, qui occupe le premier et le dernier rang de la quatrième ligne, la première place de la sixième ligne, figure qui seule mérite cette détermination.

Les traits qui suivent immédiatement la première lettre de la cinquième ligne ont été par tout le monde considérés comme ne formant qu'un caractère; Arri y voyait un *phé* qui n'aurait aucune analogie; les autres interprètes y trouvent un *iod*, et cependant ils regardent comme tel aussi le dernier signe de l'inscription qui en diffère sensiblement; M. Ét. Quatremère, en outre, prête la même valeur à une troisième figure également dissemblable, la seconde de la sixième ligne, qui ne peut être qu'un *caph*, ainsi que les autres auteurs l'ont bien jugé. Pour nous, les traits en question sont liés à tort; on doit d'abord en dégager un *lamed*; puis restent les vestiges d'une lettre défigurée que le contexte doit faire restituer.

La valeur de la figure qui se montre à la fin de la cinquième ligne et au pénultième rang de la dernière ligne est facile à assigner d'après ce que l'on a vu lorsqu'il a été parlé de la *première inscription maltaise*; c'est incontestablement un *samech*, ainsi que l'ont pensé Arri et M. Ét. Quatremère : comment donc Gesenius et M. Benary ont-ils pu y voir un *mem*, qui se présente dans le reste de l'inscription, et d'après leur propre lecture, avec une autre forme, avec une forme régulière?

Au sujet de la quatrième lettre de la sixième ligne, Gesenius dit : « Lin. 6 litteram *quartam*, quæ est *nun*, Arrius non debebat, addita lineola, temere mutare in *beth*. » MM. Benary et Ét. Quatremère adoptent cette leçon. Cependant un examen réfléchi me semble plaider en faveur de l'opinion d'Arri. Cette figure me paraît avoir, d'une part, le trait horizontal trop long, de l'autre l'angle auquel ce trait aboutit à gauche trop fermé, trop aigu, pour ne pas différer sensiblement de la figure des autres *nun*. D'un autre côté, en admettant que la figure devait présenter supérieurement un triangle fermé, comme les *beth*, les *daleth* et les *resh*, on remarque que le côté inférieur de ce triangle est incliné de gauche à droite dans les *daleth* et les *resh*, et que ce n'est que dans les *beth* qu'il se montre horizontal, ainsi qu'il le serait ici. Je pense donc que le signe dont il s'agit est un *beth*; dans ce cas, il faut encore ajouter à la branche descendante une petite portion fléchie à gauche. Cette restitution est justifiée par celle que tous les interprètes ont reconnu l'obligation de faire à la lettre placée trois rangs plus loin pour rétablir un *resh*.

Enfin M. Ét. Quatremère a ajouté arbitrairement, et sans que l'état matériel du monument le permette, les lettres suivantes :

1° Au commencement de la première ligne, מצ, pour former מצבת; ou ces deux lettres devraient être au commencement de la ligne, et elles sortiraient irrégulièrement de l'alignement commun, ou elles seraient au-dessus, et alors ce serait une ligne entière qui manquerait. Nous avons dit, d'ailleurs, que la figure prise pour un *tau* n'a point cette valeur.

2° Au commencement de la seconde ligne, un *resh*, dont il n'y a pas de vestiges et qui déborderait aussi le cadre de l'inscription.

3° Au commencement de la cinquième ligne, un *vau*, qui suggère la même objection, et, dans le corps de cette ligne, un *nun*, après le *beth*, sans qu'on en puisse trouver ni les traces ni la place.

4° Au commencement de la dernière ligne, un *aleph* et un *schin*, qui impliqueraient que tous les copistes ont eu tort de faire correspondre le *lamed* au début des autres lignes, bien que deux d'entre eux, Arri et M. le général della Marmora, attestent avoir apporté le plus grand soin à une œuvre dont ils connaissaient l'importance.

Ce système, on ne peut le nier, offre de grandes facilités d'interprétation, mais je doute qu'il porte la conviction dans les esprits. Aussi M. Movers s'est-il gardé de le suivre.

Quant à la traduction de ce dernier et savant archéologue, nous nous bornerons à signaler l'anomalie de l'emploi, dans le même contexte, d'une part du *schin* préfixe, d'autre part du mot *ben* pour exprimer la filiation.

Connaissant, au surplus, toute la difficulté de l'entreprise, j'ose à peine espérer plus de succès que mes devanciers en proposant la lecture et l'explication suivante :

באר שש	Sepulcrum marmoreum
נגד ש הא־	Naghidi, quem Pa-
ב שרדן ש־	ter Sardon sal-
לם האשל	vet. Hunc lucum
סלי באט־	aggessit, secundum ob-
ל כאב בן ר־	ligationem, Kab, filius Ro-
ש בן נגד	schis, filii Naghidi,
לפסי	Lampadensis.

Il s'agit donc d'un tombeau élevé par le petit-fils du personnage à qui il était destiné. En indiquant la matière de ce tombeau, on a voulu faire connaître la richesse du rang élevé du défunt.

Quem pater Sardon salvet est emprunté, on doit se le rappeler, à M. de Saulcy.

Hunc lucum aggessit trouve la meilleure explication qu'on puisse en donner dans cette description du tombeau d'Auguste transmise par Suétone : « Quorum omnium præclarissimum est Mausoleum, Agger ad amnem, supra sublimem albi lapidis fornicem, congestus, et ad verticem usque semper virentibus arboribus coopertus : in fastigio statua Augusti, sub aggere loculi ejus, et cognatorum, ac familiarium, a tergo lucus magnus ambulationes habens admirabiles. » Ce tableau, en le réduisant à des proportions beaucoup plus modestes, me semble traduire parfaitement le sens des mots האשל סלל, et, par conséquent, justifier la leçon.

Secundum obligationem correspond au *sicut auditum* ou *sicut audivi* de la première inscription de Malte et de plusieurs inscriptions de Numidie ; mais, pour accepter cette interprétation, il faut admettre dans אסל, qui serait mis pour אסר, la mutation du *resh* en *lamed*. Or cette mutation n'a rien que de très naturel ; elle est assez fréquente soit en hébreu même, soit dans certains mots passés de l'hébreu dans une langue affine. Gesenius dit dans son Lexique, p. 51 : « *Lamed* permutatur cum ר, plerumque ita ut ר, utpote durior littera, emolliatur in ל, maxime in libris et dialectis recentioribus. » Une mutation semblable se voit précisément dans le nom de la ville où l'inscription a été trouvée, puisqu'il s'écrit *Nora* et *Nola*.

Lampadensis me semble correspondre à לפסי comme *Lampas* à לפיד; לפסי, à ce titre, serait la transcription du nom grec Λαμπὰς donné à une île voisine de Malte.

La seconde inscription de Nora, reproduite planche 28, a été découverte en 1838 par M. le général della Marmora ; elle était gravée sur une grosse pierre : la face qui la portait, enlevée avec soin, a été transportée au musée de la ville de Cagliari. Ce n'est malheureusement qu'un fragment, composé de dix lettres, auquel il est impossible d'assigner un sens. Il n'y a de digne de remarque que le troisième caractère de la première ligne, qui doit représenter un *chet* à forme inusitée.

§ III. *Cachet et inscriptions lapidaires de Sulcis.*

Le cachet dessiné, table 14 de Gesenius, n° XLV, après avoir appartenu à M. le général della Marmora, est maintenant égaré. Il était en pierre dure (espèce de quartz agate blanc et opaque). La base était carrée, et sur la face inférieure étaient gravées quatre lettres phéniciennes qui ont été lues עבדא par M. l'abbé Peyron, עברא par l'abbé Arri. Celui-ci prétendait que le dernier mot, voulant dire *finis*, *terminus*, était employé dans le sens de *sigillum*. Gesenius, adoptant avec raison la leçon de M. Peyron, explique le mot עבדא, qu'il considère comme un nom propre, par *cultor*, en sous-entendant *Dei*; nous avons déjà dit que, selon nous, le sens *Dei* se trouve, par abréviation, dans l'*aleph* terminal.

La première inscription lapidaire de Sulcis (*voy.* pl. 28) a été découverte quelques années avant 1840; elle est maintenant conservée au musée royal de Cagliari. « Elle se trouve, dit le général della Marmora, sur le bord extérieur d'un fragment de disque en marbre blanc ; ce disque paraît avoir eu environ $0^m,15$ de rayon sur $0^m,04$ de hauteur. C'était fort probablement la base de quelque statue. » (*Voyage en Sardaigne*, 2ᵉ partie.)

Les quinze lettres qui constituent l'inscription dont il s'agit sont réunies en groupes laissant entre eux un intervalle prononcé, de manière à isoler les mots très distinctement.

Ces lettres sont faciles à déterminer, excepté la cinquième. Celle-ci, au premier aperçu, pourrait être prise pour un *qôph ;* mais le groupe יאק qui en résulterait ne donne aucun sens : il n'est pas hébreu. Je pense donc que la figure est un peu altérée et qu'il faut y voir un *lamed*. Je lis en conséquence :

(א)דן יאל נבברך בן צדק   Basim proposuit sibi Nabibarac, filius Sedeq.

Sous le rapport paléographique, cette inscription diffère essentiellement de celles de Nora par le caractère de postériorité que lui donnent les formes de l'*aleph* et du *nun*, semblables à ceux des épigraphes lapidaires de Numidie.

La seconde inscription de Sulcis a été découverte un peu plus tard par M. le général della Marmora. Elle consiste en six lignes gravées sur une plaque de marbre, dont nous reproduisons sur la planche 29 les dimensions un peu réduites.

M. de Saulcy, qui possède un moule en plâtre sur lequel a été prise notre copie, lit et traduit le texte comme il suit :

לבל נש נר דרציש	Ne oblivione obruatur Nero Drusus,
בעל לרמא אאש נבר לבא	Civis Romæ, vir purus cordis,
אנבה אחמא תן מקדש	maximus, optimus, datum est sacrum
לכן לא ולעצמבענא	ut stet in perpetuum. Et Agrippinæ,
כעבח ארמת למתן בנמת	quam affligeret sublimitas honoris divini,
כם תנעצץ לחתם לא	accumulata est glorificatio ut compleretur in perpetuum.

Il pense, en conséquence, que la plaque de marbre dont il s'agit était encastrée dans le piédestal d'une statue de Germanicus[1].

Nous ne pouvons partager cet avis.

L'inscription, comme ce savant interprète l'a fait remarquer, est presque symétriquement divisée en deux parties, qui se terminent chacune par le même groupe לא, et qui, abstraction faite de la copule qui les unit, commencent toutes les deux par le *lamed* préfixe. Or, cette symétrie veut que la même tournure se répète dans les deux propositions ; on ne peut pas commencer l'une de ces propositions par : *Afin que ne...* et l'autre par : *Et à Agrippine* ; il faut que la particule initiale ait, de part et d'autre, le même sens, savoir : *Afin que... Et afin que...*, ou : *A... Et à...*

En second lieu, l'expression talmudique ברוניח פלע, *sicle néronien* (*Mezia*, fol. 25), prouve que l'orthographe hébraïque du nom de Néron n'était point la forme incomplète נר.

En se rappelant, au contraire, à l'occasion de ce groupe, que le monument appartient à la Sardaigne, dont les noms de lieux reproduisent si souvent le mot *Nur, Nor*, et qui est particulièrement célèbre par ses *Nur-Hagues*, ou tours antiques, on ne peut s'empêcher de rattacher à ces dénominations le mot dont il s'agit. Or, l'abbé Arri a fait ressortir le rapport qui existe entre la racine נר, *feu*, si fréquemment employée en Sardaigne, et le nom composé, propre au culte babylonien, נרגל, ainsi qu'entre les tours de sa patrie et celles de la Babylonie, consacrées à Bel et à Mylitta, et dénommées de différentes manières : גל, מעוז, צריח, במה. Nous savons, par plusieurs passages de la Bible, qu'un autre synonyme était דר, דור, et nous trouvons précisément ce mot dans notre inscription après le mot נר, de sorte que nous avons l'expression נרדר, *feu de la tour* ou *du cercle*, équivalent à נרגל, *feu du monceau circulaire*, à נרחוג, *feu du cercle*. L'analogie de ces diverses locutions, et particulièrement des mots דור et חוג, signifiant l'un et l'autre *orbis*, est très frappante.

D'un autre côté, au commencement de l'épigraphe, après le *lamed* attributif, nous voyons בל, orthographe constante du nom de la principale divinité des Babyloniens, de celle à laquelle les pyréthées étaient consacrés, souvent en communauté avec la déesse de la volupté, dont les noms variaient.

Nous pouvons donc, de cet ensemble de données, déduire la conjecture que c'est d'une dédicace à *Bel* qu'il s'agit d'abord.

Dès lors, le début de la seconde partie de l'inscription doit exprimer aussi une dédicace, et, dans cette hypothèse, toutes les notions portent à penser que cette dédicace concerne la Vénus babylonienne, presque toujours associée à Bel, comme, chez les Phéniciens, Astarté à Baal. L'on

---

[1] *Revue de philologie*, tome I, p. 499-500.

des noms de cette Vénus était *Mylytta*; nous ne trouvons rien ici qui offre les moindres vestiges de ce nom. Une autre de ses appellations était *Salambô*, Σαλαμβώ, ἡ Ἀφροδίτη παρὰ Βαβυλωνίοις, dit Hezychius. On peut déjà saisir quelque rapport de son entre ce nom et *Adsambona*, qui vient, au commencement de la proposition, après la copule et le *lamed* attributif; nous allons voir que c'est effectivement le nom dont il s'agit.

On a, jusqu'à présent, vainement cherché dans les langues sémitiques l'étymologie du nom *Salambô*. L'auteur de l'*Etymol. magn.* dit : « Καὶ Σαλαμβὰς ἡ δαίμων παρὰ τὸ ἀεὶ περιφέρεσθαι, καὶ ἐν σάλῳ εἶναι, καὶ ὅτι περιέρχεται θρηνοῦσα τόν Ἄδωνιν. » Selden répond à ce sujet : « Sed ad Græculorum morem Τοῦ Σαλάμβας (quod non aliud est quàm Hesychii Σαλαμβώ, nam Venerem pingit, dum dæmonem suam aperit) originationem linguâ populari ridiculè quærit; *nec melius nos hic, si vocabuli syllabas blandè palpando, meras ex orientali dialecto aliquâ nugas obtruderemus.* » (DE VENERE SYRIACA.) Münter répète à son tour (RELIG. DER BABYLONIER.) : « Die Semitischen sprachen geben Keine Deutung dieser Namens. »

Notre inscription va nous donner l'explication de l'énigme.

Je supposerai d'abord le nom grec écrit *Salambona*. Il serait, dans ce cas, très facile de comprendre comment il se serait formé d'*Adsambona*. En effet, nous voyons souvent, lors du passage dans une autre langue d'un mot grec contenant dans son intérieur l'articulation complexe *ds* (ζῆτα), cette articulation se décomposer en *s* et en *d*, cette dernière lettre rester à la place primitive, et l'autre passer à la tête du mot; exemple : τρίζω, *strideo*. En faisant eux-mêmes l'application de ce principe à un mot emprunté à un idiome étranger et contenant une articulation analogue, mais ayant cependant une nuance de prononciation qui paraît avoir répugné à leurs organes, puisqu'ils l'ont, dans d'autres circonstances, dédoublé soit en S (Sidon), soit en T (Tyr), les Grecs ont eu d'abord *Sadambona*.

La mutation du *d* en *l* s'est faite ensuite par le même procédé que dans le changement de Ὀδυσσεύς en *Ulysses*, de Δακρυμα en *Lacryma*, etc.[1]. Il est arrivé aux Grecs de changer en *l* le *zêta* lui-même, sans qu'il ait été nécessaire de le décomposer; ainsi, de σκάζω, *je boite*, ils ont fait σκαληνία, *inégalité*, σκαληνός, *inégal, boiteux, oblique*. La conversion de *Sadambona* en *Salambona* est donc très naturelle et très régulière.

Il reste maintenant à expliquer l'abréviation de *Salambona* en *Salambô*, c'est-à-dire de ονα en ώ; c'est une contraction familière aux Grecs; l'accusatif singulier μείζονα, par exemple, du comparatif μείζων, se contracte en μείζοα, μείζω; l'on a dû dire de même Σαλαμβόνα, Σαλαμβόα, Σαλαμβώ[2].

La déduction me paraît donc d'une incontestable rigueur, tandis que je ne comprendrais pas, je l'avoue, la transcription d'*Agrippina* en *Adsambona*.

La signification du composé phénicien concorde parfaitement avec les qualités de la déesse dont il constitue l'un des noms; ce composé peut en effet s'analyser ainsi : עצי ב עני, *force dans l'affliction*, par conséquent, *consolation; consolatrice des affligés*.

La double dédicace serait donc : « A Bel... Et à Salambô... » Nous avons ainsi la corrélation que nous cherchions dans la tournure du contexte.

Le reste de l'inscription, que je transcris comme M. de Saulcy, à l'exception de la quatrième figure de la seconde ligne, doit, à mon avis, être coupé ainsi :

---

(1) « Novensiles sive per *l* sive per *d* scribendum : communionem enim habuerunt litteræ hæ apud antiquos, ut dinguam et linguam, dacrimis et lacrimis. » (Marii Victorini, grammatici et rhetoris, *De orthographia*.) Il serait facile d'ajouter d'autres exemples.

(2) On trouve une abréviation semblable dans le nom de l'ancienne ville espagnole *Sisalo*, au sujet de laquelle M. de Saulcy dit (*Numism. celtib.*, p. 269, note) : « Il est bien probable que Sisalo de l'Itinéraire d'Antonin, placée sur la route d'Emerita (Merida) à Cæsar Augusta (Saragosse) par la Lusitanie, est la même ville que Sisapona des Orétans. » La mutation du *p* en *l* provient très vraisemblablement de la grande ressemblance des deux figures propres à ces deux articulations dans l'alphabet celtibérien. Ainsi Sisapona, Sisapo équivalent exactement, pour la terminaison, à Salambona, Salambo.

לבל נש נר דר ציש	Belo principi ignem turris Tis-
בעל בן רמא אאש נבר לבא	baal, filius Raniæ, vir purus corde,
אגבה אוזמא חן מקדש	maximus, optimus, dedit consecrans,
להן לא · ולעאמבענא	ut stet in posterum. Et Salamboni,
כעבה ארמת למתן בן מת	prout incrementum magnitudinis doni, distinxit mensu-
כמת נעצץ לחתם לא	ras virgulti, ut muniat in posterum.

Je pense n'avoir pas besoin d'indiquer en détail les points où j'emprunte à M. de Saulcy ; chacun pourra les reconnaître en comparant ma leçon avec la sienne.

Je regarde נש comme une abréviation de נאיש, par la suppression des deux quiescentes. Quelque sens qu'on donne à ce mot, il faut toujours le considérer comme apocopé. Je ne sais si בלנש n'est pas l'origine de *Belenus*.

ציושבעל serait mis, à la manière des Chaldéens, pour פיושבעל ; il signifierait *Baal s'est précipité comme un aigle, comme un oiseau de proie*. On conçoit très bien l'emploi de l'orthographe בעל dans un nom propre à côté du nom de divinité בל ; ce nom propre était probablement antérieur à l'introduction du culte babylonien parmi les Phéniciens de la Sardaigne ; c'est ainsi que, dans l'Espagne catholique, nous voyons encore des noms terminés par *bal*.

Au lieu de לרמא, *Romæ*, que M. de Saulcy lit au second groupe de la deuxième ligne, je lis בנרבמא, *Filius Ramæ*, faisant un *beth* et un *nun* des traits qu'il considère comme un simple *lamed*. Il reconnaît lui-même que ce *lamed* différerait beaucoup de la figure que prend la même lettre dans les autres parties de l'inscription, où elle est élevée et courbée au-dessus de la ligne, tandis qu'ici, rectiligne, à l'exception du crochet que l'on remarque au sommet, elle descend au-dessous de la ligne à laquelle elle appartient. M. de Saulcy explique cette différence par l'obstacle qu'ont opposé au développement de la figure les lettres correspondantes de la ligne supérieure. Je ne puis croire à cette difficulté ; il est très probable, en effet, que les artistes, dans ces temps reculés comme de nos jours, prenaient d'avance leurs mesures au moyen de quelques traits d'esquisse, pour placer convenablement leurs lettres et ménager la symétrie à laquelle ils tenaient beaucoup. Le graveur de l'inscription a donc dû, en formant la première ligne, réserver l'espace nécessaire à l'arrangement des lettres de la ligne suivante ; c'est ainsi qu'à la fin de cette première ligne on voit manifestement que le *iod* a été remonté pour laisser de la place à l'extrémité d'un *lamed*, qui s'élève de la seconde ligne au-dessous de lui.

La figure dont il s'agit ne me paraît donc pas pouvoir être un *lamed*. L'analogie tend à la faire considérer comme un *nun* ; mais elle diffère aussi des autres *nun* de l'inscription par le crochet dont son extrémité supérieure est armée. Je ne trouve d'explication possible qu'en regardant ce crochet comme un vestige du *beth*, et qu'en pensant qu'il s'agit d'une forme du mot בן, comparable à celle qui existe à la fin de la seconde ligne de la *seconde numidique*.

לא, qui constitue bien certainement un mot particulier, puisqu'il se montre à la fin de chacune des deux parties de l'inscription, et qui, dans cette position, ne peut être la particule négative, a été, selon moi, regardé avec beaucoup de raison par M. de Saulcy comme une abréviation de לאחר, *ad posterum*.

La phrase בן מתכמת נעצץ, *distinxit mensuras virgulti*, me semble commandée par le dernier groupe, où il est impossible, je crois, de ne point voir le mot hébreu נעצץ, *senticetum*, *virgultum*; cette leçon acceptée, le reste de la phrase ne peut être traduit qu'en admettant avec moi que מתכמת est mis pour מתכנת, par suite de la fréquence des mutations du *nun* en *mem* ; on aurait dit תכן et תכם comme שפן et שפם.

Le sens de la dernière partie de l'inscription serait donc que, pour rendre à Salambô un honneur égal à celui qu'il rendait à Bel, le fondateur du monument a consacré à cette déesse, dans une mesure équivalente, un bosquet qui, en raison de la vénération dont ces lieux étaient l'objet, formait, comme un sceau protecteur (חתם), une barrière infranchissable au vulgaire.

Maintenant, il s'agit de justifier l'existence du culte de Bel et de Salambô en Sardaigne, et à la basse époque indiquée par le caractère des lettres de l'inscription. Cette justification est facile si l'on veut se rappeler avec Münter (*Rel. der Babyl.*), qu'en l'an 287 de notre ère, le culte de Salambô était encore en vigueur en Espagne, à Séville. Voici le passage important de Münter à ce sujet : « Der Name Salambo muss auch bei den Phoeniciern gebraeuchlich gewesen seyn. Sonst laesst es sich nicht erklaeren, wie er auch nach Spanien gekommen ist. Wir finden ihn noch gegen das Ende des Heidenthums (J. 287) zu Sevilla ; wo wie die Acta S. Tustæ et Rufinæ (in den Actis S. S. ad d. 19 Jul. und Florez *Espanna Sagrada*, tom. IX, Append. 2) erzaehlen, mit dem Bilde dieser Goettin an ihrem Waschungsfeste eine feierliche Procession gehalten ward. Diese Acten stehen in der *Ruinartischen* Sammlung. Die in ihnen erzaehlte Geschichte scheint mir aber für ihre Aechtheit zu sprechen. Im Mittelalter, als so viele falsche Martyrer-acten geschmiedet wurden, hat man an die Salambo und an ihr Waschungsfest gewiss nicht gedacht. »

Je suis porté à croire que la ville de *Selambina*, dans la Bétique, tirait son nom de celui dont nous nous occupons, et, dans ce cas, il aurait conservé la terminaison originelle.

CHAPITRE XVIII

Sicile.

De tous les pays occupés jadis par les Phéniciens, la Sicile est celui qui a conservé des monuments écrits de leur séjour sur les objets de formes les plus diverses ; gemme, inscription lapidaire, vase, médailles ; tels sont les dépositaires arrivés jusqu'à nous.

La gemme que Gesenius me semble avoir avec raison attribuée à la Sicile, sans pouvoir toutefois préciser à quel point en particulier, est représentée sur sa tab. 28, n° LXVII *ter*.

L'inscription lapidaire a été trouvée à Eryx (Trapani del monte).

Le vase et plusieurs médailles appartiennent à Palerme ; d'autres médailles à Himère, à Catane, à Léontini, à Héraclée, à Motya, à Enna ; des monnaies ont même été frappées pour le commerce de Syracuse, et, à la fin du chapitre relatif à Cóssyre, nous avons mentionné une médaille qui nous a paru pouvoir, avec quelque probabilité, être attribuée à Agrigente.

§ I. *Gemme.*

La gemme rapportée à la Sicile est une cornaline qui fait partie de la collection du comte Anatole Demidoff. Gesenius y voit l'image de Triptolème. Quoi qu'il en soit, cette pierre porte une légende marginale divisée en deux parties, une à droite, comprenant quatre lettres ; l'autre à gauche, en contenant cinq. Ces lettres offrent quelque chose d'insolite. Je ne trouve pas de lecture plus probable que celle proposée par Gesenius, savoir :

יפמו אש חכם

qu'il traduit ainsi :

Jophimo, vir philosophus.

Pour faire un *iod* du premier caractère, Gesenius suppose que la figure doit être ainsi restituée ; il faudrait aller jusqu'à cette restitution . Il distingue la sixième lettre de la troisième et de la dernière, en ce que la petite barre perpendiculaire à la branche gauche ne coupe point cette branche dans le premier cas, et la coupe dans les deux autres. Enfin, il compare la septième figure à celle qui forme incontestablement le *chet* sur plusieurs médailles de Panorme, que nous étudierons bientôt.

Le nom propre signifierait littéralement : *Beauté de l'eau*.

§ II. *Inscription d'Eryx.*

Cette inscription, dont Gesenius donne une copie sur sa table 13, n° XLII, était gravée sur un marbre qui a été découvert dans le seizième siècle, mais a depuis échappé à toutes les recherches. Cette perte est très regrettable; car, avec les papyrus de la collection du duc de Blacas et l'inscription qui vient d'être déterrée à Marseille, c'était une des pièces les plus étendues de l'épigraphie phénicienne. Il n'en a été transmis qu'une copie si défectueuse, qu'il serait tout à fait oiseux d'en entreprendre l'interprétation. Gesenius l'a tenté; mais il avoue que ce n'est qu'un jeu d'esprit. Nous nous bornerons à faire remarquer qu'il est facile de lire au début לרבת, *Dominæ*; que le *lamed* qui vient après indique la continuation de la même forme grammaticale ; que le groupe בנ qui suit les trois lettres placées après ce second *lamed* prouve qu'il s'agit d'une femme dont le nom est composé de ces trois lettres. Ainsi le titre רבת, que nous avons vu, sur plusieurs inscriptions carthaginoises, précéder le nom de la déesse *Tanit*, qualifiait aussi des mortelles.

Le *schin*, dont la cinquième lettre offre un spécimen et qui conserve la même forme dans tout le reste de l'inscription, établit, sous le rapport graphique, une analogie marquée avec l'épigraphe égyptienne dite *bas-relief de Carpentras* et avec les papyrus.

§ III. *Vase et médailles de Panorme.*

Le vase panormitain, autour duquel est tracée une légende phénicienne (Gesenius, table 14, XLIII), a été déterré lorsqu'on a creusé les fondements du collège des jésuites, aujourd'hui Gymnase royal de Palerme. Il est conservé dans le musée de cet établissement. Ce vase est en terre. Des copies en ont été publiées d'abord par le P. Lupi (*Epit. Sev. mart.*, p. 86), qui avait oublié trois lettres, et plus exactement par Schiavo dans son *Recueil d'inscriptions* (Palerme, 1762, p. 61). C'est cette copie, et non celle de Torremuzza, qui a servi à Barthélemy. (*Mém. de l'Acad. des Inscr.*, in-4°, XXX, p. 419; in-12, LIII, 45.)

Cet illustre antiquaire lisait ainsi le texte :

¹ העתרבעל בן מסלח
Hâterbal, fils de Msilah.

La dernière lettre lui paraissait, suivant ses propres expressions, un de ces sigles qu'on gravait sur les vases pour en désigner la capacité. Gesenius se trompe donc lorsqu'il dit : « Signum illud, quod litteram extremam excipit, merum ornamentum esse, cui simillimum exstat Cit. 10 extr., Barthelemyus dudum observavit. »

Ce savant interprète adopte la leçon de Barthélemy, si ce n'est pour ce qui touche la première et la troisième figures. Il reconnaît que, paléographiquement parlant, la première peut être un *hé;* mais cette détermination lui paraît contraire aux usages de la langue hébraïque, où l'article ne précède jamais un nom propre composé. Il en fait un *lamed*, en supposant une légère altération de forme.

La troisième figure est, à son avis, un *iod*.

Nous partageons cette dernière opinion.

Quant à la première, nous n'y souscrivons pas ; la figure en question nous semble être un *hé*,

(1) C'est à tort que Gesenius met un *teth* à la troisième lettre.

ET DE LA LANGUE LIBYQUE. 193

ainsi que Gesenius l'avait pensé d'abord. Nous avons déjà touché ce sujet à l'occasion des monnaies de Mazaca. La détermination de ce *hé* se justifie, avons-nous dit alors, par la signification que nous attribuons au caractère final de la légende. Comme Hartmann et M. l'abbé Lanci, nous pensons que ce caractère est un *qôph*; c'est une abréviation du verbe קבב, *creuser, façonner en forme de ventre*[1], et le *hé* initial est le pronom démonstratif régi par ce verbe. La légende doit donc, selon nous, être entendue de cette manière :

ח עירבעל בן מסלח ק'

Hoc Airbal, filius Msilæ, concavavit.

Le rôle du *hé*, dans ce cas, est analogue à celui qu'il joue, bien qu'avec une acception relative, dans ce passage d'Esdras, VIII, 25 :

דהריבו המלך ויועציו

quæ obtulerant rex et ministri ejus.

Quant aux monnaies, on en a attribué un grand nombre à Panorme, par la triple raison qu'elles ont été trouvées sur le territoire de cette antique cité carthaginoise, que la fabrique en est évidemment sicilienne, et que plusieurs présentent des types semblables aux monnaies grecques frappées dans la même ville.

Nous avons déjà exposé l'opinion de M. de Saulcy au sujet des médailles que nous attribuons à l'île d'Aïa, malgré les puissantes considérations invoquées par ce savant académicien.

Gesenius, à l'imitation de plusieurs de ses devanciers, a attribué à Panorme des médailles bien différentes de celles-ci, bien différentes entre elles aussi. On peut les diviser en trois classes, savoir :

1° Les médailles en argent qui ont pour légende :

A. עם המוחנת .... Gesenius, table 38 IX, G.
B. עמ מוחנת .... id. id. A, B.
C. שעם מחנת .... id. id. H.
D. קרת חדשת מוחנת .... id. id. L.
E. קרת חדשת .... id. id. M, N, O.
F. קרת חד .... id. id. P.
G. םם .... Cabinet de M. Rollin.
H. מ .... Divers.

2° Le tétradrachme dont la légende est :

מוחשבם .... Gesenius, table 38 IX, K.

3° Les médailles en bronze, de grand et de petit module, qui ont, au droit, une tête de femme couronnée d'épis et regardant à gauche; au revers, un cheval debout, dirigé à droite, tournant quelquefois la tête en arrière; placé d'autres fois devant un palmier. Sur le revers, on voit une lettre ou deux, variant très fréquemment de valeur, par exemple :

א.	ב־א.	ח.	ס.
א־צ.	בם.	שש.	ן.
ב.	ג.	י.	ע.

(1) קב *vasculum concavum*, קבה *ventriculus ruminantium asper.*

25

Première classe.

Barthélemy, qui avait très bien lu la légende עם המחנת ou מחנת עם, *Am hamahhanoth* ou *Am mahhanoth*, suivant sa transcription, la rendait par *populus castrorum*, prenant le *tau* final pour la marque du pluriel féminin ; nous savons que cette lettre peut remplacer au singulier même le *hé* de l'hébreu מחנה.

L'illustre abbé ne s'était pas trompé non plus sur la légende קרת חדשת, qu'il traduisait par *urbs nova*.

La légende de l'exemplaire I, tab. préc., est écrite à contre-sens ; Barthélemy la lisait עם מחנת, ou mieux מעם מחנת ; il pense avec Gesenius que la première lettre est, ainsi que sur l'exemplaire H, un *schin*, signe du génitif, comme en tête d'une variante de la légende des médailles de Juba Ier, car le jambage descendant, du moins sur l'exemplaire H, est manifestement plus petit que celui de la finale de עם et de l'initiale de מחנת. Cependant le *mem* solitaire qui se voit sur un assez grand nombre d'exemplaires étant l'initiale de מחנת, les deux *mem* que j'ai vus, parfaitement conformés, sur un exemplaire appartenant à M. Rollin, doivent représenter ממחנת, c'est-à-dire le nom de lieu, précédé de la proposition d'origine : dès lors on peut prétendre que, dans la légende complète des exemplaires H et I, c'est aussi cette proposition qui est placée au commencement, et que la brièveté comparative du jambage descendant tient à la rencontre de l'arc formé par le bord de la pièce. Il y a des analogies pour l'une et l'autre locution. Je crois toutefois, je le répète, que dans le premier cas la lettre en question est un *schin*.

Les types que l'on voit sur l'exemplaire G de Gesenius ont visiblement, selon Barthélemy, rapport à Carthage.

Suivant le même auteur, la portion de légende קרת חדשת, signifiant *nouvelle ville*, doit aussi être regardée comme le nom de Carthage, car le nom de *Carthada* ou Carthage ne signifiait pas autre chose chez les Phéniciens. Toutefois, il attribuait les monnaies dont il s'agit à Palerme, se fondant sur les raisons suivantes : « 1° Il est naturel de les rapporter à une ville habitée, ou par des Phéniciens, ou par des Carthaginois ; or, suivant Thucydide, Palerme était une des trois villes où les Phéniciens s'étaient retirés à l'arrivée des Grecs en Sicile, et, suivant Polybe, elle était comme la capitale des États que les Carthaginois possédaient en cette île. 2° Paruta, qui écrivait en Sicile et à Palerme même, lui attribue à cette ville, et le père Lupi, qui y avait passé quelque temps, observe, d'après le témoignage des habitants, que celle du n° 3 doit lui être rapportée. 3° Sur les médailles que je publie, on voit une tête de femme entourée de dauphins, et la tête d'Hercule couverte de la peau du lion ; la première paraît sur les médailles de plusieurs villes de Sicile, et la seconde sur celle de Palerme en particulier : les revers sont des symboles de Carthage, et prouvent que les médailles ont été frappées chez un peuple qui était dans la dépendance de cette ville...

« Pour prouver que *Mahhanot*, qui signifie un *camp*, désigne une ville, je pourrais citer les villes nommées *Castra Cæcilia, Castra Julia ;* je citerais, avec plus d'avantage encore, une ville de la tribu de Gad, qu'on nommait *les deux camps*...

« Au reste, les deux mots que j'ai traduits par *nouvelle ville* pourraient absolument désigner ce quartier de Palerme qu'on appelait, suivant Polybe, *la ville neuve ;* mais il est plus naturel de les rapporter à Carthage. »

Gesenius reste dans le doute sur ce point particulier.

M. de Saulcy, au contraire, rejette positivement l'attribution de ce monument à Panorme. Voici comment il s'exprime à ce sujet : « Toutes ces monnaies présentent, au revers, des types africains et non siciliens ; mais sur plusieurs d'entre elles nous retrouvons la tête de Proserpine, comme sur les monnaies siciliennes... L'une porte à la fois le mot Mekhanat et le mot Kart-Khadicha, qui n'est autre chose que le nom de Carthage ; on est donc amené à considérer cette belle monnaie comme ayant été frappée à Carthage même... La fabrique en est africaine... Les trois autres monuments peuvent être et sont même probablement gravés par des artistes siciliens. Il devient donc assez difficile de classer toutes ces pièces sans courir la chance de se tromper. Pour ma part, je renonce prudemment à le faire, et je me bornerai à émettre, sans y attacher la moindre importance, une opinion que je ne voudrais pas défendre plus qu'elle ne le mérite. Ne serait-il pas possible d'admettre que ces monnaies, offrant le mot Mekhanat, *camp*, et la formule am hemekhanat, *le peuple du camp*, au lieu de la formule Mibaâli Mekhanat, qui est consacrée lorsqu'il s'agit d'une cité, étaient de véritables monnaies fabriquées sur place, aux types de la métropole et pour l'usage des armées que Carthage entretenait constamment à sa solde? Ce serait alors le plus ancien exemple connu de l'emploi de ces *numi castrenses*, dont l'usage est devenu si fréquent dans les temps plus modernes. »

Dutens avait déjà émis et cherché, par d'assez longs développements, à justifier cette supposition.

Quelque ingénieuse qu'elle soit, nous croyons pouvoir lui en substituer une plus vraisemblable. Nous devons d'abord faire observer que la formule מחנת, עם מחנת, שעם n'appartient pas exclusivement aux pièces, aux types de Panorme; celles qui ont au revers un lion, telles que celle de l'exemplaire I de la table 38 IX de Gesenius, appartiennent très certainement à Leontini, ainsi que nous le prouverons ultérieurement.

C'est donc à une circonstance commune aux deux villes qu'il faut rapporter cette formule identique ; cette circonstance commune ne me paraît pouvoir être que l'indication de la métropole.

Je pense donc aussi que la légende קרת חדשת est le nom de Carthage, et, par corollaire, je regarde la légende מחנת ou עם מחנת comme le nom de la partie extérieure et principale de cette ville, à laquelle les Grecs et les Romains ont donné les noms de *Megala*, *Magalia*, *Megara*, *Megaria*, *Magaria*. Ces variantes prouvent que le mot est corrompu ; c'est, à mon avis, une altération de מחנה, *Mechana* ou *Mekhana*, suivant les différentes manières de transcrire le *chet*. Ce *chet* se rendait en latin par *g*, ainsi qu'on le voit dans le mot *cartha-go* lui-même, abréviation où *go* correspond à la première syllabe, c'est-à-dire au ח de חדשת. Il ne reste donc que la substitution du *l* au *n*. Or, cette substitution est très fréquente; Gesenius dit en effet dans son Lexique, page 511 : « *Lamed* permutatur 1) cum reliquis consonantibus liquidis s. semivocalibus, ut *a*) cum נ, v. c. לחץ et נחץ, ursit, גדנה chald. לדן, לרגא, vagina, נשכה, לשכה, conclave, cella, in quibus exemplis *n* primitivum esse videtur. » M. Glaire cite aussi dans sa grammaire, 1843, page 21, comme l'un des exemples des fréquentes permutations des consonnes d'un même organe, sans changement dans la signification des mots, les verbes לחץ (lâhats) et נחץ (nâhats), *il a pressuré*. On peut ajouter les synonymes נקף et לקף, *il a pris*, etc. On en trouve une autre preuve dans le nom même de *Palerme*, substitué à Πάνορμος. Enfin, pour le mot מחנה, et c'est un argument décisif, nous voyons le *nun* se convertir en *lam* en passant dans l'arabe. En effet, cette langue nous présente מחלה, signifiant *diversorium, mansio; vicus urbis; castra*. N'est-ce pas évidemment le mot hébreu, le mot phénicien, ayant subi la mutation dont il s'agit? Ainsi, Campomanes (*Antig. de Cartago*, pag. 6 et 7) disait avec raison : « Al rededor de Byrsa se hizo con el tiempo una Poblacion extremadamente grande, en que consistia el gran vecindario de Cartago, y esta Poblacion rodeaba por todos lados la Fortaleza de Byrsa, ò antigua Cartago, como dice claramente Apiano. Esta segunda parte se nombra con variedad *Megalia* por algunos, de la voz Griega, que denota *grande* : Megara, ò Magaria, segun otros. Servio. en quien se lee Magalia, y lo tomò de Cornelio Nepote, afirma, que se denominaba assi, por fer la parte exterior de la ciudad. Nosotros creemos se debe leer *Mehalat*, que es lo mismo que *Albergue*, en Punico y Arabe ; porque alli se alvergaron muchos Africanos naturales del Pais, mezclados con los Cartagineses, y otras gentes advenedizas, dedicadas à la mercancia, baxo la proteccion, leyes, y lengua de Cartago. Con el tiempo, hechos estos Pobladores à las costumbres cartaginesas, formaban una misma ciudad, que los Griegos llamaron Megala, ò Megara, con alguna corrupcion de la raèz Fenicia, Mehalat, o Alvergueria. Estas dos ciudadas formaron en adelante la de Cartago : cuyo nombre fuè muy posterior à su fundacion. » En s'exprimant ainsi, répétons-nous, n'est-ce pas comme si Campomanes avait écrit *Mehanat* au lieu de *Mehalat*?

Ce qui corrobore cette opinion, c'est que, ainsi que Gesenius l'indique (*Monum.*, p. 392), *Magalia* était aussi appelée *Neapolis* par les Grecs : « *Magalia* Carthaginis etiam *Neapolis* appellata sunt. » On trouve donc là l'équivalent de la légende complète. Enfin il importe de faire remarquer que quelques exemplaires, dans le champ de l'avers, portent un K, initiale probablement du nom grec de Carthage.

J'ajouterai, pour justifier la présence des types siciliens sur plusieurs de ces monnaies, qu'elles étaient frappées en vue du commerce de la Sicile, et que, par conséquent, selon la remarque judicieuse de M. de Saulcy à l'égard des médailles de Panorme, on adopta les types qui pouvaient évidemment favoriser le cours de ces monnaies.

Deuxième classe.

La légende de la pièce unique qui forme cette classe contient cinq lettres dont deux, la troisième et la quatrième, ont été diversement déterminées.

La troisième a été prise tantôt pour un *schin*, tantôt pour un *mem*; la brièveté de sa queue, comparativement à celle de la première et à celle de la dernière lettre de la légende, qui sont de véritables *mem*, ne permet pas d'y voir autre chose qu'un *schin*.

La quatrième a été considérée tantôt comme un *beth*, d'autres fois comme un *resh*. Cette divergence provient de ce que certains antiquaires ont vu la queue de cette lettre droite, ce qui en ferait, suivant la longueur, un *daleth* ou un *resh*; d'autres l'ont vue coudée à gauche, ce qui caractériserait le *beth*. Ainsi un dessin de Dutens la représente droite, et Gesenius prétend qu'il en est ainsi sur les exemplaires du musée de Londres, lesquels sont au nombre de trois. Mionnet a figuré une légère inflexion, et M. Lindberg affirme qu'elle existe aussi sur l'exemplaire du musée de Copenhague. Je puis faire la même déclaration pour un exemplaire que je possède; cette inflexion est telle qu'elle ne me laisse aucun doute sur son caractère et sa signification; il en résulte incontestablement pour moi que c'est un *beth*.

Dutens, qui avait commis les deux erreurs précitées, lisait מחמרם, qu'il avouait ne savoir expliquer. Hamaker ne pouvant, faute d'avoir vu les originaux, se prononcer entre cette transcription et celle qui donnait מחשבם, interprétait l'une par *Ab Himerensibus*, tandis qu'il rendait l'autre par *Ab Aspidensibus*.

Gesenius, voyant obstinément un *resh* dans la quatrième lettre, lisait שרם מח' qu'il traduisait par *Panormus Romæ* s. *Romana*, faisant de מט une abréviation pour מתנת, du *schin* la note du génitif et de רם le nom de Rome.

Ce qui a été dit un peu plus haut rendrait cette interprétation inadmissible, lors même que la transcription ne serait pas fautive en ce qui concerne la quatrième lettre. Comment supposer d'ailleurs que, du temps de la possession romaine, on ait mis sur une monnaie une légende punique et uniquement une légende punique?

Hamaker, ainsi qu'on vient de le voir, considérait (*Misc.*, 138) חשב, racine de la légende מחשבם, seule leçon légitime, comme pouvant être rapporté à *Hasp-is*, *Asp-is*, qu'il expliquait, en le dérivant de l'arabe, par *Aspera*. On pourrait trouver une signification dans l'hébreu même; mais Gesenius a dédaigneusement rejeté cette opinion en faisant observer, d'après Cellarius (*Geogr. ant.*, II, p. 881, sqq.), que la ville d'Afrique nommée *Aspis* avait été construite par Agathocle, tyran de Syracuse. Hamaker avait prévu cette objection et il y avait d'avance opposé des arguments qui méritaient plus de considération de la part de son antagoniste.

Pour nous, nous avouerons que nous ne savons à quelle ville attribuer cette monnaie; nous nous bornerons à déclarer que, très certainement, elle n'appartenait point à Panorme.

Troisième classe.

Il en est de même des espèces diverses qui constituent la troisième classe. Les monnaies nous paraissent de fabrique africaine. Pellerin avait reçu de Tunis un grand bronze semblable à celui de la lettre Q, table 38 ix de Gesenius. La tête de femme, couronnée d'épis, représentée sur le droit, est un symbole commun sur les monnaies de Sicile; mais on le retrouve sur la monnaie de Mago dont il a été parlé plus haut, ainsi que sur plusieurs monnaies d'Espagne. Il n'y a donc rien d'étonnant à le voir sur celles d'Afrique.

Les lettres marquées sur les revers de ces médailles sont-elles les initiales des noms d'autant de villes ? Il est impossible de le décider. Elles appartiennent par la forme à l'alphabet normal. Nous devons toutefois faire remarquer qu'un exemplaire dont nous avons reproduit la légende planche 1, n° 29, présente une ligature dont un des éléments est évidemment un *beth*, mais dont l'autre, formé par une barre coupant à angles droits la queue de ce *beth*, semble constituer avec elle un *mem* numidique. Cette particularité annoncerait une origine moins ancienne.

Nous devons signaler aussi l'existence, sur quelques pièces, du *méhir* que nous avons déjà mentionné à l'occasion d'une monnaie de Bocchus à type persan.

§ IV. *Himère.*

Nous attribuons à Himère un petit bronze reproduit planche 2, n° 30, qui offre avec celui dont il a été parlé en dernier lieu, à la fin du paragraphe précédent, cette double analogie que la légende contient une ligature et que l'un des éléments de cette ligature paraît être un *mem* numidique. L'autre élément serait un *resh*. Or, comme la lettre précédente est évidemment un *chet*, il en résulterait ce groupe חמר, c'est-à-dire le mot regardé comme le nom phénicien d'Himère par Bochart, Hamaker et Gesenius. La ville dont il s'agit était renommée pour les sources thermales qui existaient dans son voisinage; le nom חמר avait trait à cette circonstance; Bochart dit en effet : « Ab aquis calidis Himeræ nomen. Res manifesta, cum Syris חמר, *hamar*, sit incalescere. » Hamaker appuyait cette opinion en ces termes : «... Nomen Himeræ, a thermarum vicinia repetitum, derivem a verbo חמור, *incalescere*, *effervescere*, *ebullire*. » Enfin Gesenius, à son tour, s'exprimait ainsi : « Himera opp. Sic. cum thermis, a חמר, *forbuit*, *æstuavit aqua*. » On peut donc dire qu'il y a unanimité sur cette étymologie, et, d'un autre côté, il me semble impossible de lire autrement que חמר la légende dont il est question.

La médaille doit être ainsi décrite : Guerrier armé d'une lance et d'un bouclier combattant à droite; ℟) crabe, au-dessous la légende. Ces types se montrent aussi sur les monnaies grecques d'Himère. Ainsi, dans le tome Ier de Mionnet, on lit, sous la rubrique Himère : « 261. Coq tourné à gauche. ℟) *crabe*. Champ concave. — 278. IMEPAIΩN rétrograde. Partie antérieure du bœuf à face humaine tourné vers la droite. ℟) *Guerrier armé d'une lance et d'un bouclier combattant à droite.* »

L'existence d'un *mem* en forme de croix indique un temps déjà assez bas, une époque correspondante à celle où l'on voit sur une inscription de Carthage, ainsi que nous l'avons fait remarquer, un *schin* numidique. C'est dire qu'il s'agit de la ville reconstruite par les Carthaginois et qui prit parmi les Grecs le nom de Θερμαι.

Ce petit bronze, d'une belle conservation, fait partie de ma collection; il m'a été donné par M. de Saulcy.

§ V. *Catane.*

Je tiens de la bouche de M. Falbe qu'il attribue à Catane les monnaies dessinées planche 2, nos 31 et 32, qui ont pour légende חת. Je ne me fais pas garant absolu de cette opinion qui ne m'a été confiée que dans la conversation ; mais elle me paraît assez plausible pour que je la croie arrêtée et qu'au surplus je l'adopte. On sait que Catane était une des plus importantes possessions phéniciennes. Les médailles dont il est question ne présentent, du reste, rien de notable, si ce n'est la variante du *tau* sur l'exemplaire B. Il est un assez grand nombre d'exemplaires qui n'offrent qu'un *chet* sous le cheval ; d'autres, tels que ceux décrits par Mionnet, t. Ier, p. 331, nos 39, 40, 41, et par Bellermann, III, 17, ont sur l'avers un palmier, au-dessous les lettres חח, sur le revers un cheval, au-dessous ח ou חת.

§ VI. *Leontini*.

Nous avons annoncé, dans le paragraphe concernant Panorme, que c'est non à cette ville, mais à Leontini, qu'on doit attribuer les médailles en argent qui ont au droit une tête de femme ornée d'une coiffure phrygienne, au revers un lion à droite devant un palmier, et au-dessous la légende עם מחנת פוחנתבעש ou מחנת שעם, ou le lion à gauche avec la légende rétrograde.

Le cabinet du roi possède un exemplaire de la première espèce ; la seconde espèce a été décrite par Barthélemy, Gesenius, et d'autres auteurs.

Ce qui prouve incontestablement que ces médailles appartiennent à Leontini, c'est qu'il existe aussi au cabinet du roi, rangé, suivant l'opinion commune, parmi les pièces de Panorme, un exemplaire qui se fait remarquer par l'élégante singularité de la coiffure phrygienne de la tête de l'avers, coiffure marquée de raies transversales retroussées en arrière en forme de chignon, et que T. Burmann a représenté, table IX, n° 12, de son commentaire ajouté au *sicula* de d'Orville, une médaille en tout semblable, si ce n'est qu'au lieu de la légende phénicienne elle a celle-ci : ΛΕΟΝΤΙΝΟΝ. La comparaison des deux pièces ne laisse aucun doute sur l'identité des types, et, par conséquent, de l'origine.

Le lion, on le sait, est dans ce cas un emblème parlant.

La légende phénicienne, semblable à celle des tétradrachmes de Panorme, indique, comme nous l'avons dit, une influence commune, l'autorité centrale de Carthage.

L'analogie avec les médailles de Panorme est d'autant plus grande qu'il existe aussi, avec un *mem* solitaire, des médailles qui paraîtront sans doute, d'après ce qui précède, devoir être rapportées à Leontini, puisqu'elles ont au revers, au-dessous de ce *mem*, un lion marchant à droite ; l'avers toutefois diffère, car il présente la tête d'Hercule imberbe, coiffée de la peau de lion et dirigée à gauche.

La matière de ces dernières médailles, de moyen module, est un alliage d'argent et de cuivre.

§ VII. *Syracuse*.

Syracuse n'ayant été qu'en partie, et pendant peu de temps, occupée par les Carthaginois, on n'avait pensé à attribuer à cette ville aucun monument phénicien, lorsque Gesenius, dans son *Monumenta*, annonça qu'il regardait comme devant lui être rapportés les grands médaillons copiés sur la table 38 XI.

Nous partageons cet avis, mais nous n'adoptons pas l'interprétation de la légende proposée par ce savant antiquaire ; nous pensons que l'explication que nous en donnerons prouvera davantage l'origine syracusaine de ces magnifiques pièces.

Ces médaillons ont pour légende en exergue, au-dessous du Pégase figuré sur le revers, les cinq lettres phéniciennes suivantes : בארat. Un plus petit exemplaire décrit par Bayer présente, au lieu de Pégase, un cheval ordinaire courant devant un palmier. Sur quelques exemplaires la première lettre de l'épigraphe manque, ce qui donne אראת.

Il n'y a jamais eu de doute sur la valeur des premier, troisième et dernier caractères de cette épigraphe lorsqu'elle est composée de cinq lettres, soit *beth, resh* et *tau*, ou second et dernier, lorsqu'il n'y a que quatre éléments, soit *resh* et *tau*.

Quant aux deux autres, dont la figure est identique, Barthélemy, avec sa sagacité habituelle, avait d'emblée reconnu que ce sont des *aleph*, déclarant au surplus, comme le dit Pellerin, qu'il ignorait à quel peuple devaient être rapportés ces deux monuments, qu'il présumait être venus de Sicile.

Pellerin, peu de temps après, prit d'abord pour des *qôph* les deux caractères dont il s'agit, mais il ne tarda pas à se ranger à l'avis de Barthélemy; puis il revint à sa première opinion; puis enfin, et irrévocablement, à la seconde.

Bayer et Bellermann ne l'adoptèrent qu'en partie, savoir, pour le premier des deux caractères; l'autre fut par eux considéré comme *tsadé*, et ils lurent la légende de cinq lettres בארצה, c'est-à-dire *Byrsa*. Mais, outre qu'il n'y a aucune raison de donner au quatrième signe une valeur différente de celle du second, qui lui est tout à fait semblable pour la forme, on ne pourrait pas, avec cette lecture, expliquer la variante où manque le *beth* initial. D'ailleurs, le nom de la citadelle de Carthage s'écrivait en phénicien בצרה ou בצרת, *Bisra*, et ce n'est très probablement que par les étrangers que la sibilante a été transposée.

M. Lindberg, mû sans doute par le besoin d'une lecture qui s'accommodât à la légende de quatre lettres comme à celle de cinq, reprit pour son propre compte la première opinion de Pellerin, et il lut, dans un cas, קרקת, dans l'autre, בקרקת; puis il ajoute : « Equidem literas aliter legi posse nego, sed de recta inscriptionis explicatione dubito; numos tamen quominus ad *Carthaginem* referam, nihil videtur impedire, atque in epigraphe *Karkat* nomen Carthaginis alias ignotum, ex quo Graeci Καρχηδων, quod a קרת חדשת vulgo , sed haud commode, derivari solet, formasse videtur, latere verisimile admodum est. »

Cette explication avait été donnée déjà par Pellerin, suppl. I, p. 25.

Mais, malgré la formelle dénégation de M. Lindberg, il est certain que les deuxième et quatrième caractères, dans les légendes de cinq lettres, ou premier et troisième sur les exemplaires quadrilittères, peuvent et doivent être déterminés autrement qu'il ne l'a fait ; le parallèle des variantes de la légende des médailles d'Enna prouve incontestablement que ce sont des *aleph*.

Aussi Gesenius n'hésite-t-il pas à consacrer la lecture de Barthélemy, savoir : בארעת.

Mais l'illustre orientaliste n'a pas été aussi bien inspiré dans l'interprétation qu'il propose; se fondant sur une particularité qu'il dit avoir remarquée sur un seul exemplaire, celui du musée de Londres, et qui consiste en une légère séparation entre les trois premières lettres et les deux autres, il pense que la légende doit être scindée en ces mots : באר את, qu'il traduit par : *Fons signi, miraculi*.

Cherchant alors à quelle ville de la Sicile les Phéniciens avaient pu donner ce nom, il pensa d'abord aux *Thermæ Himerenses*, qui auraient été ainsi appelées à cause des sources chaudes que Minerve et les Nymphes étaient réputées y avoir fait jaillir pour soulager Hercule.

M. Grotefend, sans rejeter entièrement cette opinion, croit approcher davantage de la probabilité en proposant Lilybée, qui, au dire de Diodore, tenait son nom d'un puits (באר) situé dans le voisinage, et auprès duquel Annibal, lors de son débarquement, avait pour la première fois planté ses étendards[1] : aussi donne-t-il à את, dans ce cas, non le sens de *signe miraculeux*, mais celui d'*enseigne militaire*.

Gesenius fait observer que cette conjecture, d'ailleurs ingénieuse, ne paraît pas admissible, parce que les monnaies connues de Lilybée ont des types tout à fait différents de ceux des médailles dont il s'agit. Il avoue en même temps que ce motif s'oppose aussi à l'attribution en faveur d'Himère.

La comparaison des types fut pour Gesenius un trait de lumière. Considérant en effet que la

---

(1) Cette étymologie est réfutée par Bochart. — Voy. *Chan.* I, 27.

tête de Cérès, entièrement semblable à celle du médaillon, et l'image de Pégase, sont très communes sur les médailles de Syracuse, il pensa que c'était là définitivement qu'il fallait chercher la source du miracle; et son hésitation se fixa bientôt sur l'Aréthuse, cette fontaine si fameuse dans l'antiquité, surtout dans les chants poétiques, et dont on croyait que les ondes, unies à celles de l'amoureux Alphée, venaient du Péloponèse à travers le fond de la mer. Il y avait bien là de quoi légitimer la dénomination de fontaine merveilleuse.

Gesenius justifie fort bien d'ailleurs l'idée de faire figurer sur une médaille l'image d'une source; il lui suffit, d'une part, de citer cette remarque d'Eckhel au sujet des médailles de Sicile : « Amabant Siculi in moneta sua proponere fluviorum suorum nomina et effigies. Eorum octo sunt comperti, Acragas, Agrigenti, Amenanus Catanæ, Arethusa Syracusarum, etc. Eorum effigies sunt forma humana, etc.; » d'une autre part, de rappeler les exemplaires des médailles grecques de Syracuse où l'on trouve le nom ΑΡΕΘΟΣΑ.

Mais, plus cette démonstration est convaincante, plus on s'étonne que Gesenius en ait laissé échapper la conséquence immédiate. Il persiste à lire באר את; il s'évertue à prouver que באר, qui signifie généralement un *puits creusé*, peut aussi revêtir le sens de *source*, de *fontaine*. Mais, bien qu'il ait dit lui-même, au commencement de son article : « Prima littera in nonnullis exemplis deest, » il oublie, comme Bayer et Bellermann, cette particularité, à laquelle il faut pourtant que l'interprétation satisfasse. Cet oubli l'empêche de voir que sa version est inadmissible, puisqu'elle ne rend pas raison de la variante אראת ; il l'empêche de découvrir que c'est le nom même de l'Aréthuse, *Areth*, correspondant à ΑΡΕΘΟΣΑ des médailles grecques, qui est transcrit en caractères phéniciens, à peu près comme l'avait supposé Bochart.

Le *beth* initial, dans les variantes où il se trouve, n'est qu'un préfixe, ainsi que Pellerin l'avait compris; c'est la préposition signifiant *ad*, *ad Arethusam*, comme dans le Bruttium, entre beaucoup d'autres endroits, et pour ne pas nous éloigner de la Sicile, on disait : *Ad Angitulum*, *ad aquas Mallias*. La Bible fournit plusieurs exemples de l'emploi du *beth* préfixe dans l'acception *ad*, *apud;* ainsi : בעין, *ad fontem*, I Sam., XXIX, 1; — בנהר כבר, *ad fluvium Caboram*, Ezech., X, 15.

Pellerin a décrit, dans son premier supplément, un petit bronze dont je possède un exemplaire et dont je reproduis la légende sur le pl. 2, n° 29. Cette monnaie porte d'un côté un palmier, et, de l'autre, un Pégase galopant à gauche, et, sous lui, un *aleph*. Il y a là évidemment une ressemblance frappante avec la variante du médaillon où se trouve la légende אראת. Je rendrai cette ressemblance bien plus éclatante encore en signalant un autre exemplaire (planche 2, n° XXX) que j'ai aussi dans mes cartons, et qui est en tout identique au précédent, si ce n'est qu'au lieu d'un *aleph*, il y a un *beth*; c'est ici l'initiale de la variante légendaire : באראת. Pellerin prétend que la fabrique de l'exemplaire dont il a parlé démontre une origine carthaginoise. Cette observation, qui s'appliquerait aussi au second de ces bronzes, car la fabrique est identique, mais que je suis loin d'admettre, ne détruirait point mon explication. Toutefois j'ai un troisième exemplaire de même module, de même fabrique, où l'on voit, au droit, la tête de Cérès dirigée à gauche; au revers, Pégase galopant à gauche; au-dessus, un dessin linéaire du *Triquetra*; au-dessous, les lettres ΣΥΡΑΚ en très petits caractères. Il ne peut donc subsister aucun doute.

Dutens (*Expl. de quelq. méd.*, etc., p. 7) fait une observation précieuse, c'est que, sur les médailles de Syracuse, le Pégase caractérise particulièrement celles de Hiéron II; cette circonstance explique naturellement l'existence de nos médailles, puisqu'elle rappelle l'époque de l'alliance de ce prince avec les Carthaginois.

§ VIII. *Héraclée.*

Kopp a le premier attribué à Héraclée, ville maritime de Sicile, surnommée Minoa, les médailles figurées sur la table 38 x de Gesenius.

Barthélemy, jugeant d'après un exemplaire défectueux (*Mém. de l'Acad. des inscr.*, in-12,

LIII, p. 47), avait lu la légende עם מנקרת, *le peuple* ou *les habitants de Minkaroth*, et il rapportait la monnaie à la ville nommée par les anciens Imachara, Imichara, Hemichara.

Kopp, d'après un exemplaire d'Eckhel, où la première lettre est mieux formée (*Syll. I, num. vet. anecd. Thes. Cæs.*, table 2), avait lu רם מולקרת, qu'il traduisait par *promontorium Herculis*, ce qui s'accordait très bien avec le nom de Macara ou d'Héraclée.

Opposant à l'exemplaire d'Eckhel quatre autres exemplaires où la première lettre lui paraissait un *aïn*, et prétendant d'ailleurs que l'*aïn* peut avoir une branche soit latérale, soit descendante, M. Lindberg persistait à lire : עם מולקרת.

Gesenius a fort bien prouvé que la seconde lettre de la légende est non pas un *mem*, comme on l'avait cru jusqu'à lui, mais un *schin*. Quant à la première lettre, il a jugé avec autant de raison que c'est un *resh* sur ses exemplaires A et B, un *aleph* sur les exemplaires C et E. Il ne décide pas si, sur l'exemplaire D, c'est aussi un *resh* ou un *vau*; mais le parallélisme ne permet aucun doute à cet égard : c'est un *resh* dont un trait est effacé.

Le professeur de Halle lisait donc dans un cas : ריש מולקרת, dans l'autre : אש מולקרת.

Dans la première leçon, ריש lui paraît être mis pour ראיש, et signifier *cap, cap de Melqart*; dans la seconde, il pense que le *resh* existait aussi au commencement de la légende, ce qui donnait le mot complet ראש.

La légende de l'exemplaire F est rétrograde ; elle a été prise par Gesenius sur une pièce du musée de Londres.

Quelques auteurs, s'appuyant sur l'analogie des types et sur le sens de ראש ou ריש, *tête*, ont pensé que ces monnaies devaient, de préférence, être attribuées à Cephalædium ; M. de Saulcy ne paraît pas éloigné d'adopter cette opinion. Je laisse à de plus compétents à décider cette question, qui ressortit plus particulièrement à la numismatique.

§ IX. *Motya.*

Dès le temps de Barthélemy, les médailles dessinées sur la table 39 XII de Gesenius étaient, quant à la lecture de la légende et à l'attribution, le sujet de controverses qui se sont prolongées jusqu'à nos jours.

Les dissidences relatives à la lecture portaient sur la valeur de la seconde et de la troisième lettres.

Barthélemy regardait la seconde lettre comme un *teth;* Pellerin soutenait que c'est un *schin*. Son opinion n'a pas eu d'adhérents sérieux ; tout le monde aujourd'hui professe celle de Barthélemy.

La troisième lettre, au contraire, a été tenue pour un *resh* jusqu'à Gesenius, qui en fait un *vau*. Avant M. Lindberg, chacun des auteurs, qui en avait fourni des copies, représentait cette lettre avec une tête fermée ; Pellerin donne une variante où il y a, en outre, la petite barre appendiculaire formant, sauf l'opposition de direction, l'R semblable à celui de l'alphabet latin, variante du *resh*, qu'on voit sur un exemplaire des médailles de Tyr et sur plusieurs inscriptions numidiques. M. Lindberg déclare avoir trouvé cette forme ; toutefois il affirme en même temps en avoir plusieurs fois vu une semblable à la forme de la même lettre sur les exemplaires de Gesenius. Or, comme ce dernier auteur le fait remarquer avec raison, sur deux exemplaires de la Bibliothèque royale de Paris, parfaitement conservés, cette figure est franchement celle du *vau*. Il en est de même sur trois exemplaires que je possède, et dont un, en bonne condition, a une légende rétrograde.

En conséquence de ces différentes lectures, Barthélemy voyait sur ces médailles *Matara*, nom de la ville de *Madaura*, située en Afrique, ou celle d'un autre ville d'Afrique que Pline appelle *Matarense oppidum*. Pellerin a fait, à cette opinion, trois objections indépendantes de la lecture de la légende ; ces objections sont tirées : « 1° de la matière, qui est d'argent, les villes d'Afrique sous la domination de la république de Carthage n'ayant pu faire battre, en leur nom, des monnaies en ce métal ; 2° de la présence du crabe sur l'un des exemplaires, ce type, commun à plusieurs cités de la Sicile, ne se trouvant que sur des médailles de villes maritimes qui en faisaient la pêche, tandis que la ville de *Madaura* était située dans l'intérieur des terres, fort éloignée de la mer ; 3° des types et de la fabrique, qui ne sont point africains. » Cet auteur, qui lisait *Maschara*, pensait « que la ville ainsi nommée par les Carthaginois était celle qui a été appelée *Mazara* par les Grecs et par les Latins, lesquels, n'ayant point en leurs langues de caractères dont la valeur fût égale à celle du *schin*, ne pouvaient donner à cette ville un nom plus approchant de celui de *Maschara* qu'en substituant leur *z* au *schin*, prononcé à peu près comme nous prononçons *sch* en notre langue et les Anglais *sh* en la leur. » M. Lindberg reconnaît la même attribution, bien qu'il lise מוטרא. Enfin, Gesenius est arrivé à lire מוטוא, *Motye* vel *Motya*, et il n'y a plus aucun doute sur la justesse de cette attribution. Après avoir donné de ce nom l'explication suivante : « Quod ex usu loquendi Hebræorum est *locus ubi netur* a radice מוה, *nevit*, » le savant orientaliste ajoute : « Quidquid autem de etymo statuis, orthographia certa est, et refellitur his numis conjectura Bocharti (*Can.*, p. 509), qui *Motyam* à Phœnicibus מותחה scriptam esse putabat. »

§ X. *Enna*.

Il s'agit, sous ce titre, des médailles représentées sur la table 40 XIV de Gesenius, médailles dont l'attribution, successivement appuyée sur des lectures différentes de la légende, a été, jusqu'à ces derniers temps, le sujet de controverses animées.

Après avoir été mentionnées par J. Spon (*Rech. cur. d'antiq.*, Lyon, 1683), qui tenait de Chaillou un exemplaire trouvé à Malte, elles ont été citées dans le dix-huitième siècle par Lastanoso, le marquis Sc. Maffei, l'abbé Ridolfino Venuti, de Boze, Pellerin et Swinton.

Comme elles avaient été trouvées en grand nombre à Malte, cette circonstance, jointe à la ressemblance des types de l'exemplaire A avec ceux de plusieurs médailles qui portent la légende grecque ΜΕΛΙΤΑΙΩΝ, les avait d'abord fait rapporter à Malte.

Cette opinion, soutenue par J. Spon, ayant d'abord prévalu, de Boze (*Hist. de l'Acad. des inscr.*, V, in-12, p. 246 et suiv.) proposa de lire la légende קרד, qu'il faisait venir de קרח, *être chauve, aride*, et qu'il regardait comme l'ancien nom de l'île. De Fourmont (*ibid.*) rejeta cette lecture et lui substitua celle-ci : מולל pour מוללית, *circumcisa*, qui lui parut offrir une concordance indispensable avec le nom grec. De Montfaucon (*Antiq. expliq.*, t. II, II, page 292), lisait ארר, *maledixit*.

Ces premières tentatives d'explication ne doivent pas nous arrêter. Quant aux opinions qui se sont produites ultérieurement, elles se sont classées en deux ordres profondément séparés, suivant que la première lettre a été considérée comme un *qôph* ou comme un *aleph*. Cette dissidence s'est prolongée jusqu'à nos jours. Nous allons en suivre le développement parallèle.

Swinton, prenant, comme dans la légende de Cossyre, la première lettre pour un *qôph*, puis la seconde pour un *lamed*, et la dernière pour un *nun*, lisait קלן pour קלון, dans lequel il voyait le pluriel d'un nom ethnique dont la racine, par conséquent, était קל. Il dit, relativement à l'élimination du *iod* : « J'ai fait voir ailleurs que de pareilles suppressions n'étaient pas rares chez les Phéniciens et les Carthaginois. »

« D'après cela, continue-t-il, il ne nous sera pas difficile d'indiquer l'endroit où ces médailles ont été frappées. Il y a dans la Méditerranée, à cinq milles de Malte, une petite île appelée anciennement *Gaulos* par les Grecs et par les Romains, selon Diodore de Sicile, Mela et Pline. Cette île, qui a environ dix lieues de circonférence, fut habitée très anciennement par les Phéniciens, et ensuite par les Grecs. Pendant l'occupation de ceux-ci, la capitale, appelée aussi Gaulos, était une de ces villes libres et indépendantes qui se gouvernaient par leurs propres lois. C'est pourquoi l'on peut supposer que les Carthaginois, qui succédèrent aux Grecs dans cette île, firent battre monnaie dans la capitale avec une inscription punique. Je puis donc assurer que ces médailles ont été frappées dans l'île de Gaulos, aujourd'hui Gozzo, et non dans celle de Malte, comme plusieurs antiquaires l'ont prétendu. Les habitants de Gaulos avaient des médailles portant sur le revers le mot ΓΑΥΛΙΤΩΝ tant qu'ils furent sous la domination des Grecs. On peut objecter que l'île de Malte est plus considérable et plus habitée que celle de Gozzo, et que la plupart des anciennes médailles dont il s'agit venant de la première de ces îles, on en doit conclure, avec l'abbé Venuti, qu'elles y ont été frappées. Mais on peut répondre que, comme ces deux îles sont voisines l'une de l'autre, qu'elles étaient toutes les deux des États libres, qu'elles battaient l'une et l'autre monnaie, qu'elles étaient habitées enfin par des peuples de même nation et de même religion, leurs monnaies avaient réciproquement cours sur les deux territoires, puisque l'on a trouvé, dans chacune de ces îles, des pièces qui appartenaient à l'autre. »

Swinton explique de même la ressemblance des types. « Puisque les habitants de ces deux îles étaient, dit-il, de la même nation et de la même religion, comme nous l'avons remarqué, il est naturel de supposer que les uns et les autres imprimaient sur leurs médailles l'effigie du dieu ou symbole religieux qui leur était commun. »

Dutens présentait la leçon קנן. Fabricy soutenait qu'on doit lire קלל, c'est-à-dire *Cullu, Collops magnus*, ville d'Afrique située dans le golfe de Numidie. Enfin, revenant à la leçon de Dutens, M. Lindberg regarde קנן comme équivalent à Γαυλός dans la signification commune *uter, cadus*.

L'opinion consistant à regarder la première lettre comme un *qôph* est aujourd'hui insoutenable. Il est incontestable que c'est un *aleph*.

Cette valeur généralement admise, de nouvelles dissidences se sont élevées sur la puissance des deux autres éléments. Bayer et, après lui, M. l'abbé Lanci ont lu אלל, et le dernier de ces deux auteurs en donne l'explication en disant que ce mot est mis pour איאל, qui signifie le *dieu Bélier* ou *Jupiter Ammon*, ce qui répondrait à la représentation de la tête du bélier qu'on voit sur le revers de l'exemplaire D. Kopp a proposé la transcription אנן, qu'il croit formé de אני, *vaisseau*, γαῦλος, au moyen de l'addition d'un *nun* formatif du nom propre Γαῦλος. Gesenius adopte cette transcription, en faisant observer, avec toute raison, qu'il ne peut y avoir aucun doute sur la valeur de la première lettre; que, quant aux deux autres, elles sont d'abord tout à fait identiques et par conséquent homophones, et que, d'un autre côté, leur queue descend trop bas pour qu'on les prenne pour des *lamed*, pour autre chose que des *nun*. Mais l'illustre antiquaire n'approuve pas l'explication de Kopp; il pense que le nom dont il s'agit est une contraction de אנדין, par une modification semblable à celle de הריון, *graviditas*, qui se change en חרון et même, comme Hamaker l'a fait observer avec bonne foi, en חרן. Le sens de אנן, *vaisseau*, lui paraît concorder parfaitement avec celui de Γαῦλος, qu'il interprète ainsi : « Γαῦλος græca vox esse videtur, origine eadem atque γαυλός (secundum grammaticos etiam γαῦλος, v. Schweighauser ad Herod., III, 136) *navis oneraria*, maxime phœnissa (Herod., III, 136, 137, VIII, 97). » Hamaker rejette cette leçon par des considérations spécieuses, mais qui ne pourraient certainement pas prévaloir sur celles de Gesenius.

Pour nous, tout en admettant la transcription אנן, qui est au-dessus de toute attaque, nous ne croyons pas que les monnaies qui portent cette légende aient appartenu à Gaulos ; nous pensons qu'on les doit attribuer à *Enna*, ville centrale et, comme on disait anciennement, l'ombilic de la Sicile.

Comme pour les monnaies de Catane, c'est à un aveu confié dans la conversation par M. Falbe que nous devons cette idée. Nous l'adoptons pleinement. Rien certainement ne convient mieux sous le rapport de la légende. Il peut être fait deux objections : l'une concernant le lieu où l'on a trouvé ces monnaies plus abondamment, l'autre relative aux types.

Le lieu où l'on trouve ces monnaies le plus abondamment est Malte, dont Gaulos est si rapproché; on ne dit pas en avoir trouvé à *Enna*. Cette objection est assurément très forte. Mais, d'une part, nous avons vu qu'on avait déterré à Vieille-Toulouse une grande quantité de médailles d'Ebusus; le gisement, qu' on nous permette cette expression, n'est donc pas une circonstance probante ; d'une autre part, Swinton (*Philos. trans.*, t. LVIII, an 1768) fait observer que la plus grande partie de ces médailles a été apportée en Europe de Tunis.

Quant aux types, il est bien vrai qu'ils ont de la ressemblance avec ceux de plusieurs médailles grecques de l'île de Malte, et que, dans l'hypothèse où elles auraient appartenu à Gaulos, le voisinage de ces deux îles et la subordination probable de la seconde à la première expliqueraient très bien cette ressemblance. Mais on trouve aussi sur le droit de quelques monnaies grecques de Malte le type de celui des monnaies phéniciennes de Cossyre. D'un autre côté, les médailles grecques de Philistis, incontestablement frappées à Syracuse, ont plus exactement encore les types des médailles dont nous parlons. Ces identités de symboles n'excluent donc pas les différences d'origine ; elles peuvent seulement faire présumer une émission contemporaine sous la même autorité. C'est ce que pensait Swinton, tout en considérant ces monnaies comme appartenant à Gaulos.

Quant aux lettres, considérées paléographiquement, elles sont d'une correction assez grande pour autoriser à porter la fabrication à une époque reculée de la domination carthaginoise.

La ressemblance des types de l'exemplaire avec ceux des médailles de la reine Philistis fixe l'époque de la fabrication au temps d'Hiéron II, dont l'alliance avec les Carthaginois pour résister aux Romains, appelés par les Mamertins, fit éclater la guerre punique.

§ XI. *Ile Saint-Pantaléon.*

Cet ilot, voisin de Marsala, l'ancienne Lilybée, est trop rapproché de la Sicile pour que nous n'enclavions pas dans le même chapitre l'étude du monument phénicien qui y a été trouvé (*voy.* Gesenius, table 14 XLIV).

C'est un marbre déterré en 1779 et maintenant conservé à Mazzara. L'inscription a été publiée pour la première fois par Cast. de Torremuzza et, plus tard, elle a été mal reproduite par Tychsen et M. Lindberg.

L'inscription est lue et traduite ainsi par Gesenius, d'après l'exemplaire de Torremuzza :

קבר מצ   Sepulcrum Mazo-
ר היצר   ri, figuli.

La lecture me semble irrépréhensible; quant à la version, elle est certainement admissible. Cependant je suis porté à penser qu'il serait préférable de couper la partie qualificative de cette manière צר הי, et de traduire : *originaire de Tyr*. הי serait apocopé de la même façon que יח. J'abandonne toutefois au jugement du lecteur l'appréciation de cette acception qui n'a point de parallèle et qui n'aurait, en hébreu, d'autre analogie que celle qui vient d'être signalée.

La forme des lettres autorise à faire remonter le monument au temps même ou à une époque rapprochée de l'occupation carthaginoise.

CHAPITRE XIX.

LANGUE LIBYQUE. — Inscription bilingue de Thugga.

Nous avons, dès les premières pages de cet ouvrage, annoncé l'importance de l'inscription bilingue de Thugga, dont une partie est écrite en phénicien, l'autre en caractères qui étaient restés inconnus jusqu'à ces derniers temps et que l'on a présumé, avec vraisemblance, appartenir à l'ancien idiome libyque.

Thugga, appelée aujourd'hui par les Arabes Malka, était une ville de la nouvelle Numidie, à six jours environ de Carthage, vers le sud, près du fleuve Bagrada.

L'inscription, découverte d'abord en 1631 par le provençal Thomas Darcos, a été vue et copiée depuis par plusieurs voyageurs, notamment en 1833 par sir Grenville Temple, et en 1836 par Honegger. C'est de la combinaison et de la rectification, en quelques points, de ces diverses copies que nous avons formé notre planche 31.

Les caractères libyques sont à droite, le texte phénicien est à gauche. Une conformité très remarquable existe entre ces deux parties; ainsi, de chaque côté, il y a sept lignes : la première est séparée des autres par un intervalle plus grand que celui laissé entre celles-ci; la quatrième est de moitié moins longue que les autres; des points sont marqués entre différents groupes de lettres. Cette disposition symétrique indique d'abord que la première ligne doit offrir un sens complet; que le sens doit être coupé aussi à la fin de la quatrième ligne, que les groupes de lettres compris entre les points composent autant de mots. Il est facile de prévoir quel secours l'interprétation peut tirer de ces remarques. Mais ce n'est pas tout. Le texte phénicien présente plusieurs groupes qui se répètent identiquement en divers points de l'inscription, et, aux points correspondants du texte libyque, on observe aussi le retour de groupes identiques. L'équivalence de ces groupes sur les deux textes est ainsi démontrée à l'avance. On peut donc dire avec assurance qu'aucune inscription antique ne fournit pour l'explication de ces facilités matérielles.

Gesenius qui, après un essai malheureux d'Hamaker, peut être considéré comme ayant le premier apporté quelque lumière sur la signification de cette double épigraphe, a cependant, en grande partie, manqué le but pour n'avoir pas tenu compte de tous les indices que nous venons de relever; il a négligé, par exemple, la distance du premier interligne, ainsi que l'identité du groupe formé par les 4ᵉ, 5ᵉ, 6ᵉ et 7ᵉ lettres de la première ligne avec celui constitué par les 6ᵉ, 7ᵉ, 8ᵉ et 9ᵉ lettres de la troisième ligne. Il s'est d'ailleurs trompé dans la détermination de plusieurs caractères. Voici sa version du texte phénicien :

(מצ)בת מאעלם בן יפשעת בן מך
ובנש מאבנש טבארם בן עבדמקרת
השר בן אעבד בן יפשעת בן מך
מלני בן כרוכל
כבאה בת מלא ... ויחי כעש לזכר סבל
דרב משמיר שסבל כל מבסן כאלמן לאמי
הן טום קבר זוח מפע בן בלל כפפי בן בבי

Cippus Maolami, filii Iophisch'at, filii regis
Banasæ ex Banasâ Tobarami, filii Abd-Mocarthi
Principis, A-ebed, filii Jophisch'at, filii regis
Schlagi, filii Carsachal.
Quùm intrâsset in domum plenam... et esset luctus ob memoriam Sapientis
Principis, adamante fortioris, qui tulit omnis generis conculcationes ut viduas matris meæ.
Ecce positum est hoc sepulcrum à Phoâ, filio Balali cipipitæ, filii Babi.

Quant au texte libyque, il en rend une partie comme il suit :

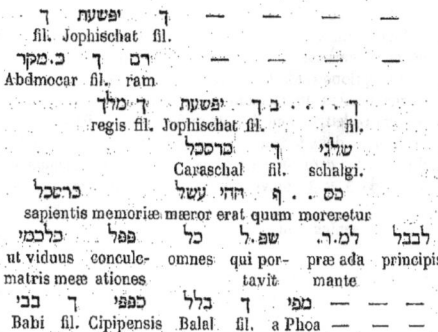

On remarque d'abord que sur la partie phénicienne, ainsi que sur la partie libyque, la première ligne est liée à la suivante.

D'un autre côté, dans le texte phénicien, à l'égard de la 3e et de la 12e lettres de la première ligne, de la 13e de la même ligne et de la 10e de la seconde ligne, ainsi que dans tous les autres endroits où ces figures reparaissent, Gesenius adopte des déterminations inverses à celles qu'il a reconnues sur tous les autres monuments, c'est-à-dire qu'il prend le premier de ces quatre caractères pour un *mem* et le second pour un *schin*, bien que la différence de longueur des deux queues ait toujours fait jusqu'alors établir les valeurs opposées, le troisième pour un *ain* et le quatrième pour un *teth*, bien que le contraire, d'après tous les antécédents, résulte des différences de développement et de la présence, dans l'intérieur du troisième, de quelques petits traits qui ne se trouvent point dans le quatrième et qui ont toujours distingué le *teth*. Le docte écrivain reconnaît cette contradiction dans les termes suivants : « Præ cæteris memorabile est discrimen litterarum ם et ש, ט et ע. Illæ enim magnæ in utroque exemplo constantia distinguuntur ut ש sit ם, et ש, contra prioris ætatis consuetudinem, ubi utraque hæc figura longius caudata est ם : hæ (ש et ע), ita ut major figura, intus signis munita, eadem ipsa quæ in Carthaginensi quinta ש erat, in hoc titulo constantes ע sit, ש contra minoris moduli et intus non ornatum. »

Gesenius a été poussé à se démentir d'une manière aussi dépourvue de motifs plausibles par l'opinion préconçue qu'il a exprimée ainsi, p. 12 : « Ac Libycæ quidem linguæ ratio in universum valde obscura est : nec satis probabilis eorum opinio qui in hodierna Berberorum lingua vestigia ejus superesse volunt. Punicam autem ex Asia adventam in universa Africæ ora eandem Pœnis et Numidis communem fuisse, neque (quod nonnullis, re nondum investigata, probabile visum) Pœnorum linguam a Numidica discrepasse, et veterum testimonia docent, et nominum propriorum origine, nostraque monumentorum numidicorum illustratione, abunde confirmatur. »

C'est donc pour traduire le texte libyque lui-même par la langue phénicienne, c'est pour trouver dans ce texte des mots qui donnassent en phénicien un sens correspondant à celui du texte phénicien proprement dit, que notre auteur, étreint d'un autre côté par la transcription évidemment littérale des noms propres, a violemment brisé l'analogie paléographique dont il avait lui-même jusqu'alors démontré la certitude.

Dans un article publié dans le *Journal des Savants*, juillet 1838, M. Ét. Quatremère a fait justice du paradoxe de Gesenius sur l'identité des deux langues dans les termes suivants : « Comme le monument bilingue de Thougga se trouve dans une ville qui faisait partie de l'ancien royaume des Numides, il est probable que l'inscription inconnue qui accompagne l'inscription punique est véritablement numide. Or il n'est guère à présumer que les deux inscriptions soient tracées dans la même langue et seulement en caractères différents; on peut croire, avec beaucoup plus de vraisemblance, qu'une des inscriptions est la traduction de l'autre. »

Les observations précédentes mènent directement à une conséquence importante. Nous avons dit que les articulations des quatre lettres dont il a été parlé ci-dessus faisant partie de plusieurs noms propres, doivent se retrouver dans la transcription homophone de ces mêmes noms sur le texte libyque; il en résulte que les caractères de ce texte auxquels Gesenius avait donné les valeurs ב, ש et ע, c'est-à-dire ⟫, ⌐ et ⟩, doivent reprendre, comme sur le texte phénicien, les valeurs ש, ב et מ.

Les autres déterminations de Gesenius sont :

Nous verrons que douze de ces dix-sept déterminations doivent être maintenues; c'est un service que ne doivent pas faire perdre de vue les critiques dont nous n'avons pu nous dispenser.

Plusieurs de ces critiques ont été déjà présentées par M. de Saulcy dans un article plein d'intérêt publié dans le *Journal asiatique*, en février 1843.

A la suite d'une analyse rigoureuse des deux textes, ce savant et sagace académicien est arrivé aux résultats suivants.

Voici sa version du texte phénicien :

מצבת . שאטבן . בן . יפמטת . בן . פלו .

חבנם . שאבנם . עבארש . בן . עבדשתרר‎ת .
כמר . בן . אטבן . בן . יפמטת . בן . פלו .
מנגי . בן . ורזן .
ובאברת . שלא . . . . כבי . וטמן . וודיסן .
הורשמשיר . מסדיל . בן . גנפסן . ואנון . בן . אשי .
הנסום . שנרכל . שפת . בן . בלל . ופפי בן . בבי .

TOMBEAU D'ATABAN, FILS D'IOFMATHAT, FILS DE FALOU.

Ceux qui ont fait élever ce mausolée sont : Abaras, fils d'Abdastaret;
Comer, fils d'Ataban, fils d'Iofmathat, fils de Falon;
Menegi, fils d'Ourasoun.
. . . . . Kaki et Taman et Ourasoun.
. . . . Mesedil, fils de Nenifsen, et Anoun, fils d'Asi.
. . . . . Sufet, fils de Belal, et Fafy, fils de Baby.

Et pour la partie libyque :

. . . . ר . יפמטת ר . . . .

רש ו . ודשתר. . . . .
ר טבן . ו יפמטת . ו פלו . . . .
מנגי . ו ורסון

וסלכם   .כיכי . טמן . ורסון .

נבבן . נש(?)ר(?) . מסדל . ו ננפסן . נון . ר שי
נבבן נ(.)ל(?) . שפט . ו . בלל . פפי . ו . בבי

. . . . fils d'Iophmatath, fils. . . .

. . . . ros, fils d'Oudostor
. . . . fils de Taban, fils d'Iophmathat, fils de Falou.
Mengi, fils d'Ourasoun.
. . . . Kak., Taman, Ouraloun.
. . . . Mesedil, fils de Nenifsen, Noun, fils de Saï.
. . . . Saphat, fils de Belal, Fafy, fils de Baby.

La traduction ne porte, à proprement parler, que sur les noms propres. La double version indiquée pour les deux premiers groupes de la seconde ligne phénicienne n'est point, en effet, arrêtée; elle présente d'ailleurs une supposition tout à fait inadmissible, savoir, que l'article que l'on vient de dire être ה en tête du premier groupe, que nous verrons avoir encore cette forme au commencement des deux dernières lignes, est א dans le second groupe.

C'est surtout dans la transcription des caractères libyques que le mémoire de M. de Saulcy a fait faire un progrès remarquable. En effet, outre les trois lettres מ, ס, ש, dont il a été parlé ci-dessus, ses déterminations diffèrent de celles de Gesenius sur les points suivants :

Caractères libyques.	Déterminations de Gesenius.	Déterminations de M. de Saulcy.
⊓	non déterm.	ד
= etc.	ך	ו
ⵎ	ה	ך
⎮	ל	ן
ⵝ ⵝ	ף	ס, ף
+	ק	ת
−	ן	indéterm.

Nous pensons que les deux barres parallèlement horizontales, avec ou sans crochet, considérées par M. de Saulcy comme représentant le *vau*, doivent conserver la valeur *caph* qui leur a été assignée par Gesenius, et que la figure que M. de Saulcy regarde comme un *caph* est un *vau*; en d'autres termes, nous renversons, pour ces deux caractères, les déterminations qu'il adopte. Cette différence est extrêmement importante, car en elle, nous ne craignons pas de le dire, réside exclusivement la possibilité de traduire complètement les deux textes.

Nous croyons donc, à l'aide de ces déterminations et de quelques autres moins essentielles que nous indiquerons dans les développements ultérieurs, être arrivé à cette double interprétation. Nous en avons fait le sujet d'abord, pour la partie phénicienne, d'une lettre à M. de Saulcy, publiée en 1843, puis, pour la partie libyque, d'un mémoire lu devant le conseil de la Société asiatique, le 11 octobre 1844.

C'est dans la langue berbère que nous avons cherché et trouvé les éléments d'interprétation de la partie libyque.

Nous exposerons en premier lieu ce qui concerne le texte phénicien; nous espérons pouvoir ensuite prouver que le berbère fournit les moyens d'arriver à une explication tout à fait concordante pour le texte libyque.

A. *Partie phénicienne.*

מצבת שאטבן בן יפמטת בן פלך
חבנם שאבנם עבארש בן עבדישתרת
וער בן אטכן בן יפמטת בן פלך
מנגי בן כרסכן
כבאו כת שלא.... ווי כטמן כברסכן
הדרשם שיר מסדיל בן ננפסן כאנכן בן אשי
הנסכם שברון שפט בן בלל כפפי בן בבי

MONUMENTUM ATHABAN, FILII IPHMATHAT, FILII PHELEC.

Ædificaverunt hos lapides Abbaros, filius Abdastoret,
Omar, filius Athaban, filii Iphmathat, filii Phelec,
Mingi, filius Carascen.
Postquàm intràsset in domum quietam.... Vavi et Thaman et Carascen ;
Inciderunt carmen Mesedil, filius Nenephusia, Anocanque, filius Isaï;
Diffuderunt dolorem Saphat, filius Balel, Pepaïque, filius Bebaï.

Outre les observations générales faites précédemment sur la symétrie des deux inscriptions, on doit remarquer que, sur la partie phénicienne, les 2°, 6° et 7° lignes offrent entre elles aussi cela de commun, qu'elles commencent chacune par un *hé*, qu'on peut, *à priori*, présumer être l'article, et que sur chacune encore le premier mot est terminé par un *mem*, ce qui, paraissant exprimer le pluriel, s'accorde avec cette autre observation que la filiation, dans ce cas, s'applique à deux ou à plusieurs individus, ainsi que porte à le croire l'absence du mot *ben* entre deux noms propres, savoir, d'une part, à la fin de la deuxième ligne et au commencement de la troisième ; de l'autre, au milieu de la sixième, ainsi que de la dernière ligne.

Examinons chaque ligne en détail :

Première ligne. La restitution du mot מצבת au commencement de l'inscription a été, avec raison, proposée par Hamaker, Gesenius et M. de Saulcy. Hamaker, en considération de l'espace marqué entre les deux lettres subsistantes בת et la verticale sur laquelle les autres lignes prennent leur point de départ, a pensé qu'il devait y avoir une troisième lettre. Cette conjecture paraît fondée. Ce devrait alors être un préfixe, et très vraisemblablement un sigle consistant dans le *zaïn* démonstratif, pour זה, ou dans le *tsadé* substitué à ce *zaïn*, comme au début de la *deuxième citerne*. Plusieurs épitaphes arabes trouvées en Algérie commencent pareillement ainsi : *Hada qobeur... Ceci (est le) tombeau de...*

Le second mot, cela ne peut être mis en doute, est le nom du défunt pour qui le monument a été construit. Mais ce nom se retrouve plus bas, à la troisième ligne, privé de la lettre qui est ici placée à sa tête. Cette lettre n'en fait donc point partie intégrante ; elle est donc servile, c'est-à-dire destinée à exprimer le rapport grammatical qui lie ce nom au mot précédent, ce qui ne peut être que le génitif. Or nous avons vu que c'est un *schin*. Cette lettre, ainsi que M. de Saulcy l'a pensé, est donc ici l'exposant du cas oblique, comme dans ces variantes des légendes des médailles de Juba Ier ou de Carthage : שיובעי....שעם בחהבת ; comme sur cette variante encore de la légende hébraïque des monnaies de Siméon, ששמעון. Il est probable que c'est une abréviation de la particule של, que nous avons vue, dans une position analogue, sur plusieurs inscriptions numidiques.

Le reste de la première ligne, composé de noms propres, n'offre rien de particulier, si ce n'est le dernier nom, que je forme en rétablissant, comme M. de Saulcy, le *phé* et le *lamed*, méconnus par Gesenius, et en considérant, ainsi que ce dernier interprète, la lettre terminale comme un *caph*, tandis que M. de Saulcy la prend pour un *vau* : c'est ici l'un des points sur lesquels je me trouve en dissidence avec ce savant auteur. Je reviendrai sur les motifs de cette préférence, dont l'application se représentera plusieurs fois.

Deuxième ligne. La seconde ligne commence la série des versets débutant par un participe pluriel, précédé de l'article et médiatement suivi de plusieurs noms propres qui en sont les sujets, versets que nous allons voir se succéder en quelque sorte processionnellement, pour faire connaître les personnes qui ont concouru aux obsèques du défunt, chacune selon la part qu'elle y a prise.

Il s'agit d'abord ici des fondateurs du monument, הבנם שאבנם, *ædificantes* pour *ædificaverunt hos lapides*. L'acception démonstrative que je donne au *schin*, vicaire de אשר, qui précède le pluriel אבנם, *lapides*, est justifiée par ce passage du Lexique de Gesenius, page 111, qui a été déjà cité : « Etenim אשר, pariter atque reliqua pronomina relativa, antiquitus vim demonstrativam habuisse videtur... In omnibus enim linguis relativa paucis mutatis ex demonstrativis (aliquoties ex interrogativis) orta sunt. »

Troisième ligne. De même que j'ai déclaré considérer comme un *caph* la lettre que M. de Saulcy pense être un *vau*, je regarde comme un *vau* la première lettre de cette ligne qu'il prend, mais avec une réserve dubitative, pour un *caph*. J'aurai soin de revenir ultérieurement aussi sur ce second point de dissidence.

Cette ligne, qui commence par un nom propre succédant, sans l'intermédiaire du mot *ben*, à un autre nom propre placé à la fin de la ligne précédente, présente l'indication et la généalogie du second fondateur du monument. On pourrait par conséquent penser que le *vau*, dont je viens de parler, est copulatif; mais on voit à la ligne suivante apparaître le nom d'un troisième fondateur, qui n'est point précédé de la conjonction; on doit donc reconnaître qu'il n'en existe pas non plus ici, et que le *vau* fait partie constituante du nom. La distinction entre les trois personnages est suffisamment marquée par la coupe de l'inscription, une ligne étant affectée à chaque individu. Nous verrons plus bas, dans une circonstance différente, la copule se présenter avec une particularité très remarquable.

Quatrième ligne. La quatrième ligne porte, comme je l'ai dit ci-dessus, le nom et la filiation du troisième fondateur. Elle ne fournit matière à aucune observation saillante.

Cinquième ligne. Gesenius avait déjà traduit le début de cette ligne de la manière suivante : כבאה בת מלא, *quùm intrásset in domum plenam*... Mais, pour établir cette leçon, il a dû faire un *hé* de la quatrième lettre, ce qui donnerait deux formes pour le *hé*, puisque trois fois, savoir au commencement des 2e, 6e et 7e lignes, cette dernière lettre revêt une figure différente. D'un autre côté, le signe dont il s'agit aurait eu lui-même deux valeurs; puisqu'il reparaît à la septième ligne, et que Gesenius en fait alors un *iod*, qui, pour sa part, est dessiné différemment en plusieurs autres endroits. On serait mal reçu à arguer d'une altération matérielle; car, dans les trois points où il existe, ce caractère est identiquement figuré : on ne pourrait guère concevoir une aussi exacte ressemblance dans une forme altérée. Impossible donc d'admettre la transcription du savant professeur. J'ai déjà dit que je considère ce caractère comme un *vau*; je lis par conséquent : כבאו בת שלא, *post introïtum ejus in domum quietam*..., ce qui se trouve en concordance avec ce passage de la Genèse : ועתה כבאי אל־עבדך אבי, « *ainsi, à mon arrivée auprès de votre serviteur mon père*... »

La terminaison de שלא en *aleph* est d'accord avec une remarque que nous avons déjà faite plusieurs fois dans le cours de cet ouvrage, savoir la mutation fréquente du *hé* en *aleph* dans la langue que nous étudions.

L'absence de plusieurs lettres à la suite de ce membre de phrase en interrompt le sens, et empêche par conséquent de compléter la traduction de la ligne, bien qu'il soit facile, d'ailleurs, de lire les noms qui la terminent. Le texte libyque nous éclairera sur ce point.

Sixième ligne. Voici reparaître les périodes cérémoniales, les participes précédés de l'article, circonstance remarquable en phénicien, où l'emploi de l'article est assez rare. Ce retour rhythmique a certainement un caractère distinctif.

La seconde lettre seule présente quelque difficulté ; cependant on la retrouve avec la valeur évidente du *chet* dans la légende inscrite au revers de la médaille figurée à la lettre L, table 28, IX, de Gesenius. C'est donc ici aussi un *chet*, et dès lors nous lisons avec assurance : הרשם שיר, *incidentes*, pour *inciderunt carmen*, ont gravé *l'épitaphe*.

חרש, en effet, signifie *exaravit, incidit, insculpsit* : חטאת יהודה ··· חרושה על־לוח לבם, *le péché de Juda... est gravé sur la table de leur cœur.* (Jérém., XVII, 1.)

שיר, *cantus, carmen*, est pris pour *épitaphe*, comme le dernier mot l'est souvent en latin, où il avait même une acception plus étendue, puisqu'il s'appliquait à toute formule exprimée en termes concis et solennels. Dans le sens plus restreint de *chant*, le mot שיר offrirait encore un équivalent d'*épitaphe*, comme le mot latin *nenia, chant funèbre*, qui était pris aussi pour *épitaphe*, ainsi que le prouve ce passage de Sidoine (VII, Epist. 17), si bien approprié au cas dont nous parlons : *Nenia marmori incisa.* On disait de même en grec : Ἐπιτάφιος ᾠδή.

Septième ligne. Il faut une analyse détaillée pour faire comprendre l'énergie tout hébraïque de cette expression הנסכם שברון, si faiblement rendue par les mots : *diffundentes* ou *diffuderunt dolorem*, ont épanché leur douleur. Nous retrouverons cette énergie dispersée dans plusieurs locutions latines qui ont avec celle-ci une frappante analogie.

נסך. Ce mot veut dire : *répandre un liquide.* C'est donc par une figure hardie qu'on l'applique à la douleur ; mais nous avons l'explication de cette métaphore dans cette phrase fournie par Ovide :

.... flendoque dolorem
diffudit...

C'est en répandant des larmes qu'on épanche sa douleur : « *Expletur lacrymis, egeriturque dolor.* » dit le même poëte dans ses *Tristes*. L'expression est donc aussi juste qu'heureuse ; elle rappelle ce passage du *Sepher Tahkemoni* (Nouv. Journ. asiat., oct. 1833) : « *Les torrents de « ma douleur ont coulé avec abondance.* » Mais elle paraîtra bien plus forte encore si l'on réfléchit au sens propre de שברון, qui vient de שבר, *fregit*, selon cette locution du Psalmiste : נשברי־לב, *fracti corde*. C'est ainsi que Cicéron disait : *Calamitate* FRACTUS *et afflictus*.

Enfin, en nous rappelant que c'est par allusion aux larmes qu'on a choisi נסך, nous aurons l'explication complète du sens de ce mot, qui veut dire non-seulement *diffundere, épancher*, mais encore *libare, répandre à titre de sacrifice, offrir avec piété*, comme il convient de le faire sur la pierre sacrée des tombeaux, image que nous retrouvons aussi dans la langue latine, et particulièrement encore dans Ovide : *Lacrymas libare defuncto.*

C'est dans la 5ᵉ, la 6ᵉ et la 7ᵉ lignes, entre les divers sujets des propositions formées par chacune de ces lignes, que se trouve la copule sur laquelle nous avons préparé l'attention ; cette copule est le *caph* : ווי כטמן כרפסכן, *Vavi*, ainsi que *Thaman*, ainsi que *Carascen* ; מוסדל ...., כאנכן, *Mesedil...*, ainsi qu'*Anocan....* כפפי ...... שפט, *Saphat.....* ainsi que *Pepaï*. Cette leçon est une conséquence nécessaire de mes déterminations du *vau* et du *caph*; je traiterai bientôt cette question d'ensemble, et c'est alors seulement que le point particulier dont il s'agit ici pourra être complétement jugé. Je me bornerai, pour le moment, aux deux considérations suivantes, l'une d'induction, l'autre de fait :

1º Le mouvement qu'exprime entre les noms ou les actions la particule représentée par le *caph* est, comme le dit Fabre d'Olivet, celui de la similitude, de la concomitance ; on le rend en français par *comme, de même que, ainsi que*, etc. Dès lors ne peut-on pas dire : *Mesedil , ainsi qu'Anocan, Saphat en même temps que Pepaï, ont fait telle chose ;* en latin : *Perinde ac, simul utque*, etc? Cette forme n'a-t-elle pas son analogue en arabe? N'est-elle pas la source du *kaì* des Grecs, de l'*ac* et du *que* des Latins?

2° La Bible nous fournit un texte confirmatif dans le verset 7 du psaume LXXXVII : ושרים כחללים כל־מעיני בך, *et cantores* UT *tibicines*, ou *et cantores* SIMUL AC *tibicines, omnes fontes mei in te.*

M. Ét. Quatremère, dans l'article sur les Numides, publié dans le *Journal des Savants*, juillet 1838, prétend que les noms que nous offre la pierre de Thugga, appartiennent à la langue des Numides, présentent des formes étrangères, inconnues, qui n'ont pas le plus léger rapport avec ces dénominations significatives dont les monuments phéniciens nous retracent de nombreux exemples. Cette circonstance lui a paru devoir opposer toujours un grave obstacle au déchiffrement entier de l'inscription. Nous venons de voir que, en acceptant même l'assertion pour fondée, la conséquence n'en serait pas juste, puisque, si nous ne nous abusons, nous sommes parvenus à un déchiffrement complet, sans avoir eu besoin de nous occuper de la signification des noms propres. Nous allons surabondamment essayer de prouver que ces noms propres ne sont pas dénués de signification, et que c'est dans le phénicien ou l'hébreu qu'on en trouve l'explication.

1° ATHABAN, 1ʳᵉ ligne. — Nom de celui qui repose dans le monument. Il est reproduit, comme nous l'avons fait remarquer, à la troisième ligne, ainsi que les deux suivants. Il peut signifier, dans sa composition, ou *lenitudo filii*, ou *lenitudo ædificantis* (*scil. familiam*). Sa force réside dans la racine אט, *léger murmure de l'eau qui coule*; puis, par induction, *lenteur de l'écoulement*; enfin, par extension, *douceur, lenteur en général.*

2° IPHMATHAT, *Pulchritudo ramorum* (i. e. *sobolis*). — Rien de remarquable, si ce n'est cette association d'idées qu'entraîne la présence de la racine מטה, *bâton, branche*, qu'on retrouve dans בן, qui peut aussi signifier *rameau.*

3° PHELEC. — Il suffit de faire remarquer que ce nom correspond au mot latin *Scipio*, pour prouver qu'il a pu appartenir à une personne.

4° ABBAROS, 2ᵉ ligne. — Ce nom me paraît, comme à M. de Saulcy, pouvoir être rapproché de celui qui est donné par Fl. Josèphe à un pontife de Tyr. Cependant l'orthographe n'est pas semblable à celle qui est proposée pour le dernier cas par Gesenius, savoir : חבר, que l'on trouve dans plusieurs passages de la Bible, et auquel l'auteur aurait ajouté la terminaison grecque. Mais tel qu'il est écrit dans l'épigraphe, *Abbaros* peut être composée de עבא pour עבה, comme ברא pour ברה, dans בראיה (Ezech., XXI, 24), et de רש pour ראש, ainsi que le dit Gesenius (Index I, p. 475); il signifierait alors : *crassities capitis.*

5° ABDASTORET. — Ce composé, que nous connaissons déjà parfaitement, n'a besoin d'aucune explication.

6° OMAR, 3ᵉ ligne. — Me paraît être, par aphérèse, l'équivalent de אומר, qu'on lit dans la Genèse, ch. XXXVI, v. 11, *et passim*. En rapportant ce dérivé à אמר, *parler*, l'aphérèse n'a rien d'extraordinaire, puisque ce verbe lui-même la subit, par exemple, dans le Ps. CXXXIX, v. 20, et dans Esdras, V, 11.

7° MINGI, 4ᵉ ligne. — Composé de la préposition מן et de גי, *vallée*, pourrait être en français littéralement rendu par nos noms *Deveau, Duval.*

8° CARASCEN. — Formé de כרם, *solium*, et de כן, *rectè dispositum.*

9° VAVI, 5ᵉ ligne. — C'est le mot וו, *crochet*, avec le *iod* terminal, formatif du nom propre.

10° THAMAN. — Du verbe טמן même, *cacher.*

11° MESEDIL, 6ᵉ ligne. — J'avoue qu'ici je n'ai pu trouver aucune signification. Je suis tout disposé à adopter le rapprochement fait par M. de Saulcy entre ce nom et celui de *Mezetulus*, cité par Tite-Live et mentionné par Appien sous la forme Μεσότυλος. La syllabe *mes*, qui fait partie de ce nom, et qui a été, avec raison, signalée par M. de Saulcy, indiquerait qu'ici, pour la première fois, il s'agit d'un nom véritablement libyque. M. Ét. Quatremère dit, dans l'article déjà cité sur les Numides : « Nous avons vu que dans les noms numides, un grand nombre commençaient par la syllabe *mas*, qui se changeait quelquefois en *mis*. Nous trouvons, chez les écrivains anciens, le nom des deux grandes tribus qui composaient l'empire numide, les *Massyliens* et les *Massésyliens*, et les noms propres de *Massinissa*, *Massiva*, *Massugrada*, etc. Or, dans la langue des Berbères, le mot *mes* désigne un *fils*. N'est-il pas naturel de croire que les Berbères mettaient souvent en tête des noms de leurs tribus le mot qui signifiait *les fils de*? ... C'est ainsi que les mots *benou* et *weled*, qui ont le même sens, précèdent toujours les noms des tribus arabes. Que ce mot ait également été placé en tête des noms d'hommes, la chose, à coup sûr, n'a rien d'étonnant. Les Arabes sont aussi dans l'usage de désigner un homme en supprimant son véritable nom, et en mettant le mot *ebn*, fils, devant le nom de son père ou de son aïeul. » C'est donc dans le berbère aussi qu'il faudrait chercher la signification du second composant דל; mais les dictionnaires berbères ne contiennent pas cette racine; elle existe au contraire en hébreu, où elle signifie *evectio*, *elatio*; on la trouve, par exemple, dans ces noms propres דליה, דליהו, *evexit Dominus*. C'est là, sans doute, un exemple de cette *lingua commista connubio Numidarum* dont parle Salluste.

12° NENEPHUSIN. — Ce nom est peut-être un des plus curieux de cette longue légende. On trouve comme noms d'homme, d'une part, dans Esdras, ch. II, v. 50, נפוסים, *Nephusim*, et d'autre part, dans Néhémie, ch. VII, v. 52, נפישסים, *Nephischesim*. Or Simonis, dans son *Onomasticum*, traduit le premier de ces noms par *dilatationes*, *amplificationes*; et il prétend que le second est composé de נפיש נפוסים, ce qui signifierait : *dilatatio dilatationum*, *i. e. dilatatio amplissima*; le premier de ces mots venant du chaldéen נפש, *crevit*, *auctus est*, arab., *dilatatus fuit*, et le second de נפס, chaldéen aussi, voulant dire *expandit*, *extendit*, arab., *ampliavit*. Notre inscription ne présente-t-elle pas sous une autre forme, dans le nom dont il s'agit, une combinaison des mêmes éléments? Nenephusin étant le père de Mesedil, ce dernier nom doit se rapporter à l'aïeul.

13° ANOCAN. — Me paraît être le pronom personnel avec addition d'un *nun* augmentatif, cette lettre étant une des serviles que les Hébreux ajoutaient fréquemment, dans ce but, à la fin de leurs noms propres.

14° ISAÏ. — Variante de אישי, qu'on trouve dans les Paralipomènes.

15° SAPHAT, 7° ligne. — Ce nom, dont il est inutile d'expliquer la signification, se rencontre littéralement identique dans plusieurs endroits de la Bible, et particulièrement dans Esdras.

16° BALEL. — A, quant à la forme, de l'analogie avec פלל, qu'on trouve aussi dans Esdras ; mais il en diffère pour le sens : *Phalel* correspond à *cogitans*, *Balel* à *confundens*.

17° PEPAÏ. — Peut être aussi rapproché, pour la forme, du nom suivant,

18° BEBAÏ, qui se lit plusieurs fois dans Esdras; mais ici encore l'analogie n'est qu'apparente. Simonis regarde le dernier comme une contraction des mots באבה הי, *cum desiderio Domini*. *Pepai* n'aurait aucun rapport avec ce mode de composition, puisque la première lettre ne peut être un préfixe. Ce nom ne ferait-il point allusion à une difformité, et ne résulterait-il pas de la combinaison des mots פה et פי, ce qui devrait s'entendre ainsi : *Fissura oris*, *Bec-de-lièvre*? Cette opinion me paraît assez plausible ; les vices du corps ou de l'âme ont été plusieurs fois, chez les Hébreux, de même que chez tous les peuples, l'origine des noms propres, comme le fait remarquer Simonis, qui cite pour exemple les noms : גרב, *Leprosus*, כסח, *Claudus*, etc.

Ainsi, la partie phénicienne de l'inscription bilingue de Thugga se trouve analysée, expliquée dans tous ses détails. Nous ferons remarquer, en dernier lieu, combien cette explication est dans l'esprit de l'antiquité. Ainsi il est dit que, des amis du défunt, les uns ont gravé l'épitaphe, les autres répandu des larmes ; c'est ce que Tibulle désire pour ses propres funérailles (lib. III, eleg. 2) :

> Et nostri memores lacrymæ fundantur eodem ;
> Sic ego componi versus in ossa velim.

Le rôle particulier de chacun des personnages se trouve ainsi indiqué, comme sur notre monument, dans une inscription rapportée par Bonada (*Carmina ex ant. lap.*, I, 336.) :

SEX · NAEVIO
L · F · PVB
VERECVNDO · SIGN
COH · XIIII · NATO
VERONAE · OSSA
RELATA · DOMVM
CINIS · HIC · ADOPERTA
QVIESCIT · HEREDES
TITVLVM · VERSICVLOS
CORNELIVS · EROI
CONLEGAE · ET · AMICO.

Ces deux citations, en les réunissant, donneraient presque le sens entier de l'épigraphe de Thugga. En effet, dans la seconde comme dans le texte phénicien, on voit les héritiers faire construire le monument, puis un ami du défunt composer l'épitaphe. On trouve ce dernier soin mentionné aussi dans le distique de Tibulle, et, de plus, l'effusion des larmes, qui clôt la cérémonie funéraire du mausolée libo-phénicien.

Nous allons, à l'aide du berbère, retrouver ces détails dans le texte libyque; cette contre-épreuve sera, si je ne m'abuse, une démonstration péremptoire.

B. *Partie libyque.*

Le choix de l'idiome berbère, pour interpréter ce texte, est basé sur les considérations exposées comme il suit par M. Ét. Quatremère dans son article sur les Numides : « Il est certain que, longtemps avant l'établissement des colonies phéniciennes sur les côtes du nord de l'Afrique, les provinces septentrionales de ce continent étaient occupées par une population indigène et nomade, parlant une langue à part, qui, probablement, n'avait aucun rapport avec le phénicien. L'arrivée des Tyriens, des Sidoniens sur les rivages de l'Afrique, les rapports qu'ils eurent avec leurs sauvages voisins, durent faire connaître à ces derniers de nouveaux besoins, et, par suite, introduire dans leur idiome des termes qui leur étaient étrangers. Mais, à coup sûr, ces causes ne furent pas assez puissantes pour engager ces nomades à quitter leur idiome maternel pour adopter celui de ces marchands asiatiques qui venaient leur demander des terres et devaient bientôt s'ériger en conquérants et en despotes. Un peuple pasteur ne change jamais ni son langage ni ses habitudes ; c'est ainsi que les conquérants arabes n'ont pu réussir à naturaliser leur langue au milieu de ces peuplades qui occupent encore aujourd'hui le nord de l'Afrique.

« Or il a existé et il existe encore, de nos jours, un langage qui est parlé avec très peu de différence dans une immense étendue de pays, depuis l'Égypte jusqu'aux rivages de l'Océan atlantique. Cet idiome que nous désignons, à l'exemple des Arabes, par le nom de *berbère*, mais qui, chez les naturels du pays, porte les noms de *schilah* ou *tamazigt*, ne ressemble à aucun autre ; tout atteste son antiquité : il manque de beaucoup de mots, que des peuples étrangers à la vie pastorale auraient infailliblement connus ; il n'a été importé dans cette contrée par aucun des peuples qui en ont fait ou tenté la conquête. On peut donc croire, avec toute apparence de vérité, que cette langue était parlée, dès les temps les plus anciens, par les peuples nomades répandus sur le continent de l'Afrique septentrionale. Probablement les Numides, c'est-à-dire les Massyliens et les Massésyliens, employaient le même idiome, qui, malgré tant de révolutions et de conquêtes, s'est maintenu jusqu'à nos jours avec une admirable persévérance. »

Notre texte fournit de suite des applications frappantes de cette pensée, qui a été professée aussi par M. Jomard.

Venture, dans sa grammaire, déclare d'abord que les Berbères n'ont aucune conjonction pour lier les parties du discours, comme *et*, *mais*; que pour dire : *Je bois et je ris*, ils disent simplement : *Je bois, je ris*. Or tandis qu'on lit, sur le texte phénicien de Thugga, lignes 6º et 7º : *Mesedil, fils de Nenephusin*, ET *Anocan, fils d'Isaï; Saphat, fils de Balel*, ET *Pepaï, fils de Bebaï*, le texte libyque ne porte que : *Mesedil, fils de Nenephusin; Nocan, fils de Saï; Saphat, fils de Balel; Pepaï, fils de Bebaï*.

Il ressort de plusieurs passages de Venture que les Berbères ont une grande tendance à retrancher l'*élif* initial. « Quand la première lettre de l'impératif est un élif, dit notre auteur, cet élif est souvent élidé. Il en est de même pour la deuxième personne singulière du prétérit, pour la première et la troisième personnes du pluriel. Les noms berbères dont la première radicale est un *élif*, écrit-il plus loin, perdent cet *élif* dans la construction, et il se change en *ou*. » Cette suppression a lieu quelquefois, et sans aucune substitution, à l'état absolu, car on dit indifféremment, par exemple, *Amoucran* et *Moucran* (grand). Le nom que les Berbères aiment à se donner, *Amazirg* (libre), paraît s'être prononcé primitivement sans la voyelle initiale, si l'on en juge par les imitations que nous ont conservées les auteurs anciens et qui s'accordent toutes sur ce point, savoir : *Macewi, Macwi* (*Mazikes* de Ptolémée). Cette aphérèse, ainsi que la remarque en a été faite par M. de Saulcy, est aussi l'un des traits caractéristiques de la partie libyque du monument de Thugga; en effet, aux noms phéniciens *Athaban, Anocan, Isaï*, correspondent ceux-ci : *Thaban, Nocan, Saï*.

Ce docte académicien trouve un argument de plus dans la leçon qu'il suit au sujet des figures corrélatives des deux textes auxquelles il attribue la puissance du *vau*. En effet, la figure de la partie libyque, consistant en deux barres horizontalement parallèles, correspond, d'un côté, au mot בן de la partie phénicienne; or le dictionnaire berbère, publié en 1844 par le ministère de la guerre, nous apprend qu'une des formes employées pour exprimer l'idée *fils* est *ou*, son qui paraît parfaitement répondre au *vau*. D'un autre côté, dans la partie phénicienne, la figure correspond souvent à la copule, et cette copule est généralement rendue en phénicien, comme en hébreu, par le *vau*. Enfin, dans le groupe libyque qui répond au nom propre *Abdastoret* de la seconde ligne phénicienne, la syllabe *Abd* est remplacée par la figure dont il s'agit et un *daleth*, ce qui, selon la détermination en question, donnerait *Oud*, soit, pour le nom entier, *Oudostor*. Or Gesenius dit, dans son catalogue des noms propres d'hommes et de dieux, expliqués (lib. IV, cap. III, p. 403) : « βοδόστορ, οὐδόστωρ, dux pœnus (Diod. *Ex. Vales*, II, p. 566; Mai, *nov. collect.*, II, 53) est בדעשתרת *Bedastaret*, servus Astartes (*Carth.*, 2); abjecto ת, sæpius etiam hoc nomen apud Pœnos contractum in Bostor, Bostar. »

Voilà, certes, des arguments bien puissants en faveur de la détermination dont nous nous occupons; je ne le dissimule point et je ne pense pas qu'ils aient perdu de leur force au rapprochement que je leur ai fait subir. Cependant j'ai dit que je considère les signes dont il vient d'être parlé, autant sur la partie phénicienne que sur la partie libyque, non comme des *vau*, mais comme des *caph*; je persiste dans cette opinion, et en voici les motifs :

1º Le mot *ou* qui, à proprement parler, n'a pas la signification *fils*, mais est l'exposant du cas oblique, s'écrit, non pas و simplement, mais أو, c'est-à-dire وا; il se réduit quelquefois à une seule lettre; mais ce n'est point le *vau*, c'est l'*élif*; exemple tiré du dictionnaire du ministère de la guerre :

قاسى أُجَّنَان *Kasi ou Tchauan*.

Le mot *mis*, dont il a déjà été parlé et qui est le véritable équivalent de *fils*, est égyptien. Or les Égyptiens avaient pour synonyme ⲙⲉ, représenté quelquefois par le sigle ⲙ. Les Libyens, dont l'idiome a plusieurs autres similitudes avec celui des Égyptiens, ne pouvaient-ils pas avoir ce synonyme et le rendre par *caph*? Plusieurs des hiéroglyphes qui sont pris phonétiquement pour *sh* valent aussi K. M. Bunsen (*Aegypt. stelle*, etc., p. 613) dit à ce sujet : « Die Erweichung des Ægypt. ϣ zu dem kopt. ⲙ wird auch bethaetigt durch : χενοσιρις = φυτον Οσιριδος (Plut., *De Is. et Os.*, 37), welches genau in dem kopt. ⲙⲉ ⲛ ⲟⲥⲓⲣⲓ, ⲙⲛ ⲛ ⲟⲥ', contrah. ⲙⲉⲛⲟⲥⲓⲣⲓ, etc., aufgeht. » Or χενοσιρις pourrait signifier *fils d'Osiris*, aussi bien que *plante d'Osiris*.

Mais, sans recourir à cette source, les dictionnaires berbères nous fournissent pour *enfant*, pour *ouled*, le mot *Acshish*; or, en retranchant de ce mot l'élif initial, comme nous avons vu précédemment que les Libyens avaient accoutumé de le faire, et comme cela a lieu dans le féminin *Ta-cshish*, il reste *cshish*, lequel à son tour, dans les habitudes d'abréviation propres à l'écriture lapidaire, peut avoir été représenté par la simple initiale, ainsi que l'est souvent *filius* en latin.

2° J'ai expliqué précédemment comment la copule peut être exprimée par le *caph*, ainsi que cela doit être d'après ma leçon.

3° Quant à *Oudostor*, en admettant momentanément cette orthographe, c'est une forme purement grecque, dans laquelle *ou* remplace B, comme dans le mot *Ouarouaria* de Ptolémée, pour *Barbaria*, et dans une foule d'autres exemples; ce qui le prouve, c'est que la véritable orthographe est *Ouodostor*, ainsi que Hamaker a écrit, et, dans ce cas, la substitution de *ou* à B est plus évidente.

Selon ma manière de voir, au lieu d'*Abdastoret* du texte phénicien, on devrait lire ici *Cadostor*. Cette leçon est justifiable de deux manières.

Les Hébreux employaient קדש dans le sens de *consacré à une divinité*, et, remarque fort importante, c'était particulièrement au culte d'*Astarté* que ce qualificatif répondait, puisque seul il emportait souvent l'idée de consécration à cette déesse : « קדש, *puer mollis, cinœdus*, proprie consecratus, scilicet Astartæ seu Veneri, » dit Gesenius dans son Lexique. Nous avons donc ici קדשתי, et, par la fusion des deux schin en un קדשתר, équivalant parfaitement à *Abdastoret* du texte phénicien et analogue au titre קדש יהוה, *Sacer Jehovæ*, donné à Aaron dans le psaume CVII.

D'un autre côté les Hébreux possèdent, pour dire *s'incliner en signe d'honneur et de respect*, un autre mot qui correspondrait parfaitement à *abd* devant un nom de divinité : c'est קדד, d'où viennent évidemment les mots grecs Κῆδος, qu'Hesychius rend par Θεραπεία, Κέδω, Κάζω, *curo*, *orno*, Κεδνός, *honore dignus*. Ce mot, qui est peut-être lui-même la souche de קדש, formerait très bien le premier composant de notre nom *Cadostor*.

A la vérité, c'est la valeur du *caph* que j'ai attribuée aux deux barres horizontales, et la lettre qui leur correspondrait ici, dans les deux mots hébreux, est un *qôph*. Mais chacun sait combien sont fréquentes les mutations entre ces deux gutturales; au dire de Gesenius, elles sont presque innombrables dans les diverses branches de la famille des langues sémitiques. Il n'y a donc point lieu de s'arrêter à cette objection. D'ailleurs, on ne connaît aucun caractère libyque affecté au *qôph*; il est possible que les deux articulations, qui n'ont entre elles qu'une légère nuance, aient été confondues dans un seul signe, comme elles l'étaient en grec.

Enfin, une autre objection pourrait être basée sur ce que ces deux mots appartiennent à la langue hébraïque, ou, ce qui est équivalent, à la langue phénicienne, tandis que nous avons posé en principe la différence de cette langue et de l'idiome berbère. Ce principe s'applique à la constitution grammaticale; mais, pour ce qui est du vocabulaire, il n'est pas aussi absolu, et Venture nous donne la réponse dès les premières lignes de sa grammaire; on y lit, en effet, que les Berbères empruntent aux Arabes tous les mots relatifs aux sciences, aux arts et à la religion; évidemment, et à plus forte raison, ils ont dû se comporter de même avec les Phéniciens.

Ainsi, ma lecture consistant à maintenir la valeur *caph* donnée par Gesenius aux signes soit du texte libyque, soit du texte phénicien, que M. de Saulcy prétend devoir sonner *vau*, s'adapte très bien à la position des mots des deux textes dans lesquels ces signes se trouvent. Il me reste à faire valoir en sa faveur une considération péremptoire, c'est qu'en acceptant la détermination de M. de Saulcy et corrélativement celle du *caph*, qu'il donne à la figure que je regarde comme le *vau*, on ne pourra jamais, je ne crains pas de l'annoncer, traduire complétement ce double monument, tandis que ma lecture fournit un sens complet, naturel, et, je vais en administrer la preuve, parfaitement concordant entre les deux pages.

J'aborderai d'abord la 6e et la 7e ligne, parce que la partie phénicienne qui s'y rattache est complète; je reviendrai ensuite à la cinquième, qui n'offre pas cet avantage et ne peut être comprise qu'à l'aide des données fournies par les deux autres.

Les points qui séparent les mots sur la partie libyque, comme sur la contre-partie phénicienne, nous font reconnaître, au début de la 6e ligne, le groupe נבבן : les dictionnaires berbères ne contiennent aucun mot semblable. Ce groupe correspond au participe phénicien החרשים, *incidentes*; il doit, par conséquent, présenter aussi une forme verbale. Or Venture dit que, dans le berbère, les temps se bornent à l'impératif et au prétérit; que celui-ci est le seul bien précisé dans la conjugaison des verbes. Ceci facilite les recherches; car c'est la troisième personne plurielle du prétérit que remplace, par une tournure fort commune dans les langues sémitiques, le participe pluriel phénicien énoncé ci-dessus; le mot libyque doit donc se trouver à la troisième personne plurielle du prétérit, et, en effet, il est terminé par un *nun*, que Venture désigne comme suffixe formatif de cette personne. Au commencement de la ligne suivante, nous retrouvons, dans la partie phénicienne, un participe pluriel, הנסכם, *diffundentes*, et le mot libyque correspondant est aussi terminé par un *nun*. Cette lettre est donc très probablement une adformante verbale, et, par conséquent, dans le premier mot de la 6e ligne, il nous reste pour thème : נבב.

Cette racine ne se trouve pas davantage dans le dictionnaire de Venture; et en effet, dans sa grammaire, le célèbre orientaliste déclare avoir remarqué que tous les mots où entre un *beth* ne sont pas originairement berbères. Cependant la valeur des lettres est ici incontestable; le mot a donc certainement été employé tel que nous le transcrivons; mais, d'un autre côté, il n'existe point d'autre terme berbère pour rendre l'idée dont il s'agit. C'est un nouveau cas de l'emprunt d'un terme aux Phéniciens. Le radical נבב, d'après l'observation de Venture, n'appartenait très probablement pas aux Libyens, puisqu'il contient deux *beth* et qu'il doit exprimer une idée d'art, celle de *graver*; il faut le chercher dans l'idiome du peuple avec lequel ils se trouvaient en communication. Or en hébreu, et par conséquent en phénicien, נבב veut dire *creuser*, *excavare*, et ainsi, en ajoutant le *nun* d'inflexion, on aurait נבבן, *excavaverunt*, qui peut, sans aucun doute, avoir été pris pour synonyme de החרשם, *incidentes* ou *inciderunt*. M. Lethierry-Barrois, dans ses *Racines hébraïques*, Paris, 1842, dit en effet : « ביב (BIB), id quod נבוב, *concavum*, *vacuum*, EXSCULPTUM. »

Le mot suivant, sur la partie phénicienne, est le régime direct du verbe qui vient d'être cité, savoir : שיר, *carmen*, dans le sens du *versus* de Tibulle et du *versiculos* de l'inscription de Bonada, c'est-à-dire dans le sens d'épitaphe. Le groupe correspondant dans le texte libyque est composé d'un *nun*, d'un *schin*, d'un caractère dont la valeur est inconnue, d'un *resh*, et enfin d'un autre caractère indéterminé aussi. Dans une note insérée dans le *Journal asiatique* (avril 1844), j'ai fait remarquer que ce nombre d'éléments dépasse celui d'une simple racine, et que par conséquent il s'en trouve probablement qui expriment des formes grammaticales, savoir le rapport du régime avec le verbe précédent. La même observation s'applique au second groupe de la septième ligne qui doit rendre le mot phénicien שברון, *affliction*, et qui est composé d'un *nun*, d'un caractère indéterminé, d'un *lamed* et du même signe que celui qui termine le second groupe de la 6e ligne, savoir trois barres horizontalement superposées. Or, comme d'une part ces deux groupes sont dans la même situation syntaxique, que d'une autre part ils ont deux caractères communs, le premier et le dernier, j'en ai déduit la conjecture que ce sont ces deux caractères identiques qui dénotent la similitude de position grammaticale et que les lettres intermédiaires constituent seules

les radicales ; elles se trouveraient en effet alors dans les conditions ordinaires : au nombre de trois dans un cas et de deux dans l'autre.

Sans nous préoccuper encore de leur signification, recherchons d'abord le rôle des serviles qui y sont attachées ; l'une est initiale, l'autre terminale. D'après Venture, c'est par des particules préfixes que les cas sont exprimés en berbère, et parmi ces particules se trouvent *en* et *n* par l'aphérèse de l'*élif*. Voilà précisément notre *nun* initial ; à la vérité, Venture ne le désigne que pour le génitif, et il s'agit ici de l'accusatif ; mais il faut aussi reconnaître que notre guide a préalablement déclaré qu'il n'était pas exactement instruit de l'usage spécial de chacune des prépositions dont il parle ; d'un autre côté, il cite des exemples de génitif, de datif, d'ablatif ; il ne dit rien de l'accusatif. Je pense qu'ici, comme dans le copte, l'*n* peut servir simultanément à noter plusieurs cas, et particulièrement l'accusatif ; le dictionnaire publié par le ministère de la guerre contient, il est vrai, un grand nombre de phrases avec l'accusatif sans particules d'inflexion pour ce cas, mais ce peut être une simplification imitée des Arabes ; j'en trouve d'ailleurs un exemple dans cette phrase du dictionnaire de Venture : *Apporte à manger*, *awid en nitch*. Le *nun* initial de chacun de nos deux groupes doit donc être la marque du régime direct.

Quant au caractère terminal, sa valeur n'est pas aussi facile à découvrir : cependant, par analogie avec l'écriture des anciens Égyptiens, je suis porté à le considérer comme le signe idéographique et uniforme du pluriel, substitué à la triple répétition de l'objet par laquelle primitivement, dans l'écriture figurative, on indiquait ce nombre. Il est à remarquer que de part et d'autre le procédé identique de représenter le pluriel, non dans ses éléments alphabétiques, mais par une image purement idéographique, a amené des résultats semblables, je veux dire le défaut de fixité et conséquemment l'extrême variété, l'irrégularité des expressions.

Maintenant reprenons la suite de l'interprétation des racines auxquelles s'appliquent les formes grammaticales que nous avons jusqu'à présent analysées.

On n'a sans doute pas oublié qu'au second groupe de la 6ᵉ ligne nous avons obtenu pour thème un mot composé d'un *schin*, d'un caractère inconnu, et d'un *resh*. Les dictionnaires berbères n'en contiennent aucun auquel celui-ci puisse se rapporter ; mais, d'un autre côté, ils n'en présentent non plus aucun, d'origine berbère, qui rende l'acception du terme phénicien correspondant שור, savoir *vers, inscription, épitaphe* : *ketsba*, donné par le dictionnaire du ministère de la guerre, est arabe. Il est donc probable que l'expression de cette idée d'art avait aussi été empruntée aux Phéniciens. Or, précisément notre thème berbère possède deux des radicales du mot phénicien, la première et la dernière, le *schin* et le *resh*; nous aurions le mot complet si l'on pouvait considérer comme un *iod* le caractère intermédiaire, celui dont la valeur est jusqu'ici restée inconnue : le *iod*, à la vérité, est incontestablement figuré d'une autre manière dans plusieurs noms propres, tels que *Saï* et *Bebaï*, à la fin des deux dernières lignes ; mais le texte même que nous étudions n'offre-t-il pas dans le *samech* un exemple irrécusable de la possibilité de trouver une même lettre rendue par deux figures différentes (*voy*. ligne 5ᵉ, lettre 8ᵉ, et ligne 6ᵉ, lettre 11ᵉ) ? Au surplus, on écrivait aussi שור. Je ne puis me refuser à croire que ce soit cette forme qui ait été introduite dans le libyen, et que, par conséquent, le signe à déterminer ne soit un *vau*. Le *vau*, à son tour, d'après notre manière de lire, se trouverait dessiné différemment à la 5ᵉ ligne, lettres 6 et 7, dans le nom propre *Vavi* : n'est-t-il pas possible que les Libyens aient adopté des formes différentes pour distinguer la consonne de la voyelle ? Quoi qu'il en soit, l'analogie de l'existence des radicales *schin* et *resh*, dans les deux mots corrélatifs des parties phénicienne et libyque, me semble trop pressante pour ne pas entraîner la conviction que les racines elles-mêmes sont semblables.

La phrase entière, composant la 6ᵉ ligne, serait donc : נבבן שור (dés. pl.) מסדל כננפסן נכן שי, *excavaverunt carmina Mesedil, F. Nenephusin, Nocan F. Saï.*

La 7ᵉ ligne, comme la précédente, commence, ainsi que nous l'avons vu, par un verbe à la troisième personne plurielle du prétérit, ce qui est indiqué par le *nun* terminal. La racine ne nous est point complétement connue; une brisure ayant fait disparaître la dernière lettre, il ne nous en reste que deux בב, et nous ne trouvons dans les dictionnaires aucun mot commençant ainsi qui puisse avoir quelque application à une épitaphe; mais en même temps, comme dans les cas précédents, nous n'en trouvons aucun autre qui réponde à l'idée *répandre, épancher*, exprimée par le verbe phénicien. Le dictionnaire du ministère de la guerre donne عزو, *ouzzâ;* mais ce mot me semble n'être que la racine arabe, qui veut dire *diviser, partager, distribuer*. Au surplus, le verbe de notre texte contenant un *beth*, nous sommes en droit d'en rechercher l'origine ailleurs que dans le berbère, de la rechercher dans le phénicien; mais ici encore l'absence de la troisième lettre nous ôte le moyen d'arriver à la certitude; nous ne pouvons que proposer une conjecture en faveur de נבע, *scaturivit, eructavit*, sur lequel J. Buxtorf s'exprime ainsi : « *De fontibus propriè dicitur aquam eructantibus;* הפעה. FVT. אביעה, *eructabo, hoc est, more scaturiginis proferam vel effundum,* prov. 1, 23, *et sic ferè semper hic sumitur.* »

Le mot suivant, ou le régime, dégagé du *nun* préfixe et de la figure terminale, que nous regardons comme le signe idéographique du pluriel, reste réduit à deux lettres radicales dont la première est encore indéterminée, la seconde est un *lamed*. Ce mot, suivant le sens du phénicien, doit vouloir dire *douleur*, ou mieux *pleurs*, les Berbères n'employant pas les termes abstraits; or, le dictionnaire de Venture nous donne, pour cette dernière acception, *Tela,* תלא : le signe resté inexpliqué ne serait-il pas le *tau* cruciforme, semblable à l'avant dernière lettre de la seconde ligne, et dont on aurait omis de reproduire le trait vertical, comme Borgia, pour cette même lettre de la seconde ligne, avait négligé de rendre le trait horizontal (*voy.* Gesenius, pl. 20 LVI A)?

En adoptant cette leçon, qui me paraît très vraisemblable, nous pourrions transcrire et traduire la ligne entière comme il suit : שפט כבלל פפי כבבי (dés. pl.) נבען תל, *effuderunt lacrymas Saphat F. Balel, Pepaï F. Bebaï*[1].

Revenons maintenant à la cinquième ligne, pour l'intelligence de laquelle l'analyse que nous venons de poursuivre nous sera d'un grand secours.

En nous reportant au texte phénicien, nous voyons qu'après le membre de phrase *post introitum ejus in domum quietam* viennent les vestiges de cinq lettres effacées, puis les noms propres *Vavi, Thaman, Carascen.* Or ces noms propres ne peuvent point se rapporter au premier membre de phrase dont le sens est complet; ils supposent donc un verbe qui a dû exister là où se trouve aujourd'hui une lacune; c'était très probablement, comme au commencement des autres phrases, un participe pluriel précédé de l'article.

Dans la partie libyque, les mêmes noms propres viennent immédiatement après le premier groupe de la ligne; ce groupe ne peut donc qu'exprimer l'action dont ils sont les sujets, comme le verbe qui occupait la place correspondante dans la contre-partie phénicienne, et le premier membre de phrase de celle-ci n'aurait point été rendu dans l'inscription libyque; la brièveté de la ligne comparativement à celle du texte phénicien vient à l'appui de cette remarque, qui s'accorde d'ailleurs avec cette déclaration de Venture : « L'habitude apprend aux Berbères à faire des phrases courtes pour exprimer leurs sensations. »

Le verbe dont il s'agit doit être à la troisième personne plurielle du prétérit, et, par conséquent, caractérisé par le *nun* final : nous trouvons en effet cette adformante après les trois premières lettres כסל qui constituent le thème; elle est elle-même suivie d'un autre suffixe, d'un ס, dont nous parlerons un peu plus loin.

La racine כסל ne figure point dans le dictionnaire, et l'absence du verbe phénicien nous empêche d'en connaître le sens.

Toutefois, après la terminaison verbale ן, vient, comme nous l'avons vu, un *samech;* Venture

---

[1] A l'occasion de nos différends avec le Maroc en 1844, les journaux ont cité un nom propre cabyle, *Kebibi*, qui a une frappante ressemblance avec celui-ci.

nous en donne l'explication dans ces termes : « Le pronom de la 3ᵉ personne du singulier, lorsqu'il est régi par un verbe, est désigné par un S mis à la fin du verbe. » C'est là, l'on n'en saurait douter, la destination de notre ס, et cette circonstance avertit que le verbe indique une action transitive qui se rapporte directement au défunt, peut-être celle décrite dans le dernier vers d'une épitaphe que nous empruntons à l'ouvrage déjà cité de Bonada, et où nous trouvons un nouvel exemple du partage des rôles dans les funérailles :

D M S
DECIMUS A PRIMA SECTATVS CASTRA IVVENTA
CIRCITOR MORIOR PRAEMIA PARCA SENEX
QVI NVLLI GRAVIS EXTITERAM DVM VITA MANEBAT
HAEC FVNCTO AETERNVM SIT MIHI TERRA LEVIS
DAT PATRVO OB MERITVM FERALEM FLAVIVS VRNAM
NINNIVS ET CINEREM SPARGIT ODORE GEMENS

Ce n'est pas sans motif que je prends cet exemple où il s'agit de parfumer, *odorare, spargere odore*. En effet Gesenius dit de כסל : « Rad. in verbo minus usitata quam in nomin. derivatis diversæ significationis. Primaria potestas videtur *carnosus, pinguis fuit.* » Or l'idée de graisse amène celle de parfum, comme on le voit par le mot קטרת dont notre savant lexicographe dit aussi : « 1) *suffimentum*...2) *ea victimæ pars quæ adoleri solet, adeps.* Ps. LXVI, 15 : קטרת אילים, *adeps arietum.* »

Ainsi nous aurions pour la ligne entière : *Odoraverunt eum Vavi, Thaman, Carascen.* Mais ceci n'est qu'une supposition ; les formes grammaticales du verbe étant seules constatées , c'est du temps et de nouvelles découvertes qu'il faut attendre la confirmation ou la révélation de son sens intrinsèque ; aujourd'hui nous ne pouvons réellement lire que : ...*runt eum Vavi, Thaman, Carascen.*

Le texte complet serait donc :

. . . . F. Iphmathat F. . . . . .
. . . . 'ros F. Cadostoris,
. mar F. Thaban F. Iphmathat F. Phelec,
Mingi F. Carascen.
(Odorave?) runt eum Vavi, Thaman, Carascen.
Exsculpserunt carmina Mesedil F. Nenephusin, Nocan F. saï.
Effuderunt fletus Saphat F. Balel, Pepaï F. Bebaï.

La concordance avec la partie phénicienne est évidente.

Il résulte de cette longue analyse, comme déductions générales applicables à la langue libyque :

1º Que l'alphabet a deux signes pour exprimer le *vau*, deux pour le *samech*, deux pour le *tau*. Cela indique probablement des nuances de prononciation ;

2º Absence de conjonction ;

3º Formation de la 3ᵉ pers. plur. du prétérit au moyen d'un *nun* suffixe ;

4º Expression du pronom de la 3ᵉ pers. sing. régime d'un verbe, par un *samech* suffixe ;

5º Réduction des phrases aux termes les plus simples ;

6º Fréquente suppression de l'*aleph* initial ;

7º Emprunt à l'idiome régnant dans la contrée d'un grand nombre d'expressions, particulièrement de celles qui sont relatives aux idées d'art et de religion.

Les six dernières propositions prouvent l'analogie de la langue libyque avec la langue berbère.

Elle s'en distingue :

1° Par l'usage d'un *nun* préfixe, comme signe de l'accusatif, usage qui la rapproche de l'ancien égyptien, mais qui ne paraît cependant pas entièrement aboli dans l'idiome berbère et qui n'y est peut-être devenu rare que par l'influence de la langue arabe;

2° Par l'emploi d'un signe idéographique et invariable pour peindre uniformément le pluriel, en faisant abstraction des terminaisons phonétiques, autre rapport avec les inscriptions antiques de l'Égypte. Ce n'est toutefois qu'une particularité d'écriture qui n'affecte pas le fond de la langue et ne peut être considérée comme une véritable différence.

Une remarque reste à faire relativement à notre texte, c'est que les mots phéniciens employés pour rendre les mêmes idées sur l'une et l'autre parties ne sont point identiques : tantôt ce n'est qu'une variante d'orthographe, comme entre שור et שוו; dans les autres cas, ce sont des différences radicales, telles que כדש (pour קדש), ou כד (pour קד) au lieu de עבד, גבב au lieu de חרש, גבנ au lieu de נסך. Ce fait porte à croire que les Libyens de Thugga avaient fait passer dans leur langage les termes étrangers dont il s'agit à une époque assez éloignée de celle à laquelle ils ont construit le mausolée qui subsiste encore sur leur territoire; peut-être même qu'ils les avaient reçus d'une autre peuplade phénicienne que celle à laquelle ils étaient alors unis.

M. de Saulcy a publié dans la *Revue archéologique* (nov. 1845) une note fort curieuse sur l'antique alphabet de la langue des Berbères. Cet alphabet, d'après une lettre de M. Boissonnet, capitaine d'artillerie, chef du bureau arabe de Constantine, paraît subsister parmi les Touarigs, dont Karl Ritter parle en ces termes (*Géogr. gén. et comp.*, trad. de Buret et Desor, t. III, p. 364) :

« Les Touariks, beaucoup plus nombreux et plus puissants que les précédents (les Tibbos), forment la majeure partie des habitants des oasis ; ils habitent au sud-ouest, depuis le Fezzan jusqu'au Bornou ; au sud, jusqu'au Soudan et à Timbouctou ; à l'ouest, jusqu'à Fez et Maroc. Ils s'approchent à l'ouest du pays des Berbères et se confondent avec eux ; plusieurs de leurs colonies habitent dans le Fezzan (à Sokna), à Augila, à Siwah ; ils parlent la langue berbère, qui est la langue du commerce dans tout le nord de l'Afrique. On rencontre des Touariks sur toute la ligne d'oasis qui s'étend sous le méridien du Fezzan jusqu'à Caschna, dans le Soudan (par Tabou, Ghanet, Tagazy, Gazer, Aghadez, Tegama). C'est là la grande route commerciale qui forme la communication entre le centre actif de l'Afrique et le nord. Dans la direction de l'est à l'ouest, l'influence des Touariks s'étend depuis le désert libyque jusqu'au haut Atlas. Tous sont adonnés à la vie nomade ; ce sont des courtiers, des guides de caravanes, des marchands. Mais ils n'ont pas conservé partout leurs mœurs et leurs manières de vivre originaires ; à l'est, ils se sont confondus avec les Tibbos ; à l'ouest, avec les tribus berbères ; au nord, avec les Arabes. Ce peuple, parlant la langue berbère, est en possession de toutes les colonies commerciales de l'Afrique. »

La lettre de M. Boissonnet, que nous croyons devoir reproduire textuellement à cause de l'importance du document, est ainsi conçue : « Quelque incomplet qu'il soit, il faut bien que je vous donne mon alphabet turguy, puisqu'on prétend que M. Limpéri (israélite de Tunis, je crois), a retrouvé l'écriture libyque ; il ne me faut point attendre pour vous communiquer le petit bout d'écriture tifinag que m'a donné mon touaty El-Hadj-Abd-el-Cader, secrétaire du cheikh de Touggourt. Il y a six à huit ans que mon savant n'a point revu le pays des Touarigs ; mais il prétend se rappeler parfaitement bien la valeur des caractères qu'il a tracés. J'ai été frappé dès l'abord de leur identité avec ceux de l'inscription libyque de Thougga. Je voulais seulement attendre, pour vous en faire part, que la communication pût être plus complète et surtout à l'abri des erreurs que laisse supposer un souvenir éloigné. Mon hadji me promettant de m'envoyer un alphabet complet et une page d'écriture turguza à sa première rencontre avec un des thalebs de cette nation, j'espérais prochainement vous faire tenir ce spécimen si désiré de l'écriture berbère. Enfin, telle qu'elle est, et précipitée par les circonstances, cette communication ne me paraît pas devoir manquer d'intérêt pour vous. Il me semble qu'elle donne la valeur de quelques signes connus, mais non déterminés, et quant à ceux qui ne sont point compris dans l'inscription de Thougga, formés de plusieurs points isolés, il ne serait peut-être pas impossible encore de les rattacher à ceux de cette pierre, surtout si l'on admet que les souvenirs du touaty étaient moins parfaits qu'il ne l'assurait. Enfin, soit libyque, soit berbère, je tiens pour authentique ce spécimen d'écriture tifinag et veux croire la mémoire de mon touaty aussi fidèle que l'importance du sujet doit le faire désirer. »

Nous reproduisons, à la planche 30, la copie de ce spécimen.

M. de Saulcy en tire les conclusions suivantes : « Douze lettres arabes seulement sont accompagnées de leurs équivalents dans ce lambeau d'alphabet tifinag. Le *mim*, le *ra*, le *ta* sont identiques avec ceux que j'ai déduits de la pierre de Thougga. Le signe que j'avais transcrit dubitativement pour un *caph* est précisément l'équivalent de cette articulation ; enfin la lettre *ouaou*, représentée cette fois par deux points superposés, n'est très probablement que le signe formé de deux petits traits horizontaux que j'ai assimilés à la lettre *ouaou*. Quant aux autres signes, il sera prudent d'attendre, pour en parler sérieusement, que l'alphabet tifinag nous soit parvenu tout entier. Il ne reste pas moins constant, dès à présent, 1° que l'inscription libyque de la pierre de Thougga est écrite en langue berbère ; 2° que l'alphabet employé lors de l'érection de ce monument funéraire par les aborigènes s'est conservé jusqu'à nos jours chez les Touârigs ; 3° que les valeurs que j'ai attribuées aux caractères que l'analyse de l'inscription de Thougga permettait de déterminer sont constantes et ne doivent pas être modifiées, ainsi que M. Judas a proposé de le faire. »

Ce jugement, comme je l'ai dit et comme je crois pouvoir le répéter, rendrait impossible la traduction complète des deux textes. Il faudrait cependant bien se rendre à l'évidence, si elle brillait de son éclat irrésistible. Mais je suis loin de le penser. D'abord on ne doit pas perdre de vue toutes les précautions, toutes les réserves prises par M. Boissonnet lui-même pour garantir d'une confiance absolue et prématurée. Cette prudence est d'autant plus louable qu'il est facile de voir une erreur manifeste dans la détermination du cercle ponctué, qui est certainement un *beth*, et que le Touaty confond avec le cercle non ponctué ou *resh*. Mais en prenant, à part cela, les figures et les déterminations telles qu'elles sont en ce moment présentées, en quoi est-il évident que ce signe ⚊⚊ , rendu par *caph*, ne correspond pas à ceux-ci ⚌ ⚌ ⚌ ? Que celui-ci ⚊ , qui a pour équivalent un *vau*, ne peut pas être considéré comme un vestige encore assez sensible de celui qui est ainsi tracé sur notre inscription ⚊ et auquel j'ai assigné la même valeur? J'avoue que je trouve au contraire dans ce document, jusqu'à plus amples éclaircissements, des motifs de persister dans mon opinion.

J'en étais à ce point lorsque précisément un nouveau document m'a été communiqué ; c'est un second spécimen envoyé par M. le capitaine Boissonnet, que l'on ne saurait trop remercier de son zèle. J'ignore les explications que cet officier distingué a dû faire parvenir. Je place, sur la planche 30, son nouvel alphabet dans une colonne attenante à celle du premier, afin de rendre la comparaison plus facile. Ce spécimen contient quelques rectifications et de nombreuses additions.

Les rectifications portent sur la suppression du point dans le cercle formant le *resh* et sur les transpositions suivantes : 1° à l'*aïn* le signe d'abord affecté au *hé* arabe ; 2° au *phé* celui affecté au *há* ; 3° au *schin* celui affecté au *qôph*.

Les additions concernent le *beth*, le *ghimel*, le *daleth*, le *hé*, le *chet* (deux signes), le *teth*, le *iod*, le *lamed*, le *samech*, le *ghaïn*, le *tsadé* (trois signes), le *qôph*, le *sin*.

Pour contrôler ces deux alphabets on en possède heureusement un troisième qui a été découvert par le voyageur anglais Walter Oudney et publié à Londres en 1826 (*Narrative of travels and discoveries in the years 1822-1824, by major Dixon Denham*). Cet alphabet contient dix-neuf signes que nous avons rangés dans une troisième colonne sur notre planche 30. Six de ces signes ne se trouvent pas sur les alphabets de M. Boissonnet ; ce sont celui qui est indéterminé, le *beth*, celui que nous pensons être un *zaïn* et que M. Oudney nomme *juz*, celui qui paraît être un *vau* et que l'on désigne sous le nom de *jew*, le *iod*, enfin celui que nous supposons être un *ghaïn* et qui a le nom de *jugh*. Nous émettons du doute sur la valeur de trois de ces signes, parce que le *zaïn* porte un autre nom, *iz*, le *vau* de même, *jow*; il est toutefois évident, par le système entier de dénomination, que ces articulations ont de l'affinité. Quant au signe que nous faisons correspondre au *ghaïn*, il peut aussi être un *ghimel*; mais cette consonne a une autre figure et un autre nom, *jigh*.

Le *beth* est tout à fait semblable à celui de l'inscription de Thugga. Il est facile de ramener le *iod* aussi à la similitude en se référant à cette déclaration de W. Oudney, savoir qu'il est indifférent que les lettres soient écrites de droite à gauche ou de gauche à droite, horizontalement ou autrement, nouveau caractère de ressemblance, soit dit en passant, avec l'antique écriture des Égyptiens.

Des autres figures, cinq, l'*aleph*, le *vau*, le *caph*, le *mem* et le *tau*, sont entièrement semblables à celles des alphabets de M. Boissonnet; le *schin* est semblable aussi, sauf la direction, que nous venons de voir être indifférente. Cinq ne sont que légèrement modifiées; ce sont le *ghimel*, le *daleth*, le *zaïn*, le *resh* et le *sin*. Le *daleth* et le *resh* se distinguent par la substitution des lignes droites, fléchies angulairement, à la ligne courbe, ce qui n'est qu'un artifice de graveur dont on trouve de fréquents exemples dans les alphabets de toutes les langues qui ont laissé des monuments lapidaires. La forme du *resh* explique celle du *beth* sur le dernier alphabet de M. Boissonnet; nul doute que cette forme est incomplète et qu'elle doit être ainsi rétablie : ◊ équivalant à ⊙. De même les formes triangulaire et carrée du *tsadé*, avec un point central, sont équipollentes à la forme circulaire, également intro-ponctuée, ne différant du *beth* que par une moindre circonférence. Dans le *ghimel* de W. Oudney, les deux points marqués près de l'extrémité supérieure de la ligne verticale remplacent la ligne horizontale qui occupe la même position sur le *ghimel* de M. Boissonnet. Enfin la similitude du *zaïn* est assez prononcée pour qu'il ne soit pas nécessaire d'insister. Ce signe ressemble, d'un autre côté, au *teth* de la pierre de Thugga; or, en se rappelant la tendance des Berbères, que nous avons déjà plusieurs fois signalée, à substituer les sifflantes aux dentales, cette ressemblance, ainsi que M. Jomard[1] l'avait judicieusement conjecturé, s'explique très facilement.

Le caractère indéterminé de l'alphabet de W. Oudney paraît être celui assigné au *qôph* dans l'alphabet de M. Boissonnet; cette figure se trouve sur des fragments d'inscriptions rapportés par M. Falbe.

Le *juz* et le *jugh* de W. Oudney n'ont point d'analogues sur le tableau de M. Boissonnet. Le dernier, que nous avons assimilé au y, *ghaïn*, pourrait bien représenter les deux lignes convergentes auxquelles nous avons donné cette valeur, au troisième rang de la dernière ligne de l'inscription de Thugga.

Enfin le *lamed* et le *nun* de W. Oudney, entièrement semblables à ceux de cette inscription, indiquent comment doivent être rectifiés ceux de M. Boissonnet.

Il y a donc au fond, entre ces divers documents, une concordance qui leur donne une solide importance.

Or, sur les trois spécimens, les deux signes dont la détermination est l'objet d'une divergence entre M de Saulcy et moi sont représentés de la même manière, si ce n'est que pour l'un les trois points qui le composent sont directement superposés sur l'alphabet de W. Oudney, tandis que, sur ceux de M. Boissonnet, le point intermédiaire est mis un peu en dehors, à gauche. Cette circonstance, je ne le dissimule pas, donne un nouveau poids à l'opinion de M. de Saulcy. Mais comme la question me paraît dominée par la possibilité de traduire la double inscription, et de la traduire d'une manière concordante, possibilité que je crois, je le répète, ne pas exister avec les déterminations que je combats, autant sur le texte phénicien que sur le texte libyque, tandis que

---

(1) *Seconde note sur une pierre gravée trouvée dans un ancien tumulus américain.* — Paris, 1845.

je pense avoir atteint ce but par les déterminations opposées, je ne me laisse point ébranler par cette apparence défavorable. Je n'accorde pas à des figures réduites à des points une importance supérieure, une importance égale à celle de la possibilité exclusive d'une complète traduction; c'est là, à mon avis, un argument prépondérant, qui ne pourra être brisé que lorsqu'on aura opposé une autre interprétation à la mienne, car il serait bien extraordinaire qu'une inscription bilingue dont toutes les lettres seraient connues, et qui présente des dispositions matérielles aussi tranchées que celles que nous avons signalées, ne pût pas être traduite!

Au surplus, il est possible que, dans la figure formée de trois points, l'un des points extrêmes représente le crochet qui se montre, sur les monuments libyques, à l'extrémité gauche de l'une ou des deux barres horizontales qui constituent pour moi le *caph*, de même qu'un crochet semblable est remplacé par des points sur le *ghimel* de l'alphabet de W. Oudney. N'y a-t-il pas une preuve par induction dans cette forme même du *ghimel*, qui est évidemment un diminutif des deux barres en question, et semble ainsi exprimer le rapport phonétique des deux articulations, comme on le voit entre les deux légendes *nun* et *lamed*?

Une autre source d'inductions se trouve dans les rapprochements qu'on peut établir entre l'alphabet que nous étudions et celui des anciens Grecs, tel que Mionnet l'a reproduit dans son tableau paléographique. Ainsi le *iod* ⋎ est une des formes du *iota*; les variantes du *samech* ⌧, C, se remarquent parmi celles du *sigma*. Or, la ligne flanquée de deux points est une des figures du *phi*, et le rapport du *phi* à l'*upsilon* ou *vau* est marqué non-seulement par l'analogie phonétique, mais encore par l'identité matérielle des signes de l'une et l'autre lettre dans l'alphabet grec. Cette ligne bi-ponctuée existe aussi, avec la valeur F, dans l'alphabet étrusque.

Je crois donc, pour ces diverses et nombreuses considérations, pouvoir, dans l'état actuel des choses, maintenir mon opinion entière.

Les autres monuments libyques que la science possède sont réunis sur la planche 32[1]. Plusieurs sont inédits; nous en reproduisons fidèlement les copies telles qu'elles nous ont été communiquées.

Ces monuments contiennent divers caractères qui ne se montrent point sur la pierre de Thugga. Deux seulement de ces caractères se retrouvent sur le spécimen de M. Boissonnet, savoir celui qui se présente au troisième rang de la seconde ligne de l'inscription d'Honegger et du n° 3 des inscriptions de M. Falbe, et celui qui figure au premier et au cinquième rang de la dernière ligne sur le fragment de M. Bonnafont. Le premier de ces deux signes se montre aussi sur le spécimen d'Oudney. Il n'y a aucune équivalence; sur le spécimen de M. Boissonnet, il prend la valeur *qôph*. Le second, sur le même spécimen, est assimilé au *lamed*, qui a une autre forme sur l'inscription de Thugga et sur le spécimen d'Oudney.

Parmi les autres signes nouveaux sont la simple ligne horizontale, classée déjà avec les caractères indéterminés par M. de Saulcy, et une espèce de N, soit direct, soit renversé. J'ai constaté la réalité de ces formes sur la pierre de l'inscription n° 6, qui a été rapportée par M. de Lamare, et qui se trouve déposée au Louvre.

Quant aux autres, il me paraît très probable qu'ils ne sont que les vestiges, altérés par le temps ou par la main des copistes, de caractères déjà connus.

Ces incertitudes soit sur la valeur, soit même sur l'exactitude des figures, me font penser qu'il est prudent d'imiter la retenue qui a distingué Barthélemy dans ses études sur la langue phénicienne, et l'a préservé de ces écarts qui non-seulement ont couvert leurs auteurs de confusion, mais ont jeté un discrédit profond sur tous les travaux relatifs à cette langue, et affaibli, presque détruit, pendant si longtemps l'autorité des recherches ultérieures. Il importe de préserver de cet écueil l'étude naissante du libyque. Je m'abstiendrai donc de toute tentative d'interprétation.

---

(1) J'ai reçu récemment, par l'entremise de mon ami le docteur Grellois, trois autres fragments qui ont été trouvés à Tiffech; mais ils sont trop inexactement copiés pour qu'il soit possible d'en tirer le moindre parti. J'en dois dire autant d'une quatrième inscription, assez longue, qui a été découverte dans le même lieu, mais qui paraît punique.

LIVRE QUATRIÈME.

SYNTHÈSE GRAMMATICALE. — AFFINITÉS. — CONCLUSION.

Dans le cours des nombreuses analyses auxquelles nous nous sommes attachés dans les livres précédents, nous avons constaté, outre la valeur des lettres, certains faits grammaticaux que nous avons dû enregistrer sans ordre et isolément, au fur et à mesure qu'ils se présentaient. Ainsi dispersés, ces faits manquent, pour ainsi dire, de vie; il faut les rassembler, les coordonner, les unir, afin de chercher à reconstituer, autant que possible, le corps de la langue. C'est par cette tentative que nous allons terminer. Nous aurons soin, à chaque occasion, d'indiquer les rapports des particularités qui repasseront sous nos yeux avec celles des langues parlées dans les contrées voisines de la Phénicie, de même que parmi les Berbères, et nous fixerons ainsi les affinités de l'idiome phénicien; nous devons nous rappeler que c'est avec l'hébreu principalement, mais aussi avec le syriaque et l'égyptien, que ces affinités sont annoncées par les documents historiques.

CHAPITRE I.

Lettres.

Les lettres, au nombre de vingt-deux, consonnes ou aspirées, comme celles des Hébreux, sont reproduites sur la planche première. Elles s'écrivent de droite à gauche, comme dans toutes les langues sémitiques, excepté l'éthiopienne; cependant on trouve quelques exemples de légendes dirigées de gauche à droite; ces exceptions sont dues à l'intervention d'un peuple étranger dont l'écriture propre suivait cette marche, les Perses dans l'Asie, les Grecs en Sicile.

Toutes les lettres ont des variantes; quelques-unes en ont de très nombreuses. Ces variantes sont quelquefois de pures dégradations, d'autres fois des moyens de distinction entre des figures presque semblables. Les unes et les autres sont d'autant plus prononcées qu'on s'éloigne davantage du berceau de la langue; ainsi l'écriture de l'Occident a, sur la plupart de ses monuments et particulièrement sur ceux de l'époque la plus rapprochée, une physionomie propre. Les dégradations tendent le plus souvent à la simplification, et plusieurs arrivent ainsi à la ligne droite, exemples : le *beth*, le *daleth*, le *zaïn*, le *lamed*, le *nun*, le *resh* et le *tau*. Tous ces exemples, excepté celui du *zaïn*, appartiennent à l'alphabet occidental; ceux du *lamed*, du *nun* et du *resh* se rencontrent aussi sur des monuments orientaux. D'autres fois la dégradation consiste en une complication de traits; ainsi, dans l'écriture occidentale, le *chet* qui est, dans un cas, réduit à trois traits verticaux un peu courbés à gauche, est, dans plusieurs autres cas, amplifié d'une manière toute particulière.

Parmi les lettres similaires ou presque similaires, les unes le sont dans leurs formes originelles, les autres dans leurs formes dégradées; d'autres, primitivement similaires, conservent cette condition au milieu des modifications qu'elles reçoivent. Il y a presque toujours cependant des moyens de distinction soit primitifs, soit ajoutés consécutivement.

Le *beth*, le *daleth* et le *resh* ont primitivement une grande ressemblance ; mais, dans l'état parfaitement correct, ils se distinguent par la branche descendante qui est, dans le *beth*, courbée vers la gauche, dans le *daleth* rectiligne aussi bien que dans le *resh*, mais plus courte et un peu oblique vers la droite, tandis que dans le *resh* elle est plus longue et abaissée verticalement. Cependant ces précautions, particulièrement à l'égard du *daleth* et du *resh*, devaient souvent ne pas suffire, surtout aux époques et dans les contrées où la langue n'était pas généralement bien connue ; c'est pourquoi une petite ligne perpendiculaire ou oblique fut ajoutée au côté gauche de la branche principale du *resh*, ce qui produisit, dans une direction opposée, notre R. Nous devons toutefois rappeler ici la dénégation nouvellement opposée à cette opinion par M. de Saulcy. Ce cas est le seul dans lequel il y ait divergence entre les déterminations de ce savant académicien et les nôtres.

Les trois consonnes mentionnées en dernier lieu conservent leur ressemblance, malgré les dégradations qu'elles subissent, particulièrement sur les monuments occidentaux ; cependant le *beth* est ordinairement encore plus concave.

La variante 4 du *ghimel*, la variante 2 du *vau* et le *phé* ont aussi une grande similitude ; mais l'extrémité supérieure du *ghimel* est fléchie à angle aigu, tandis qu'elle l'est à angle obtus dans les deux autres caractères.

Le *vau* et le *caph* seraient très difficiles à distinguer dans leur première forme, mais ce sont les lettres qui nous ont fourni les exemples les plus frappants de l'attention que l'on avait de ne réunir dans un même texte que des variantes qui ne pouvaient point entraîner la confusion. Ainsi encore une médaille de Lixus présente la variante 20 du *schin* qui est identique à la variante 13 du *caph*, et précisément, dans la légende de cette médaille, le *caph* se trouve à côté du *schin*; mais ce n'est point la variante précitée de la première de ces consonnes qui est employée, c'est la variante 6, et il en résulte cela de très remarquable que le rapprochement, loin de nuire à la clarté, prouve que l'autre figure, dans le cas dont il s'agit, n'est point un *caph*, comme on aurait pu le croire sans cette circonstance.

Au surplus ce sont les inconvénients de cette similitude qui ont fait introduire, dans l'écriture occidentale, les tranformations de l'une et de l'autre lettres indiquées à la variante 5 du *caph* et aux variantes 11, 12, 13, 14 du *vau*. Par cet artifice toute confusion est devenue impossible.

Le *lamed* et le *nun*, dans la forme normale, ne diffèrent qu'en ce que, dans le premier, la branche supérieure l'emporte en longueur sur la branche inférieure, et que le contraire a lieu dans le second de ces caractères. La ressemblance se maintient malgré les modifications que chacune de ces consonnes reçoit, mais en même temps le trait distinctif se conserve, c'est-à-dire que le *lamed* se développe dans la partie supérieure et s'élève au-dessus de la ligne ; le *nun*, au contraire, s'allonge inférieurement et descend au-dessous de la ligne. En outre, dans la plus grande simplification, l'extrémité supérieure du *lamed* est souvent courbée vers la droite et toute la lettre incline vers ce côté, de bas en haut, tandis que le *nun* est rectiligne et vertical. La ressemblance entre les figures de ces deux liquides se remarque aussi dans l'écriture démotique des anciens Égyptiens et dans celles des Libyens. Chez ceux-là, ce sont deux lignes inclinées, dont l'une, un peu plus longue, diffère surtout de l'autre par l'opposition d'un point diacritique correspondant au milieu de l'un de ses côtés ; chez les autres, ce sont une barre verticale pour le *nun* et deux barres verticales pour le *lamed* [1]. Ce rapport entre les deux lettres reporte la pensée

---

(1) Les deux barres sont évidemment la forme primitive qui a été, dans l'écriture cursive des Égyptiens, abrégée en une ligne latéralement ponctuée ; nous voyons aussi, pour plusieurs lettres de l'écriture des Berbères, les lignes dégénérer en points. L'alphabet libyen avait en outre de commun avec celui des Égyptiens le *mem* et le *resh*. Le *béth* des Libyens, qui représente l'œil, paraît à ce titre dériver directement des hiéroglyphes, et il semble par conséquent se rattacher, conformément au système phonétique des hiéroglyphes, au mot égyptien *bal*, qui signifie en effet *œil*. Les valeurs o, ou de l'*œil humain*, dans le système phonétique des hiéroglyphes égyptiens se rapportent facilement à cette détermination, car ce sont des altérations fréquentes de l'articulation B.

vers les langues orientales dans lesquelles ces lettres se confondent, ou mieux, dans lesquelles le *l* n'existe pas, mais est remplacé par le *n*. Je ne puis, à cette occasion, m'empêcher de faire observer que les deux figures phéniciennes, de même que le *nun* éthiopien, représentent le profil de l'organe qui donne au *n* sa désignation caractéristique.

Le *mem* et le *schin*, dans l'écriture primitive, ont aussi une grande ressemblance; le moyen de distinction consiste dans le plus ou le moins de longueur de la branche latérale; cette branche est toujours plus longue dans le *mem;* quelquefois elle est entièrement supprimée dans le *schin*.

Le *mem*, dans l'écriture occidentale, a une similitude marquée, non plus avec le *schin*, mais avec l'*aleph;* toutefois il y a encore un signe constant de distinction : c'est, pour l'*aleph*, un crochet ajouté à l'extrémité de l'une des branches entre-croisées ; quelquefois, cependant, le *mem* a un pareil crochet; alors l'*aleph* en a deux, un à l'extrémité supérieure de chaque branche.

Tout ce qui précède, relativement à la forme des lettres, témoigne des précautions que l'on prenait pour maintenir entre les caractères alphabétiques, nonobstant des ressemblances générales, les distinctions nécessaires au discernement du lecteur ; mais, par surcroît de prudence, une règle supérieure, que nous avons rappelée à l'occasion de la ressemblance du *vau* et du *caph*, suppléait à ce qui restait d'insuffisance dans les précautions de détail indiquées ci-dessus : c'était d'éviter d'employer les variantes similaires dans le même texte.

Les lettres se suivent ordinairement sans aucune distinction entre les mots. Quelquefois cependant cette distinction est marquée par un intervalle plus grand ; d'autres fois par un point. Aucun autre signe diacritique n'est usité. Cette absence de signe diacritique m'a fait confondre constamment le *sin* et le *schin*.

Il existe quelques ligatures, par exemple entre א et ג, ב et מ, מ et ר, מ et y.

Les lettres sont susceptibles des permutations qui ont été remarquées dans toutes les langues sémitiques. Ainsi le *hé* est souvent remplacé par l'*aleph* ou le *tau*, et c'est particulièrement un trait d'affinité avec les langues chaldéenne et syriaque. Rhenferd dit en effet, *Gramm. harm.* : « Hebræi *He* amant, reliqui vero cognati populi illud oderunt, ac proinde, ejus loco, in formatione vocum, *aleph* et aliquando *tau* usurpant. » Dans un cas, c'est le *chet* qui est substitué au *hé*. Dans un autre cas, le *chet* est lui-même remplacé par le *caph*. La mutation de l'*aleph* en *aïn*, dont on a des exemples sur les monuments de la Phénicie proprement dite, était fréquente dans l'Occident, particulièrement en Numidie. Ce fait confirme d'une manière fort curieuse une conjecture de Rhenferd, qui l'avait déduite de ce qu'étant en relation à Amsterdam avec des juifs de différentes contrées, il comprenait parfaitement ceux d'Allemagne, de Pologne, d'Italie, mais n'en entendait point un d'Oran, à cause de sa prononciation gutturale.

Le *zaïn* paraît n'avoir été que rarement employé ; il était remplacé par le *samech*. L'inscription de Marseille fait cependant une exception remarquable.

En Afrique, on paraît avoir eu aussi une grande répugnance pour le *chet*, car nous l'avons vu souvent supprimé en tête du mot הכן, et quelquefois à la fin de שבה.

Comme dans le chaldéen, le *thet* est quelquefois mis pour le *tsadé* dans les mots qui, en hébreu, ont cette dernière lettre, ou, au contraire, le *tsadé* pour le *teth*, et le *tau* pour le *schin*.

On trouve enfin le *lamed* pour le *resh* et le *mem* pour le *nun*.

Pour la forme, les lettres phéniciennes avaient, dans le dessin normal, une ressemblance presque complète avec les anciens caractères hébreux, tels qu'ils sont reproduits sur les médailles asmonéennes ; c'est dire qu'elles ont aussi une similitude prononcée avec les caractères samaritains. On en retrouve presque tous les traits dans l'écriture palmyréenne et dans les anciens caractères grecs. Elles ont aussi des affinités, mais moins nombreuses et moins immédiates, avec les alphabets éthiopien et himyarite. La poursuite de cette comparaison serait, je crois, susceptible d'intérêt ; mais elle entraînerait dans des développements qui n'auraient point ici leur place ; c'est un sujet qui mérite d'être traité à part.

CHAPITRE II.

Mots.

§ I. Des mots en général.

Les mots sont, comme dans toutes les langues sémitiques, variables ou invariables. Les premiers sont les noms et les verbes ; les seconds, les pronoms et les particules.

Les mots variables ont une partie immuable, le thème ou la racine ; elle est généralement formée de trois ou de deux lettres, rarement de quatre. Les variations dépendent de l'addition de serviles avant ou après le thème, jamais dans le corps même du mot. Ces serviles ont pour but tantôt de modifier l'expression elle-même, tantôt de marquer les inflexions.

Les mots dans la composition desquels entrent en hébreu des lettres muettes ou quiescentes n'ont point ordinairement cette superfétation dans le phénicien oriental, ni à l'époque carthaginoise du phénicien occidental. L'exclusion porte particulièrement, par conséquent, sur le *vau* et le *iod*[1]. Elle dominait aussi dans l'idiome himyarite. M. Fresnel dit en effet, dans ses notes si intéressantes sur les inscriptions himyarites (*Journ. asiat.*, sept. 1845), au sujet du *vau* : « On connaît la valeur du monosyllabe דו dans l'arabe ; son emploi est beaucoup plus fréquent dans le himyarite ou sabéen que dans le langage du Hédjâz ; mais, *selon l'antique orthographe sémitique*, il se trouve réduit à la lettre ד dans les inscriptions (*voy.* la *Gramm. hébr.* de Gesenius, p. 15 de la 9ᵉ édition). » Et plus loin, au sujet du *iod* : « Dans un cas comme dans l'autre, il est suivi du mot qui signifie *maison*, בת ou בית (écrit dans l'une *plene*, dans l'autre *defective*, selon l'orthographe antique qui supprimait le *mater lectionis*). »

Au contraire, dans le phénicien occidental de la basse époque, on voit souvent surabonder ces *matres lectionis*, et c'est presque toujours l'*aïn* qui en remplit l'office. On conçoit que loin, et par l'espace et par le temps, du berceau de la langue, les habitants des contrées dont il s'agit aient reconnu le besoin d'appuyer la prononciation sur un signe graphique. On sait que la langue samaritaine se fait remarquer aussi par l'emploi fréquent des voyelles-mères ; or, l'opinion des auteurs qui voulaient voir dans ce fait un argument en faveur de l'ancienneté de cet idiome se trouve infirmée par l'existence du même fait à l'époque de dégénérescence de l'idiome punique.

En principe donc, la racine phénicienne est réduite à l'expression la plus simple ; de là vient que, lorsque la seconde radicale est géminée en hébreu, elle reste simple en phénicien, et le mot est bilittère au lieu d'être trilittère ; mais quelquefois, dans l'écriture occidentale, par une conséquence de ce que nous venons de dire, la radicale médiale est représentée par un *vau* ou un *aleph;* ainsi, au lieu de קלל, on trouve קל, קיל, קאל. L'hébreu possède beaucoup d'exemples pareils.

§ II. Nom.

Parmi les variations dont les noms sont susceptibles, se présentent d'abord celles qui marquent le genre et le nombre.

Le masculin n'a aucun signe au singulier ; c'est la racine pure. On ne connaît aucun exemple de duel, malgré la conjecture émise à ce sujet par M. de Saulcy, et dont il a été question à la page 56.

---

(1) Barthélemy avait déjà dit : « On supprimait souvent phéniciennes. » *Mém. de l'Acad. des inscript.*, in-4°, le *iod*, j'en trouve plusieurs exemples sur les médailles t. XXX, p. 414; in-12, t. LIII, p. 37.

La différence que cette particularité semblerait établir entre le phénicien et les langues sémitiques, notamment l'hébreu, pourrait bien, à l'égard de la dernière langue du moins, n'être qu'apparente ; on lit en effet à ce sujet dans la grammaire de Fabre d'Olivet : « Le troisième nombre, appelé *duel*, n'est qu'une simple restriction de la pensée, une modification du pluriel, que la tradition seule a pu conserver à l'aide de la ponctuation chaldaïque. Ce nombre restreint, en passant dans quelques langues dérivées, a bien pu y constituer un nombre caractéristique au moyen des formes qu'il y a revêtues ; mais il est visible que la langue hébraïque ou l'eut d'abord seul, ou ne le distingua du pluriel que par une simple inflexion de voix trop peu sensible pour que le signe l'exprimât ; car il faut soigneusement remarquer que ce n'est jamais le signe qui l'exprime, mais la ponctuation, du moins dans les noms masculins ; quant aux noms féminins, qui, dans le nombre *duel*, se couvrent des mêmes caractères qui indiquent le pluriel masculin, on pourrait, à la rigueur, les considérer comme appartenant au genre commun. »

Le pluriel masculin a pour marque un *mem* suffixe. C'est l'exposant hébraïque, moins le *iod* dont ce *mem* est précédé en hébreu.

Le féminin, dans les noms qui ont une motion et dans les adjectifs, est presque toujours un *tau* suffixe, tant au singulier qu'au pluriel ; quelquefois, au singulier, un *aleph*. On trouve dans des conditions données de fréquentes applications de l'emploi de la première de ces consonnes pour la même fonction en hébreu, en chaldéen et en syriaque ; mais ce n'est que dans l'ancienne langue des Égyptiens et dans celle des Libyens ou des Berbères qu'on en rencontre l'usage constant comme ici, et c'est dans l'écriture hiéroglyphique de la première de ces langues que l'on en découvre la raison. En effet, le signe figuratif qui représente dans ce cas le T est, comme on le sait, le segment de sphère. Salvolini n'avait trouvé à comparer cette figure qu'à un polissoir, mais, à mon avis, c'est certainement le profil d'une mamelle, comme le *thêta* grec en est la représentation de face ; l'une et l'autre de ces images ont été choisies pour rappeler le bruit de succion de l'enfant qui tette, bruit auquel correspondait le son que la prononciation de la lettre devait faire entendre. Or c'est parce que cette mamelle est l'emblème de la femme qu'elle a été naturellement adoptée pour exprimer le genre féminin ; c'est cette idée qui a fait dire en grec, de Θηλὴ, mamelon, Θηλυκὸς, *du genre féminin en terme de grammaire*.

Les noms ethniques et patronymiques ont, comme en hébreu et dans les autres langues affines, une forme particulière au singulier masculin ; elle consiste dans l'addition d'un *iod* suffixe. Pour le féminin et le pluriel, ces noms ne diffèrent pas des noms ordinaires, exemple : צד, *Sidon*, צדני, *Sidonien*, צדנת, *Sidonienne*, *Sidoniennes*, צדנם, *Sidoniens*.

Les noms de nombres cardinaux sont entièrement semblables à ceux des Hébreux, si ce n'est que, lorsque ceux-ci sont terminés par ח ou par ם, ils le sont, en phénicien, par ת ou par ם, conformément à ce qui a lieu pour les autres noms.

§ III. *Verbe.*

Le verbe, dont la 3ᵉ pers. sing. masc. du prétérit de la forme primordiale présente le thème, reçoit des affixes qui marquent les autres personnes et les autres formes.

On n'a trouvé qu'une partie des éléments de trois conjugaisons, le kal, le niphal et le hiphil.

Pour le futur, on ne connaît que la 2ᵉ et la 3ᵉ pers. sing. masc., la 3ᵉ pers. fém. sing. du kal, et la 3ᵉ pers. sing. masc. du hiphil.

La préformante de la 2ᵉ pers. sing. masc. est le *tau*, comme en hébreu, en chaldéen, en syriaque et en arabe.

La préformante de la 3ᵉ pers. sing. est pour le masc. et le fém. le *iod*, qui joue le même rôle, mais pour le masculin seulement, en hébreu et en chaldéen. La 3ᵉ pers. sing. fém. a en outre, pour adformante, un *tau*. Dans les langues affines, ce *tau* est préfixe et le *iod* est supprimé. La forme phénicienne est en même temps plus logique et plus claire, puisque, d'une part, elle conserve l'analogie avec la 3ᵉ pers. masc. par le maintien du *iod* préfixe ; d'une autre part, elle prévient la confusion avec la 2ᵉ pers. masc., qui a elle-même pour caractère le *tau* préfixe. Outre le cas analogue que nous avons déjà emprunté à l'hébreu et que nous avons cité à la page 168, on peut rattacher encore à cette forme le mot dit *androgyne* par les grammairiens ויחמנה (Gen., xxx, 38). C'est la 3ᵉ pers. plur. fémin. qui a en préfixe, de même que pour le cas du singulier, que nous regardons comme la règle en phénicien, le *iod* caractéristique du temps, et en suffixe la marque du genre féminin. Cette forme de la 3ᵉ pers. plur. est normale en chaldéen.

Dans le hiphil, on doit remarquer, à la 3ᵉ pers. masc. sing. du futur, la persistance du *hé* caractéristique, qui est élidé en hébreu. Il en était probablement de même pour tous les cas analogues. C'est le maintien de la forme primitive.

Dans le prétérit, les adformantes personnelles sont toutes suffixes.

La première personne sing. est commune ; c'est l'*aleph*. Nous avons longuement expliqué comment cet exposant, que nous regardons comme primitif, se rattache aux exposants plus récents et actuellement connus de l'hébreu, du chaldéen et du syriaque. Nous devons ajouter ici qu'on trouve dans la langue égyptienne un reste remarquable de cet emploi ; ce fait est exprimé comme il suit par M. Bunsen (ouvrage cité, tome I, p. 557) : « *a . ich... Das a bezeichnet die Begriffe ego und me in der Verschmelzung des Verbal-Praefixes der ersten pers. sing. mit conjunctionen.* »

L'adformante de la 3ᵉ pers. fém. sing. est *tau*, comme en chaldéen, en syriaque et en arabe ; celle de la 1ʳᵉ pers. plur. est commune ; c'est *nun*, de même aussi qu'en chaldéen et en syriaque. La même formative, mais préfixe, servait aux anciens Égyptiens et sert aux Berbères.

La 3ᵉ pers. plur. masc. est un *mem* qui a sa source en hébreu, comme nous le verrons en parlant du pronom. On n'a point trouvé d'exemple de cette personne au féminin.

Il y a une remarque très importante à faire au sujet des trois premières *adformantes* que nous venons d'indiquer, savoir : א, 1ʳᵉ pers. sing. c. — נ, 1ʳᵉ pers. plur. c. — ת, 3ᵉ pers. fém., tant sing. que pl., c'est qu'au futur, aussi bien en hébreu qu'en chaldéen et en syriaque, ces lettres sont précisément les préformantes des mêmes personnes.

En résumé, les formes verbales connues peuvent constituer le paradigme suivant :

PREMIÈRE FORME.   **DEUXIÈME FORME.**

Prétérit.   *Prétérit.*

Sing. 1ʳᵉ p. c. . . . . קטל א   Sing. 3ᵉ p. m. . . . . קטל ב
— 3ᵒ — m. . . . . קטל   *Participe.*
— — f. . . . . קטל ת   Sing. m. . . . . קטל ב
Plur. 1ʳᵉ p. c. . . . . קטל ן
— 3ᵒ — m. . . . . קטל ם   **TROISIÈME FORME.**

Futur.   *Participe.*

Sing. 2ᵉ p. m. . . . . קטל ת   Sing. m. . . . . קטל מ
— 3ᵒ — . . . . קטל י
— — f. . . . . קטל ת   **CINQUIÈME FORME.**

Participe.   *Futur.*

Sing. m. . . . . קטל   Sing. 3ᵉ p. m. . . . . קטל ה י

Il paraît, d'après l'exemple de שמעא, fourni par plusieurs inscriptions numidiques, que, lorsque la troisième radicale est un *aïn*, cet *aïn*, à la 1ʳᵉ pers. sing. du prétérit, est transposé entre les deux autres radicales pour éviter son concours avec l'*aleph* affixe.

§ IV. *Pronom.*

Les pronoms personnels sont isolés ou affixes.

Parmi les premiers, on ne connaît que celui de la première pers. sing. אנך. On doit le rapporter à אנכי des Hébreux par la suppression du *iod* quiescent. La forme phénicienne est entièrement semblable à celle des Égyptiens. Les Berbères disent נך; c'est évidemment le même pronom avec la suppression de l'*aleph* initial, suppression propre à leur idiome; ils tiennent probablement ce mot fondamental des Égyptiens, comme celui de *mis*, *fils*, et c'est une donnée de plus pour autoriser à admettre la possibilité de l'emprunt à la même source du terme *ké* ou *shé*, synonyme du précédent[1].

Champollion dit en effet, dans sa *Gramm. égypt.*, au sujet du pronom de la 1re pers. sing., paragr. 206 : « 1)ANK ou ANGH, *moi*. 2)NK ou NGH et NOK en suppléant la voyelle, » et il ajoute immédiatement, au sujet de cette seconde orthographe : « C'est ici *la forme primitive* du pronom, car le signe de voyelle (une plume) dans la forme ANK est purement euphonique, ainsi que l'A de la forme ANOK (copte); ces voyelles ne sont point radicales, comme le démontrent d'ailleurs les formes des autres pronoms NTOK, NTOF, NTOS, dans la prononciation desquels on suppléait aussi cette voyelle initiale. »

Les pronoms affixes nominaux ou possessifs sont :

1re pers. sing. comm. . . . . י — .	3e pers. sing. fém. . . . . ת — .
2e — — . . . . ך — .	1re — plur. comm. . . ן — .
3e — — masc. . . . ו — .	3e — — masc. הם ou מו — .

Il est entendu que les genres et les nombres se rapportent, non à l'objet possédé, mais au sujet possédant.

---

(1) Il existe encore dans la langue berbère un mot fondamental מזואר, MEZOUAR, *grand cheik de tribu*, qu'il me semble impossible de ne point assimiler au mot des textes démotiques égyptiens que M. de Saulcy (*Anal. gramm. du texte dém. du décret de Rosette*, pages 82 et suivantes) lit MATOUER ou METOUER, et qu'il rend par *grand, puissant dans la multitude*. L'adoucissement de la dentale n'a certainement rien que de très ordinaire.

Les rapports de la langue berbère avec la langue égyptienne ne se bornent pas aux exemples signalés jusqu'ici; il en est d'autres, parmi lesquels nous citerons, comme très remarquable, l'addition d'un *sin*, ou S, au commencement des verbes pour leur communiquer l'énergie transitive ou impulsive, tels que : ELS, *s'habiller*; SELS, *habiller*; IOUOUA, *cuire*, SEOU, *faire cuire*; EKKER, *se lever*, SEKKER, *faire se lever*, *éveiller*; ITTHETH, *teter*, SOUTHETH, *faire teter*, *donner à teter*; NEGH, *brûler*, v. n., ESREGH, *brûler*, v. a. Or on trouve dans la *Gramm. égypt.* de Champollion, paragr. 286 : « La plupart des verbes sont susceptibles de prendre la forme *transitive* ou *relative* par la simple addition d'un S placé en initiale : OUSCH, *être large*, SOUSCH, *élargir*; HAAK, *être joyeux*, SHAAK, *réjouir*; KÔ, *placer*, SKÔ, *faire placer*; MOUI, *briller*, SMOUI, *faire briller*, etc. » Salvolini (*Camp. de Rhamsès*, p. 114 et suiv.) a étendu cette règle à la langue copte et prouvé que le verbe SOUÔN, entre autres, qui signifie *ouvrir*, vient, au moyen de ce crément, de OUÔN, *ouvert*.

Le S suffixe, au contraire, représente le pronom de la 3e pers. sing. masc. en régime, et nous avons vu que le libyque possède aussi cet exposant. Les grammaires coptes ne signalent point cette forme; mais la *Gramm. égypt.* de Champollion, paragr. 232, contient ce passage fort important : « Les textes hiéroglyphiques et hiératiques font un usage assez fréquent d'un pronom affixe de la 3e pers. masc. sing. représentant le complément direct du verbe, et dont il ne reste aucune trace bien marquée dans la langue copte. Ce pronom semble avoir été employé presque exclusivement pour tenir la place des noms propres des souverains de l'Égypte; cette espèce de pronom royal, tout phonétique, consiste dans la syllabe sou (le roseau S, et la *caille* ou). Il se place immédiatement à la suite du verbe... On employait quelquefois ce pronom sous la forme S (le *roseau* seul, ou les *deux sceptres horizontaux affrontés*, ou le *trait recourbé*). Salvolini, dans son *Anal. grammat.*, pag. 119 à 122 et 162 à 166, a particulièrement approfondi ce sujet et prouvé que des traces de ce pronom ont été conservées dans le copte; ses observations rendent plus évident encore le rapprochement que nous venons d'établir, sur ce point, avec le berbère et le libyque.

Le *iod* est commun à l'hébreu, au chaldéen, au syriaque, à l'arabe et à l'égyptien;
Le *caph* à l'hébreu, au chaldéen, à l'arabe et à l'égyptien;
Le *vau* à l'hébreu et à l'égyptien;
Le *tau* est propre au phénicien;
Le *nun* se rattache à l'hébreu, en sous-entendant le *vau* quiescent, comme אנך pour אנכי; ce *nun* est le pronom suffixe de la même personne en syrien et en égyptien. De Guignes, dans son *Mém. hist. et crit. sur les langues orientales*, avait déjà dit : « Le mot *adonan* de l'inscription de Malte est dans la forme syrienne. »

Enfin הם ou ם, que l'on ne trouve point écrits sur les monuments phéniciens proprement dits, doivent se supposer, en raison de quelques mots du *Pœnulus* de Plaute. Ce sont les formes hébraïques.

Les adformantes verbales dérivent aussi des pronoms personnels, et il est facile de saisir les traces de filiation. Le *iod* préfixe du futur, 3º pers. sing. masc., a probablement été substitué au *vau*, avec lequel il a tant d'analogies, pour prévenir les erreurs qu'aurait pu entraîner la confusion avec les autres fonctions de ce *vau*.

Les pronoms relatifs et démonstratifs ne sortent pas des données hébraïques, à l'exception de la forme אש employée comme abréviation de אשר, à l'instar du *schin* en hébreu, lequel est d'ailleurs usité aussi, dans le même sens, en phénicien. Pour les autres pronoms relatifs ou démonstratifs, il n'y a pas lieu de s'y arrêter; il n'y a à faire, sur ce point, que des remarques particulières, et elles ont trouvé place lorsque les cas se sont présentés.

§ V. *Particules.*

On peut en dire autant des particules. Cependant il en est quelques-unes sur lesquelles il n'est peut-être pas inutile de ramener un instant l'attention.

En premier lieu se présente l'article, que nous avons vu exprimé tantôt par *hé*, tantôt par *aleph*. L'une et l'autre de ces formes se présente en Orient et en Occident; la seconde paraît cependant prédominer en Orient, la première en Occident. On rencontre les deux modes sur des monuments de la même localité; une fois, entre autres, sur la même pierre, celle d'Ipsamboul. Mais l'on doit se rappeler que, dans ce dernier cas, il y a deux épigraphes gravées par des individus et dans des temps différents. Les autres exemples sont fournis par les monnaies de Cadix; chacune des variantes de l'article, sur ces monnaies, coïncide toujours avec la même des variantes synonymiques בעלת et מבעל, ce qui indique aussi des époques différentes. Or, comme sur tous les monuments carthaginois l'article est rendu par *hé*; que, d'un autre côté, sur les monnaies de Cadix où se trouve l'*aleph*, il existe aussi un *mem* de forme primitive, et qu'il n'est pas probable que ce *mem* date d'une époque inférieure à celle des inscriptions carthaginoises, on doit penser que l'*aleph* est la forme primitive de l'article; cette opinion s'accorde avec le double fait de l'emploi de l'*aleph* en Orient, par exemple, sur quelques épigraphes de Citium, et de l'existence du même article sur la partie de l'inscription d'Ipsamboul qui appartient au premier personnage.

Il ne reste à faire remarquer, relativement aux particules, que l'échange de significations entre le *vau* et le *caph*, qui a lieu sur quelques monuments numidiques. Voyez ce qui a été déjà dit à ce sujet, d'une part, aux pages 70 et 71, de l'autre, aux pages 211 et 212.

CHAPITRE III.

Syntaxe.

La syntaxe hébraïque est fort simple ; beaucoup plus simple encore est celle qu'il est possible de déduire des textes phéniciens arrivés jusqu'à nous ; aussi n'avons-nous ici que très peu de développements à lui donner.

Les rapports des noms entre eux s'expriment soit par la juxta-position, soit par l'interposition de particules.

Dans les cas de juxta-position, le premier nom est toujours le sujet. Il n'y a, du moins pour les textes lapidaires, aucune modification orthographique ; mais dans le texte purement phonétique de Plaute, lorsque le sujet est au pluriel masculin, il perd, comme en hébreu et en chaldéen, le *mem* suffixe, et se termine en *i*, exemple : *Ischi dobrim*,

La répétition du même nom emporte, comme en hébreu, l'idée d'emphase ; ex. : עד עד, *rapt! rapt!* c'est-à-dire *rapt au-dessus de toute expression!*

Parmi les particules employées pour énoncer les rapports des noms, nous devons expressément rappeler l'usage du *schin* comme exposant du cas oblique, usage dont nous avons vu un exemple aussi dans l'hébreu numismatique. Les autres modes n'ont rien d'insolite. L'article s'emploie dans les mêmes cas que dans les autres langues sémitiques, mais plus rarement.

La signification qualificative se rend ou par la juxta-position de deux substantifs, dont le conséquent exprime la qualité, ou par l'adjonction d'un qualificatif proprement dit au substantif.

Dans le dernier cas, l'adjectif doit être en concordance de genre et de nombre avec le substantif ; les inflexions qui satisfont à cette concordance sont, du reste, les mêmes que pour les substantifs, savoir *mem* suffixe pour le masculin pluriel, et *tau*, suffixe aussi, pour le féminin singulier ou pluriel.

Il doit y avoir pareillement concordance de genre et de nombre entre le sujet et le verbe ; mais cette règle souffre, comme en hébreu, de fréquentes exceptions.

De Guignes, dans le Mémoire que nous avons déjà plusieurs fois cité, dit sur ce point : « Il est dans l'ordre de la nature de mettre une certaine symétrie dans le discours, c'est-à-dire de faire accorder entre elles toutes ses différentes parties, de se servir du singulier s'il ne s'agit que d'un seul, du masculin s'il est question de ce genre. Ce sont des principes qui tiennent à la nature et qui sont la suite nécessaire des premières réflexions ; aussi sont-ils communs à toutes langues, et n'a-t-on pas eu besoin de convention pour les établir ; mais il en existe en même temps d'autres qui sont propres à chaque langue et qui en sont comme le caractère distinctif ; ils forment une espèce de syntaxe nationale et construisent les idiomes particuliers ; cependant ils supposent toujours les premiers après lesquels ils marchent. Ces premiers existent donc dans les langues orientales (celles que parlaient les Égyptiens, les Hébreux, les Phéniciens, les Syriens, les Chaldéens, et que parlent encore aujourd'hui les Arabes et les Éthiopiens) ; mais, d'après les principes particuliers, c'est une élégance dans ces langues de s'en écarter en quelques occasions : un verbe au singulier s'accorde donc avec un nom qui est au pluriel. En hébreu on fait accorder souvent un adjectif masculin avec un substantif féminin ; cette irrégularité existe entre un verbe et un nom substantif : celui-ci féminin s'accorde avec un verbe qui est au masculin. La même discordance est dans les personnes. »

Le verbe peut précéder le sujet, et c'est particulièrement dans ce cas qu'il ne répond pas au genre ou au nombre du sujet, si celui-ci est féminin ou pluriel.

Le verbe, à son tour, peut être placé après le régime.

Ces inversions sont communes aussi aux langues sémitiques.

Le verbe substantif est quelquefois remplacé par les pronoms personnels, comme אנך, *moi*, pour *je suis*.

Le régime direct des verbes, dans les textes lapidaires, n'a aucune préposition intermédiaire ; le texte du *Pœnulus* se rapproche davantage, en ce point comme en quelques autres, de l'hébreu en ce que l'on trouve, dans le cas dont il s'agit, la particule את.

Les numératifs cardinaux se mettent quelquefois avant, le plus souvent après le nom de l'objet compté ; les chiffres paraissent se placer toujours après le substantif. Les nombres les plus élevés marchent constamment les premiers, du moins dans les textes parvenus jusqu'à nous.

Le pronom relatif sert, de même qu'en hébreu, à exprimer la relation qui est entre une proposition conjonctive et le nom qualifié par cette proposition, sans toutefois remplir, comme dans plusieurs langues, la fonction de sujet ou de complément dans la préposition conjonctive elle-même (Glaire, *Gramm. hébr.*, p. 118) ; ainsi, dans la *vingt-deuxième numidique*, pour dire : « Schiaïah, *cujus interitus*, etc., » nous avons vu : « רעו ... ש, *qui* ... *interitus ejus.* »

L'article joue quelquefois le rôle de démonstratif, comme dans ce passage de la première inscription de Nora, page 186 : « . . האשל, *hunc* lucum... » Il remplit quelquefois aussi cet office en hébreu.

Les autres particules se comportent comme dans les langues affines ; ce que nous nous bornerons à rappeler à leur occasion, c'est que, de même qu'en hébreu, elles peuvent s'unir à deux, comme עלמך, dans la *quatrième athénienne*, page 84, quelquefois même à trois, comme למב, dans la *deuxième citienne*, page 81. Le contexte, dans ces cas, indique jusqu'à quel point leurs significations propres doivent aussi se combiner.

CHAPITRE IV.

Conclusion.

Si, arrivé au terme de cet ouvrage, on veut bien reporter un regard sur l'ensemble, il paraîtra, je l'espère du moins, que la plupart des interprétations proposées sont en harmonie avec la destination des monuments. Cet accord tend puissamment à prouver la vraisemblance de ces interprétations, et en même temps, ce qui est plus important, la justesse des déterminations alphabétiques auxquelles nous nous sommes arrêtés ; il y a appui réciproque entre ces deux résultats. Quelques interprétations cependant ne sont que conjecturales ; mais, dans presque tous ces cas, ce n'est pas la valeur des lettres qui fait doute, c'est leur jeu, leur combinaison, et ce sont, par conséquent, de ces difficultés auxquelles n'échappent pas toujours les textes lapidaires des langues antiques les mieux connues.

Une seconde déduction à tirer des interprétations que nous avons données, c'est que les traditions historiques relatives aux analogies et aux affinités de la langue phénicienne, traditions que nous avons exposées dans notre premier chapitre, se trouvent pleinement confirmées. En effet, nous avons constaté les rapports les plus nombreux, une similitude presque complète avec la langue hébraïque ; les différences que nous avons remarquées ont trouvé leur explication le plus souvent dans la langue araméenne, et quelquefois dans la langue égyptienne. Il y a d'ailleurs avec ce dernier idiome des analogies communes à la langue hébraïque et surtout à la langue araméenne qui achèvent de justifier la déclaration de saint Jérôme sur ce point.

La langue libyque nous fournit pareillement l'occasion de reconnaître la vérité d'une assertion d'Hérodote, liv. II, ch. XLII, savoir que cette langue, ou, ce qui revient au même, celle des Ammoniens participait de l'idiome des Égyptiens. Nous avons vu que la langue berbère, dont nous croyons avoir prouvé l'identité avec l'ancien libyen, conserve des traces manifestes de cette participation.

Les textes phéniciens que nous avons analysés n'ont pas seulement fourni la preuve de la parenté étroite de cette langue avec celle des Hébreux ; ils ont même, dans plusieurs cas, éclairci la signification de certains mots de cette dernière langue, ou de certaines formes verbales qui ne s'y sont conservées qu'exceptionnellement.

Outre le rapprochement linguistique, nous avons pu remarquer, entre les Phéniciens et les Hébreux, une grande conformité, non pas assurément de dogmes religieux, mais de pratiques de culte, de traits de mœurs et de maximes de conduite ; ces maximes respirent toutes des principes auxquels nous ne pouvons encore qu'applaudir.

En dehors de ces rapports, l'étude des monuments phéniciens, si nous les avons bien compris, a révélé quelques faits historiques et géographiques dignes peut-être de quelque intérêt, tels que l'origine réellement phénicienne des rois de l'Égypte nommés *Hycsos*, les vestiges d'influence persane en Afrique, le véritable nom phénicien de Ghelma, lequel exclut celui de Suthul qui, nonobstant l'invraisemblance, conservait encore des partisans [1].

N'est-ce pas enfin un grand fait historique aussi à célébrer que l'exhumation même de tous ces monuments sur la circonférence de la Méditerranée, sur la plupart des îles qui en hérissent la surface, et jusque sur les bords de l'océan Atlantique ? Certes en achevant ce vaste périple, qui laisse encore en dehors bien des régions anciennement occupées et fréquentées par les Phéniciens, nous pouvons, en pleine justice, répéter notre épigraphe : « Ce sont ces hommes puissants qui avaient acquis, dès les temps les plus reculés, un si grand renom ! »

Parmi les lieux divers sur lesquels nous nous sommes arrêtés pour lire les restes épars de la langue de ce peuple entreprenant, *disjecti membra poetæ*, il en est un surtout qui doit particulièrement fixer notre attention et par le grand nombre de monuments qu'on y a déjà découverts, et par la probabilité qu'il en fournirait d'autres très importants peut-être à une habile exploration, et par l'intérêt que nous avons à recueillir les titres d'illustration d'une contrée passée sous notre domination ; nous voulons parler de l'Afrique française. Et ce ne sont pas seulement les monuments de la langue des Phéniciens qu'il importerait de rechercher avec activité, avec suite, avec méthode, de recueillir, de réunir et de conserver ; ce sont aussi et plus particulièrement encore les débris de la langue libyque, presque entièrement à reconstituer et si digne d'exciter le zèle des savants à raison du rôle qu'a joué jadis le peuple si répandu et si actif qui la parlait, à raison aussi de sa persistance parmi les descendants de ce peuple indompté qui gardent encore les sommets de l'Atlas et la nomment avec un légitime orgueil la langue des hommes libres. Si l'on continue de n'y point veiller, les progrès de la civilisation feront bientôt disparaître ces restes précieux, et c'en sera fait pour toujours des enseignements que la prévoyance trompée de l'antiquité avait paru vouloir nous léguer ; c'en sera fait des traditions ethnologiques et historiques qui vivent sous ces antiques linéaments que le temps et les bouleversements politiques avaient, comme à dessein, respectés.

Nous ne saurions donc avec trop d'instance émettre le vœu que des mesures efficaces soient prises pour la recherche et la conservation des monuments de cette nature qui doivent être enfouis sous la surface du sol que creuseront bientôt, il faut l'espérer, dans une plus grande étendue, les fondations de nos constructions, ou que remuera en divers sens le soc de la charrue. Nous croirions avoir le droit de nous féliciter si, pour notre faible part, nous réussissions à at-

---

(1) J'ai essayé de réfuter cette opinion dans mon *Essai sur la langue phénicienne*. Depuis, on a transporté le nom de Suthul à Hanschir-aïn-Nechma, amas de ruines voisin de Ghelma. Je n'admets pas davantage cette désignation et je persiste à confondre, ainsi que Barbié du Bocage, Suthul avec Sufetula.

tirer, par l'intérêt de ces recherches et de ces études, de nouveaux prosélytes à la cause civilisatrice de notre colonisation ; aussi avons-nous été heureux de pouvoir, en cédant à l'inspiration de notre plus ancienne amitié, faire pressentir notre intention finale en mettant, dès le début, cet ouvrage sous les auspices du magistrat, si digne de sa mission, entre les mains duquel se trouve placé l'instrument le plus propre à servir cette grande et belle cause.

FIN.

TABLE ALPHABÉTIQUE.

Abdère, *page* 161.
Aco, 120.
Affinités, 3, 225.
Afrique, 2, 137.
Aïa, 180.
Arad, 85, 109.
Article, 26, 31, 232, 233, 234.
Aspis, 196.
Athènes, 2, 107.
—— 1re inscription, 20, 21; — 2e inscr. 21, 29; — 3e inscr. 23, 31; — 4e inscr. 21, 79; — 5e inscr. 127.
Baalbek, 122.
Bagé, 125.
Balanée, 112.
Belo, 165.
Béryte, 115.
Besippo, 162.
BOCCHUS, 159.
BOCCUD, 156.
Borgia (papyrus de), 85.
Bulla regia, 149.
Byblos, 111, 115.
Byzacène, 143.
Cadix, 29, 161.
Calama, 153.
Cappadoce, 122.
Carné, 85, 111.
Carpentras (bas-relief de), 88.
Carthage, 1re inscription, 44, 72, 145; — 2e inscr. 44, 72, 145, 151; — 3e inscr. 41, 72, 145, 151; — 4e inscr. 44, 145; — 5e inscr. 41, 72, 145; — 8e inscr. 147; — 9e inscr. 147; — 11e inscr. 92, 146; — 12e inscr. 45, 72, 145; — 13e inscr. 147; 14e inscr. 45, 72, 145, 151; — 15e inscr. 147; — (médailles de) 193, 198.
Catane, 197.
Céphalédium, 201.
Césarée, 159.
Chiffres, 84.

Chypre, 128.
Cilicie, 122, 125.
Cirta (inscript. de), 63.
—— (médailles de), 156.
Citium, 2, 128.
—— 2e inscr. 80; — 3e inscr. 80; — 4e inscr. 95, 147; — 5e inscr. 129; — 7e inscr. 95; — 8e inscr. 95; — 12e inscr. 129; — 17e inscr. 129; — 20e inscr. 128; — 21e inscr. 129; — 23e inscr. 80; — 24e inscr. 128; — 30e inscr. 129; — 34e inscr. 130; — 35e inscr. 130.
Conclusion, 234.
Constantine, 63, 156.
Cossyre, 175, 178.
Cyrène, 136.
Ébusus, 33, 35, 85, 89, 175.
Égypte, 131, 133.
Enna, 202.
Enosis, 182.
Eryx, 85.
Espagne, 161.
Gabala, 112, 114.
Gerbé, 178.
Ghelma, 151.
Gibel, 111, 115.
Grammaticale (synthèse), 225.
Grèce, 127.
Guiza, 158.
Hauschir-aïn-Nechma, 151, 155.
Héraclée, 200.
HIEMPSAL II, 150.
Himère, 197.
Hippo regius, 149.
Historique, 4.
Iol, 158.
Ipsamboul, 26, 133.
JUBA Ier, 34, 150, 157.
JUBA II, 89, 150, 155, 157, 159.
JUGURTHA, 150.
Lamasba, 149.
Lambesa, 149, 151, 156.

Laodicée, 117.
Lamed préfixe, 20.
Leontini, 198.
Leptis, 140.
Lettres, 225.
Libyque (langue), 203, 231, 234.
Lix, 23, 29, 158, 160.
Londres (bas-relief de), 131.
Lydie, 122.
Macarée, 137.
Mahon, 197.
Malaca, 35, 153, 161.
Malte, 2, 179.
—— 1re inscription, 37, 71, 179; — 2e inscr. 90, 180; — 3e inscr. 74, 180; — 4e inscr. 76, 180.
Marathus, 85, 89, 112.
Marseille, 153.
MASSINISSA, 150.
Mauritanie, 158.
Mazaca, 123.
Mem préfixe, 29.
Mem suffixe, 20.
Minorque, 177.
Mots, 227.
Motya, 201.
Nom, 228.
Nora, 83, 187.
Numidie, 149.
—— 1er inscr., 50, 73, 150; — 2e inscr. 46, 72, 150; — 3e 49, 73, 150; — 4e inscr. 52, inscr. 73, 150; — 5e inscr. 107, 150; — 6e inscr. 96, 150; — 7e inscr. 96, 150; — 8e inscr. 150; — 9e inscr. 74, 150, 153; — 10e inscr. 56, 73, 150; — 11e inscr. 56, 73, 150, 153; — 12e inscr. 56, 74, 150, 153; — 13e inscr. 74, 150, 153; — 14e inscr. 150, 153; — 15e inscr. 96, 102, 150; — 16e inscr. 96, 102, 150; — 17e inscr. 96, 102, 150; — 18e inscr. 96, 102, 150; — 19e inscr. 101, 150;

20ᵉ inscr. 101, 150; — 21ᵉ inscr. 98, 150; — 22ᵉ inscr. 102, 150; — 23ᵉ inscr. 63; — 24ᵉ inscr. 152; — 25ᵉ inscr. 63, 150, 152; — 26ᵉ inscr. 155.
Oéa, 137.
Panorme, 181, 192.
Particules, 232.
Plaute, 1, 6, 19.
Pœnulus, 1, 6, 19.
Pronom, 231.
Sabratha, 30, 142.

Saint Pantaléon, 202.
SALAMBO, 189.
SALATIS, 132.
Salla, 159.
Sardaigne, 182.
Sex, 23, 29, 161.
Sicile, 191.
Sidon, 19, 22, 118.
Siga, 159.
Simittu, 150.
Subtuttu, 137.
Sulcis, 187.

Syracuse, 198.
Syrtique, 137.
Tenès, 78.
Thugga, 2, 151, 203.
Tingis, 159.
Tipasa, 151.
Turin, 85.
Tyr, 19, 22, 31, 120.
Verbe, 229.
Zeugitane, 143.

FIN DE LA TABLE ALPHABÉTIQUE.

ATLAS

Langue Phénicienne. — Alphabet.

Pl. 1.

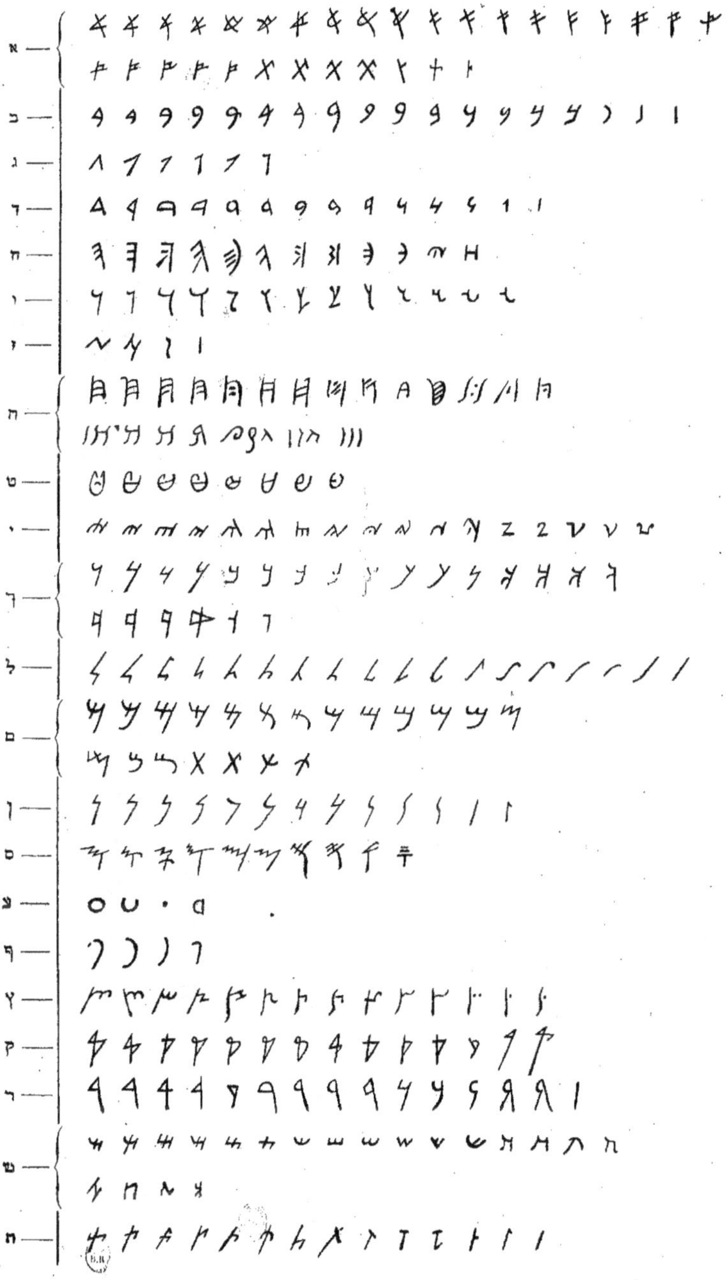

Légendes de Médailles et de Cachets.

Pl. 2.

1. Carné.	2. Arad-Carné.	3. Carné &c.	4. Beryte.	5. Aco.	Baalbec. 6. 7.

8. Cyrene.	10. Tipasa.	12. Civta.	13. Jol.	14. Césarée.

15. Siga.
A   B

Lix.
16.   17.   18.   19.   20.

21. Bésippo.	22. Malaca.	23. Sexti.	24. Mahon.	25. Cnosis.

Xia.
26.   27.   28.   29.   30. Himère.   Catane. 31. 32.   Syracuse. 33. 34.

35. Agrigente.	36. Motya.	37.	39. A B	40.

38.

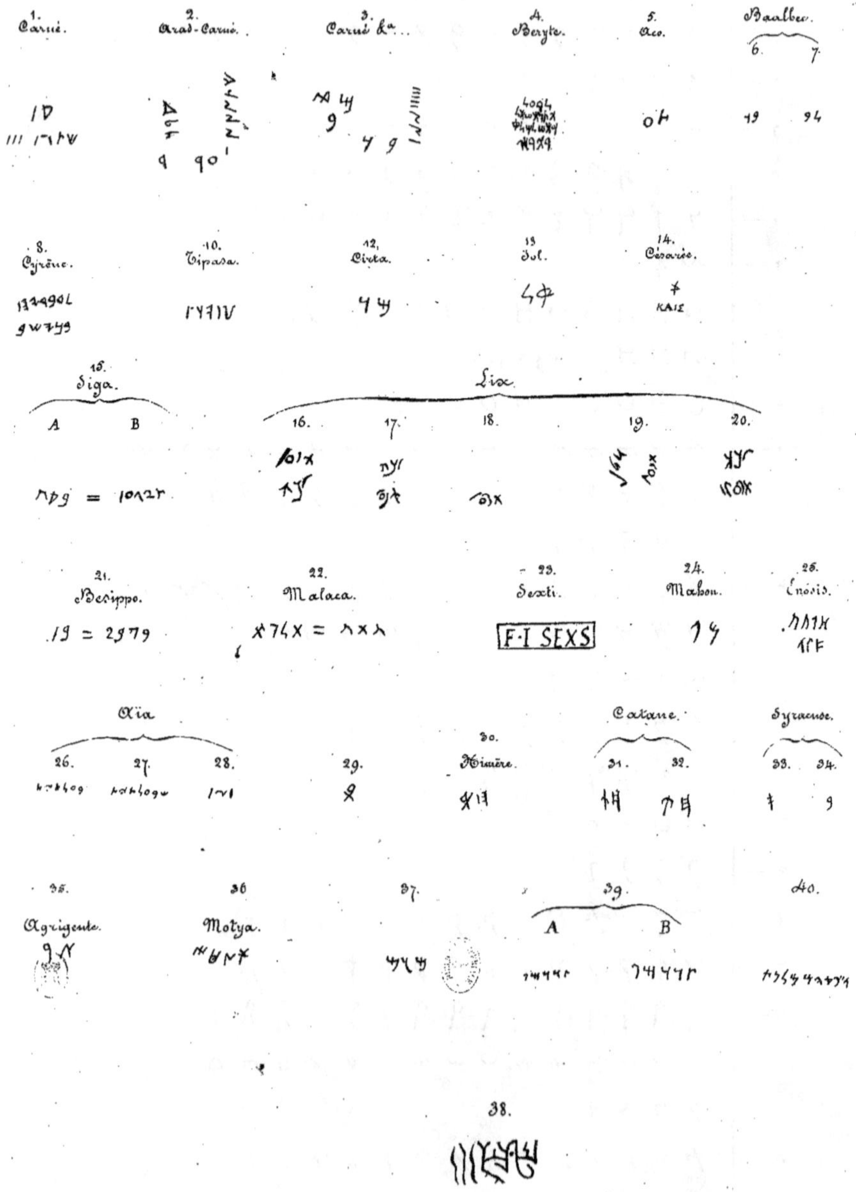

Troisième Athénienne

ΕΡΗΝΗ:ΒΥΙΑΝΤΙΑ

Quatrième Athénienne Pl. 4.

ΑΣΕΓΤΕΣΥΜΣΕΕΛΗΜΟΥΣΙΔΩΝΙΑ

Cinquième Athénienne

Trente cinquième Citienne

Ipsamboul.
1ère Partie.

PL 6.

[Inscription in ancient script]

2ème Partie.

[Inscription] 2ème li.

PL. 7.

Leptis magna.

Inscription unilingue.

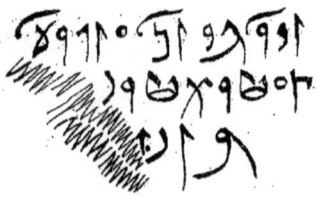

Inscriptions trilingues.

N.° 1.

BYRYCTH BALSILECHIS F. MATER CLODI MEDICI.
Βυρυχθ Βαλσιλληχ θυγατηρ μητηρ Κλωδιου ιατρου.

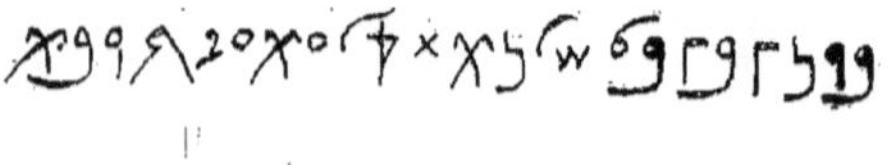

N.° 2.

BONCARMECRASI CLODIUS MEDICUS.
Βωνχαρμεχρασι Κλωδιος ιατρος.

PL. 8

Quatorzième Carthaginoise

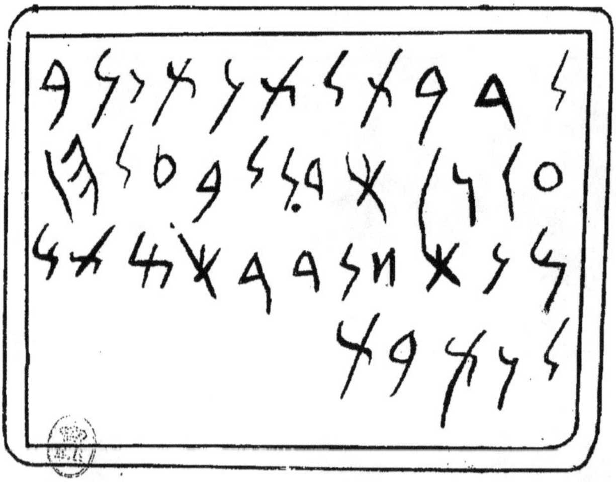

Quinzième Carthaginoise

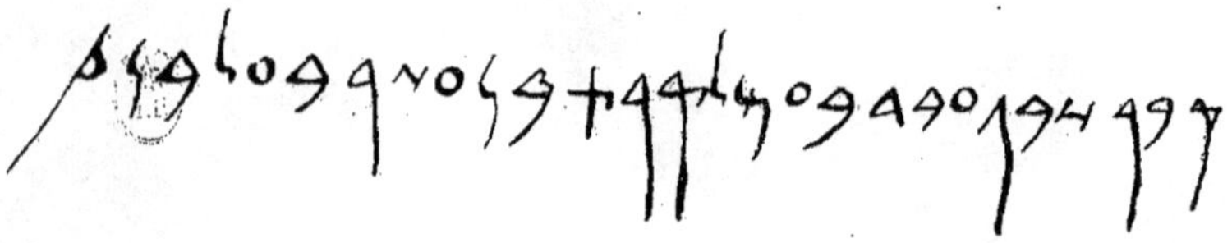

PL. 9.

```
לסקלג ול)אן סוג
9x)לְ׳אנקאxח
ןא nעסרnסx
x)אbx)
```

Dixième Numidique

ןס١/וסן/×וסן/חסgא×
לחסx/וסןפ/פחו/xפןא×
סחלסץ×אקדחצא×צ
א×xא×ףלעאx

𐡀𐡔𐡍𐡇𐡅𐡍𐡆𐡀 𐡔𐡃𐡐𐡁𐡋𐡀
𐡁𐡓𐡐𐡌𐡅𐡔𐡊𐡋𐡊𐡋𐡀𐡁
𐡀𐡇𐡍𐡅𐡌𐡀𐡀𐡌𐡊𐡃𐡁𐡀

Quatorzième Numidique   PL.15.

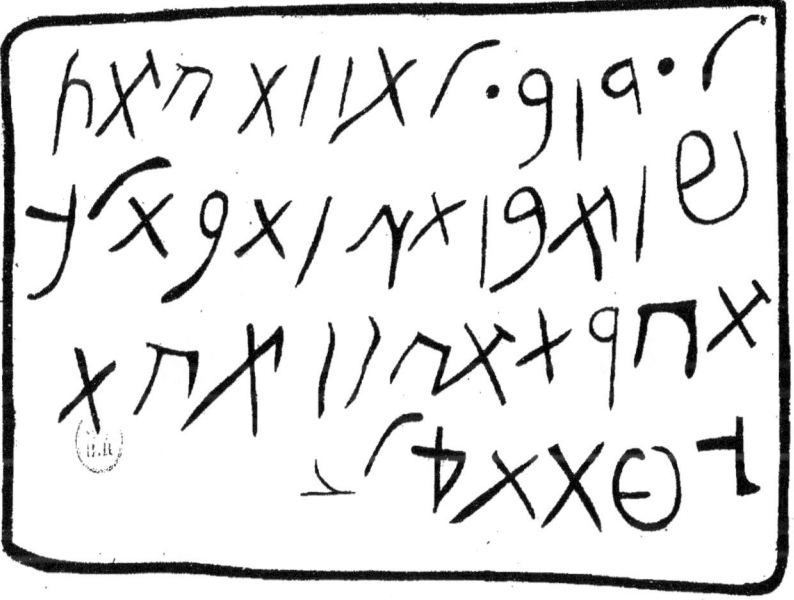

Quinzième Numidique

Seizième Numidique.

חוופּפֿפ̆חי
אצסאצ־פֿצ
חאוֹפֿסדוֹאﬣ

Dix-septième Numidique

Pl. 18.

עפ/שחמ/סו
/צספ/ףג/פס/
עצ'סלעת/צמסן
ת'תבאצבצ

אשפר [ב]שן ואחף
פוטאחפו
נופסאת

PL. 21.

Vingtième Numidique

PL. 22.

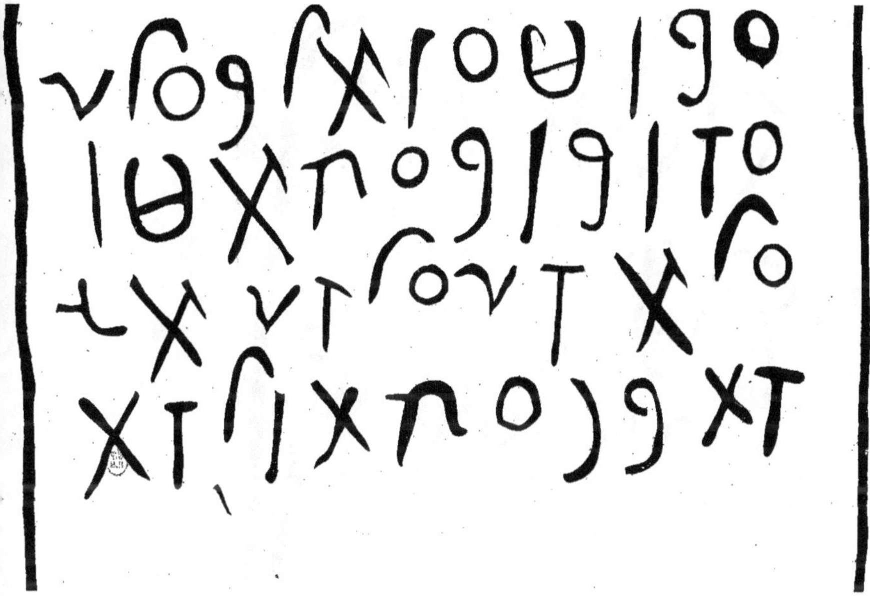

Vingt-unieme
Numidique

סף גוטמא
דנחלף בר
סלוסף פרח אל
אלדרנסלדא

Vingt-troisième Numidique

PL. 24.

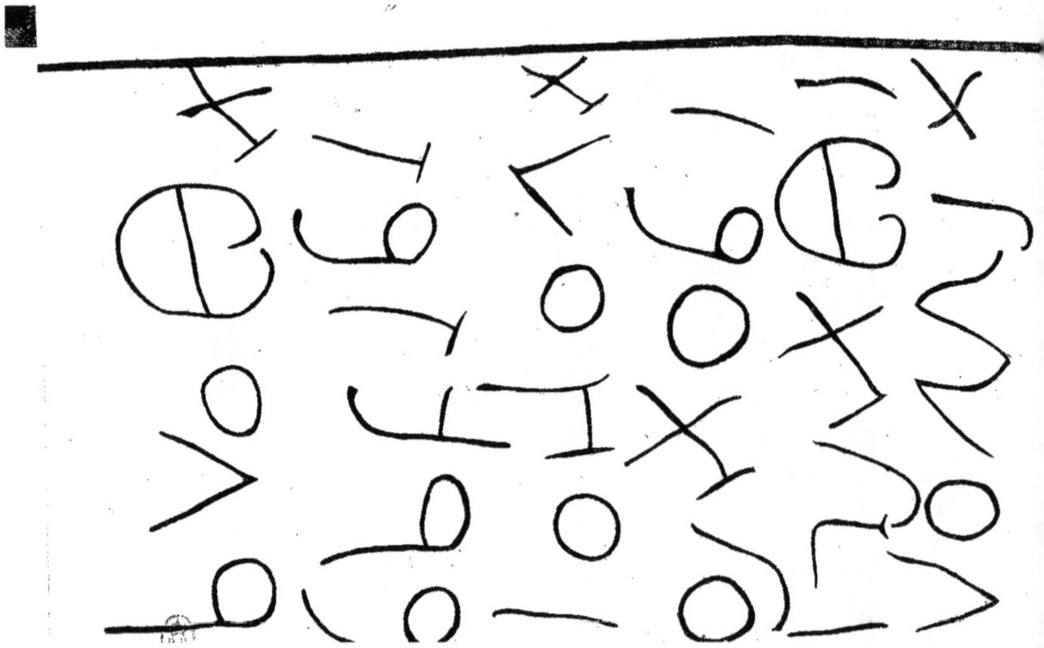

Vingt-cinquième Numidique PL. 26.bis

Inscription de Marseille
Fragment de droite.

Inscription de Marseille
Fragment de Gauche

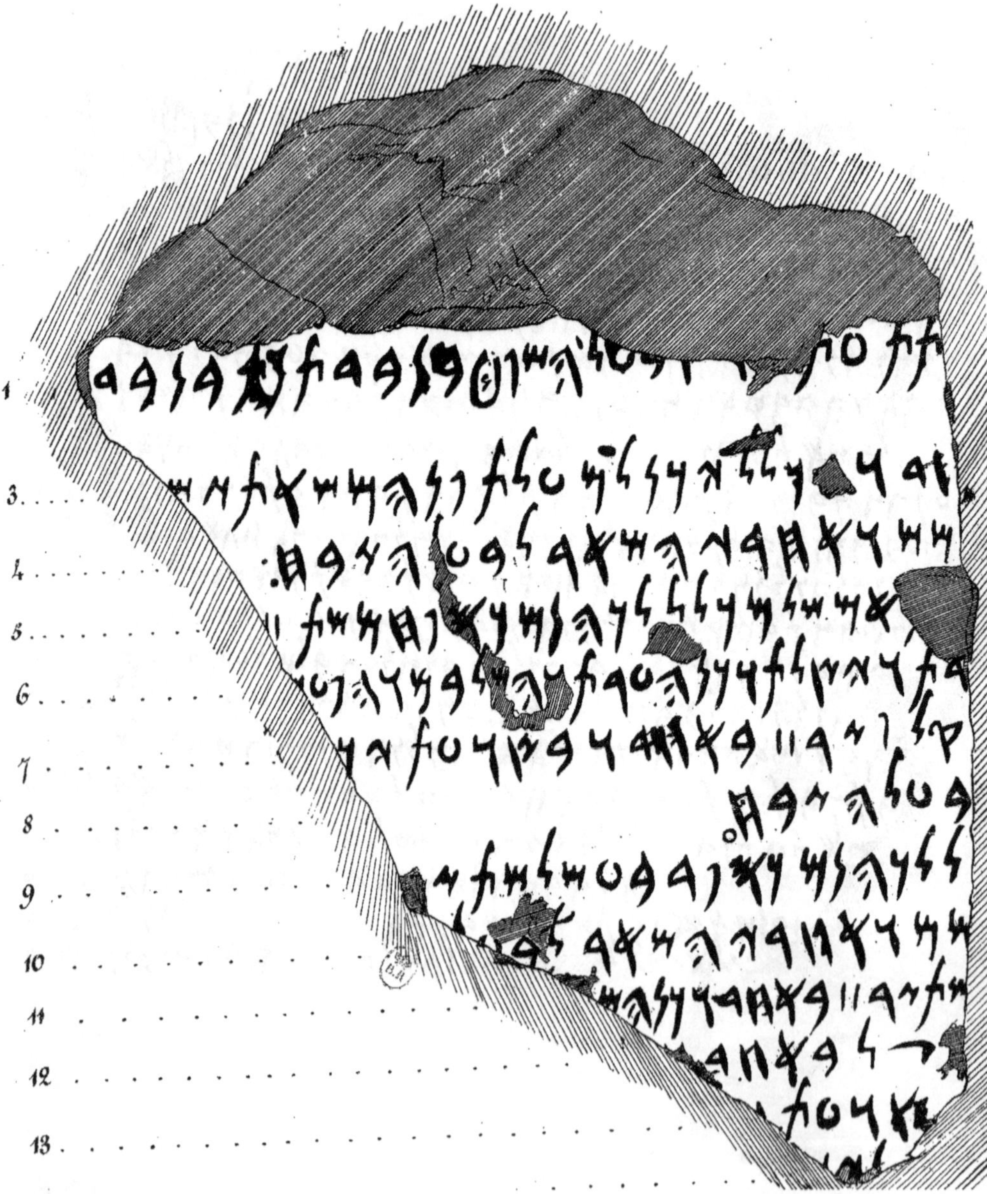

PL. 27

Deuxième inscription de Nora

PL. 28.

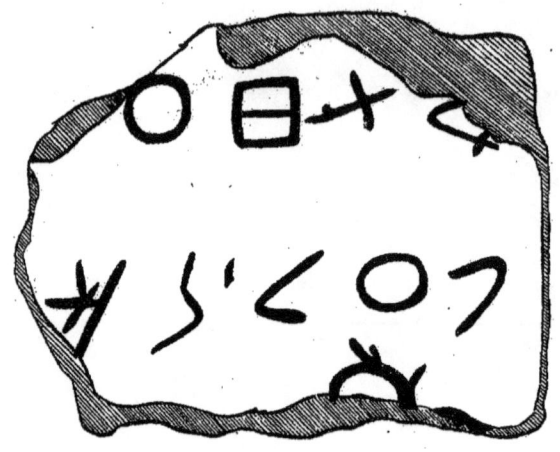

Première inscription de Sulcis.

PL. 29.

Deuxième inscription de Sulci.

Langue libyques.

Caractères hébraïques.	Equivalents libyques Selon			Equivalents berbères selon		Walter Oudney.
	Gesenius.	M. de Saulcy.	Moi.	M. Boissonnet 1ʳᵉ Sp.	2ᵉᵐᵉ Espèce.	
א	...	··	○	·	·	·
ב	○ ⊃	○ ⊃	○		⊂	⊙
ג					t	∴ ⁄⁄
ד	E	Π	Π		u	∧
ה		‖		···	ᴸ	: W
ו		= · = ? = ?	÷ · E		×	× #
ז		‖			❋	
ח		#	#	](|	](|	
ט	乙 · 乙	乙	乙	··	··	乙
י	= · =	= ?	‖ · ÷ · = · =	·	t	⁄⁄
כ	‖ · ‖	E			···†	‖
ל	)	)	)	··	··	) · ○
מ	(·: X ⋈	(· X ⋈	(· X ⋈		△	
נ	÷	+	+	··	··	
ס	X · X · X	X	X	ヨ	H · H	▽ · ◇
ע	+	+	+			
פ	○ ⊃ □	○ ⊃ ∃	○ ⊃ ∃	○	○ · E	◇ · ≡
צ	+	+	+	+	+	+
ק						
ר						
ש						
ת						

| Indéterminés pluriel. | |) · H · I · † · M · H · — ≡ | | | H |

Inscription Bilingue de Thugga

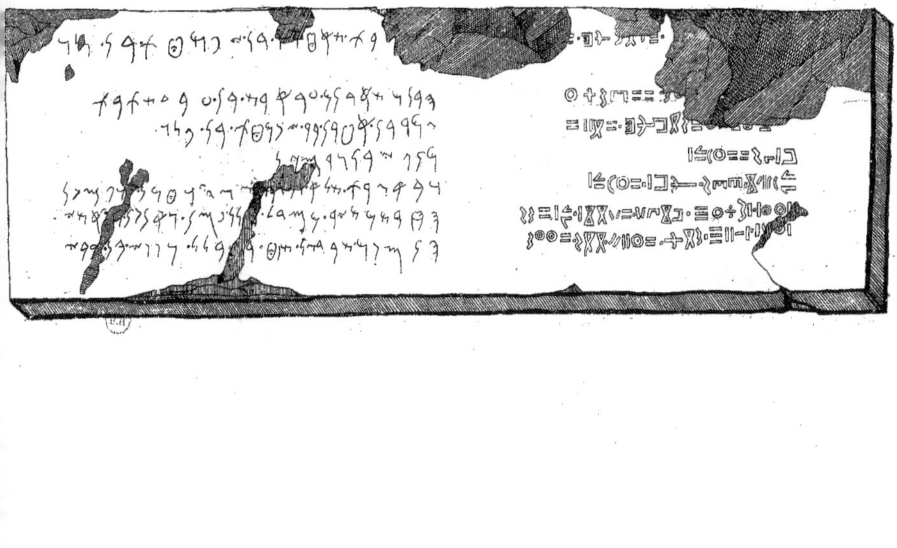

PL. 31.

Inscriptions libyques.

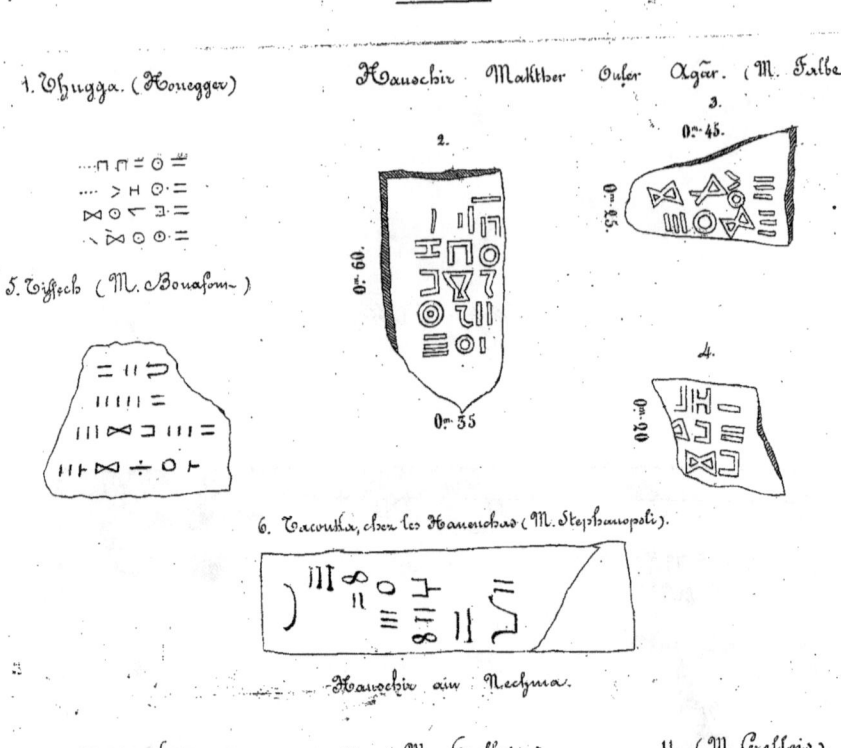

1. Thugga. (Honegger)
2. Hauschir Maktbar Outer Agar. (M. Falbe)
3.
4.
5. Tifech (M. Bonafom)
6. Tacouka, chez les Hanencbas (M. Stephanopoli).

Hauschir ain Nechma.

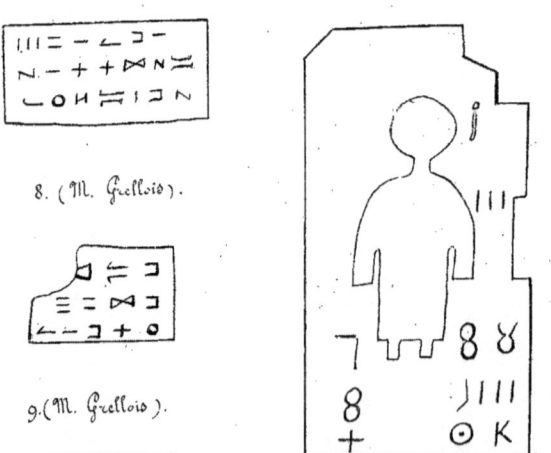

7. (M. de Lamare)
8. (M. Grellois).
9. (M. Grellois).
10. (M. Grellois).

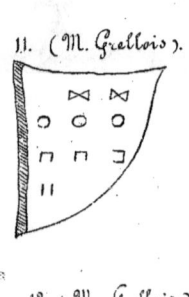

11. (M. Grellois).

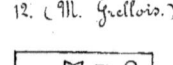

12. (M. Grellois.)

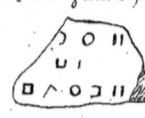

13. (M. Grellois)

www.ingramcontent.com/pod-product-compliance
Lightning Source LLC
Chambersburg PA
CBHW071518160426
43196CB00010B/1566